从长安出发

HEQIN ZHILU

和亲之路

汉 上卷

张艳茜 著

西安出版社

图书在版编目（CIP）数据

和亲之路.汉：全2册/张艳茜，齐安瑾著.—西安：西安出版社，2019.11（2021.5 重印）
ISBN 978-7-5541-3618-8

Ⅰ.①和… Ⅱ.①张…②齐… Ⅲ.①和亲政策—研究—中国—汉代 Ⅳ.①K280.02

中国版本图书馆CIP数据核字（2018）第 297108 号

和亲之路 汉（上卷）

著　　者：张艳茜
出 版 人：屈炳耀
策划统筹：莫　伸
审　　读：施晓宇
责任编辑：吴　革
封面设计：何　岸
版式设计：王　苗
封面插图：李秦隆
内文插图：董雨纯
责任校对：卜　源
印刷统筹：尹　苗
出版发行：西安出版社
社　　址：西安市曲江新区雁南五路1868号
　　　　　影视演艺大厦11层
电　　话：（029）85253740
邮政编码：710061
印　　刷：永清县晔盛亚胶印有限公司
开　　本：880 mm × 1230 mm　1/32
印　　张：28
字　　数：420 千
版　　次：2019 年11月第1版
　　　　　2021 年5月第2次印刷
ISBN 978-7-5541-3618-8
定　　价：98.00 元（全2册）

△ 本书如有缺页、误装，请寄回另换

陕西出版资金资助项目

序 /　回望，长安城外那条晕染的
　　　　渐行渐远的和亲之路

1 /　第一章　汉帝国初立与定都长安

　　　　　　蝴蝶的翅膀

　　　　　　沛公刘邦

　　　　　　汉帝国初立

　　　　　　冒顿单于的鸣镝

　　　　　　一个人与长安都城的确立

　　　　　　长安都城功勋　萧何、刘敬

113 /　第二章　"白登之围"与"和亲"起端

　　　　　　白登之围

　　　　　　陈平献"美人计"解围

　　　　　　刘敬的"和亲"之策

　　　　　　吕后做主　李代桃僵

　　　　　　远嫁的第一个美丽身影

　　　　　　刘敬肩负使命　汉匈缔结和约

179 /　第三章　吕后乱政与"文景之治"

　　　　　　汉高祖刘邦逝世

刘盈即位　筑长安城墙

冒顿言语不敬　吕后受辱

乱政结束　刘恒登基

汉文帝初战匈奴告捷

"文景之治"汉匈继续和亲

265 / 第四章　征伐匈奴与张骞出使西域

储位之争　刘彻继位

不再妥协　武帝欲征伐匈奴

马邑之谋

车骑将军卫青

少年将军霍去病

不辱使命　张骞出使西域

355 / 第五章　破茧而出的美丽蝴蝶

张骞再度出使　和亲乌孙

悲愁公主刘细君

刘解忧"出征"乌孙

风云变幻　解忧，解忧乎？

四美之落雁　昭君出塞

目录

回望，长安城外那条晕染的
渐行渐远的和亲之路

（代序）

《和亲之路》不是小说。当这个选题被提出来，我们就不断地在陕西省社科院五楼会议室里讨论、讲述我们要表现的近三十个主人公或悲或凄令人唏嘘的故事。眼前的四部书稿，不乏情节的支持和丰富的小说语言，不乏个性鲜明的人物描写和性格迥异逼真的对话。那些胜利后的欢颜狂舞，那些缱缱绻绻的儿女情愫，那些长安宫阙、陇上古道、大漠驼铃、草原牧歌……在这四位作家笔下，幻化出一个个有血有肉有情有泪的锦衣美女，她们正缓缓地从遥远的过去一步步向我们走来……

我无数次地感慨那些千年前的公主们的命运，更钦佩张艳茜、齐安瑾、韩红艳、杜睿这四位作者的才情。

向北，向西，那些肩负重任的和亲公主，从长安出发的那一天起，就成为历史的一部分。一边是汉唐的盛世繁华、万国来朝，一边是大漠的荒芜寂寥、思乡难耐；一边是宫廷的歌舞升平、锦衣玉食，一边是塞外的异域风俗、食不下咽。无论是镜水夜来秋如雪的鲁元公主刘青萝、天涯零落有人怜的华如公主刘姝、叶叶声声滴到明的硕人公主刘如月、第一位以真实姓名被记载下来的也是丝绸之路上第一位远嫁西域的细君公主、为巩固汉朝与乌孙的联盟作出卓越贡献的解忧公主，还是传唱了千百年的出塞昭君、一颗济世心的文成公主和声声胡笳的金城公主，这些和亲公主们的世界，始终被某种滞重、惆怅、抑郁、无奈、茫然所笼罩。穿越时空，让我们拨开那些早已化作历史尘埃的悲辛酸楚和富贵荣华，听听那些沉寂千年的波澜壮阔、荡气回肠的和亲故事。

长安娄敬，这个被现代西安人忘记的名字，在提出建都长安之后，又提出了多个重大建议，都关乎汉王朝的安定、安远与长治久安，对初立的汉王朝政权的巩固和发展起到了极为重要的作用。从《和亲之路》中我们了解了中国历史上这么一位拥有大智慧、大胸怀、大格局的平民娄敬，更了解了在历史的关键时刻，有时需要铁血男儿喋血疆场，有时也需要红粉佳人在另一个战场上扭转局势，英雄的鲜血与美人的酸楚泪，谱写了千古青史。和亲公主在做出个人牺牲的同时，也为中华民族的认同和团结做出了贡献，在民族融合、文化交流、经济繁荣及"丝绸之路"的拓展等方面形成了深远的不可低估的影响。

中国各个朝代几乎都有和亲公主，和亲是一项久远的政策，尤以汉唐最为有名。作为独立的文本，《和亲之路》通过讲述各个公主的和亲历程，探讨了和亲的原因、背景、性质、历史意义等问题，为研究汉唐和亲之路与丝绸之路的关系提供兼具文学性、知识性、艺术性、史料性、故事性、普及性的温润客观表述。和亲公主的一生，虽然荒芜一片、灾祸不断，但同样有对"新天新地"的企盼。"古代西域—和亲—长安"，连成一条直线，共同朝着和平、安宁、文明的方向升起。

和亲之路，一条融合之路，一条和平之路。

吴 革

2019年2月28日

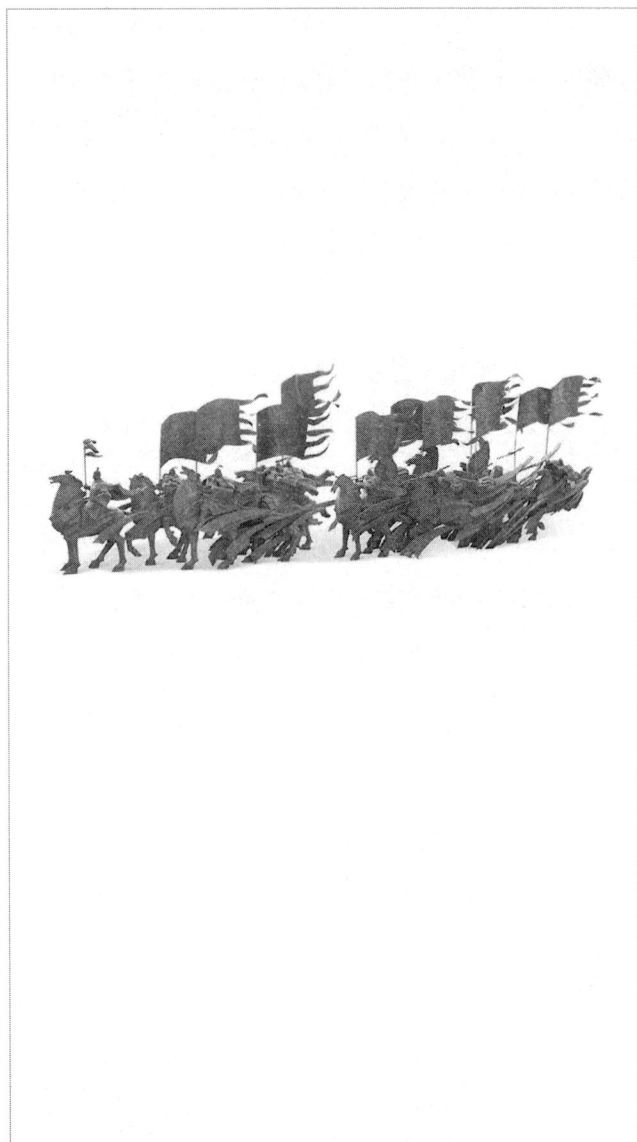

第一章

汉帝国初立与定都长安

娄敬提出建都长安之后，又提出了多个重大问题的建议，每一个建议，都关乎汉王朝的安定、安远与长治久安，对初立的汉王朝政权的巩固和发展起到了很重要的作用。

蝴蝶的翅膀

当我们回溯中国历史，来到西汉王朝，观望2000多年前的那些重要事件，我们就会发现，刘敬这个名字太值得后人铭记在心了。刘敬的每一个建议，又像极了一只只蝴蝶扇动的翅膀，让历史一次次发生了重大的改变。

历史总是因为不经意的一个偶然因素，发生连锁反应。

住在有着2000多年历史的古都长安城的人们，不经意中就会这样联想。

的确，很多时候，大到历史事件，小到普通人的日常生活，当事情发展到了结局，或是发生了巨变，有了或扬或抑的转机，作为当事人或是事情的旁观者，还有那些在回溯历史、追问及研究历史的学者，总是在经意与不经意的回首中，发现事情的发展脉络，竟然是在一个微小的偶然因素接着一个微小的偶然因素环环相扣中一路走来。

日常生活由许多的偶然性组成，历史也毫不例外地由众多或明或暗如珍珠般的偶然串联在一起。我们无法否认偶然性的存在，我们也无法回避偶然因素在历史上、在日常生活中所担当的非常重要的角色。

历史的车轮转到了公元1963年，这种现象被一个美国气象学家爱德华·罗伦兹，在阐述一种气象效应时，对偶然因素做了诗意的比喻：

"一只蝴蝶在巴西轻拍翅膀，可以导致一个月后得克萨斯州的一场龙卷风。"

爱德华·罗伦兹的这个发现，被称之为"蝴蝶效应"：南美洲亚马孙河流域热带雨林中的一只蝴蝶，偶尔扇动几下翅膀，导致它身边的空气系统发生了变化，并引起微弱气流的产生。而微弱气流的产生又会引起它四周空气或其他系统产生相应的变化，由此引起连锁反应，最终导致其他系统的极大变化。于是，一个月后可能在美国得克萨斯州引起一场龙卷风。

"蝴蝶效应"说明，事物发展的结果，对初始条件具有极为敏感的依赖性，初始条件的极小偏差，将会引出结果的极大差异。

"蝴蝶效应"之所以令人着迷、令人激动、发人深省，不但在于它大胆的想象力和迷人的美学色彩，更在于其深刻的科学内涵和内在的哲学魅力。混沌理论认为在混沌系统中，初始条件的十分微小的变化经过不断放大，对其未来状态会造成极其巨大的差别。

公元前210年至前202年，中国历史上发生了一系列激动人心的事件，产生了大量惊心动魄的传奇故事。

这是中国历史上几只蝴蝶的几次最大力量的扇动。

这是中国历史上英雄辈出的年代，也是"王侯将相宁有种乎"的年代。

这个年代，为胆识过人的男人们提供了施展才华的人生舞台，涌现出数不清的风云人物。他们是带领兵马在战场上厮杀的武将，他们是吟诗作赋的文人，他们是用智谋定天下的能臣……

在充满了较量和阴谋的政治祭台上，血脉偾张的男人在奋斗、在牺牲。

在充满了较量和阴谋的政治祭台上，柔弱女人的青春和生命作了祭品。

只是，刀光剑影、血雨腥风的历史之中，仿佛永远是男人在思考、在行走、在主导一切。

在男权社会里，即使是担当国家重任的女人，也不过是男人的贱妾之身，是小人物，是男人掌中的玩物，是被男子当作结交权贵、笼络人心的工具。女人们大多没有资格进入历史史册。

历史的长卷中，如果忽略了其中的女人，忽略了女人所发挥的作用，这部历史一定是残缺的，是不真实的。

然而，这些女人们，即使历史上真有其人，也必然名不见经传，让男人不屑提起，又怎能指望被载入史册？

所以，历史上那些光彩夺目、聪慧伶俐、善良温柔、活色生香、秀外慧中的女人们，只能存活在民间传说和文学作品中。

她们是历史的，也是文学的；是传说的，也是每人心中塑造的真实。

不过，要讲述距今2000多年前的故事，还必须从热血男儿开始。

秦始皇嬴政，这个统一中国的第一人，他振兴了秦国六代君王的丰功伟业，挥舞长鞭而驾驭中原，吞并东西二周而灭亡诸侯列国，登上天子宝座而统治上下四方，手持刑杖来鞭打天下臣民，从而名扬四海。

秦始皇执政秦帝国时，做了许多至今任何史书都不能忽略的大事：

秦始皇曾派遣大将军蒙恬在北方修筑长城，用以守卫边疆，驱使北方的匈奴退却了七百多里，从此匈奴胡人不敢南下牧马，骑士也不敢弯弓搭箭来报仇泄恨；

秦始皇曾废弃夏商周三代的先王之道，焚毁诸子百家的文献典籍，以为如此就能使人民愚昧无知；

秦始皇曾夷平各地古都名城，屠杀英雄豪杰，收缴天下的武器集中到秦都咸阳——销熔锋刃箭镞，铸造成12尊铜人，来削弱天下百姓的反抗力量；

……

天下平定以后，秦始皇自以为，关中的坚固，有如千里金城，永远是子子孙孙称帝称王万代相传的基业。

就像秦始皇找不着长生不老药一样，他不懂得，永远不要相信永远。因为，"永远"都不知道自己是多远。

秦始皇并没有让他一手创建的秦帝国千秋万代，秦帝国不堪一击地仅仅延续到秦二世。

公元前209年阴历七月，陈胜和吴广在距离今天安徽省宿州市符离集不远的大泽乡，发起了最早对秦帝国权威的挑战。

陈胜是河南阳城人，字涉。吴广是河南阳夏人，字叔。

陈胜年轻时，曾和人一同受雇去耕田。有一次他停止耕作在田埂上休息，惆怅了很久，说了一句千古流传的话："苟富贵，无相忘。"

一起受雇劳作的人就嘲笑他："你受雇来耕田，怎么能富贵？"

陈胜听出了同伴的嘲讽，不禁仰望天空长叹一声："嗟乎！燕雀安知鸿鹄之志哉！"

陈胜、吴广在一起，是一次担任屯长的机缘。他们要带领一支900个征募人员的队伍去戍边。中途因大雨所阻，他们肯定无法如期报到。按照严苛的秦律，超过规定期限报到，不论什么理由，都要处以死刑。

生死抉择之下，他们决定公开造反。

　　陈胜对吴广说：如今，逃亡是死，举行起义也是死，同样是死，为楚国而死该可以吧！天下遭受秦朝的痛苦很久了。我听说秦二世是秦始皇的小儿子，不应当即位。而当即位者是公子扶苏。如今，扶苏没有任何罪过，却遭到秦二世杀害。百姓只知公子扶苏的贤明，却不知他已死去。楚国的将军项燕，屡立战功，爱护士兵，楚地的百姓都很敬重他。有人认为项燕已经死了，有人认为他跑了。今天，如果我们这些人假冒是公子扶苏、项燕的部下，为天下带头起义，应该会有许多人响应。

　　吴广认为陈胜所言极是。于是，陈胜、吴广号召大家：诸公遇上大雨，错过期限是要被斩首的。即使不被斩杀，戍边死亡也必定占到十之六七。大丈夫不死则已，要死就要死个顶天立地。王侯将相，宁有种乎！

　　陈胜、吴广的号召得到了戍边人的积极响应。

　　大泽乡起义，即陈胜、吴广起义，是中国历史上第一次大规模的农民起义。

　　揭竿而起的陈胜、吴广起义，赢得了其他人起而效尤，鼓舞了千百万劳动人民起来反抗秦王朝残暴的统治。各郡县深受秦朝官吏之苦的人们，都起来惩处当地的长官，以响应陈胜、吴广。

陈胜、吴广起义，从根本上动摇了秦王朝统治，为之后西楚霸王项羽、沛公刘邦灭秦创造了先决条件。

所以，陈胜、吴广这两个热血男儿，在中国历史上占有重要的地位。

太史公司马迁在《史记》中，专门撰写了《陈涉世家》。

这场农民起义的结局，毫无疑问地以悲剧收场。陈胜的权威，经受不住战斗的严峻考验，他与吴广被秦将章邯击败。

如今，我们耳熟能详，使用频率很高的几个词语，都来自这起农民起义。

比如"苟富贵，无相忘"，常用于朋友间的约定：如果有朝一日富贵了，大家互相不要忘记。

比如"鸿鹄之志"，语出《史记·陈涉世家》："嗟乎！燕雀安知鸿鹄之志哉！"那些目光短浅、毫无大志的人，是无法了解有远大抱负的人的。

比如"王侯将相，宁有种乎！"这是陈胜、吴广起义时喊出的口号。不过，"唯成分论"，在中国实在是根深蒂固。

比如"篝火狐鸣"，这是陈胜、吴广假托狐鬼之事，夜里把火放在笼里，隐隐约约像是磷火，同时又学狐叫，以发动群众起义。后用来比喻策划起义。

比如"揭竿而起"，语出《史记·秦始皇本纪》，后指平民武装暴动。

……

太史公司马迁在《史记·陈涉世家》中感叹：秦始皇死后，余威还震慑着异域他乡。然而，陈涉只不过是个出身破屋陋室的贫民子弟，受雇耕田的穷人，发配流浪的苦役，才能不及一般人，没有孔夫子、墨子的贤能，没有陶朱、猗顿的财富，行进在戍卒的行列之间，劳作在田野阡陌之中，统率疲惫散漫的戍卒，带领几百部众，转过头来进攻秦朝。他们砍下树木当作兵器，举起竹竿作为旗帜，天下百姓却像云朵般汇集，像回声般响应，背着干粮如同影子一样追随跟从，山东各地英雄豪杰也同时起来灭亡秦始皇家族。

这究竟是什么原因呢？就是因为秦政不施仁义。哪里有压迫，哪里就有反抗。水能载舟，亦能覆舟。

尽管陈胜、吴广起事失败，但是，他们就是两只适时扇动翅膀的蝴蝶。这两只"蝴蝶"翅膀的扇动，力量虽然微弱，但却掀起了一场历史大风暴。

以陈胜、吴广为榜样，全国各地连续爆发了反对秦王朝权威的起事，犹如燎原烈火。这些起事，都各自为战，互不联系，所以他们的领袖只取得了有限的成就。

不久，一些已屈服于秦帝国的合法继承者，纷纷建立起自己的王国——东面有齐和燕；北面有韩、魏、赵；南面有楚。

在这些王国中，地处长江下游的楚国率先反秦，他们的领袖是楚国贵族出身的项梁及其侄子项羽。

项家几代都曾在前楚国军队中服役，他们是更为专业的领袖。他们能在战场上击败秦军，并迫使秦军将领投降，对秦的威胁以一种实力强劲的态势呈现。

项家军从江苏出发，很快集结了一支数千人的部队。公元前208年阴历六月，他们重建了原来的楚国。

为取得公认的权威，激起曾经的楚国人民反秦情绪，和对受秦压迫的人们的同情，项家军选立曾在秦国的虐待下，凄凉遭受苦难的前楚王之孙为王。楚国国都建在了泗水河畔的彭城。

残暴的秦王朝，也许已经嗅到了衰败的气息，也许了解到采取决定性行动的时刻已经来临。秦二世派出最能干的将领之一章邯，去收复东面已丧失的领土，并要消灭起事者。

章邯最初在中国北部取得了胜利，但是，在围攻赵国的要塞巨鹿时受阻。巨鹿，控制着重要的通向秦国腹地的几条要道之一，赵国对秦国的抗击很坚决。齐国和燕国都从更远的东面派来援军，楚王也派来一支军队。

公元前207年巨鹿围城战中，楚国的项家军首领项羽，作为中国历史上最能干和最杰出的军人脱颖而出。叔父项梁战死后，项羽开始全面指挥抗秦的大军。

项羽，名籍，字羽，开始起兵时24岁。项羽的叔父是项梁，项梁的父亲就是项燕——被秦将王翦所杀的楚国将军，也是被陈胜、吴广起义提及的受百姓敬重的人。项氏世代为楚将，封于项地，所以姓项氏。

项羽有着八尺有余的身高，力能举鼎，才气过人，英气逼人。

　　高大英俊的项羽，却是个从小就不爱读书认字的孩子。

　　疼爱他的叔父项梁，只好让项羽改学击剑。可是，项羽也只是三分钟热度。对此，项羽有自己的道理：字只不过是用来记记姓名的，击剑也只能抵挡一个敌人，不值得一学。要学就学能抵抗万人的本事。无奈，叔父项梁就教项羽学习兵法。

　　起初，项羽对学习兵法非常有热情。但是粗略地知道了兵法大意之后，就不肯再继续钻研了。就是这个学什么都不肯投入精力，不愿意深耕细作的项羽，却有着雄心壮志和远大抱负。

　　秦始皇嬴政巡游会稽，过浙江时，项羽曾随叔父项梁一同去看热闹。秦始皇一路浩浩荡荡，万人之上的威风阵势，令观者项羽脱口而出：那个皇帝，我可以取而代之。

　　这话一出口，吓得叔父项梁赶紧捂住了项羽的嘴巴：不许胡说八道，当心全族人都被砍头。不过，叔父项梁也因此觉得侄子项羽不同于一般人。

　　秦二世元年（公元前209年）七月，陈胜、吴广在大泽乡起事后，项羽也跟随项梁，先拿下会稽郡，一路攻城略地，凯歌高奏。

随着秦军的失败，公元前207年阴历七月，秦大将章邯投降。"巨鹿之战"中，项羽作为一个有成就的将领，为自己树立了威信，他的领导能力几乎赢得了普遍的承认。随着其他秦王朝将领的投降，战无不胜的项羽，更是闻名遐迩。

就在项羽急于攻取秦国关中地带，来到函谷关时，却被告知他一生的对手与劲敌——沛公刘邦，抢先占领了秦都咸阳城。

"千秋万岁"瓦当

沛公刘邦

　　鸿门宴之后的汉元年（公元前206年）正月，项羽恃强凌弱，自立为西楚霸王，定都彭城（今江苏徐州），统辖梁、楚九郡，他"计功割地"，分封了18位诸侯王。并违背楚怀帝"谁先攻入关中，谁就做关中王"的约定，把刘邦分封到偏僻荒凉的巴蜀，称为汉王。而把关中之地一分为三，封给了秦国的三个降将，用以遏制刘邦北上。刘邦心中自然十分不满，但是这个城府极深的男人，按捺着率兵攻击项羽的欲念，选择了暂且隐忍不发。

　　陈胜、吴广起义不久，一个出身农家、名为刘邦的人，也采取了没有退路的行动——他处死了沛县的县令，采用了"沛公"的称号，集合三千子弟响应起义，攻占沛县等地。

　　生于战国时期的刘邦（今江苏沛县人），父母为刘太公刘煓和刘媪。刘邦有两个哥哥、一个姐姐和一个弟弟。刘邦排行老三，故字为季，人称刘季。

　　太史公司马迁在《史记·高祖本纪》里，将刘邦的身世描述得神乎其神，以此说明，刘邦天生不是凡人。

太史公说，刘邦未出生之前，母亲刘媪曾经在大泽的岸边休息，梦中与神交合。当时雷鸣电闪，天昏地暗，父亲刘太公正好前去看妻子，看到有蛟龙在她身上。不久，刘媪有了身孕，生下了刘邦。

刘邦的外貌也非同一般，他生得高鼻梁，有着像龙一样丰满的额角，还有漂亮的须髯，左腿上有72颗黑痣。

年少时的刘邦，性格豪爽，为人豁达，心地开阔，不拘小节。却只喜欢喝酒，不喜欢做农事。他的父亲刘太公训斥他为"无赖"，并说他不如哥哥，但刘邦我行我素。

喜欢喝酒的刘邦，只认武姓和王姓两家酒馆。每天下午他都直奔酒馆畅饮。但是，刘邦没有喝酒的钱，怎么办呢？只好赊账。可是赊账也要还呀！说来刘邦确实不一般，这两家酒店的女老板发现，只要刘邦来喝酒，那天喝酒的人就特别多。一年算下来，还赚了不少，因此到年底时两家常常毁掉账本，不向刘邦索取他所欠的酒债。更奇的是，刘邦在酒馆饮酒醉倒之后，两个店主见到刘邦身上有龙出现，认为此人以后可能会成大气候。

在秦始皇治下，成年的刘邦虽不过是沛县的一个泗水亭长，却和县衙的官吏们混得很熟，在当地也小有名气——与萧何、樊哙、任敖、卢绾、周勃、灌婴、夏侯婴、周苛和周昌等都成了至交好友，这些人后来全部成为汉朝的开国功臣。

刘邦曾经到咸阳服徭役，赶上秦始皇车驾出巡。那次，他看到了威震四方的秦始皇，不禁喟然长叹：嗟乎，大丈夫当如此也！

刘邦与夫人吕雉的姻缘也很富传奇性。

单父县的吕公与沛县县令关系要好，为了躲避仇家，吕公将一家人迁到了沛县。沛县的豪杰听说沛县令有贵客，纷纷前去送礼祝贺。当时的主吏萧何负责排定宾客的座次，要求贺礼不到一千铜钱的客人，都坐在堂下。小小亭长的刘邦，认为沛县诸官吏也没什么了不起，就自称献"贺钱一万"，其实他一个铜钱都没有带来。

吕公看到刘邦后，大吃一惊，觉得刘邦将来一定是个不凡人物，因此引入上宾座位就座。萧何告诉吕公，刘邦只会说大话，没什么成就。吕公不以为然。

刘邦坐在上宾座位后，就大声调侃其他沛县官吏。席间，吕公暗示刘邦散席后留下来，刘邦意会。散席后，吕公对刘邦说，我很会看面相，但是没看过像你这么相貌不凡的人。我有个女儿（即吕雉），希望你愿意接受她，做你的糟糠之妻。

如此随便就将女儿许配给一个一面之交的人，事后吕公的妻子吕媪很生气。吕媪埋怨丈夫，你以前说你这个女儿很出色，一定要嫁个非常好的丈夫。沛县县令对你这么好，你还不肯嫁女儿，居然要把女儿嫁给刘邦？

吕公不理会妻子吕媪的怨气：这不是妇孺之辈所能懂得的。吕公最终坚持将女儿嫁给了刘邦。吕公的女儿吕雉，后来生了汉惠帝刘盈和鲁元公主。

刘邦因担任亭长，负责给县里押送役夫前往骊山修秦始皇陵。中途役夫不断地逃走，刘邦计算着，一路要是这样逃跑，走不到骊山，肯定都跑光了。于是，行至丰西泽中亭休息时，刘邦索性放了这些役夫。刘邦对大家说：各位都走吧！我也走，反正活不成了。

许多年轻人听了此话，却愿意继续追随刘邦。这些人也成为刘邦后来起义的部分势力。

秦始皇常常说"东南有天子气",因而巡游东方,借以镇服东南的天子气。刘邦怀疑这件事与自己有关,于是很长一段时间藏隐于芒砀山中。

秦二世元年秋天,陈胜、吴广在大泽乡起义,到了陈县自立为王,号称"张楚"。各郡县大多杀死长官,纷纷响应。沛县县令十分恐惧,想要在沛县响应陈胜。萧何、曹参等劝沛令召回刘邦。沛令答应了,派樊哙前往召来刘邦。此时,刘邦的队伍已有近百人。待刘邦来到沛县,沛令却反悔了。沛令下令关闭城门,派人防守,不让刘邦进城,还打算杀掉萧何、曹参。见此情景,萧何、曹参翻过城墙,跟随了刘邦。

刘邦用棉帛写了一封信,射到城墙上,告诉沛县的父老乡亲:

天下苦于秦朝的暴政已经很久了。现在父老为沛县县令守城,但各国诸侯都已起事,一旦城破,就要屠戮沛县。如果,沛县的父老乡亲共同起来杀死沛县令,选择子弟中可以立为首领的人做领袖,以响应诸侯大军,那就能保全身家性命。不然的话,父子全遭杀害，死得毫无意义。

沛县的父老乡亲，传看了这封信后，深受打动，率领子弟共同杀了县令，打开城门，迎接刘邦进城，并让他做沛县县令。

刘邦推脱说，天下正在混乱当中，诸侯都已起事，如果推选的将领不能胜任，就会一败涂地。我不是吝惜自己的生命，只怕才劣力薄，不能保全父兄子弟。这是一件大事，希望另外推选一位能够胜任的人。

萧何、曹参等都是文官，恐怕事情担当不起，秦朝还会诛灭他们的家族，所以，都极力推举刘邦。父老乡亲也说：我们平时就常听到刘季你的许多奇异的事情，而且又经过占卜，没有比刘季更合适的人了。

虽然刘邦再三谦让，但是，大家都不敢担任，最后立刘邦为沛公。

刘邦拉起两三千人马反秦之时，得到了萧何、曹参和樊哙等人忠诚的友谊，这些人不仅在早期与他生死相随，征战沙场，还为后来创立汉帝国立下了汗马功劳。

号称"沛公"的刘邦，在公元前208年阴历四月，投奔项梁，被封为武安侯，他们与项梁的军队同甘苦共命运了。

项梁将各路将领召集在薛县，立楚国后人、楚怀王的孙子为楚王，建都盱台（今江苏省盱眙县）。

刘邦、项羽曾经一起率领军队，攻打青岛城阳，大肆杀戮城中军民，又一同驻军濮阳东面，与秦军接战，击破了秦军。

秦二世三年，楚怀王熊槐看到项梁的军队被打垮了，项梁战死，心里十分恐惧，离开盱台，建都彭城。此时，赵国多次请求救援，楚怀王就命宋义为上将军，项羽为次将，范增为末将，北上救赵，同时命令沛公刘邦由西面打入关中。并同将领们约定：先攻入关中者，就封在关中做王。

这时候，秦军还很强盛，常常乘胜追击，众将领没有谁认为先入关是有利的。

项羽因痛恨秦军打垮了叔父项梁的军队，心中激愤，愿和沛公刘邦一同西进入关。

楚怀王的老将们了解项羽这个人，为人轻信而凶猛，且十分残忍。项羽曾经攻打襄城，没有给襄城留下一个活人，全部活埋了。他所经过的地方，无不残杀毁灭。老将们认为，不如另派一个宽厚长者，以正义为号召，向西进发。把道理向秦的父老兄弟讲清楚。秦的父老兄弟苦于他们君主的统治很久了，现在如果真能得到宽厚长者去关中，不加欺凌暴虐，应该能够拿下关中。比较而言，剽悍的项羽不可派遣，只有沛公向来是宽厚的，可以派遣。

楚怀王听从老将们的建议，没有答应项羽，而是派遣沛公刘邦西进，进入秦的中央政权所在地——关中，对秦发起进一步的攻击。

汉元年十月（公元前207年10月），沛公刘邦的军队先于各诸侯到达灞上（今西安东南）。当刘邦成功地在蓝田打败秦军时，秦王子婴素车白马，用丝带系着脖子，封了皇帝的印玺和符节，向刘邦宣告投降。曾经强大的秦王朝就此灭亡了。故而史家一般以十月为汉元年开始。

这时将领们有的主张杀死秦王。沛公刘邦说：当初楚怀王派遣我，本来就是因为我能宽大容人。况且秦王已经降服，又杀人家，有悖天理。

刘邦将秦王子婴交给了官吏，然后向西进入秦都咸阳。

至此，沛公刘邦已经控制了关中和秦帝国的国都咸阳，他完全有理由为自己的胜利欢呼庆祝。尤其是看到那豪华的宫殿、美貌的宫女和大量的珍宝异物，这自然会让许多人忘乎所以，昏昏然。刘邦情不自禁地被秦宫里的一切倾倒，想留居宫中，享受后宫奢华的生活。与刘邦一同从沛县起事的武将樊哙，冒死犯颜强谏刘邦：

沛公是想要天下，还是想要暂时的享受？秦国就是因为耽于奢华而灭亡的，希望沛公赶快做决定。

樊哙的直斥，刘邦根本不予理睬。谋士张良也劝说沛公道：

秦皇暴虐无道，所以沛公才能来到这里。为天下铲除残贼，应该以简朴为本。现在刚入秦宫，就想耽溺于享乐，这样做就是"助纣为虐"，"忠言逆耳利于行，良药苦口利于病"。希望沛公能听樊哙的话。

张良的语气平和，不疾不徐，语重心长的劝说果然奏效。沛公听从了张良的意见，又回去驻军在灞上。这是张良辅佐刘邦从一个胜利走向又一个胜利的其中一个实例。直至刘邦夺得天下，建立大汉王朝，定都关中长安。

当我们回望2000多年前，沛公刘邦在进入秦都咸阳时，他所领导的军队堪称典范。进入咸阳城的刘邦，采纳张良建议，召集诸县父老豪杰，与之约法三章：

杀人者死，伤人及盗抵罪。

刘邦又通告四方：取消秦朝严酷的刑律，而代之以简单的法律。为了防止掠夺和暴力，刘邦下令封闭了城中的皇宫和兵器库。只让他最能干的支持者和他后来的丞相萧何，取走了国家的文献——包括法律文告、土地和税收簿册以及地图，这些是秦帝国赖以维持施政和防御的图籍。

另外，刘邦还派人与秦吏一起巡行各地，晓谕此意，博得了秦国百姓的一致拥戴，秦国百姓争先恐后用牛羊酒食慰劳刘邦的军士。刘邦见状，又命令军士不要接受，传出话去：军中粮食充足，不要劳民破费了。秦国百姓听罢此言，越发高兴，唯恐刘邦不为秦国之君。

刘邦采纳张良的建议，采取的这一系列安民措施，争得了民心，为他日后经营关中，并以此为根据地与项羽争雄天下，奠定了良好的政治基础。

有人劝刘邦说：秦地富有十倍于天下，地形强固。听说章邯投降项羽，项羽封他，在关中为雍王，不久就来。沛公恐怕得不到此地，可赶紧派将守住函谷关，不要让诸侯大军入关。

刘邦听从此计，命人严守函谷关。尽管沛公刘邦可能只是动了心思，想依楚怀王"先入定关中者王之"的约定，称王于关中。不过，即使是心思，也引起了项羽的强烈不满。

汉元年（公元前206年）十一月，项羽率诸侯大军抵达函谷关。刘邦的守军果真紧闭关门，阻止诸侯大军进关。

项羽得知刘邦已攻下咸阳，十分恼怒。又有刘邦部下曹无伤密告项羽：沛公要在关中称王，让子婴为相，珍宝尽归己有。恼怒的项羽立即命令英布督军强攻。

十二月，项羽大军攻破函谷关，进驻新丰、鸿门（今陕西临潼）。沛公刘邦驻军灞上，两人没能相见。

项羽决定，第二天早上，让士兵饱餐后，去击溃沛公刘邦的军队。此时，两人的实力悬殊：项羽拥兵四十万，而刘邦有兵十万。

项羽阵营中，被项羽尊为"亚父"的范增，进一步劝告项羽：

沛公在山东时，贪财好色，喜爱美女。现在进了关中，却不收财物，不亲近妇女，由此看来，他的志向不小。尽快将刘邦处死为宜，不要错过机会。

然而，一场惊心动魄的鸿门宴，让这一行动毫无结果。

项羽的叔父项伯（项梁的弟弟）与张良曾有旧交。在项羽大军决定进攻刘邦的前夜，项伯悄悄骑马来到刘邦军中私见张良，把消息透露给张良，并邀张良一同潜逃。

张良十分感激，他对项伯说：我为韩王护送沛公，现在沛公面临危机，我若逃走是不道义的，不能不与沛公说一声。随即，张良来到刘邦的营帐中，把项伯所说的一五一十转告了刘邦。刘邦大惊失色，忙问张良："这可怎么办？"张良没有直接回答，反问刘邦："您估计我们的军队能抵挡住项羽的进攻吗？"

刘邦有气无力地回复：确实不能。可是事已至此，又怎么办呢？

张良认为，当务之急是打消项羽对刘邦的疑虑，使他放弃进攻刘邦的计划。而要达到这一目的，项伯是个关键人物。审时度势，张良对刘邦说：请您去告诉项伯，说您不敢背叛项王。刘邦问：项伯和子房，谁的年龄大？张良回答：项伯长我几岁。刘邦对张良说：你替我将项伯请进来，我要像对待兄长一样对待他。于是，张良再三邀请项伯入帐见刘邦。

项伯进帐后，刘邦亲自为项伯斟酒祝寿，并与项伯结下了儿女亲家。当项伯酒酣耳热之时，刘邦委屈地说：我入关以后，秋毫无犯，吏民都造册入籍，府库财产严加封存，专门等待项将军来接收。之所以派将士把守函谷关，是为了防备其他盗贼窜入，并防备有非常的变故发生。我守在这里，日夜盼望项将军到来，怎么敢反叛呢？请您千万向项将军转达我的心意，我绝不敢背弃将军的大德。

一席话，让项伯信以为真，他叮嘱刘邦：明天一定要早一点亲自来向项羽谢罪。然后项伯连夜驰回鸿门，把刘邦的话转告给项羽。使原已剑拔弩张的一场战事有所缓解。

项羽兵临城下，刘邦自度势单力薄。亲赴鸿门，已势在必行。但也明知此去鸿门，如虎口做客，危机四伏。张良决定，跟随沛公刘邦一道深入虎穴，为的是谨慎而灵活地保护沛公刘邦的安全。

第二天，刘邦仅带着张良、樊哙和百余名从骑来到楚营。

刘邦见到项羽，谦卑而诚恳地说道：臣与将军合力攻秦，将军战河北，我战河南。不料我侥幸先入关破秦，得以在此再见将军。今有小人谗言，致使将军与我结怨。

项羽见刘邦只带百余从骑前来，而且一副谦恭委屈的样子，心中的敌意不禁大消。脱口说道：这都是沛公的左司马曹无伤告诉我的。说你要在关中称王，让子婴为相。不然，我何至于如此。

刘邦这边想先入为主，努力从精神上压倒对方。而项羽自知，刘邦是依了楚怀王约定，先行入关。说来并无非分之处，自己对刘邦如此这般，倒有违约之嫌。于是，项羽留刘邦鸿门宴饮。

席间，项羽的谋臣"亚父"范增，屡次用眼神示意项羽，还再三举起所佩玉玦，暗示项羽速下决断，杀死刘邦。项羽却犹豫不决，默然不应。

　　范增只好从帐外召来勇士项庄，授意他舞剑助兴，伺机杀掉刘邦。鸿门宴上，项庄拔剑起舞，项伯看出项庄的企图，拔剑对舞，时时用自己的身体护住刘邦，使得项庄始终得不到刺杀的机会。

　　项庄舞剑，意在沛公，这个故事从此出现。

　　张良一看情况不妙，赶快起身，出帐去找樊哙，命其速去护驾。张良告诉樊哙，沛公极为危急。此刻项庄舞剑，意在沛公。

　　身材魁梧的黑脸大汉樊哙顿时急了：这可了得！让我进去，与沛公同生共死。

　　出身寒微的樊哙，早年曾以屠狗为业。他与刘邦的交往甚密，曾与刘邦一起隐于芒砀山泽间，与萧何、曹参共同推戴刘邦起兵反秦。刘邦做了沛公，樊哙便做了他的随从参乘，跟随刘邦征战。在刘邦入咸阳后，樊哙还力劝刘邦，还军灞上，不要贪恋秦宫奢靡的享受。

　　此刻，樊哙持剑拥盾，闯入军门，撞倒了守卫，直奔帐内。只见他向西而立，头发竖立，怒目圆睁，仿佛快将眼眶睁破裂一般地看着项王，大有万夫不当之勇。

项羽不禁骇然，忙问：这是什么人？

张良答道：是沛公的随从卫士樊哙。

项羽说：是一条好汉，赏给他酒喝！

左右侍从捧上一大杯酒，樊哙拜谢，站着一饮而尽。

项羽又赏樊哙猪腿吃，左右却给樊哙一只生猪腿。

樊哙毫不理会，把手中的盾牌放在地上，将生猪腿放在盾牌上，拔出剑来切肉吃。项羽见此情景，再次连称樊哙：壮士、壮士。项羽又询问樊哙：还能再喝酒吗？

樊哙回答：我死都不怕，一杯酒哪里值得推辞？秦王虎狼之心，杀人唯恐杀不尽，用刑唯恐刑不重，所以，天下人都反叛他。楚怀王和将领们约定，"先攻破秦地，进入咸阳者做关中王"。现在，沛公先攻破了秦地进入咸阳，丝毫利益不敢有所接近，封闭宫室，回军灞上，等待大王到来。之所以遣将守函谷关，是为了防备别的盗贼和意外事件。沛公如此劳苦功高，没有得到封侯的赏赐。大王您却听信闲言碎语，要杀有功之人。这是继承了已经灭亡的秦朝暴政。以我之见，大王这样做是不可取的。

项王无言以对，只是讪讪地说：坐，坐。

樊哙乘势坐在张良身边。过了一会儿，刘邦见情势已渐好转，便借口如厕，招呼樊哙出帐，张良随之而出。

三人商量对策，决定由樊哙保护刘邦赶快脱身，张良留下来应付局面。刘邦心有顾忌地问：刚才出来没有告辞，这如何是好呢？樊哙回复沛公刘邦：

做大事情不必顾虑细枝末节，行大礼不必讲究小的礼让。现在，人为刀俎我为鱼肉，还告辞什么？

刘邦听罢，当下便不辞而去。张良则留下向项羽谢罪。

刘邦留下车骑，在樊哙等四将的护卫下，轻骑简从，经骊山、过芷阳，抄近路，秘密地返回灞上。而身在虎穴的张良，沉着冷静。他估计刘邦已回到军中，便进帐辞谢道：沛公不胜酒力，醉不能辞，谨使张良奉上白璧一双，敬献大王足下；另备玉斗一双，敬献范将军足下。

项羽无奈，只好收下白璧，随手放在座席上。亚父范增接过玉斗，却气得摔在地上，拔剑击得粉碎。

他愤怒地说：

唉！竖子（对项羽的轻蔑称谓）不足与谋。夺项王天下的人，一定是沛公，我们这些人必将成为他的阶下囚！

张良在这次生死攸关之时，不仅情意深重，还以其大智大勇，既巧妙地帮助刘邦安全脱离虎口，又使项羽内部埋下了君臣相隙的祸根。在张良、项伯、樊哙通力相助下，沛公刘邦得以在项庄的寒光剑影下脱身。如果没有樊哙及时闯进项羽的鸿门宴上，刘邦想成就后来的事业，近乎不存在。而深明韬略、足智多谋的张良，后来，一次又一次地为刘邦化险为夷，成为刘邦的主要智囊。

张良（约公元前250—前186年），字子房，封为留侯，谥号文成，是汉高祖刘邦的谋臣，汉朝的开国元勋之一，与萧何、韩信同为"汉初三杰"。

张良的祖先是韩国贵族（今陕西省韩城市和山西省河津市一带）。他的爷爷张开地，曾做过韩昭侯、宣惠王、襄哀王的丞相。他的父亲张平，曾做过釐（同厘）王、悼惠王的丞相。悼惠王二十三年（公元前250年），张平去世。张平死后20年，秦国灭掉韩国。张良当时还年轻，没有在韩国做官。韩灭后，张良家尚有三百家奴。

韩国的灭亡，使张良失去了继承父亲事业的机会。丧失了显赫荣耀的地位，张良心存国亡家败之悲愤，并把这种悲愤集中于一点——反秦。

张良的弟弟死后，张良没有将弟弟厚葬，而是用全部家财，寻找刺客要暗杀秦王。张良在淮阳（今河南省周口市淮阳县）县城东面见到仓海君，发现这是一个大力士，张良为他做了一把120斤重的大铁锤，然后打探秦始皇东巡行踪。

公元前218年，秦始皇东游寻找长生不死药，到达博浪沙（今河南省阳武县东南）时，张良和仓海君一起预先埋伏在此刺杀秦始皇，却误中了副车。

秦始皇幸免于难，但对此事十分恼怒，下令在全国缉捕刺客。因无从查起，使张良得以"逍遥法外"，更名改姓躲避到了下邳（今江苏省睢宁县古邳镇）。

古博浪沙张良刺秦的故事从此闻名遐迩。

张良曾在下邳一座破旧的桥上漫步。有一老者，穿着粗布的衣服，走到张良面前，故意把鞋掉到桥下，转过头对张良说：小子，下去拾鞋！

张良很惊讶，强忍心中不满，到桥下去拾鞋，并且长跪献上。老人伸出脚穿上鞋子，笑着离开。后来这位怪异的老人一次次考验张良，最后拿出一本书，说：读了它就能给王者当老师，10年后崛起。13年后，年轻人你再来见我，济北谷城山下的黄石就是我。说罢扬长而去。张良天亮后捧读那本书，是《太公兵法》。张良惊喜，于是手不释卷研读。

成为饱学之士的张良，秦末农民起义后，聚众归刘邦。从此跟随、辅佐沛公刘邦，直至打败秦国，占领咸阳皇宫。

鸿门宴之后的汉元年（公元前206年）正月，项羽恃强凌弱，自立为西楚霸王，定都彭城（今江苏徐州），统辖梁、楚九郡，他"计功割地"，分封了18位诸侯王。并违背楚怀帝"谁先攻入关中，谁就做关中王"的约定，把刘邦分封到偏僻荒凉的巴蜀，称为汉王。而把关中之地一分为三，封给了秦国的三个降将，用以遏制刘邦北上。刘邦心中自然十分不满，但是这个城府极深的男人，按捺着率兵攻击项羽的欲念，选择了暂且隐忍不发。

天下分封已定，张良打算离开刘邦，回韩国再事韩王成。临别前，刘邦送给张良黄金珠宝，而张良却将黄金珠宝全部转赠给项伯，为的是让项伯再向项羽请求加封刘邦到汉中地区。项伯念与张良的友情，再次帮了张良，前去说服项羽："为汉王请汉中地。"

项羽竟然答应了。汉王刘邦建都南郑（今陕西汉中南郑区东北），占据了秦岭以南巴、蜀、汉中三郡之地。

这一年七月，张良送刘邦到褒中（今陕西褒城）。秦岭群山环抱中的褒中，举目四周，都是悬崖峭壁，只有沿山体的栈道凌空高架，这是唯一的道路，别无他途。张良观察地势，建议刘邦，只待汉军过后，就将入蜀的栈道全部烧毁，为的是让世人知道，刘邦已无东顾之意。这样不仅消除项羽的猜忌，同时也可防备他人的袭击。然后，安心在汉中养精蓄锐，等待时机，再展宏图。

刘邦依张良建议而行，一边向汉中行进，一边烧掉了沿途的栈道。张良此计，可谓用心良苦，它为刘邦的巩固发展和日后东进，取得了重要的保证。果然，项羽知道刘邦烧毁栈道，自断后路，就消除了西面对汉王刘邦的忧心。

刘邦入汉中后，励精图治，积极休整。同年八月，刘邦在拜将台拜韩信为大将，又采用韩信之谋，避开雍王章邯的正面防御，虚晃一枪，"明修栈道"，又乘机从故道"暗渡陈仓"（今陕西宝鸡），从侧面出其不意地打败了雍王章邯、塞王司马欣和翟王董翳，一举平定三秦，夺取了关中宝地。

平定三秦，刘邦依据富饶、形胜的关中地区，便可以与项羽逐鹿天下了。一个烧毁，一个"明修暗渡"，张良与韩信携手，珠联璧合，成为历史上一段脍炙人口的佳话。

不久，项羽于彭城杀死了韩王成，使张良相韩的幻梦彻底破灭。同年冬，张良逃出彭城，躲过楚军的追查，终于回到刘邦的身边，受封为成信侯。此后便朝夕相随汉王刘邦左右，安心做了刘邦重要谋士。

明代李贽曾评论此事说：项羽此举，"为汉驱一好军师"。的确，项羽杀了韩王成，客观上帮了刘邦的大忙。

楚汉战争期间，张良提出的不立六国后代，联合英布、彭越，重用韩信等策略，又主张追击项羽，歼灭楚军等等主张都为刘邦所采纳，为汉王朝的建立立下了不朽的功绩。

汉六年（公元前201年）正月，汉廷分封有功之臣，张良虽没有战功，高帝刘邦却说：

子房的功劳是运筹帷幄，决定千里之外的胜利。请自己任意在齐地挑选三万户。

高帝刘邦认为，在建立汉王朝的功臣中，张良是位列第一的，他的功劳最大。所以刘邦在大封功臣时，封第一任丞相萧何领八千户、第二任丞相曹参领一万零六百户、淮阴侯韩信领二万户，却让张良自己选择齐地三万户作为封地。可是，张良却坚决辞谢不受封。张良道：

开始臣是在下邳起家，和陛下在留县相会，这是上天把臣托付给陛下。陛下采纳臣的计策，幸而有时还能有成效。臣希望把留县封给我就够了，不敢接受三万户。

于是刘邦就封谦虚的张良做了留侯，当时是和萧何等功臣一起受的封。张良的不争功不贪财，由此可见一斑。北宋政治家、改革家王安石赞扬张良道：

汉业存亡俯仰中，留侯于此每从容。

　　要知道，留县（今江苏省沛县东南）当年是个又小又穷的地方，无法和富庶的"三万户"齐地（今山东省境内）相提并论。何况又是在"上已封大功臣二十余人，其余日夜争功而不决"的群臣打破头争赏的时候，张良的言行确实令人敬佩。照理说，以张良头牌的辅佐之功，刘邦怎么奖赏张良都不为过。

　　张良为什么偏偏选择刘邦创业之初的穷地方留县呢？其中展现了张良怎样的政治智慧和良苦用心？专家认为用意有三：

　　用意一，留县在汉初是一个穷乡僻壤，资源贫乏，人口稀少——住户充其量不足一万。完全不具备积蓄武装力量谋反的条件，就是怎么折腾也不能对刘邦构成威胁。

　　用意二，留县自古不是兵家必争之地，张良选择此地作为自己的封地，可以消除刘邦登基做皇帝后的狐疑之心。这一条，张良用意与第一条大同小异。

　　用意三，张良选择在贫穷的留县养老，能时时提醒刘邦及他的继任子孙"吃水不忘挖井人"——不忘创业之艰，常怀感恩之心。

　　汉十一年（公元前196年），60岁的刘邦亲自率兵征讨叛臣英布。行前，曾问计并请张良随军献策，张良以病容示之，托病没去。刘邦无奈，只好请张良留守，辅佐太子刘盈。

虽然已有叔孙通当太子刘盈的老师，再加上张良也当太子刘盈的老师，为的是刘邦出征后，后院双保险。亦可知刘邦至死都对张良深信不疑。说明张良深藏不露，功高没有震主，得到了善终。

当看到汉朝政权日益巩固，国家大事有人筹划，自己"为韩报仇强秦"的政治目的，和"封万户、位列侯"的个人目标也已达到，一生的夙愿基本满足。张良说：我家世代相韩，韩国灭亡后，我不惜万金家产，为弱韩向强秦报仇，震动天下。现在，凭三寸之舌，成为皇帝的老师，分封万户，位居列侯，这是平民百姓所企求的富贵之巅，对我张良来说，很满足了。

2200年来，张良一直受到人们的敬重，他急流勇退的政治智慧是不言而喻的。

刘邦称帝后，为巩固自身地位，大肆杀戮功臣（明王朝开国皇帝朱元璋亦如此）。譬如为汉王朝建立立下汗马功劳的韩信、英布和彭越等先后被杀（萧何晚年身陷牢狱），张良感到十分心寒。担心韩信等人的悲惨命运会落到自己身上，所以一直夹着尾巴做人，低调行事。联想到历史上良相文种帮助越王勾践复兴越国后被赐死的悲惨结局，张良深悟"狡兔死，走狗烹；飞鸟尽，良弓藏；敌国破，谋臣亡"的残酷，便自请告退，摒弃人间万事，干脆躲到秦岭南麓紫柏山上隐居起来，专心"辟谷"。如此才平安着陆全身而退，青史留名万世流芳。

《史记》记为高后二年，《汉书》记为汉惠帝六年（公元前189年），张良去世，谥号文成侯，享年61岁上下。张良埋葬在谷城山下的黄石岗，就是当年张良在下邳圯桥遇见老师黄石公的老家。张良的妻子名叫淑子，也是个没落的韩国贵族。张良有两个儿子，长子名不疑，次子名辟疆。

陕西省汉中市留坝县有一座"汉张留侯祠"。由于崇拜张良的人很多，全国各地的张良庙有一百多座。汉中留坝的这座是建造最早、也是全国最大的祭祀张良的祠庙。

这座"汉张留侯祠"是明清时期重修的建筑（现已成道教寺院）。当年汉高祖刘邦的开国谋臣"汉初三杰"之一张良功成身退，假托"辟谷"，隐居于秦岭南麓紫柏山上。400年后的东汉末期，张良第10代孙张鲁做了"汉中王"。张鲁敬重"先祖不以功高盖世而讨封，不以位极人臣而自居的超群拔俗之德"，便在紫柏山上修建祠庙纪念隐居的先人。因张良曾封"留侯"，故名"留侯祠"，老百姓则喜欢称作"张良庙"。

太史公司马迁说：高祖曾多次遭遇困厄，而留侯张良经常出谋立功，难道这不是老天安排的精灵在人间吗？高祖称张良："运筹策于帷帐之中，决胜千里之外。"我原以为，留侯人长得大概魁梧雄伟，到看见留侯的画像，相貌就像妇人美女一般，正如孔子所说："以貌取人，就会错看了子羽。"对于留侯张良，也可以这么说。

张良为刘邦完成统一大业做出的丰功伟绩中，最让陕西人感念的，是张良支持了一个叫娄敬的戍卒，由于娄敬提出的汉王朝建都关中的主张，才有了汉长安这座都城的诞生。

这是后话。

公元前206年阴历十二月，鸿门宴后，项羽带兵西进。项羽的行为与刘邦的宽厚和恪守纪律相反。

项羽的军队一路屠毁咸阳城，他下令杀死了已经投降的秦王子婴及其家属；搜罗秦宫里的财宝，将没有逃脱的宫女分发给军官；把可疑的男人杀掉扔进渭河，或者活活坑埋。之后，项羽又将咸阳的宫殿——阿房宫付之一炬，大火烧了三个月不灭。

阿房宫被誉为"天下第一宫"，是中国历史上第一个统一的多民族中央集权制国家——秦帝国修建的朝宫。位于今陕西省西安市西郊15公里处，咸阳市东南15公里处，始建于秦始皇三十五年（公元前212年）。

1956年，阿房宫遗址被陕西省列为省级文物保护单位。

1961年3月4日，阿房宫遗址被国务院公布为第一批全国重点文物保护单位。

阿房宫与万里长城、秦始皇陵、秦直道并称为"秦始皇的四大工程"，它们是中国首次统一的标志性建筑，也是华夏民族开始形成的实物标识。同时，某种意义上说，劳民伤财的阿房宫也是秦灭亡的一个象征物。

秦始皇嬴政当年灭六国后，征发俘虏刑徒数十万人，在渭河以南的上林苑建造了天下最美的宫殿。在项羽进入咸阳城时，这座雄伟的阿房宫尚未竣工。

项羽的军队所到之处，无不遭到摧残破坏。一时间，咸阳城里，到处鸡飞狗跳，一片狼藉。秦地的百姓，对抗击暴秦的项羽大失所望，他与被推翻的秦二世，又有什么区别？百姓隐隐的哭声里是强忍的极度恐惧和愤怒。因为恐惧，百姓又不敢不服从。

驻军灞上的刘邦，眼睁睁地看着项羽将这座恢宏的宫殿一把火化为灰烬，却无可奈何。燃烧的大火，犹如西边不愿落下的太阳，三个月里，严重灼伤着刘邦的眼睛和内心。这个深谋远虑的男人知道，面对强悍的项羽，此刻的他只能隐忍。在隐忍中等待，在等待中隐忍。

项羽到达咸阳后，十分怨恨当初楚怀王不肯让他与沛公刘邦一起西进入关中，而是派他北上救赵去解巨鹿之围，从而造成在天下诸侯争夺称王关中的约定中落在后面。

项羽完全没有把楚怀王放在眼里，出口极为狂妄：怀王这个人，是我家项梁所立的。没有什么功劳，凭什么主持约定？本来安定天下的，是诸位将领和我项籍（项羽名籍，字羽）。

有说客劝项羽：关中阻山带河，四面关塞，土地肥沃，可在这里建都，以定霸业。项羽看着被烧毁的、残破不堪的秦咸阳宫，思乡之情陡然生起。征战多年，很久没有回故乡的项羽，此刻，他怀念起故乡来，心欲东归。

项羽回答：富贵了不回故乡，如同锦衣夜行，有谁知道！

说客听罢，不屑地说：人们说楚国人就是猕猴戴帽子，果真如此。

项羽听了这话勃然大怒，下令烹杀了这个说客。

汉帝国初立

公元前202年阴历二月，刘邦经其浴血奋战的伙伴的劝说，接受了皇帝的称号。

一个统一的中国，再度于艰难中建立。

然而，艰难困苦与重重险境，并没有绕着新王朝行走，而是接踵而来。

对于一个初立的汉帝国的考验才刚刚开始。

性格决定命运，这句话用在2000多年前项羽和刘邦身上，是成立的。

虽然年轻时曾有过"那个皇帝，我可以取而代之"的雄心与野心，凡事只有几天热度的项羽，如今"可以取而代之"机会有了，然而项羽并没有将中央集权的帝国作为理想的政体形式来考虑。也许，项羽感觉，他已经做到"取而代之"了，便失去了更进一步的兴趣。西楚霸王项羽，心思不在于如何统治新的帝国，而是更习惯于秦统一以前七雄并存的局面。

项羽设法建立了不少于18个小国的联合体，以代替一个帝国或代替七国的政体。项羽为第19个国的国王，是这个联合体的盟主。在这个联合体中，项羽和亚父范增逐渐意识到，沛公刘邦是最强有力的对手，将来很可能占有天下。所以，要想遏制刘邦称王关中，必须将刘邦安置在偏远的地区，以阻止刘邦对自己的威胁。巴、蜀道路险恶，秦朝被迁徙的罪人都居住在蜀地。

项羽方面还扬言说，巴、蜀也是关中地区，所以封沛公为汉王，称王于巴、蜀，建都南郑。项伯因张良的情义，帮助刘邦请求汉中，项王应允了请求，于是刘邦得到了汉中地区。就这样，沛公刘邦来到秦岭山脉以南、远离关中的汉中，成为汉王刘邦。

汉王刘邦一旦要与项羽清算宿怨，他将要采用这块地区的名称，作为他的王朝的称号。

刘邦在耐心地等待时机。比起不善思考、只愿冲锋陷阵的项羽，刘邦是个能沉得住气的男人，也是个城府极深的男人。

公元前206年，阴历十月，项羽谋害了楚义帝熊心（楚怀王熊槐之后），这就给刘邦举兵攻击项羽提供了理想的借口。

汉王刘邦宣称，要惩罚这个弑君者。中原大地上，开始时作为一系列反对秦暴政的地方叛乱，最终发展为汉王刘邦与西楚霸王项羽之间的争斗。

楚汉之间一场长期的拉锯战争就此开始了。

汉高祖二年的春天，汉王刘邦统率五路诸侯的军队，共56万人，东进伐楚。

汉王刘邦的讨伐并不顺利。平定三秦后，汉军在彭城受阻。这里是西楚霸王的地盘，汉军被楚军追击到灵璧东面的睢水河。这一仗，打得好惨烈，无路可逃的汉军，竟有十多万人落入睢水，以致睢水都不能流淌。

天无绝人之路。此时，老天爷都在帮助汉王刘邦。

正当楚军将汉军包围了三层时，大风从西北刮起，吹断了树木，掀翻了房屋，飞沙走石间，天色昏昏然。狂风夹杂着沙石向楚军迎面扑来。楚军顿时大乱，阵形溃散，汉王刘邦才得以和几十个骑兵突围。

逃过一劫的汉王刘邦，本打算经过老家沛县时，接出家眷西行，但是，楚军却早已派人追往沛县。刘邦的家人四处逃散，没能与他相见。所幸，在返回关中路上，汉王刘邦见到了儿子刘盈和女儿——后来的鲁元公主，刘盈即后来的汉孝惠帝。

此刻楚军的骑兵追杀迫近，汉王刘邦着急了，竟然将刘盈和女儿推下车去。自小与刘邦相交甚好，又跟随刘邦起事的滕公夏侯婴，见汉王刘邦将自己的儿子女儿推下车，就下车将他们抱上来。然而，又被刘邦推下车。这样推下抱上反复了好几次。夏侯婴急了，大喊：事虽然危急，但是可以将车走得快一些，怎么能丢弃他们不顾？夏侯婴坚持将刘邦的一对儿女抱到车上。

如此冷血的父亲，也的确少见。刘邦虽然得以脱身，但是刘邦的父亲——刘太公，妻子——吕雉却没有找到。后来得知，他们在寻找刘邦时，遇上了楚军，项王将他们拘留在楚军营中。之后，汉军彭越在梁地多次反击楚军，断绝楚军的粮食。项羽在忧虑中，想到刘邦的父亲刘太公和妻子吕雉在自己营中，可用来做筹码逼使刘邦撤军。

项羽设置了一个高大砧板，将刘邦父亲太公放在砧板上面，然后告诉刘邦：现在如果不快快投降，我就烹杀了太公。没想到刘邦却冷静地回答项羽：

我和你项羽都是在北面称臣，受命于楚怀王，可以说是"结为兄弟"了。我的老子就是你的老子，一定要烹杀你的老子，那么希望你分给我一杯肉羹。

这便是"分我杯羹"的典故。项王听了极为愤怒却无计可施，声言要真杀了太公。这时，又是项伯出来相劝：

天下大事还不能预料，而且打天下的人，不顾念家眷，这是常事。杀了太公也没有好处，只能增加祸患。

项羽听从了项伯的劝阻，太公才没有被当作砧板上的鱼肉剁了。

楚汉长期相持，未决胜负，致使年轻力壮的苦于当兵打仗，年老体弱的疲于转运粮食。有一天，汉王与项王一同站在广武涧两边对话。项王对汉王说：

几年来天下扰攘不安，只是由于我们两人的缘故，我愿与你单挑，一决雌雄，不要使天下百姓空受痛苦。

汉王笑着说：我宁愿斗智，不愿斗力。然后，汉王刘邦开始滔滔不绝地历数项羽的罪过：

最初，我和你项羽都受命于楚怀王，说是先入关中的就在关中为王。你项羽违背约定，却让我在巴蜀汉中做王。这是第一罪；

你项羽假借楚怀王的命令，杀了卿子冠军宋义，而自尊为上将军，这是第二罪；

你项羽已经援救了赵地，应该返回复命，而你擅自胁迫诸侯的军队进入函谷关，这是第三罪；

楚怀王约定，到秦地不要残暴掠夺，你项羽火烧秦朝宫室，想挖始皇帝的坟墓，私自聚敛秦朝财物，这是第四罪；

杀害了秦朝投降的国王子婴，这是第五罪；

在新安，用欺骗的手段坑杀了秦朝子弟20万，而封他们的将领做王，这是第六罪；

你项羽让自己的将领都在好地方做王，而迁走原来的诸侯王，使臣下争为叛逆，这是第七罪；

你项羽将义帝驱逐出彭城，自己建都彭城，夺取韩王的土地，合并梁、楚称王，多划给自己土地，这是第八罪；

你项羽派人在江南暗杀了义帝熊心，这是第九罪；

为人臣下而杀害他的君主，屠杀已经投降的人，执政不公允，主持约定不守信用，为天下所不容，大逆不道，这是第十罪。

我带领正义之师，随从诸侯来诛除残暴的贼人，派受过刑的罪人杀死你项羽，我何苦与你挑战！

刘邦一口气说出了项羽的十大罪状，项羽竟然也允许刘邦酣畅淋漓地控诉他。听完十大罪状，项羽才醒过神来一般，勃然大怒，他命令埋伏的弓弩手射杀汉王。弓弩手只一箭，就射中了汉王刘邦的胸部。刘邦却摸着脚说：这个贼人射中我的脚趾了。

项刘二人的性格与为人处世的不同，也是导致楚汉相争最终结果的因素。

善交朋友，讲究哥们义气的汉王刘邦，手下又有一批足智多谋的军师和将军如萧何、张良、韩信、陈平等等相助，在采用留侯张良和陈平提出的"聚集三王，方可与霸王一战"的计策之后，汉军日益强大。

公元前203年，刘邦与项羽达成一项划分中国的协议，这就是楚汉双方进行的历史上著名的"鸿沟和议"——以战国时魏国所修建的运河——鸿沟为界，平分天下。鸿沟以西为汉，承认刘邦为西面的汉王；

鸿沟以东为楚，项羽为东面的楚王。项羽将曾为人质的刘家家眷送还刘邦，双方军队撤至各自的基地，互不侵犯。

我们如今常说的"鸿沟"一词，也由此产生。

但是，这项协议没有长期维持下去，当项羽解除了军事对峙，率军东归，并放回曾被扣为人质的刘邦的父母妻子之后，刘邦阵营的谋士张良、陈平建议，撕毁鸿沟和议，趁楚军疲师东返之机，从楚军的背后发动偷袭。张良、陈平二人认为：

汉有天下大半，而诸侯也都服从于汉。楚军目前兵力不足，粮食短缺，正是上天亡楚之时。现在放走项王，不去攻打他，就是"养虎为患"。汉王刘邦采纳了他们的建议。

楚汉之间，一决胜负的最后战斗，在今天安徽省的垓下展开。这就是历史上著名的"垓下之战"。汉军和各路诸侯军队在垓下成功地包围了西楚霸王项羽。用兵之道，攻心为上。垓下的项羽军队，被包围后已是兵少粮尽。夜晚来临，楚营的四周，却突然响起楚地的歌曲。

汉军中传唱楚歌，这正是韩信动摇项羽楚军军心使用的计谋。

韩信使人教给汉军唱楚人家乡的歌曲，熟悉的乡音引发了楚军的儿郎思念父母，丈夫思念妻儿，人人思念家乡。也使他们误以为刘邦已占领他们的家乡。而自己困守垓下，内无粮草，外无救兵，只能坐以待毙。听着营外令人牵肠挂肚的乡音，楚军三三两两地开了小差，后来竟是整批溜走。

四面楚歌，彻底瓦解了楚军军心。

四面楚歌，也令霸气十足的项王大为震惊：难道汉军已经全部占领了楚国不成？

曾经威震四方的项羽发现，如今身边只有八百名壮士相随，不禁感叹，自己空有力拔山河的气势，却不能战胜汉军。

回到帐中，项羽借酒浇愁，看着身边的爱妾虞姬，看着跟随他出生入死的宝马骓，项羽禁不住慷慨悲歌道：

力拔山兮气盖世，时不利兮骓不逝。

骓不逝兮可奈何，虞兮虞兮奈若何！

项羽反复吟唱，在一声声"虞兮虞兮奈若何"的悲叹声中，依偎在他怀中的虞姬，也跟着他一同悲歌和声。男儿有泪不轻弹，只是未到伤心处。心高气傲的西楚霸王项羽，此时悲泣不已，以至泪流数行。左右侍从也都俯首哭泣，难过得不能抬头仰视项王。

跟随项羽多年的虞姬，从没见过西楚霸王项羽如此深切悲凉的感叹。温婉聪慧，善解人意的虞姬知道，四面楚歌的围困之中，她不能成为夫君的拖累，她要助他轻松顺利地杀出重围。决心下定的虞姬，此刻，为他们的生离死别做好了准备，她要做她应该做的事了。虞姬深情地望着她心中永远顶天立地的男人，从容而坚定地抽出项羽腰上佩剑，自刎身亡。

霸王别姬的爱情悲剧，就此成为荡气回肠的灿烂传奇，千百年来，一直被后人嗟叹，歌咏，演义，传说……

楚军的溃败已成定局，项羽左突右攻，终于杀出一条血路，而身边只有28名追随者成功突围。退守到乌江边的项羽，想要东渡过乌江。乌江亭长把船靠在岸边等待着项王。亭长对项王说：

江东虽小，面积也纵横上千里；民众数十万，也足以称王。希望大王赶快渡江，现在只有我有船送你过江了。汉军即使追到这里，是没有什么办法渡江的。

身心俱疲的项羽，听到此话并没有得到宽慰，心情愈加沉重。项羽仰面看天，心中有无限悲凉：

这是上天要灭亡我，我为什么还要渡江呢？更何况当初我和江东子弟八千人渡江西进，如今没有一个回来。即使江东父老怜悯我，仍然让我称王，可是我又有什么脸面去见他们？即使他们不谴责我，我自己难道不有愧于心吗？

这就是项羽的刚直之处。他不会想到，留着青山在，不怕没柴烧，或是只要活着，就有希望之类的心灵鸡汤。他不为自己寻找苟且偷生的借口，也绝不做失败的行尸走肉。在他看来，一世的英名胜于失败者残喘苟活的躯壳。

自觉无颜见江东父老的一代枭雄项羽，饮恨自刎在乌江边，结束了他惊天动地的辉煌一生。

西楚霸王项羽，兵败于乌江自刎，也成为家喻户晓的历史故事。太史公司马迁对项羽不寻常一生的描述，有赞叹，有惋惜，也有诘问。他总结道：

秦朝政治腐败，陈涉首先发难，豪杰蜂起，相互争夺，不可胜数。然而项羽毫无凭借，乘势起于民间，三年时间，就率领五路诸侯消灭了秦朝，分割天下，封王建侯，政自己出，号称"霸王"。虽然最后没能保持他的地位，但近古以来还未曾有过这样的事情。等到项羽放弃关中，怀恋楚地，放逐义帝而自立为王，抱怨王侯背叛自己，这时已经难以控制局势了。自我夸耀功勋，逞一己私智，不效法古人。以为创立霸王的事业，需要用武力来经营天下，终于五年时间覆灭了他自己的国家。关键是，身死东城，还没有觉悟，不自我谴责，这就不对了。竟然用"上天灭亡我，不是我用兵打仗的过错"为借口，难道不是太荒谬吗？

这场历时四年——前206年（汉高祖元年四月）至前202年初（汉五年十二月）的楚汉战争，终以项羽彻底败亡自杀，刘邦一统天下而告结束。

随着项羽自刎于乌江，再也没有任何杰出的领袖能够阻挡刘邦——他，就是无可争议的中原霸主。

项羽死后，汉王刘邦并没有诛杀项氏宗族。项伯被封为射阳侯，桃侯、平景侯、玄武侯也都是项氏宗族，他们都被赐予刘姓。

这虽算是皇帝的恩宠，但是，从另一个角度去审视，作为失败者，也是连自己的姓氏都不能再拥有的悲哀。

当天下已定，汉高帝刘邦在洛阳南宫摆设酒席，宴请诸侯，他意气风发地喝了几轮酒后，向群臣提出一个问题：

各位诸侯和将领，不要隐瞒我，都要说心里话。我能够得到天下是什么原因？项羽所以失去天下是什么原因？

有人回答说：陛下派人攻城略地，所招降攻占的地方就封给他，给立大功的人加官晋爵，与天下人利益相共。项羽嫉贤妒能，对有功的人加以陷害，贤能的人受到怀疑，打了胜仗而不论功行赏，取得土地而不与分利，这就是他所以失去天下的原因。

汉高帝刘邦认为他们说的都很有道理。但是，刘邦说：

你们知其一，不知其二。说到在帷帐中运筹策划，决胜于千里之外，我不如张良；镇守国家，安抚百姓，供给军粮，畅通粮道，我不如萧何；连兵

百万，战必胜，攻必克，我不如韩信。这三个人，都
是人中俊杰。我能任用他们，这是我之所以取得天下
的原因。项羽有一个范增而不能任用，这是他所以被
我擒杀的原因。

公元前202年阴历二月，刘邦经其浴血奋战的伙
伴的劝说，接受了皇帝的称号。经历了秦帝国的灭
亡，之后又是激烈的楚汉内战，中国历史上最激动人
心的大事件发生了。

一个统一的中国，再度于艰难中建立。

一个称为汉朝的帝国，即将一步步雄霸中原大地。

存在了400多年的汉代王朝，从长安开始，将长
达两千年基本保持原状的帝国理想和概念传给了后
世中国。

400多年的汉代王朝，给后世中原人留下了"汉
人"的族称。

400多年的汉代王朝，全盛时期曾经有6000万人
口，是可以与西罗马帝国并称的两大帝国。

西汉的张骞，肩负汉帝国的使命，两次出使西
域，从长安出发一直向西，进入中亚地区，再向西，

经今天的伊朗等国到达罗马。行程八千多公里，穿越当时的二十几个国家，凿空了一条对世界文明产生巨大影响的陆上丝绸之路。代表汉王朝的长安，从此成为世界的贸易中心。

不过，这些辉煌是汉帝国的后代创造的。立国之初的汉王朝，在秦朝的暴政以及秦末农民战争和楚汉之争的摧残破坏下，经济萧条，处处是残败的景象。

汉朝初始，沿袭了秦朝时的弊病，各诸侯国一并兴起，人民失去农作之业，从而发生大饥荒。全国只有五千石粮食，由于互相残杀啃食，死的人超过了一半。加上汉帝国政权尚未稳定，国家还不安宁，主要的军事装备都极为落后和匮乏。没有足够的马，无法满足打仗的需要。

当时的经济窘迫，景象难以形容。汉皇朝只好规定，马车只能皇帝坐，除了出征打仗，将相一般只能坐牛车。

处于如此劣势，王朝的边境一旦有风吹草动，就必将遭受领土完整的威胁。汉高帝刘邦对于眼前的满目疮痍，百废待兴，一定是了然于心的。

公元前202年5月，汉高帝刘邦向全国发布皇帝诏令：士卒都卸甲回家。诸侯国的士卒留在关中的，免除徭役十二年；那些回家乡的免除徭役六年，发给粮食供养一年。六月，又大赦天下。

一个新的王朝诞生了，然而，艰难困苦与重重险境，并没有绕着新王朝行走，而是接踵而来。

对于一个初立的汉帝国的考验才刚刚开始。

冒顿单于的鸣镝

就在中原的政治形势不稳，内战不绝之时，在北方，在北亚内陆地带，一个游牧汗国——匈奴，在名叫冒顿（mò dú）的匈奴新领袖率领下，却正处于上升时期。

公元前209年，秦二世元年，25岁的冒顿，在使用鸣镝做杀人游戏后，自立为匈奴单于，成为匈奴之王。

匈奴地处北方边陲，气候寒冷，物产贫瘠，是一个随逐水草，迁徙无常的游牧民族，除了畜牧业之外，其他生活物品全需依靠他人。获得财物成为他们最重要的目的之一。

匈奴这个北方部落，没有文字书籍，他们只凭言语进行约束管理。男子小的时候就能骑马，开始学习拉弓射鸟鼠。少年时，就能用射箭打狐狸和兔子，以肉为食。壮年的匈奴小伙，不仅能弯弓射箭，个个还是铁甲骑兵。平日没有战事，匈奴人就一边放牧，一边射猎禽兽，以此为谋生之道。遇到紧急战事，他们就练习战阵攻杀，掠夺他人财物。将别人的东西占为己有，似乎是理所当然的，或者就是他们的天性。

所以他们中的男性，个个身强体壮，而且弓马娴熟，适应力强，性情残忍好斗。凭借着对环境地理的熟悉，经常是来无影，去无踪。虽然，匈奴没有深厚的文化，但是他们有爬山越水的良马，适合于越野作战；他们还擅长山川谷地往来驰射的骑术，山地作战能力也很强；长年生活在北寒地带，他们又有顶风冒雪抗冻挨饿的坚忍，使得他们具备了持续行军能力。

他们的长兵器是弓箭，短兵器则是刀。战斗时，他们顺利就进攻，不顺利就撤退，从不以逃跑为耻。如果有利可图，他们便会不顾礼仪。匈奴人吃畜肉，穿皮革，壮健的年轻人吃肥美的食物，老年人则吃残羹剩饭。父亲去世了，儿子便娶后母为妻；兄弟死了，活着的便娶他们的妻子做妻子。

匈奴将他们的君王称作单于，而"单于"（chán yú）的意思则是广大的样子。意为单于如天一样大，是有绝对权威的最高首领。

秦始皇在公元前221年统一六国，建立起中国历史上第一个大一统的专制帝国。在此之前的战国时期，匈奴就对中原诸国的北方边境地区形成了持续的威胁。

秦统一之后的第六年，秦始皇曾命令大将蒙恬，率领30万大军，北击匈奴。"是时蒙恬威震匈奴"，让匈奴畏之如虎的蒙恬将军，骁勇善战，一路高歌猛进，收复了黄河以南曾被匈奴占领的失地。第二年，蒙恬将军又北渡黄河，夺取了本由匈奴控制的高阙（今临河西北的石兰计山口）、阳山（今临河西北的狼山）以及北假（今河套以北、大青山以西的地区）等地。

大获全胜的秦国，在蒙恬率领下，在黄河边上修筑了44座城池，并且迁来大量内地人口，在河套地区屯垦，解决居民的生计和驻军的食粮。同时，也为了加强防御。

出身于武将世家的蒙恬，历代效力于秦国，他的祖父蒙骜曾为秦国立下赫赫战功。虎父无犬子。蒙恬将军值得大书特书的，还不仅在于"威震匈奴"，征讨北方的戎狄。蒙恬从公元前221年起，在长达十多年的时间里，率领30万民众，奉命修建了秦直道。更值得赞叹的是，他还率领民众沿着高山险堑，依傍溪谷，把战国时期秦、赵、燕等国所修筑的长城重新修整、加固，并且连接起来。

秦长城西起甘肃临洮（今岷县），沿着黄河北至河套，再沿着阴山一带，一直抵达辽东，蒙恬则率领数十万军队，镇守在上郡（今陕北榆林地区）。

秦长城经后世不断地修葺、弥补，犹如蜿蜒的巨龙盘亘静卧于崇山峻岭之间，被称之为万里长城。

长城，更像是一条绵延在中国北方的文化界碑。

界碑以北，是以游牧为生的马上民族。"天苍苍，野茫茫，风吹草低见牛羊。"辽阔美丽的草原上，驰骋着健壮的骏马，马上是高大魁梧、彪悍粗犷的草原男人，习惯了拉弓射箭的臂膀在阳光下健康得耀眼。草原上，进出毡房忙碌的人影，是个性鲜明，敢爱敢恨，为男人甘于付出的草原女人。女人们圆圆的脸庞，浓浓的眉毛下，是长长的睫毛，水汪汪的大眼睛深情款款。

界碑以南，则是以农耕经济为命脉的中原人。聚族而居，顺天应命，守望田园，日出而作，日落而息，精耕细作。农业文明孕育了内敛式自给自足的生活方式。

那时，匈奴的单于，名叫头曼。

那时，还有两个部落——东胡、月氏（ròu zhī）也都很强盛。

匈奴的头曼单于一方面抵挡不住秦国的大将军蒙恬的强势打击，另一方面对于同样强大的东方的东胡和西方的月氏，也心怀恐惧。

因为担心匈奴在与秦国的对峙中，另两方会趁火打劫，造成匈奴不必要的损失，头曼单于带领着部落，往北迁徙了700多里，撤出了河套地区，甚至放弃了原属于匈奴的头曼城。

十多年后，蒙恬大将军被秦二世胡亥和权臣赵高所害，含恨惨死。全国各地连续爆发了反对秦王朝权威的起事，原先的诸侯后代纷纷反叛秦国，中原地区多年饱受战乱之苦。

中原王朝的战乱与混乱，致使为秦王朝守边的军民纷纷逃离。匈奴趁势渡过黄河，在南边又以原先的边塞与中原为邻，再次逼近北方边界。彼时，匈奴头曼单于所立的太子是冒顿。这太子冒顿性情粗犷、勇猛，却不失狡黠、敏锐。头曼老单于后来和自己最宠爱的阏氏（yān zhī，匈奴单于妻子的称谓）又有了一个儿子。头曼老单于着实后悔，太子立得太早。怎么能废掉这个太子冒顿，而重立宠爱的阏氏的儿子为继承人呢？思来想去，头曼老单于于是派太子冒顿到月氏去做人质。

头曼将冒顿送到了月氏做了人质，却立即发兵攻打月氏。月氏君主大为震怒，决定杀死匈奴的人质冒顿，但机智的冒顿及时得知消息，偷了月氏的良马跑回了匈奴，从而逃过一劫。冒顿没想到，自己的父亲竟然因为偏爱弟弟，而要置自己于死地。幸好，自己福大命大活了下来。现在，死的就应该是自己的亲弟弟了！

冒顿从月氏活着回来了，令借刀杀人的父亲头曼单于没想到。心怀仇恨、死里逃生的冒顿，回来的首要目的就是要报这场人质之仇。势单力薄的冒顿，本以为报仇需要漫漫长路的煎熬。然而，头曼单于却给了他报仇的机会。

头曼单于对于儿子冒顿的死里逃生虽然十分失

望，但表面上装作很高兴，夸赞冒顿机智勇猛，并任命他为率军万骑的将领。心知肚明的冒顿，装作心无城府地接受了父亲的虚情假意，欣然接受任命。

于是，太子冒顿带着头曼单于交给他的万骑军队，踏上了复仇之路。这位颇有心机的冒顿，开始严格训练他的部队。冒顿发明了一种能发出响声的箭镞。在箭头后部附着一小块空心器物，当箭镞射出后，风经空心出入，便会发出尖锐的呼啸，后人将这种箭镞称之为"鸣镝"。冒顿训练他的一万骑兵使用"鸣镝"骑射，凡不与他一同射杀同一目标的兵士，均被冒顿斩杀，以此训练兵士听从他的绝对指挥。

冒顿对这些兵士说：我的鸣镝射向什么目标，你们必须也射向那个目标；如果有谁不跟随我去射，我就杀死谁。冒顿率领这些兵士出去打猎，当他用鸣镝射向鸟兽时，果真有不跟随他射向同一个目标的兵士，他果断地杀了他。

不久后，冒顿用鸣镝射杀了自己心爱的宝马，兵士们依然有的不敢跟随射杀，冒顿二话不说，立即处死了这些人。又过了些日子，冒顿又用鸣镝射杀了自己的爱妾。兵士们目瞪口呆，十分恐惧，自然有的人不敢随同他射向这样的目标，冒顿又把这些不敢随他而射的兵士斩杀了。

之后，冒顿率人出去打猎时，用鸣镝射向自己父亲头曼单于最喜欢的一匹宝马。经历过一轮轮射箭斩杀之后，这些兵士已经无一例外地都跟随着这个疯狂的指挥者向宝马射箭。

此刻，冒顿知道，自己已经建立了绝对的权威，身边的兵士终于可为己所用，唯命是从了。

有一天，当冒顿的父亲头曼单于出外打猎时，冒顿知道，他的机会来了。冒顿从容不迫地用鸣镝射向了自己的父亲头曼单于，随着鸣镝呼啸声响起，他的这些训练有素的兵士们，也随同他一起将一支支箭镞射向了头曼单于。随后，头曼单于的妻子、小儿子——也就是冒顿的弟弟和所有头曼单于的亲信，以及不听从自己的大臣们，一个都不放过，成为冒顿鸣镝声中的目标。

复仇已经结束，对于冒顿来说，他的人生之路还没有结束，可以说，他的人生才刚刚开始。

公元前209年，秦二世元年，25岁的冒顿，在使用鸣镝做杀人游戏后，自立为匈奴单于，成为匈奴之王。

靠鸣镝杀人的血铺就的复仇与称王之路，并不是冒顿单于的人生终极目标。他要像用鸣镝训练杀人一样，把匈奴所有的部落统一起来，让整个匈奴族成为他手中的利刃。

冒顿指向哪里，匈奴的大军就杀向哪里，不管是蒙古高原东部的东胡国，还是游走于河西走廊一带的大月氏国，甚至是南方的秦国，他都想要一一灭掉。只要自己掌握了毁灭一切的力量，灭掉所有的敌人，就不用担心会被别人所杀了。这是冒顿的信念和决心。

冒顿不相信任何人，他所能相信的只有他自己，以及他手中所握有的"鸣镝射箭"，这支"鸣镝射箭"便是他用残暴的杀戮，训练出来的整个匈奴族的战士。在他的眼里，这些战士就只是一支支"鸣镝射箭"，而"鸣镝射箭"是没有任何感情可言的，自然也不会背叛。他相信只有把一切都掌控在自己手里，他才能感受到什么叫作安全。

冒顿即位的几个月前，秦始皇病逝，20岁的胡亥即位做了秦皇帝。胡亥即位，使得秦帝国快速走向了坟墓，而冒顿则带领着匈奴一步一步走向强盛。冒顿单于杀父称王之时，匈奴整体国力还不够强大，相比东邻的东胡政权，却是强盛的。当东胡听说匈奴发生政变，冒顿弑父篡权，认为此时的匈奴民心不稳，政局动荡，正是可以趁机打击匈奴的好时机。

东胡派遣使者前来匈奴，傲慢地对冒顿说：我们的君王很想得到头曼单于那匹千里马。冒顿闻听此言，询问大臣们应当如何。大臣们说，这是匈奴的宝马，岂能给他们？冒顿却说，与人家做邻居，怎能吝惜一匹马？于是就将千里马送与了东胡。

东胡轻易得逞，以为冒顿怕自己，又派使者对冒顿提出，东胡想得到冒顿单于的一个阏氏。冒顿为此又询问大臣们。大臣们十分愤怒，这东胡如此嚣张，竟然向我们索要阏氏，真是欺人太甚，请单于下令攻打东胡。冒顿却说，与人家做邻居，怎能吝惜一个女子？于是，将自己喜爱的阏氏送给了东胡。

东胡轻而易举得到了宝马，又得到了美人，认定匈奴国力衰弱到毫无招架之力，于是，更加骄横。这次东胡直接向西侵略，意欲吞并匈奴。东胡再次派遣使者，说：我国与你国之间有一片荒芜之地，你们到不了那里，所以，这片土地就归我们东胡吧。

冒顿再次征询群臣意见，大家鉴于前两次单于的慷慨，有人就说，这片荒地上几无居民，毫无用处，那就送给东胡吧。没想到冒顿听此勃然大怒：土地是国家的根本存在，岂能轻易送给他人？当即下令，将主张赠土地给东胡的大臣斩首。然后，冒顿单于亲自披挂上阵，率领训练为杀人机器的匈奴大军东突西进。

向东，冒顿单于大胜强大而轻慢的东胡，俘获了东胡的民众，掠夺了东胡的牲畜和物产。

向西，冒顿单于将大月氏从河西走廊驱逐到了伊犁河、楚河一带。

强悍的冒顿单于，政权日趋稳定而强大。他要继续开疆拓土，实现扩张称霸的野心。

公元前209年到公元前174年，匈奴在冒顿单于率领下，所向披靡。东至辽河，西逾葱岭，南界长城，北抵贝加尔湖。掠夺，在匈奴看来是比进行创造的劳动更容易甚至更荣耀的事情。匈奴的军力更是不容小视，仅引弓骑射的骑兵就有30万之多。

整个西域逐渐成为匈奴的势力范围，楼兰、乌孙、呼揭及其周围的26个小国，均成为匈奴的附属国。匈奴大跨步地进入了历史最强盛时期。他们多次深入到中原地区，肆意抢掠人畜，劫夺财物。

　　冒顿单于的目光，一刻也不曾转移过——觊觎南方——中原地区。

　　肥沃的土地，如山的珍宝，炫目的五彩棉帛，贵如黄金而柔软的丝绸……

　　就在汉王刘邦与西楚霸王项羽做殊死搏杀之时，双方谁都顾不上，也没有精力应对，匈奴冒顿单于争夺北方边鄙之地。于是，匈奴冒顿单于的捷报频传：

　　匈奴兼并了楼烦、白羊河南王之辖地，收复了秦朝大将军蒙恬当年夺去的匈奴领地；

　　匈奴已经越过长城，占领了河套地区和阴山一带；

　　匈奴还在阴山建立了一个制作弓箭的军事手工业基地。

　　……

　　从淳维单于到头曼单于有一千多年，匈奴有时强大，有时弱小，居住零散分离。到了冒顿做单于之后，是匈奴最强大的时期，北方各少数民族都服从了他的统治，与南方的华夏各族形成了势均力敌的态势。匈奴的世袭传承、姓氏官号，在这个时期，才被记述下来。

单于姓挛鞮氏（luán dī shì），他们的人民称君主为"撑犁孤涂单于"。匈奴人将"天"叫作"撑犁"，将"子"叫作"孤涂"，而"单于"的意思则是广大的样子。在匈奴人心中，单于如天一样高大、辽阔。

匈奴设置有左右贤王、左右谷蠡王、左右大将、左右大都尉、左右大当户、左右骨都侯。这些左王左将居于东方，面向上谷以东（今河北省张家口市）的地区，连接秽貉（huì mò，古时东夷国名）、朝鲜；右王右将居于西方，面向上郡（今陕北绥德县）以西，与氐、羌接壤；而单于王庭面对代郡、云中地区，他们各有分占的地区，随水草的好坏迁移。

匈奴有自己的法律，拔刀伤人，伤口达一尺的要被处死；犯偷盗罪的，要将全家人口、财产没收入官。一旦犯罪，情节较轻者要被轧碎骨节，情节严重者要被处死。坐牢时间长的不过十几天，全国关押的犯人也不过几个。

单于每天清晨要走出营帐，郑重礼拜刚刚升起的太阳；晚上，月亮升起时，要礼拜明月。

匈奴人的丧葬习俗与汉人也有不同，他们随葬有棺椁、金银、衣裳，却没有坟堆、墓树和服丧制度。如果是单于去世了，单于身边亲近的臣妾殉葬的有多达数十人，也有上百人。

匈奴人兴兵打仗常随月亮的盈亏而改变战术。月满时就攻战，月亏时就退兵。他们作战时，斩得敌人头颅的，就赏赐一壶酒，而所掳获的战利品就归他所有，俘获了人便作为奴婢。所以他们作战时，人人都为了得利而奋勇向前，且善于引诱敌人进入包围圈，然后歼灭。

他们追逐利益时，就像鸟一样飞集一处；一旦遇到危险，或是溃败时，便土崩瓦解、风流云散。他们打仗时，若是谁用车将死者运回来，死者的家财便全归他所有。

当时匈奴贵族大臣，都很佩服年轻气盛又有手段的冒顿，虽然他是弑父篡位的单于，但是认为他贤明有才能。

自从冒顿做了匈奴人新的领袖后，攻城略地，又征服了北方的浑窳、屈射、丁零、隔昆等小国。

匈奴，正如一匹时刻脱缰的野马，现在，要将铁蹄踏上南方紧邻的这个立国未稳的汉朝土地。

匈奴，犹如悬在汉帝国头上的一把利剑，时刻威胁着汉王朝的北方，令汉王朝上下坐卧不宁。

毕竟汉王朝初立，国政未稳，民生凋敝，论国力、论军力都不如富有机动性的游牧民族的骑兵。而强悍的匈奴正在蒸蒸日上，意欲大规模南侵中原。

长城南北，汉高帝刘邦与匈奴冒顿单于，两双不同颜色的眼睛，此时隔城相望。

铜铺首

一个人与长安都城的确立

公元前202年，一只小小蝴蝶的翅膀忽而一扇动，就将一个草根人物送到了历史的关键时刻。

刘邦力排众议，决定采纳娄敬、张良的建议，"即日车驾西都关中"。即马上起驾，实施往西定都关中的计划。

都城长安，因为一个草根人物的出现，而进入了中国和世界的视野与历史。

这个人应该与这座有着2000多年历史的古都一样，是不朽的。

然而，2000多年之后，走遍长安城的每一个角落，都不曾发现这个人的任何足迹。

这是一个不曾被史学家详细记载的小人物。

这是一个没有任何靠山的平头百姓。

就是这样一个小人物，曾经的一介戍卒，却为汉王朝的兴盛，为长安古都城的不朽，做出了居功至伟的贡献。他，便是娄敬，一位不显于外，却几乎决定了大汉帝国初期一系列重要国策的人物。

他本姓娄，名为娄敬。因为他的巨大贡献，被高帝刘邦赐姓刘，后名为刘敬。

娄敬这个人，在历史上出现得着实奇怪，出场也堪称意外。他可谓是乱世奇才，却生卒年不详，只知他是西汉初年齐国卢（今山东省长清区）人。

我们能知道的，在史书中记录的只有那寥寥几笔，但也足以令这个戍卒娄敬名垂青史了。史书上说：

娄敬，齐人也。汉五年，戍陇西，过洛阳。

娄敬，身为一名齐人，却一直戍守陇西，汉五年（公元前202年6月），娄敬从被征调去的陇西郡（今甘肃临洮）来到洛阳。

秦灭齐国，是在公元前221年。娄敬大概是生于齐末。入秦之后的娄敬遭征发戍守陇西。秦亡于公元前206年，娄敬却没有立即东归。四年之后，他方才"过洛阳"。此时经过洛阳的娄敬，已经是一副西北人的打扮，还有些落魄：穿着破旧的羊皮袄，拉着大车。

一介戍卒，却极关心时政。娄敬听说汉高帝刘邦就在洛阳，而且决定要将帝都定在洛阳。娄敬做出了一个改变自己人生命运和一座都城命运的决定。

娄敬扔掉了拉车用的横木，去拜见了同是齐人的虞将军。他对虞将军说，他要求面见高帝刘邦。这个决定，绝非一个普通的戍卒所为。不难想象，娄敬一定是个饱读诗书，尽知天下大事的不凡之人。而且，娄敬也有着一般读书人所缺少的胆识与格局。楚汉战争刚刚结束，刘邦招揽天下能人志士的制度还在延续，虞将军有责任引见能人。但是，作为同乡的虞将军，看到娄敬穿着破旧的皮袄，就对娄敬说，你不能穿成这样去见高帝。我给你找件好点的衣服换上。娄敬谢绝了虞将军的好意，他不肯换掉破旧的衣袄，还振振有词地回复虞将军：

我如果穿着华丽的衣服，那我就穿华丽的衣服去见高帝；我现在穿着破旧的衣服，那我就穿破旧的衣服去见高帝。

太史公司马迁就是这么几笔，便让一介戍卒进入了历史大视野。这段简单而生动的叙述，却包含着多层丰富的表述。

公元前202年2月，刘邦在定陶称帝，当月，从定陶来到洛阳。三四月间，汉高帝刘邦在诸侯大臣的簇拥下，住进了洛阳的南宫。赢得了楚汉战争的汉王朝，第一个问题就是准备在哪里建都。

在踌躇满志的群臣们看来，首都非洛阳莫属，这是顺理成章，不用讨论的问题。此时的洛阳城，正在因再次成为国都的喜悦气氛包围着。汉帝国的许多文武大臣们，沉醉在夺得政权的胜利兴奋之中，他们忙着或争功夺爵，或广置田产。南征北战多年，是安居乐业过好自家日子的时候了。

洛阳是周朝成立之初所建立的东都，周平王东迁后即位于洛阳。汉帝国定都洛阳，一是无疑可以表明，汉朝是直接承续周朝而来的，即表明了汉政权的合法性。二是洛阳有现成的宫殿可用，无须大兴土木。三是洛阳地处中原腹地，东面是成皋，西面有崤山、渑池，背靠黄河，前面是伊河、洛水，地理环境自然不错。四是汉高帝以及君臣是清一色的山东（指函谷关之东）人，洛阳地处函谷关以东，将洛阳定为首都，的确是人心所向。

五月，汉高帝下达了士兵各归原籍复员为民的诏令，天下自此以为可以远离战乱，太平无事了。随后，刘邦于洛阳发布诏书，在南宫大设酒宴招待群臣，已经基本上计划建都于"天下之中"的洛阳。

都城是一个帝国政权的中枢和心脏，为国之根本。选得妥当与否，直接关系着天下的兴亡和长治久安。定都，绝非一个简单的首都选址问题，它还关系到人心所向、统治安全、资源分配。

刘邦能打赢楚汉战争，靠的是"据秦之地，承秦之法，用秦之人"——他不能只考虑老部下的利益，曾经与他南征北战的各方人士的利益，他也必须照顾。外围异姓王盟友们，他还需要安抚并加以防范。

亲王部属归心似箭，怎样满足他们？

异姓王林立东方，定都东方是否安全？

这一步棋，不好走。

这一难题，不易答。

但是，刘邦似乎还没有想到不好走，不易答。

娄敬适时地出现了，不仅点拨了刘邦，也仿佛是为能走好这一步棋，解决这一难题而出现在历史关键时刻的。

试想，如果娄敬仅仅作为一个戍卒，终老于边陲，没有建功立业的机会，那既是娄敬人生的最大悲剧，也是汉帝国的巨大遗憾。历史的走向也许就在此时向另一个方向发展。

"乱世出英雄"，这是一个常态。因为乱世是一个缺乏秩序的时代，缺乏了秩序，就为各色人等的脱颖而出提供了最大的可能性。因此，每一次乱世都会造就大量英雄。

秦末汉初，百废待兴，许多英雄就这样应运而生了。于是，就有了娄敬。历史为饱读诗书，尽知天下大事的娄敬，打开了一扇施展个人才能的大门，也为历史本身寻找到了另一条出路。

穿着破旧皮袄的娄敬，在虞将军的引荐下，自信满满地，竟然就面见了汉高帝刘邦。这位戍卒娄敬，这位个性十足、踌躇满志的娄敬的出场，竟然挥洒自如地令刘邦改变了建都洛阳的打算，也从此造就了一座城市的诞生。

若是娄敬那天去见刘邦时，是一副儒生打扮，想必会遭到汉高帝刘邦的冷漠或是鄙夷。之前刘邦就曾对儒生十分的不尊重。

当刘邦见到穿着破旧皮袄的娄敬这一刻，就心生了几分感慨。同时，娄敬穿得虽然落魄，但是看起来肯定气度不凡，这让刘邦有些震惊。刘邦先让娄敬吃饭。他一定从娄敬的穿着，想到了娄敬衣食住行也肯定成问题的。所以刘邦先赐给娄敬食物。

刘邦一定也感觉，来人虽然如此贫困，却不乏优雅气质。他对娄敬的个性也一定是十分的欣赏：

臣衣帛，衣帛见；衣褐，衣褐见。

便可见此人的真性情。总之，能看得出，刘邦甚是喜欢这个来访者。于是，刘邦"已而问娄敬"，即刘邦等娄敬吃完，才询问娄敬是来干什么的，有何见解。娄敬直言不讳地问：

陛下定都洛阳，是不是要与周朝比较一下兴盛？

这正是刘邦心中所想。刘邦自然说：然。

娄敬斩钉截铁地讲出自己的看法，说：不应该定都洛阳。

刘邦肯定要知道，这"不应该"是何道理。

娄敬先是分析了周朝的先祖取得天下的原因和经过，论证了周天子治理天下的手段、方法和特点。然后，娄敬又对比刘邦取得天下和周朝取得天下的不同之处，从历史的、地理的、军事的、民心的等等方面，陈述不宜建都洛阳的原因。

最后，娄敬详细论证了建都关中的重要意义。娄敬指出，汉高帝要定都洛阳这种想法，其实有相当的危险性：

汉朝和周朝根本比不了，周人品德高尚，经过十几代人苦心经营，终得天下。在周朝鼎盛时期，天下和睦，四方各族心向洛阳，归附周朝，仰慕周君的道义，感念他的恩德，依附而且一起奉事周天子。即使不驻一兵防守，不用一卒出战，八方大国的百姓没有不归顺臣服的，都进献贡物和赋税。然而，到了周朝衰败的时候，从西周到东周，天下没谁再来朝拜，周室已经不能控制天下。不是它的恩德太少，而是失去了影响力。

如今陛下从丰邑沛县起事，招集三千士卒，带着他们直接投入战斗，便席卷蜀、汉地区，平定三秦。

与项羽在荥阳交战，争夺成皋之险。大战70次，小战40次。使天下百姓血流大地，父子枯骨暴露于荒郊之中，横尸遍野不可胜数，悲惨的哭声不绝于耳，伤病残疾的人们欲动不能。这种情况却要同周朝成王、康王的兴盛时期相比，我认为这是不能同日而语的。汉统治天下纯属依靠军事实力，和品德高尚没有一点关系。洛阳地处天下中心，四面受敌。

有德则易以王，无德则易以亡。

所以定都洛阳，只适合周朝，不适合汉朝。

娄敬的话，汉高帝刘邦听着，似有些在理，却并不能完全被说服。刘邦反问娄敬：

那依你之见，定都在哪里比较合适呢？

娄敬没有察言观色，高帝是否愿意听下去。他自顾自滔滔不绝：

秦地有高山被覆，黄河环绕，四面边塞可以作为坚固的防线，即使突然有了危急情况，百万之众的雄兵是可备一战的。借着秦国原来经营的底子，又以肥沃的土地为依托，这就是所说的形势险要、物产丰饶的"天府"之地啊。陛下进入函谷关，把都城建在那里，山东地区即使有祸乱，秦国原有的地方是可以保全并占有的。两人相斗，最好的办法是扼住对方喉咙、压住对方背部，这样对方便无法抵抗了。陛下如能定都关中，控制关中，无疑是得到了扼天下之喉、压服天下之背的优势。

娄敬把周秦之异、天下形势、当前局面做了精妙分析。并明言定都关中，方便控制天下东镇诸侯，取秦之利而避秦之弊。如此这般，方能成就帝业而非"霸业"。

娄敬说了这么多，其核心点其实就是一个，选择立都关中是明智之举。汉朝不能太高估自己的实力，汉朝还不具备立都洛阳的实力。这是因为当时周朝之所以立都洛阳，是依靠着对于当时诸侯的绝对控制，周王朝一声令下，天下莫不从之。如此，周武王才敢立都洛阳，但是，结果呢？才过了多少年，便荣耀不再，而一旦中央失势，那么周王朝便几乎连重新崛起的机会都没有。如此看来，当时汉朝的局势，七大异姓诸侯王的实力，已经超过了汉政权中央的实力，如果立都洛阳，极为不安全。

娄敬的进一步阐释，令刘邦意识到，立都城的确不只要考虑地利的因素，还要考虑政治、军事形势。无论洛阳有千般好，在尚且不能保证安全的情况下，立洛阳为国都还不是最理想之地。

定都毕竟是件大事，非同小可。刘邦遂召集群臣商议。刘邦的"群臣皆山东人"，全都不愿定都关中。"争言周王数百年，秦二世即亡，不如都周。"群臣争先恐后地对刘邦说：

周王朝有数百年之福祥，而秦王朝只有短短的二代就灭亡了，可见关中根本无法保证政权的稳固。洛阳东有成皋之险，西有崤山、渑池之峻岭，背靠黄河，面向伊水及洛水，它的地势很坚固，足以凭借。

群臣一番话也说得很是在理，这让高帝刘邦迟疑不定。退朝后，刘邦私下询问他一向非常信任的谋士张良。张良从洛阳和关中的地理形势着眼，为高帝刘邦做了详尽分析：

洛阳虽然也有险固地利，但其中心腹地不过百里，地区狭小，土地也很贫瘠。若四面受敌，确实不是用武之地。至于关中，左边有崤谷（即宝鸡的大散关）及函谷关，右边有陇蜀大山，沃野千

里，南有巴蜀一带的富饶资源，北有可以同畜牧的
胡人进行贸易的国境。凭借三面险阻来防守，易守
难攻。只用东面一面便可来控制诸侯。诸侯安定的
话，可以利用黄河及渭水运输便利，将天下财物、
贡品向西供给京师。如果诸侯有变，出师可顺流而
下，足以靠它运送军需。这正是所谓金城千里，天府
之国啊！所以臣以为娄敬的建议，是非常正确的。

张良的观点主要是，洛阳虽然四周有险阻，但是
中间小，不宜于防守和大战。关中即使天下大乱，也
不怕。可以扼守咽喉，至少拥有关中。

张良对定都的一番权衡利弊的分析，对娄敬的主
张明确表示支持，刘邦听明白了。

太史公司马迁在他的皇皇巨著《史记》中，记录
有娄敬和张良当年力荐定都关中的这段历史，其中描
述关中地理环境的优美文字，读来荡气回肠：

娄敬言：秦地被山带河，四塞以为固，
卒然有急，百万之众可具也。因秦之故，资甚
美，膏腴之地，此所谓天府者也。

张良言：夫关中左肴函，右陇蜀，沃野千

里；南有巴蜀之饶，北有胡苑之利。阻三面而守，独以一面东制诸侯；诸侯安定，河渭漕挽天下，西给京师；诸侯有变，顺流而下，足以委输；此所谓金城千里，天府之国也。娄敬说是也。

历史大潮，稍纵即逝，奔流不回。一些关键点，如果阴差阳错，就会与机遇失之交臂。再合理的历史决策，假如没有人以坚定的意志强力推动，那也是不可能实现的。一个能真正推动历史的人，需要具备三个基本条件：眼界、意志、威望。

刘邦不再举棋不定。因为张良的分析全面而深刻，加之张良在许多重大事件上，深谋远虑，深得刘邦信赖，促使刘邦改变了建都洛阳的初衷。

刘邦力排众议，决定采纳娄敬、张良的建议，"即日车驾西都关中"。即马上起驾，实施往西定都关中的计划。

汉高祖五年（公元前202年）八月，刘邦正式迁都长安（今陕西省西安市西北）。

一介戍卒娄敬，不蔓不枝，一字一板，大胆

倡议定都关中，表现出的智慧和才能，深得高帝刘邦的赏识。他很看重提出建议的娄敬。能有那么多人甘为刘邦出生入死，就是因为刘邦不忘记人的功劳。

刘邦对娄敬做出了两个封赏：一是，赐娄敬姓刘，表示对娄敬的喜爱，从此当一家兄弟对待，也让贫困的娄敬有了家族的尊荣；二是，刘邦给了娄敬一个封号——奉春君。官拜郎中。关于"奉春君"三字的含义，后来元人张晏的解释说：

> 春，岁之始也。今娄敬发事之始，故号曰"奉春君"也。

以之喻汉王朝之始，生机勃勃欣欣向荣从娄敬开始，可见汉高帝刘邦对娄敬的欣赏和肯定无以复加。

长安都城功勋 萧何、刘敬

公元前201年，汉高帝刘邦采纳娄敬的建议，将都城由洛阳迁至"金城千里，天府之国"的关中。

汉王朝的新都城命名为"长安"，位于现在的西安市城区西北。这里曾经是秦朝的一个乡聚名称。

定都城名"长安"，是祈望汉王朝"长治久安"之意。

就此，一座在中国和世界历史上影响深远的都城——"汉长安城"，宣告诞生。

讲述汉王朝和汉长安的故事，是绕不过汉朝开国元勋萧何的。

公元前11世纪，西周建都之地的遗址，是位于现在西安市长安区马王镇、斗门镇一带的沣河两岸，但当时都城的名称却并不是长安。周文王在河西建造的都城叫丰京，周武王在河东建造的都城叫镐京。

公元前350年，秦定都咸阳，而咸阳，如今是不在西安的行政区划之内的。定都咸阳以前的秦，都城在栎阳，位于现在西安治下的阎良区境内。

公元前201年，汉高帝刘邦采纳娄敬的建议，将都城由洛阳迁至"金城千里，天府之国"的关中。原来的秦都城——咸阳，已毁于战火，是不能再作为都城了。高帝刘邦决定，就在秦都城咸阳的附近，距离周朝都城镐京不远的地方，渭河以南、龙首原以北、秦咸阳兴乐宫、章台等宫殿、道路基础上，重新修建一座新城，作为大汉王朝的都城。

汉王朝的都城命名为"长安"，位于现在的西安市城区西北。这里曾经是秦朝的一个乡聚名称。

定都城名"长安"，是祈望汉王朝"长治久安"之意。

就此，一座在中国和世界历史上影响深远的都城——"汉长安城"，宣告诞生。

汉长安城曾经经历了四个阶段的演变：

汉初的草创；汉武帝时期的扩建；王莽时期的改建；东汉时期的衰败。其中，以汉武帝时期最为辉煌。

汉长安城周长为25700多米，面积为34.39平方千米，相当于今天西安城内的3倍，人口约为50万，不仅是全国最大的城市，也是当时世界上屈指可数的大都市。

汉高祖七年（公元前200年），刘邦命萧何负责规划建造都城。

萧何与刘邦一样，都是沛县人。早年任秦沛县县吏。他勤奋好学，思想机敏，对历代律令颇有研究。

萧何性格随和，年轻时结交了许多朋友。其中就有秦泗水亭长刘邦，屠夫樊哙，狱掾曹参，车夫夏侯婴，吹鼓手周勃等，由于他们年龄相近，情趣相投，很快成为志同道合的好朋友。

萧何对刘邦的感情更不一般，他十分欣赏刘邦。在他眼里，刘邦器宇轩昂，风骨不凡，谈吐也有别于众人，有大贵之相。因为萧何对刘邦格外佩服，所以，萧何曾多次利用职权暗中袒护刘邦。

在太史公司马迁看来，早年的萧何，担任秦沛县的县吏，不过是一个文牍小吏，平平庸庸，没有什么突出的贡献。自秦末萧何辅佐刘邦起义，"及汉兴，依日月之末光"，才名显天下，得"萧相国"之名。

当年攻克咸阳后，萧何接收了秦丞相、御史府所藏的律令、图书，掌握了全国的山川险要、郡县户口，对日后制定政策和取得楚汉战争胜利，起到了重要作用。

楚汉战争期间，萧何留守关中这一根本重地，使关中成为汉军的巩固后方，不断地输送士卒粮饷支援作战，对刘邦战胜项羽，建立汉朝，同样起到了重要作用。

无论是史书记载，还是在民间传说，萧何"萧相国"，最令人津津乐道的，是他"成也萧何，败也萧何"的故事。当年，刘邦被项羽封为汉王，还没有来到汉中的南郑，许多人就都逃跑了。韩信由于怀才不遇，不得志，也要逃跑。萧何听说韩信逃跑之后，便连夜去追。有人以为，萧何也要逃跑，就报告给刘邦。

刘邦自然大发雷霆，出生入死的生死之交，竟然也经受不住艰苦的考验，离他而去吗？刘邦像被人砍掉左膀右臂一样痛心。然而，过了两天，萧何回来了。刘邦喜极怒极，质问萧何：你为什么逃跑呀？

萧何笑着回答：我哪里是逃跑呀？我是追逃跑的人去了。

刘邦怒火平复大半，又问：你追的人是谁？

萧何说：韩信。

刘邦刚刚平复的怒火又燃烧起来，拍起了桌子：

大将跑了几十个，没见你追，你说你追韩信，这不是胡说八道吗？

萧何又笑道：那些大将很容易得到，天下多的是，而像韩信这样的人，失去这一个，天下就没有第二个了。大王你要是想一辈子蹲在汉中，那就用不着留韩信；你要是想争天下，那就非韩信不可，除了他，再没有第二个人能为你图谋这个大业了。

刘邦说：就依着丞相，让他做个将军，怎么样？

萧何说：叫韩信做将军，他仍然是会走的。

刘邦又让一步：那拜他为大将军怎么样？

萧何说：很好！

刘邦当即就让萧何去召韩信来，马上就拜他为大将军。萧何则直截了当地说：

大王平时太不注重礼仪了。拜大将军是件大事，不是小孩子闹着玩儿似的叫他来就来。大王真要拜韩信为大将军，先得命人造起一座拜将台，选个好日子，大王还得沐浴更衣，亲自戒斋，然后隆重地举行拜将仪式。这样，才能让全体将士都能听从大将军的指挥，就像听从大王的指挥一样。

刘邦接受建议说：好吧，就按你说的，着手去办吧。

这就是"萧何月下追韩信"这一广为流传的历史故事的由来。

刘邦依萧何的安排，说做就做，筑好了拜将坛，选了吉祥的日子，非常隆重地举行了拜韩信为大将军的仪式。后来，韩信果然不负众望，率领汉军，所向披靡。

拜将坛始建于公元前206年。今天的汉中市依然保存有"拜将坛"遗址。

韩信是江苏淮阴人，出身寒微，幼年时便失去了父母。韩信读书习文勤奋，曾乞食漂母，还受过胯下之辱。后来韩信经萧何举荐，刘邦不拘一格用人才，在汉中城南，筑台设坛，祭天拜将。韩信被拜为大将后，统帅三军，"明修栈道，暗度陈仓"，北出汉中，平定三秦，百战百胜，辅佐刘邦统一全国，成就了帝业，为建立西汉王朝，立下了卓越的功勋，被誉为"兵仙神帅"。

拜将坛是汉王朝的发祥地，也是得人才者得天下的历史物证。很显然，楚汉战争中，韩信的军事才能得到充分发挥和运用，乃至汉王刘邦能够最终夺取天下，从一定程度上说，同萧何的慧眼识才，倾力荐贤是密不可分的。所以，后来刘邦一再说：

> 夫运筹策帷帐之中，决胜于千里之外，吾不如子房。镇国家，抚百姓，给馈饷，不绝粮道，吾不如萧何。连百万之军，战必胜，攻必取，吾不如韩信。此三者，皆人杰也，吾能用之，此吾所以取天下也。

刘邦从内心感觉，张良、萧何、韩信是他建立王朝居功至伟的三大功臣。

随后，刘邦论功行赏时，定萧何为首功，封他为酂侯，食邑最多（原本张良封赏最多，但是张良坚辞不受）。许多功臣心里不平，认为自己跟随刘邦出生入死身经百战，萧何只不过坐在家里发发议论，做做文字工作而已，毫无战功可言，凭什么他的食邑比我们多？刘邦闻知此事后对群臣说：

你们只不过相当于猎狗的功劳。至于萧何，他能放出猎狗，指示追逐目标，相当于猎人的功劳。况且你们只是一个人追随我，多的也不过带两三个家里人，而萧何却是全族好几十人跟随我，这些功劳怎么能抹杀呢？

刘邦做了皇帝以后，为了巩固新兴的西汉政权，便开始了逐一地翦灭异姓王的斗争。

首先要除掉的，就是刘邦时常挂在嘴边称道的"连百万之军，战必胜，攻必取"的韩信。此时的刘邦认为，功高望重，且握有兵权的韩信，是第一大威胁，必须先从他身上下手。

早在韩信为大将军后，刘邦便对韩信有所疑忌。他一方面巧妙地利用韩信攻城略地，另一方面，待自己羽翼丰满、实力雄厚之后，便开始一步步地排挤、贬低韩信。

汉高祖十一年（公元前196年），高帝刘邦开始实施消灭韩信、英布等异姓诸侯王的行动了。刘邦不会自己动手的，"所诛杀大臣多吕后力"。而鞍前马后为刘邦效力的萧何，义不容辞地站出来辅助吕后，他们合伙将韩信骗至长乐宫悬钟室，诛杀了韩信。

帮助刘邦夺得大汉天下的一代名将韩信，因功高震主，最终死于器重自己，高看自己，月下追自己归来的萧何之手，落得身首异处的结果。

萧何如此揣摩圣意，是他明白，这样做符合刘邦"固根基"的治国方略。

据说韩信在被吕后、萧何诱杀之前，发出了"狡兔尽，走狗烹；飞鸟尽，良弓藏；敌国破，谋臣亡"的浩叹。这话之前范蠡也曾对文种说过。

韩信的这种感叹，世人不难理解，因为刘邦如若没有拜军事天才韩信为大将军，就不可能打败兵强马壮、实力远远大过自己的项羽，大汉政权也就无从建立。太史公马迁在《史记·淮阴侯列传》详细记载道：

> 吕后欲召，恐其党不就，乃与萧相国谋，诈令人从上所来，言豨已得死，列侯群臣皆贺。相国绐信曰："虽疾，强入贺。"信入，吕后使武士缚信，斩之长乐钟室。信方斩，曰："吾悔不用蒯通之计，乃为儿女子所诈，岂非天哉！"遂夷信三族。

我们可作一假设，如果当初韩信听从谋士蒯通的计策，取刘邦而代之，中国的历史将会出现怎样一种全新篇章？

只是，历史不会出现如果。历史每一页的翻动，都是如此血腥而沉重。

善解圣意的萧何，为刘邦除去了一块心病。为此，萧何得到了刘邦的加倍恩宠。

"成也萧何，败也萧何"一语，就此传播开来。

对汉王朝建立与发展立下丰功伟绩的萧何，也是建都长安最早的规划者和设计者。

汉高祖七年（公元前200年）二月，当刘邦从平城回到了长安，长安城的长乐宫已经建成，丞相以下都迁到了新都长安。长乐宫在汉长安城的南隅，又称东宫，是由秦兴乐宫改建而成的。

汉朝初年，刘邦从栎阳城徙居长乐宫，受理朝政。汉孝惠帝刘盈以后，长乐宫改为太后的居所。西汉末年，长乐宫毁于兵火。

汉高祖七年的八月，刘邦再次亲率汉军东征，攻打韩王信的残余叛贼。而丞相萧何在刘邦出征期间，亲自监修了未央宫，建立了东阙、北阙、前殿、武库和太仓。

公元前199年，未央宫竣工。当刘邦返回长安，看见未央宫修建得富丽堂皇，心里很是不高兴。刘邦对萧何说出了自己的不满：

天下喧扰不安，苦战数年，现如今天下初定，民穷财尽，怎么将这座宫殿建造得如此奢华，这不是过度浪费吗？

萧何见高帝责怪，不慌不忙地回答道：正因为天下刚刚安定，才好借机会多征发些人和物来营建宫室。况且天子以四海为家，宫室壮丽才能显出威严，也免得子孙后代再来重建。

听丞相萧何如此解释，高帝刘邦欣然接受。

这座由丞相萧何亲自监修的宏大的宫殿群，在长安城的西南隅，又称西宫，周长11公里。东面与长乐宫相距一里。

未央宫是中国历史上有名的宫殿，为皇帝朝会之所，是西汉帝国的大朝正殿，西汉帝国200余年间的政令中心。

西汉以后，未央宫仍是西晋、前赵、前秦、后秦、西魏、北周六个小朝廷的政府所在地，成为只有以后唐朝的大明宫可与之相比，但它持续使用的时间却比大明宫还长的宫殿。

隋唐时期，未央宫被划入唐长安城的禁苑。唐武宗时重修了宫殿，因此现存的遗迹，有很多是那时遗留下来的。

汉长安城未央宫遗址，位于今天的西安市未央区，汉长安城遗址西南部的西安门里，建于汉高祖七年（公元前200年），毁于唐末战乱，存世1041年，是中国历史上使用朝代最多、存在时间最长的皇宫。

1961年3月4日，汉长安城未央宫遗址，被国务院公布为第一批全国重点文物保护单位。

2014年6月22日，在卡塔尔多哈召开的联合国教科文组织第38届世界遗产委员会会议上，汉长安城未央宫遗址作为中国、哈萨克斯坦和吉尔吉斯斯坦三国联合申遗的"丝绸之路：长安——天山廊道的路网"中的一处遗址点，成功列入《世界遗产名录》。

未央宫竣工后，萧何又开始规划、督建长安城。

汉丞相萧何亲自督建的汉长安城，平面呈方形，但并不规整。

长安城的城墙，因为在长乐宫和未央宫建成之后才开始兴建，为了迁就二宫和河流的位置，形成南墙曲折如南斗六星，北墙曲折如北斗七星的形状，被民间形象地称为"斗城"，即以天上的南斗和北斗作喻。

汉长安城墙全部用黄土夯砌而成，城内面积约36平方公里。

汉长安城有"六宫一库十二城门，八街九陌东西九市一百六十余闾里"。

"六宫"，即长乐宫、未央宫、建章宫、北宫、桂宫、明光宫。

汉长安城内的宫殿、贵族宅邸、官署和宗庙等建筑约占全城面积的三分之二。宫殿集中在城市的中部和南部。贵族宅邸分布在未央宫的北阙一带，称作"北阙甲第"。

"一库"，即为武库，是汉王朝中央政府的武器库。

"十二城门"，即长安城的东南西北四城墙各有三个城门，共计十二城门，每座城门之下的街道平坦而笔直，可同时并行十二辆马车。

"八街九陌"：由于汉长安城是一座不规则的城池，所以，只有八个城门可以形成通向城里的大街，即东西向和南北向各四条街。

所谓的"八街"，就是长安城的主干道。其中最长的街有5500米，最短的仅有850米，其余六条大街均超过3000米。大街宽度为45~56米，每条大街又分为三道，以砖砌排水沟相隔。中道宽20米，专供皇帝行走，被称为"驰道"。

"九陌"，史书上则没有明确记载。

著名的"东西九市"在城市的西北角上，由横门大街相隔，分成东市三市和西市六市。

东市被称为"长安市""大市"，是商贾云集之地，设于汉高祖六年（公元前201年）。

西市则密布着各种手工业作坊。设于汉惠帝六年（公元前189年），这些市场在官员的监督下营业。

"一百六十余闾里"：闾里为皇宫以外的居民之地，类似于今日的街巷，分布在城北，由纵横交错的街道划分为160余个"闾里"。

汉长安城没有严格意义上的宫城与郭城之分，各宫之间与民居、市场交错分布，是城郭合一的有机整体。把居民区、工商业区和宫殿区集中在一座城市里，后世的都城，都沿用了这一体系。

汉王朝初始，选择建都长安，是对巩固政权具有重要意义的步骤。在这个问题上，固然说明娄敬胸怀全局，颇具政治眼光，另一方面也不能不说刘邦慧眼识人，不以人废言，能择善而从，确也难能可贵。

长安——这座古老的都城，因为娄敬的建言，开始了它作为都城的历史命运。

长安——这座古老的都城，因为汉丞相萧何的规划与督建，得以矗立在关中平原，成为汉王朝历史辉煌的一部分。

汉高帝刘邦之后，汉长安城，经过了一百多年的修筑。

汉惠帝元年（公元前194年）起，修筑长安城城墙。

汉惠帝三年春（公元前192年），修筑达到高潮，先后征发了14万人筑墙，到汉惠帝五年秋（公元前190年）建成。

汉武帝继位后，对长安城进行了大规模扩建，兴建北宫、桂宫和明光宫，在城南开太学，在城西扩充了秦朝的上林苑，开凿昆明池，建建章宫等。至此，经过近一百年的兴建，汉长安城的规模，始告齐备。

汉武帝以后，长安城中再没有大规模的兴建，一直维持着原来的规模。汉末，洛阳被董卓纵火烧毁后，汉献帝曾迁回长安居住。此后的西晋末年、前赵、前秦、后秦、西魏、北周等政权，也都将首都设在长安。

经过西汉末年、东汉末年和魏晋南北朝期间的无数次战争动乱，汉长安城日益凋敝残破。

隋朝初年，隋文帝认为，汉长安城过于狭小和破旧，于是命宇文恺在长安城东南方，兴建新的都城。自开皇三年（公元583年）迁都大兴城（即唐长安城）后，有着近八百年历史的汉长安城，便被废弃了。

在西汉的200余年历史里，长安一直是全国的政治、经济和文化中心。

汉长安城是古丝绸之路东端起点、发源地、决策地，繁盛一时。与古罗马城并称的世界上最早的国际化大都市，因而有"东长安，西罗马"的美誉。不过，汉长城是同一时期罗马城的四倍，是当时世界上规模最大的城市。

长安城作为国都，其规模之大，在中国古代都城中也是少见的。

长安城也是汉文化的发源地，汉族、汉人、汉语、汉文化等历史概念诞生于此。"文景之治"、抗击匈奴、独尊儒术、汉武盛世、昭宣中兴、编撰

《史记》等历史事件，发生于长安城，对后世产生了深远影响。

长安城，曾经是许多王朝关注的首善之区。据统计，中国古代统一王朝、割据政权和周边少数民族政权，共建立过217处都城，其中立都时间最长的地方就是长安。

宋代以前，先后有西汉、新莽、东汉献帝、西晋愍帝、前赵、前秦、后秦、西魏、北周、隋、唐十一个王朝，三位流亡皇帝和三位农民起义领袖，曾把都城建在长安城，历时长达1077年，这在中国古代都城史中，是绝无仅有的。

因"长治久安"而得"长安"都城名，"长安"也成了国都的代称。

李白的《金陵》一诗中，有"晋朝南渡日，此地旧长安"，称东晋、宋、齐、梁、陈都城金陵为长安，实为江苏南京城。

北宋著名词人周邦彦的《苏幕遮》中，有一句"家住吴门，久作长安旅"，称北宋都城汴京为"长安"。

长安——长治久安，一直都是人类不曾改变的对美好生活的向往。

与这座都城的名字一样，长安，以历时1000多年作为中国都城的历史，名副其实地创造了中国乃至世界历史上千古不朽的灿烂辉煌。

经历了2000多年的风雨，现在，这座汉长安城的城市地面遗存，还相当丰富。遗址内，未央宫前殿、天禄阁、石渠阁以及城墙等重要建筑遗址，至今仍耸立在现代化的西安城地面上，是中国大型都市遗址中保存较好的一座，也是中国历史上最辉煌时期，最具代表性和典型性的文化遗产。

1961年，汉长安城遗址被国务院公布为第一批全国重点文物保护单位之一。

如今，在古都长安城里，已经无处找寻娄敬，或是刘敬的行走足迹。

由于娄敬过人的胆略和智慧，才使长安成为历史上西汉王朝的都城，才有了长安这么一个光照千秋的地名。所以，相信古都城长安的每一角落，都深深地镌刻着娄敬或是刘敬的名字。

作为后来的西安人，在追思娄敬、在感恩娄敬的时候，如果能在这座古都城的某个地方，见到有关娄敬或是刘敬，为这座都城所作出的丰功伟绩的碑文，或是有一座实感强烈的娄敬塑像，让更多的西安人，更多来到西安的人，了解这座古都城与娄敬的关系，了解历史上有这样一个影响历史走向的功臣，该是多么必要啊！

不过，无论有无立碑，有无塑像，娄敬或是刘敬，注定将与长安城一道载入史册。但是，历史上很多的事件和人物，并不是存在了才被写出来，往往是写出来了才真正存在了，流传了。

德国哲学家海德格尔有句名言："词语缺失处，无物存在。"就是这个意思。

如果太史公司马迁，没有为娄敬写出这简单的一笔，写出一个卑微的戍卒，竟然敢于面对高高在上的汉高帝刘邦，以及刘邦身边的大人物们，胆识超群地发表自己的独到见解，那么，我们哪里能了解到，中国历史上还有这么一个拥有大智慧、大胸怀、大格局的普通平民娄敬呢？

娄敬提出建都长安之后，又提出了多个重大问题的建议，每一个建议，都关乎汉王朝的安定、安远与长治久安，对初立的汉王朝政权的巩固和发展起到了很重要的作用。

娄敬或者刘敬的故事，不止如此，还将继续。

第二章

"白登之围"与"和亲"起端

如果汉朝的援军不能及时赶来，

如果匈奴军队执意围困下去，

那么无须厮杀，汉高帝刘邦将随同他的汉军，无疑要在饥寒交迫中自行灭亡于白登山上。

如果有这样的如果，

那么，大汉帝国是否还会形成？

那么，西汉盛世是否如期到来？

那么，后世还会有"汉人"或是"汉族"之称吗？

白登之围

今天，当我们回溯公元前200年那个冬天发生的这起大事件，肯定是超出了我们的想象力或是小说家的想象力。

这是一个悬念频出，跌宕起伏的故事。对于刚刚建立的汉王朝来说，这也是一场关乎生死存亡的劫难。

这个大事件被史学家称之为"白登之围"或是"平城之围"。

2000多年前，汉王朝初立时，分封了不少诸侯王，韩王信（本名韩信，战国时期韩襄王姬仓庶孙，曾封韩王，为避免与同时期的同名大将淮阴侯韩信相混淆，故习惯称"韩王信"）就是其中之一。

因为北方边境外的强敌匈奴正在不断扩张，意欲南侵中原，所以汉朝廷将韩王信派驻在太原地区，与匈奴边境靠近，以防匈奴侵犯。

公元前201年，韩王信将防线向北推移到马邑

（今山西朔县），以接近匈奴领地，试图与之对抗。怎料，韩王信却遭匈奴大军围困在马邑。

危机之下，韩王信为了拖延匈奴攻势，一边向汉朝廷发出求救，一边多次遣使者前往匈奴营地谈判，试图与匈奴和谈，以解燃眉之急。没有想到韩王信多次遣人与匈奴联系的这个举动，被朝廷误读了。汉朝廷得到消息，马上派兵救援，同时高帝刘邦派人去面见韩王信。

汉高帝派来的遣使者，在完全没有了解实情之下，做出错误的判断：韩王信怎么能擅自跟异族外交？韩王信是否已有叛国通敌之意？这一质疑，改变了事情发展的轨道。在战事敏感时刻，刘邦如果保持对韩王信的信任，或许才是最佳策略。

楚汉战争的过程中，刘邦就经常面临韩信、彭越、英布等人的忠诚问题，但那时候，刘邦无一例外都选择了信任和妥协。

这一次，刘邦不再是当年的刘邦。此时的韩王信有口莫辩，陷入内外交困之中。韩王信心中的担忧不是没有道理。皇帝能否相信他的解释？进而相信他的忠诚？一旦朝廷不问青红皂白，不听自己的辩解，那就难免有性命之忧。战乱之时，这是作为一个臣子不得不在心中要打的问号。

韩王信的恐惧还有另一个深层原因。汉初立时，刘邦所封的几个异姓诸侯王均被刘邦除去，韩王信自然感觉到自己迟早也会成为刀下亡魂。

千钧一发之际，韩王信已经想不到什么要维护军人的尊严和荣誉，什么大丈夫当战死沙场，以马革裹尸还。韩王信只能在意眼前的苟且和利益。

思忖再三的韩王信，害怕刘邦会对他下手，在这一年的阴历九月，索性直接献出了马邑，向匈奴冒顿单于投降。

大汉的将军韩王信竟然投奔到自己的营下，如此轻松就获得一份大礼，这让冒顿单于喜出望外。

冒顿单于得到马邑之后，继续南下。匈奴的骑兵在韩王信引导下，有如天助，轻而易举攻下太原，直抵晋阳城下（太原郡首府）。

汉高帝刘邦得知驻守边塞的韩王信果真投降了匈奴，怒不可遏。

汉高帝七年（公元前200年），农历辛丑牛年，刘邦在新年朝会之后，已经无心欢度节日。他要御驾亲征，大举讨伐匈奴和叛将韩王信。他亲自率领32万大军抵达晋阳，然后一路向北。

汉军在太原郡的铜鞮大破韩王信，斩杀了韩王信手下大将王喜，致使韩王信狼狈逃往北方，追随冒顿单于而去。

胜利来得非常容易。原因很简单，韩王信本来就不是什么用兵之才，靠着贵族的身份才能够在秦末成为一股势力。他本人绝对不是刘邦的对手，所以，一经交战就彻底溃败。

此时，韩王信的将领曼丘臣和王黄等，拥立了赵国的旧贵族赵利为赵王，跟韩王信、匈奴的冒顿单于结成联盟，一同对抗刘邦。

冒顿单于派左、右贤王率领骑兵一万，跟王黄率领的军队会合，在光武、晋阳一带构筑营垒，企图阻挡汉军的北上道路。

从兵力和战斗力两方面来看，汉军都处于绝对优势。刘邦又是久经沙场的老将，于是，汉军发动进攻，很快又把匈奴和韩王信残部打败。

韩王信叛军及匈奴骑兵迅速溃败，向北退去，汉军紧追不舍，30万大军一直打到了楼烦。

匈奴骑兵战败后向北方逃窜，稍稍逃离了汉军的追击范围之后，又迅速集结到一起，继续抵抗。但很明显，这点兵力根本遏制不住勇猛的汉军，他们最多也只能起到拖延时间的作用而已。

汉军再次发动进攻击溃匈奴骑兵。精通兵法的汉高祖刘邦深知，这样打了跑，跑了再来，正是匈奴骑兵的游击战术。要是不能将他们彻底消灭，战斗的意义并不大。所以，刘邦指挥汉军穷追猛打，不让敌人再有机会集结成军。汉匈双方的战场不断地向北推进着。

接二连三的胜利捷报，使得刘邦产生了轻敌的心理，以为匈奴骑兵不过如此。一代英豪项羽都是马下败将，冒顿单于难道还能强过楚霸王项羽？

时值冬天，战线越往北移，越是寒冷。北方无垠的旷野，风雪肆虐，寒潮降临，汉军缺少御寒的装备，数万兵士的手指都被冻掉。

有谋士劝刘邦暂停军事行动，稍事休整再做打算。因为汉军士兵不适应天气的严寒肯定是事实了。这一点对于北方的匈奴人而言，当然是占据一定优势的。

不过，入住到晋阳宫中，锦衣玉食的刘邦，只想着速战速决，会一会这个匈奴的冒顿单于。他要一劳永逸地解决匈奴问题，彻底歼灭匈奴。

　　赢得了天下的刘邦，和此时连战连捷的刘邦，是否真的认为自己天下无敌了？他此刻自信心满满，根本听不进暂停军事行动、稍事休整的谏言。所以，对于暂停军事行动的建议置若罔闻。

　　驻扎在晋阳后，刘邦派出了10个使者，前赴匈奴控制区域，侦察匈奴冒顿的虚实。狡黠而诡计多端的匈奴冒顿单于，对此了然于胸，他决定采用示弱之计。

　　关于强大与弱小的辩证关系，春秋时期的思想家老子在他的《道德经》中这样阐释道：

　　人之生也柔弱，其死也坚强。草木之生也柔脆，其死也枯槁。故坚强者死之徒，柔弱者生之徒。是以兵强则灭，木强则折。强大处下，柔弱处上。

　　这段话的意思是说，人在活着的时候，身体是柔软的，死后就会变得僵硬。草木生长时是柔软的，死后就要干枯。柔软为生，坚强为死。用兵逞强必遭灭亡，树木粗壮必遭砍伐。强大居下，柔弱居上。

　　此刻的冒顿单于，假装失败逃跑，引诱汉军追随。冒顿单于早已做了精心部署：将勇猛善战的精兵和肥牛壮马隐蔽起来，把老弱兵士和瘦弱牲畜暴露在外。

是故，汉使侦察所到之处，见到的都是些老弱病残、食不果腹的兵士和一些瘦弱见骨的牲畜。这让汉使感觉，匈奴已经衰弱到溃不成军的地步。

所以，使者一连去了10个，得到的10次报告，只有一个内容：匈奴只是些老弱病残兵和瘦马，兵力衰弱。并且据此判断，匈奴军不堪一击。

刘邦心中对此也有疑虑，又派遣"奉春君"刘敬，再去打探。

不过实际上到目前为止，刘邦已经被冒顿单于的计策所骗。就在刘敬打探还没有回来，汉高帝刘邦已等待不及，他集结32万之多兵力，向北挺进。途中遇到了风尘仆仆、勘察匈奴军情归来的刘敬。

看到大军已经马不停蹄地出征北上追击匈奴冒顿，"奉春君"刘敬恳切地劝阻汉高帝刘邦：陛下去不得也。

刘邦反问刘敬：为何去不得？有何道理？

刘敬说：按常理而言，两军交战，两国相争，都会竭力显示各自最强大的一面，以威慑对方。而我们一路所见，匈奴的情况恰恰相反，他们毫不掩饰自己的衰弱。这其中必定有诈。哪有无缘无故示弱的道理？想必是匈奴人的诱兵之计。目的是使我汉军产生轻敌思想而贸然前进，从而落入他们的埋伏圈。所以，我认为目前千万不能前去追击匈奴。

这时的汉朝军队已经越过了句注山。刘邦对谋士刘敬的正确分析不但听不进去，反而非常恼怒。他几乎暴跳如雷吼道：你个齐国佬，靠嘴皮子混了个官做，就把尾巴翘起来，竟敢在我面前胡言乱语，扰乱军心！

怒气之下，刘邦命令左右将刘敬捆绑了起来，囚禁在广武县。

群臣见此情形，哪里还敢提出异议？只能顺从刘邦，率领着大军，浩浩荡荡杀奔平城而去。

从当时情形看，刘邦对于匈奴的情况不能说是一无所知，起码是缺少充分的了解。至于冒顿是一个什么样的人，才能如何，胆略高低，更是估计不足。《孙子兵法》说：

知己知彼，百战不殆；不知彼而知己，一胜一负。

刘邦此时的状况可能是最差的一种：不知彼亦不知己，他认为是可以奋力一战的。结果轻而无备、鲁莽冒进，中了敌人的示弱之计。

被刘邦臭骂又遭囚禁的刘敬，确实是一位超凡的战略奇才，所谓见微知著便是如此。刘敬仅仅从匈奴人敢于展现衰弱一面，便看出了匈奴人的不凡。

一个实力强横的异族不算什么，古往今来甚多，但是一个懂得示敌以弱的异族，可就不是一个简简单单的异族势力了。正是想到了这点，才让刘敬深刻地认识到，现在的匈奴人已经远远不是只知道武勇的莽夫了，而是一支真正有着战术思考和战略眼光的强大军事集团。但是，此刻的刘邦还看不到这些。

汉军有30万之众，又有步骑兵之分，行军途中，不免有先后。刘邦自己和骑兵先行，脱离了步兵，从而导致只有少数军队随他抵达了平城。余下的主力部队落在了后面，运送粮草的辎重部队由于无法疾行，更是远离了刘邦的先遣部队。

与此同时，狡黠的匈奴冒顿单于，已经派兵接应韩王信，在白登山设下了埋伏，正在等待大汉天子进入自己精心编织的口袋。

当刘邦的先遣部队进入匈奴布下的口袋阵时，埋伏的40万匈奴大军骤然出击，声势浩大，毫无防备的汉军顿时惊慌失措，阵脚大乱。

好在汉军不乏良将，在抵挡了匈奴骑兵第一回合的冲击后，立即移师平城城外的白登山，试图利用居高临下的地形，暂时固守，等待后续的救援。

匈奴的40万大军在冒顿单于指挥下，将汉高帝率领的少量汉军，团团围困在平城的白登山上。

匈奴冒顿单于可不是等闲之辈，他杀父王、取东胡，用的都不是蛮力，而是智谋。他绝非一介莽夫，而是草原的一代枭雄。刘邦面对这样的对手却麻痹大意，势必要吃亏。

曾经杀死自己的亲生父亲——匈奴的头曼单于，如今冒顿单于又将目标对准大汉的最高首脑。精于计算的刘邦，在打败了项羽这个强大对手之后，此刻他却正在步入另一个精于算计的人，为他设置的圈套中。盲目轻视，对敌人情况不明的刘邦，在平城附近的白登山上，环顾四周，这才发现匈奴实力不可小觑，但为时已晚矣！

此时的刘邦陷入了当年项羽垓下之围的困境，

他命令士兵突围，但交战几次，都难以成功。匈奴这边，想直接将包围圈中的汉军聚歼，但也一时陷入苦战。

可以想见，这支汉军的战斗力还是很强的，双方形成了相持不下的局面。

冒顿单于率领的骑兵是从四面进行的围攻：

西面的是清一色白马，东面是清一色青马，北面是清一色黑马，南面是清一色红马。四个方向四支精壮骑兵，将汉军团团包围。天寒地冻，连日飞雪，狂风肆虐。山上并无房舍遮雪挡风，汉军完全不适应北方气候的寒冷，更不幸的是，随军的粮草所剩无多。汉高帝刘邦不禁悲叹：天将亡我乎？

如果汉朝的援军不能及时赶来，如果匈奴军队执意围困下去，那么无须厮杀，汉高帝刘邦将随同他的汉军，无疑要在饥寒交迫中自行灭亡于白登山上。

如果有这样的如果，那么，大汉帝国是否还会形成？

那么，西汉盛世是否如期到来？

那么，后世还会有"汉人"或是"汉族"之称吗？

那么，长治久安的长安城，岂不只是在历史的瞬间灰飞烟灭。

时间，是不会倒流的。

历史，是不能追问的。

历史，也是不存在如果和假设的。没有什么如果。

此时此刻，指望汉朝援军解围希望是渺茫的。匈奴军队早已分兵各个交通要道，成功阻截了前来救援的汉军。

站在白登山上的汉高帝刘邦，望着山下四个方向白、青、黑、红四色整齐有序的匈奴骑兵，绝望又懊悔，当初不该不听刘敬的谏言，如此轻敌冒进。

在绝望与懊悔之下，刘邦竟然将此前声称匈奴衰弱，可以出击的那些使者，全部处死了。

陈平献『美人计』解围

被围困在白登山上的汉军，粮食快吃完了，援军也没有到来。饥寒交迫，危在旦夕，而汉高帝刘邦却一筹莫展。濒临绝望之际，曾经为刘邦屡出奇招，帮助他夺取天下的谋士陈平，再一次指点刘邦，脱离了险境。

刘邦的身边，文官武将，个个都是非常人物，萧何、曹参、张良一众人中，还有一个屡出奇招的陈平。

陈平的一生充满传奇色彩，他是个极有谋略的读书人。年轻时，有一次乡里举行社祭，陈平主持分配祭肉，因为均等平分，陈平得到父老乡亲的赞赏："好啊！陈平这孩子分得好！"陈平说："唉，如果让我陈平主宰天下，我也会像分祭肉一样！"

秦朝末年，六国贵族纷纷起兵，陈平曾经效力于魏王，不久因受排挤又转而投靠楚王项羽。他曾跟随项羽入关攻破秦国，项羽赏给他卿一级的爵位。后因被陈平降服的殷王，又被汉王刘邦攻下，陈平遭到项羽冷落。公元前205年，陈平不得已，主动离开了不再信任他的项羽，追随刘邦，成为汉王朝著名的开国功臣之一。

秦末汉初，是英才辈出的时代。有资格被太史公司马迁列入"世家"的，只有陈胜、萧何、曹参、张良、陈平、周勃六人。陈平能列其中，可见陈平非等闲之辈，功名之显赫，可见一斑。

陈平曾为汉王朝谋划的奇计妙策非常多，为刘邦夺取天下起到了重要作用。

汉六年，有人上书，告楚王韩信谋反。得到消息的高帝刘邦，询问各位将领，众将纷纷说：陛下立即发兵，讨伐韩信。高帝刘邦举棋不定，就来询问陈平。陈平问高帝：各位将领怎么说的？高帝刘邦就把将领们的话全都告诉了陈平。

陈平又问高帝：给陛下上书中，说韩信谋反这事，还有别人告发韩信吗？

刘邦答道：没有。

陈平再问高帝：那么，韩信知道陛下已发觉他的造反意图吗？

刘邦回答说：不知道。

陈平的问题接二连三：陛下的精锐部队与楚王韩信的军队相比，谁的更强大？

高帝刘邦坦言：我的比不上他的军队强大。

陈平追问：陛下的将领，用兵打仗有谁能超过韩信的吗？

高帝摇头：无人能胜得过他。

听了高帝刘邦的回答，陈平道：如今陛下的军队不如韩信的精锐，将领的才能也不能跟韩信相比，却极力想发兵攻打韩信，这是促使韩信真的反叛发兵作乱。我很为陛下担忧。

高帝刘邦急问：那你说该怎么办呢？

陈平的计策脱口而出：按照古例，天子巡视天下，当地的诸侯就应该来朝拜。南方有云梦泽，陛下只需假装去巡游云梦，在陈州会合诸侯。陈州，在楚国的西部边界，楚王韩信一旦听说天子以友好的状态外出巡游，势必会认为无事而到郊外迎接陛下。等韩信来拜见的时候，陛下乘机拿下韩信。这只不过是几个武士就能办到的事情，陛下又何必大动干戈，调动军队去讨伐他呢？

高帝刘邦大喜，认为陈平这个建议，简直就是四两拨千斤的妙计。于是马上派出使者，告诉诸侯到陈州相会。

刘邦还没有到达陈州，楚王韩信果然已到郊外的路上迎接来了。

高帝刘邦预先埋伏好武士，见韩信到来，立即将韩信抓住捆绑起来。韩信喊道：天下已经平定，我本来就应当被烹杀！

刘邦对韩信说：你闭嘴。你谋反已经很明显了！

刘邦采纳了陈平的妙计，从而将楚地的叛乱消灭于无形。回到洛阳后，刘邦赦免了韩信。

陈平为汉王朝谋划的类似计策非常多，历史典籍记载，就有陈平"六出奇计"之说：

一、离间项羽、范增，楚势颓衰。

二、乔装诱敌，使刘邦从荥阳安全撤退。

三、封韩信王郊，使韩信耿心效命刘邦。

四、献策伪游云梦，智擒韩信，制服韩信。

五、使用秘计通融匈奴阏氏，在白登山刘邦被围七天七夜后得以脱险。

六、陈豨反叛，策反叛军将领，使平叛战争取胜。

每当陈平的奇计妙策得以成功，都会因功受奖，增加封地，有的奇计相当秘密，以至今日，世人都难以详知真情。而帮助刘邦解白登之围，使刘邦脱离匈奴险境，就是陈平其中一个奇计。

对于汉王朝来说，解白登之围这一奇计，可谓是举足轻重。

公元前200年的那个冬天，与刘邦一同被围困在白登山上的陈平，看着高帝刘邦焦虑的神情，在凛冽的寒风中，陈平分明感到身心的燥热。生死攸关时刻，不能为君主排忧解难，这是做谋士的耻辱。这些天里，山下整齐有序的匈奴军队的布阵，陈平已经眺望了好多遍，强攻无望，救援不得。如何解困于白登山？陈平苦思冥想，心力交瘁。

这一天，当陈平再次将目光越过层层叠叠的匈奴围军，突然，就那么一点点的破绽，被敏锐的陈平捕捉到了。这个破绽与匈奴的强大军队似乎无关。山下匈奴的大营里，冒顿单于与新得的阏氏，即便是在严谨整齐的军营里，他们俩也毫不顾忌，一次次双双骑在一匹马上，还不时地对望着，浅笑低语，缠绵到看着对方还想对方的情形。

曾经用过反间计、离间计的陈平，从冒顿单于与阏氏之间的情深意笃，或许想到了英雄与美人之说，或者是作为男人惯常的思路——红颜祸水之说。总之，曾经跟随过项羽的陈平，从冒顿单于对这位阏氏的宠爱上获得了灵感。

陈平很是知道，越是霸气冲天，铮铮铁骨的男儿，往往也是最儿女情长的男儿。楚霸王项羽如此，这个强悍近乎残暴，又英武善战的匈奴冒顿单于，也应有同样的致命弱点。

陈平看在眼中，计上心头。冒顿单于虽能出奇制胜，可也不免被妇人美女所惑。陈平要从冒顿单于的阏氏身上找到突破口。想到此，陈平立刻向刘邦讲出了解围计策。

陈平请刘邦挑选数名能说会道的军将，并要求刘邦以及文武官员将随身携带的贵重黄金珍宝奉献出来，交给这几位军将的同时，陈平还找来一幅美女图。然后，陈平向这几位军将面授机宜，让他们化装为匈奴人，偷偷去会见冒顿单于的妻子——阏氏。

陈平派遣的使臣，趁雾下山，悄悄潜入匈奴军营。他们设法躲过了巡逻哨兵的耳目，来到阏氏帐前。

他们以汉朝皇帝特使的身份，向阏氏献上了随身带来的珍玩宝物。汉特使说，汉帝真诚希望，与其拼个你死我活，不如各让一步，建立和睦关系。并承诺，现在向阏氏献上这些珍宝，只是一小部分，待回到中原后，还将送上大量丝绸、粮食和其他珠宝。汉帝希望阏氏在冒顿单于面前美言几句，劝单于网开一面，不要再死困汉军。这样，既避免两败俱伤，也为日后互惠互利奠定基础。

然后，汉特使又献上那幅美女图，继续对阏氏说：大汉皇帝为了表达与单于讲和的诚意，决定将中原的第一美人献给冒顿单于，以换取他撤兵白登山的决定。接受了汉朝特使带来的珍玩宝物，阏氏已经有所心动，听了他们一番睦邻友好的劝说，更觉得句句在理，打算接受他们的请求了。然而，当汉使展开画卷，画面上一个貌似天仙的美女呼之欲出，眉似初春柳叶，面如三月桃花；双目含情，令人魂飞魄舞。阏氏立刻面露怒容，厉声问道：为什么你们还要送美女来？阏氏语气中充满了不悦，特使们则暗中高兴。

在汉特使潜入匈奴营地前，陈平就告诉他们，这位阏氏十分强悍，尤其善妒，所以，她肯定会全力阻挠冒顿单于娶汉朝的美貌女子的。汉特使们立即表现出很无奈的苦相，哀叹道：

我们也是没有办法啊！实在是担心单于不答应讲和的要求。如果不送美女，单于是不肯撤围的呀！当然，如果阏氏劝说单于立即撤兵，使我们得以顺利离开，那么就没有必要再给单于选送美人了。

阏氏作为女人的忧思顿然生出：要是冒顿单于打败了刘邦，入主中原，肯定会娶中原的美女做阏氏。一旦冒顿得到了中原女子，我岂不是要被冷落？阏氏细思极恐，她马上回复使者说：珍宝留下，美女图你们拿回去，我去说服单于。

汉特使得此允诺，再三致谢，然后悄悄离去，回白登山复命。阏氏当夜就来到冒顿单于营帐。阏氏对冒顿单于说：

汉、匈两主不应该互相逼迫得太厉害。你如今以数
十万精兵围困汉帝在山上，他若毫无生路，汉人怎么肯
就此罢休？自然会拼命相救。那么，我们也因此会有严
重伤亡。就算你打败了汉人，夺取了他们的城地，也可
能会因水土不服，无法在中原长住。万一灭不了汉帝，
等他们救兵一到，内外夹攻，我们哪里还有安宁可言？

冒顿单于听闻，问道：那以你之见应当如何呢？

阏氏说：汉帝被围了七天，军中丝毫没有发生慌
乱，想必是有神灵在相助，虽有危险但最终未必死在
此地。大王又何必违背天命，非得将他赶尽杀绝呢？
不如放他一条生路，以免以后有什么灾难降临到我们
头上。

阏氏又劝说冒顿单于，要权衡利弊。对方毕竟
是一国君王，你又何必树此强敌？更何况，听说汉庭
从国内调遣了大量精兵前来，说不定援军不日就到。
我们最终未必能围困成功。所以，全力相拼，不如网
开一面，放刘邦生路，今后可不断换取匈奴缺少的粮
食、丝绸、珍宝。

冒顿单于本来与韩王信的部下王黄和赵利约定了

会师的日期，但他们的军队没有按时前来，冒顿单于正怀疑他们同汉军有勾结。现在阏氏如此劝说，冒顿单于斟酌再三，决定采纳阏氏的建议，主动让一步。一念及此，冒顿单于下令合围圈放开一角，让汉军撤出。

当天，正值天气出现大雾，汉军拉满弓搭上箭，警惕地从解除包围的一角慢慢地走出。

在白登山被围了七天七夜之后，汉高帝刘邦和这批军将，终于逃离绝境，与后援的大军会合。

以上只是后世人们的揣测与想象，即陈平仅凭一张美女图，智退匈奴40万大军，就此留下了一段解"白登之围"的传奇故事。《汉书·匈奴传》中，这样记叙当时有可能改变历史的险境：

平城之下亦诚苦！七日不食，不能彀弩。

从战争发展的形势来看，刘邦不可能轻易地全身而退。冒顿单于也不可能轻易放过刘邦。那么是什么计策可以扭转乾坤？使刘邦在40万匈奴兵的围困之下，不损一兵一卒地突出重围呢？

几十年以后，司马迁编写《史记》时，也是百思

不得其解。他在《史记·陈丞相世家》中只有简单到
一笔而过的叙述：

> 以护军中尉从攻反者韩王信于代。卒至平
> 城，为匈奴所围，七日不得食。高帝用陈平奇
> 计，使单于阏氏，围以得开。高帝既出，其计
> 妙，世莫得闻。

这简单的叙述告诉后人，陈平以护军中尉的身份
跟随高帝刘邦在代地攻伐反叛者韩王信。他们仓促中
到达平城，被匈奴围困，断食7天。高帝采用陈平的
奇计，派使者到单于阏氏那里活动，由此得以解围。
至于什么奇计，在高帝出围城后，这个计策一直秘而
不宣，太史公也只以"奇计"二字一带而过。所以，
世人无人知晓。

"其计妙，世莫得闻。"想来，归根到底，这一
切得归功于陈平的"美人计"，但是，因为其中诸多
微妙，的确是无法言明的。

陈平究竟是一个什么样的人？竟有如此大智慧？
他的计策总是出乎意料地奏效，或消除忧患，高唱凯

歌，或使事态发生逆转，且很多都难以言说。太史公司马迁，对开国功臣陈平陈丞相的评价也非常之高。在《史记·陈丞相世家》中，太史公总结道：

陈丞相年少时，本来喜好黄帝、老子的学说。当他在砧板上割肉分配时，他的志向原本已经很远大了。后来在楚魏之间彷徨不定，最后归附汉高帝刘邦。他常出奇计，解救纷乱的灾难，消除国家的忧患。到吕后当政时，事情多变故，然而，陈平竟能自免于患祸，安定刘氏宗庙，以荣耀的声名终其一生，人称闲相，这岂不是善始善终了吗？若不是足智多谋，哪一个人能做到这点呢？

刘敬的『和亲』之策

　　刘邦很明白，刘敬所讲的和亲策略，其实不过是掩饰汉王朝的窘迫和势单力薄的尴尬局面，以当时汉王朝的综合国力和军事力量，根本不可能与匈奴相抗衡。说到底，"和亲"之策，不过是为了缓和与匈奴的紧张关系，这多少是在卑躬屈膝地讨好匈奴，为汉王朝求得一个喘息之机。

　　经历了惊心动魄的"白登之围"，刘邦得以了解当时汉朝自身的国力，确实无法与蒸蒸日上的匈奴汗国抗衡。

　　虽然逃过一劫，但是汉匈边境的战事并没有就此结束。

　　实际上，很多的侵扰来自反叛的汉朝将领。那些投奔匈奴的汉人，经常带领着匈奴人来到边境烧杀抢劫，攻城略地。因为熟悉汉地内情，因此破坏性更强，首当其冲的，便是叛将韩王信。虽然汉高帝刘邦御驾亲征，击败了韩王信，但是并没有擒获到他。

当汉军惨败平城，侥幸得以解围之时，韩王信也得到了喘息之机。他一方面勾结上郡的曼丘臣、王黄等，共同推举多年前被秦朝消灭的赵国的后裔赵利为王，聚集起散兵游勇，组成了一直相当有战斗力的军队。另一方面，他继续借助匈奴冒顿单于的势力，侵略盗抢汉朝的代州、云中等地，给汉朝政权和汉民造成了太多的经济损失和人员伤亡。而像韩王信这样的"汉奸"又不止一个，由此匈奴冒顿单于更加有恃无恐，气焰嚣张，对汉朝北方边境的侵扰、掳掠持续不断。

汉高帝刘邦思虑，必须得有一个稳妥实用的办法，来解决眼前汉匈边境的危机，哪怕只是权宜之计。

"白登之围"奇迹般地得以脱险，当高帝刘邦逃生后，他对刘敬的好感大增。回到广武，高帝刘邦释放了此前反对他进攻匈奴的刘敬。败了就是败了，要承认刘敬分析得对。

刘邦第一时间真诚地向刘敬道歉：

朕当初没有听奉春君的建言，以至在平城遭遇围困，险些全军覆没。

然后，高帝刘邦封刘敬为二千户，做关内侯，号建信君。

一个有能力的杰出领袖很多，但是一个真正能做到知人善用，知错能改的领袖，便真的是少之又少了。由此也可看出，刘邦何以成功，必有其比一般杰出的领导者更过人之处。

当初因谏言被囚禁的刘敬，在汉军败归后，不仅被释放，还被刘邦封侯，无疑，高帝刘邦正是以这种态度和作为向大家表明，愿意接受刘敬的建议，重新调整对匈战略。

高帝刘邦并没有看走眼，当初穿着破旧皮袄就敢来建言，最终说服刘邦定都长安城的刘敬，的确是不可多得的奇才。刘敬不仅通晓历史和兵法，还工于心计，擅长言辩。他对天下形势有清醒的认识和总体的把握，是一个很有个性的谋士。刘敬虽然不是高帝刘邦的故旧，在汉高帝五年的时候才开始跟随刘邦。但是，他谋划的却都是汉帝国顶大顶大的国事。

南美的蝴蝶，扇动一下翅膀，会在北美掀起一场风暴；当历史的某个细节或是举措，或言论，扇动一下"翅膀"，则会改变历史的走向。

2000多年前，刘敬的谋划和建议，就是历史"蝴蝶的翅膀"。

苦于无法找到一个解决匈奴危机的良策，高帝刘邦忧心忡忡。此刻，他想起了深谙匈奴国情，又颇有战略思考的刘敬。

高帝刘邦将刘敬召到朝上，虚心地征询刘敬，有无良策解决汉匈边境战事？高帝刘邦说：

自大汉立国以来，匈奴一直侵扰着我大汉边境，这些年还愈演愈烈。冒顿单于兵强马壮，拥有引弓持箭的骑兵就有40万之多，北方边民苦于战乱多年，以先生之见，我们将如何消除匈奴的边患，还我大汉国家安定，百姓平安？

刘敬摇头道：陛下，您很清楚，大汉立国不满10年。无论是将帅士卒，还是平民百姓，都吃尽了战争的苦头，身心都疲于打仗，厌倦打仗。如今，冒顿单于以武力征服了东胡和大月氏，政权日趋稳定而强大。陛下若想遏制并征服匈奴，绝无可能仅靠小小的军事冲突，而是需要举全国之力，动员天下人投入这场战争。然而，目下我大汉无论财力、物力，还是军力都难以承受大规模的战事。更何况民心向背，百姓渴望安宁，不愿再次陷入战乱。这岂不注定是一场失败的战争吗？所以，从目前形势来看，最不适宜的就是以武力征服匈奴。

高帝刘邦听罢，眉头紧蹙，忧心道：先生所言，虽有道理，但是，匈奴的侵扰一天不平定，我大汉北方边民一天不得安宁。眼下，大汉初立，粮少兵残的，看来打是打不过了。如果派遣能说会道的使臣前往匈奴，与冒顿单于谈判，劝说他为了两国百姓着想，也需要我们两国维持和平，建立睦邻友好关系。这样如何？

刘敬再次摇头道：那冒顿单于，是残暴地杀了自己亲生父亲，登上匈奴单于这个君主之位的。他凭武力树威势，像这种残暴、野蛮，缺少人伦常理的人，如何与他讲仁义慈悲，讲百姓之苦，讲睦邻友好？谈判、劝说、跟他讲道理是讲不通的。

高帝刘邦闻言，情绪极为低落地再问刘敬：听先生这么分析，我们用武力是无法战胜匈奴的；前去谈判说理也行不通，难道，我们就没有任何办法解决这个难题了吗？

刘敬沉思片刻，心存疑虑地说：办法有一个，并且可以长久地与匈奴维持下去，使得匈奴的子子孙孙都成为大汉的臣民。只是，我担心陛下不愿意接受。

高帝刘邦听说有妙法制服匈奴，很是兴奋，催促刘敬：快快说来听听，只要是解决危机，我哪能不愿意接受？

受到鼓舞的刘敬，小心谨慎地将自己的建议和盘托出：

匈奴处于苦寒之地，物产稀少，百姓贫穷，他们多年来侵扰我大汉边地，就是为掠夺我们的财物。陛下舍得将自己的亲生女儿嫁给冒顿单于做妻子，并且同时赠送极为丰厚的嫁妆吗？如果冒顿单于得知陛下将亲生女儿嫁给了他，每年还能按时送给他大量中原物品。陛下拿一年四季汉朝多余而匈奴少有的东西多次抚问赠送，再派能言善辩的人，用礼节来开导启发他，那冒顿单于必定愿意接受。

公主是您的嫡亲女儿，地位尊贵，冒顿单于一定会宠爱公主，也有可能将公主立为正妻。那么，日后公主所生的儿子必定立为太子，今后还可能继承大位，成为匈奴的单于。想一想，冒顿单于活着，他是陛下的女婿，想必他不会过分无礼。冒顿死后，则有陛下的外孙接替单于，主宰匈奴，那样的话，怎可能发生做外孙的与自己的外祖父陛下对抗呢？

所以，若采用这种和亲的方式，我大汉不用兴师动众，劳民伤财地出战，就可以一代，两代，乃至三代、四代地维持和平，逐渐使匈奴臣服于大汉，不战而能屈人之兵，这岂不是很合算吗？

高帝刘邦听了刘敬的建议，认为确实是目前形势下最可取、可行的办法了。与匈奴"和亲"，不仅可以解决眼下困境，而且还可以使两个民族和平相处。此时大汉初立，需要恢复经济、发展生产、增强实力。

在大加赞赏这个办法之后，高帝刘邦又有些犹豫了——

这个办法好是好，但是，我担心皇后不会答应让公主远嫁到那个苦寒之地。

刘敬听后，叹口气说：陛下，这也正是我担心的，所以我提出这个建议也是有所顾虑的。我理解，哪个做父母的都希望自己的儿女活得开心，过得幸福，怎会忍心让自己的骨肉，远赴那种荒蛮之地去受苦呢？更何况公主这样的金枝玉叶。皇后不同意让公主去完成和亲，也在情理之中。但是，公主这一降嫁，将使天下苍生免于战乱之苦，万千将士也因此保住性命，陛下的江山也因此获得安稳。二者相比，我想陛下是知道孰轻孰重的。

高帝刘邦听了这番言语，似乎也是在说服自己，说立即与皇后商量此事。

刘敬献策"和亲"维系和平，这一举措拉开了中国历史上以"和亲"作为外交工具的大幕。

吕后做主 李代桃僵

高帝刘邦的皇后吕雉，嫁给刘邦之时，刘邦只是沛县的一个泗水亭长。他们的结合，很有些传奇色彩。

作为母亲的吕后，视女儿作掌上明珠。已经被刘敬的"和亲"建议说服的高帝刘邦，当然知道，吕后与女儿的母女感情深厚，若想说服吕后将女儿鲁元公主嫁到匈奴，难如上天。

……

吕雉一家本来是随其父吕文住在单父县（今山东单县终兴镇潘庄），后吕家因躲避仇家迁居沛县。那时，当亭长的刘邦并不富裕，性情虽然放荡不羁，嗜酒好色，但为人大度，善交朋友。落脚在沛县的吕文，坚持将不到20岁的吕雉嫁给了大她15岁的中年亭长刘邦的故事，前面已经说过了。

吕雉出嫁之时，这位亭长虽然没有正式结婚，却有一个未婚生育的儿子刘肥。在刘邦发迹之前，吕雉对刘肥还算是一个说得过去的后母。早年的吕雉，称得上是贤惠的女人。而且性格刚毅、做事果断，十分能干。初嫁给刘邦时，生活并不富裕，刘邦时常为了公务以及与朋友们狂欢，三天两头不见人影。吕雉便不辞辛苦从事农桑针织，孝顺父母，养育儿女，过着自食其力的生活。

早年的刘邦常戴一顶自制的竹帽到处闲逛，骗吃骗喝，后来亡命芒砀山下的沼泽地区。吕雉除独立支撑家庭外，还不时长途跋涉，为丈夫送去衣物和食品。在刘邦夺取天下的过程中，都颇得吕雉的帮助。正因为如此，刘邦称王称帝之后，对身为皇后的吕雉，也相当的尊重，有时甚至怕吕后几分。

吕雉在刘邦当亭长时，与刘邦生有一儿一女，儿子刘盈，在刘邦称帝、吕雉立为皇后之后，刘盈就被立为太子，最终承继大统，史称汉惠帝。女儿就是刘敬建议要远嫁给冒顿单于的公主，因为封邑在鲁地，故亦称为鲁元公主。

这一儿一女自幼跟随母亲吕雉，楚汉争霸时，曾被亲生父亲推下车自顾自逃命，好在跟随刘邦起事的滕公夏侯婴，将刘邦的这双儿女抱上车来，捡回两条命。直到刘邦称帝，一家人才得以安定。

作为母亲的吕后，对儿女疼爱有加，尤其是对女儿更是万分宠爱，视女儿作掌上明珠。已经被刘敬的"和亲"建议说服的高帝刘邦，当然知道，吕后与女儿的母女感情深厚，若想说服吕后将女儿鲁元公主嫁到匈奴，难如上天。作为一国之君不能只考虑一己私利，而置国家利益于不顾。如果以牺牲女儿的幸福，来换取交好匈奴的策略，以保国家平安，高帝刘邦是愿意并能做到采纳这个"和亲"策略的。

当高帝刘邦回到宫中，小心翼翼，吞吞吐吐地对吕后谈到和亲一事，聪明敏感的吕后已经听明白了，这是要让自己的宝贝女儿远嫁苦寒之地呀。不仅如此，还要嫁给一个性情残暴，杀父娶母的野蛮男人啊！

吕后哪里肯接受？

她当场断然拒绝：我只有太子和一个女儿，他们都是我的心肝宝贝，我是不会答应将女儿远嫁匈奴的！

高帝刘邦不得不搬出刘敬说服他的那套道理，来说服吕后，缓和矛盾！缓兵安边呀！稳定局势呀！天下利益呀！顾全大局呀！等等。

母仪天下的第一夫人吕后，当然懂得这些大道理。但是道理归道理，她不是不想为刘氏王朝，为汉廷排忧解难，这是国家大事，也是他们自家事。但无论如何都难以割舍自己的骨肉，去做这样的牺牲。

看着自己的丈夫，这个一国之主的皇帝一副忧心如焚的神情，吕后提出了一个折中的办法：找一个与鲁元公主年龄相当的汉宗室女，冒充鲁元公主，远赴匈奴去和亲。其实高帝刘邦也想到了这个主意，只是希望从做母亲的吕后口中说出，更心安理得一些。所以，刘邦即刻说与刘敬听。

刘敬听罢，皱起眉头，认为此法不妥。着实不妥。

刘敬将他认为不妥的理由和盘托出：皇后主张的李代桃僵的办法，我也曾考虑过，但是，效果可能不会好，而且危险性太大。如果向匈奴如实说明，嫁给他们单于的，只是皇族宗室女儿，是被陛下收的义女，如同皇女一样的尊贵，那么恐怕冒顿单于即使接受，未必像对待嫡亲公主那样宠爱她。日后"公主"所生之子，也可能不会被立为单于的继承人。如果隐瞒"公主"的真实出身，一旦被匈奴发现，势必会冷落"公主"，且可能感觉受骗而勃然大怒，因此发动战争来报复我大汉也不是不可能。这后果不堪设想啊！望陛下三思！

刘邦左右为难，吕后的调包计一旦败露，确实可能殃及国家安危。但是，夫人吕后这边，同样是座难以攻克的堡垒。

从得知刘邦要采用"和亲"之策，以皇女与匈奴结为亲盟关系那天起，吕后就以一个母亲和女人最脆弱的，也最有效的方式，竭尽全力地阻挠以自己亲生女儿去完成"和亲"使命，她日夜哭哭啼啼，不饮不食。

高帝刘邦迫于吕后的万般苦求，加之内心也的确不舍得亲生女儿去做牺牲。于是决定听吕后的，选一个刘姓家族的女孩，替代鲁元公主远嫁匈奴。

刘邦很明白，刘敬所讲的和亲策略，其实不过是掩饰汉王朝的窘迫和势单力薄的尴尬局面，以当时汉王朝的综合国力和军事力量，根本不可能与匈奴相抗衡。说到底，"和亲"之策，不过是为了缓和与匈奴的紧张关系，这多少是在卑躬屈膝地讨好匈奴，为汉王朝求得一个喘息之机。

既然明白和亲是屈辱求和，刘邦就想冒一次险，在皇族中挑选一个漂亮的女子，赐以大汉长公主之名，代替鲁元公主完成和亲使命。同时，派遣刘敬前往与匈奴订立议和联姻盟约。

鲁元公主

远嫁的第一个美丽身影

2000多年前，有一位女子，因为她姓刘，因为她与鲁元公主年龄相当，因为她还很有些姿色，于是，幸与不幸的命运一同敲开了她家的门。她幸运地被高帝刘邦收为义女，她还从此成为又一个"鲁元公主"。她的父亲可能因此官运亨通，她的家庭可能从此女贵家荣，从此衣食无忧。

这一切，不是凭空获得，不是天上掉下的馅饼。

这一切，需要这个刘姓小女子以青春做代价，冒一次生命之险。

这次的冒险，说小了，就是结一次婚，嫁一个男人而已。这是每个妙龄女子都会面临的人生经历。

这次的冒险，说大了，则是关乎国家安危，民族命运。

之所以是冒险，是因为刘姓小女子，是为了国家而嫁人，为了民族而嫁人。

之所以是冒险，是因为刘姓小女子，要嫁到遥远的北寒之地，嫁给传说中残暴而勇猛的匈奴大头领——冒顿单于。

之所以是冒险，更是因为刘姓小女子，要以别人的身份为国家执行一次和亲的使命。如果被识破，后果如何，难以预料。

这是从长安城出发的第一位和亲公主。

这是第一位出塞远嫁匈奴的美丽女子。

她究竟是谁家的女子？

她叫什么名字？

她的和亲之路经历了怎样的艰辛与波折？

她在匈奴生活得怎样？

她与冒顿单于关系如何？

她后来的命运如何？

……

所有关于她的故事，她的前生与后世，竟然在历史上没有留下任何文字记载。

2000多年后的我们，只能凭想象，想象这个美丽女子的容颜，想象这个美丽女子的心绪，想象这个美丽女子的忧伤。

我们在想象中，看着皇家车马，满载着"絮缯酒米食物各数"，行走在漫漫北上的长路上。随着车辇的摇晃，这个刘家美丽的女子，悲伤的，悲凉的，甚至恐惧的心情，也散落在漫漫长路上。

她有14岁或是不满15岁吧？她是家中五六个女孩中的一个吧？她的父母也许从没有重视过她吧？她在家里是个无足轻重、可有可无的存在吧？因为做父母的，更看重的是儿子们。在父母的眼中，养女儿，就是为别人家养的。女儿如果能嫁个好人家，就是父母最大的重视。

这个刘家女子，她可能还是一个从未走出过闺房百步远的女孩儿。

她可能还是一个青春懵懂的女孩儿。

她可能还是一个完全不解风情的女孩儿。

她可能就是一个不懂男人或是女人，不懂这个复杂世界的女孩儿。

突然间，她却要从此远离亲人，孤身一人远赴他乡，嫁给一个从未谋面的，一个听着名字都令人胆战的匈奴男人。

远嫁匈奴，且要嫁给匈奴的头领，完全不是这个普通的刘氏家庭能想到的。

几天来，刘家女子仿佛天上人间的走了几个来回。

当刘家女子不够显贵的家里，突然来了穿着官服的人，在她的父母面前读着"皇帝诏曰"，之后，这纸"皇帝诏曰"又将她召进未央皇宫，当着许多陌生的面孔，她被皇帝认为"义女"。她懵懂中从太多人的眼睛里，看到了对她的羡慕或是妒忌。

那时起，她不再是普通的刘家女子，她已然是真正的皇家"公主"。

皇家"公主"，坐上了皇家的八抬大轿，行走在长安城的街道。透过帷幔，她依稀看到街上的人纷纷躲避，还有人俯身在地，多么奇怪呀！他们敬畏的是什么呢？是她，还是这皇家轿子呢？

人们说的大喜日子来到了。她被侍候着，穿上了皇女大婚的盛装，披霞戴冠。即将从长安城出发了，即将远赴匈奴了。她从许多人眼里看到了，对她的同情，对她的怜悯。

送行的队伍中，有她的亲生母亲。以往，她们母女并没有太多的肌肤之亲，但是，此刻，她多么想与母亲拥抱作别呀！然而，她的母亲竟然不能走近她。母亲侧立道旁，脸上没有丝毫的喜悦，而是充满着忧伤。母亲甚至在默默地流泪，那眼泪，似在痛心，为何家中生养的这个女儿，与皇帝家的"鲁元公主"年龄相当呀？

送行的队伍中，有她的亲生父亲。同样侧立道旁的父亲，木然的表情，又有太多的复杂成分。父亲从来没有重视过家中的这个女儿，父亲似乎刚刚意识到这个女儿的存在，却是因为这个女儿从此不再是自己的女儿了。这个女儿，已经是皇帝的"义女"了，亲生父亲也因此被封官厚赏，在宗族同僚面前，做父亲的终于扬眉吐气了一番。

几天的时间，虚荣与浮华，悲伤与无奈，一同前来光顾了这个不够显贵的家庭。

刘家女子感觉，她还是她，一个家中可有可无的小女子。别人眼中，她却已然不是她，她是又一个尊贵的"鲁元公主"。

一个称谓的改变，居然带来这么多的改变。

这个世界太复杂，还不是她能理解，能读懂的。

她只知道一点，她将离开长安城，她将完成所有女子一生该做的一件事——嫁为人妻。可是，即使不被父母重视，突然离开熟悉的家园，离开她的姐妹们，而且永远地离开，就足以令"鲁元公主"悲从心生，泪水泉涌。泪眼蒙眬中，她已经看不到父母的身影，看不到送行的队伍。

长安城正在她的身后渐行渐远。

浩浩荡荡的送亲车队，从长安城出发，载着"鲁元公主"，载着极为丰厚的嫁妆——绫罗绸缎，酒米食物，行进在北上的茫茫大地上。宛如一条被抛到干枯陆地的小鱼，极力在寻找着活下去的出路。

越往北行，极目望远，天空更加高阔，大地却渐显荒凉。

人烟稀少，草木凋零，一片苍莽浑厚的黄沙漫卷，向北上的车队袭来。

车辇上，摇摇晃晃的"鲁元公主"，在漫漫长路中逐渐明白，自己是冒牌，是赝品，是被命运抛弃，远赴凶险之地可怜的小女子。

人们说，她将担当起汉王朝与匈奴之间的外交重任。

"鲁元公主"不由地摸着自己的肩膀，是这般柔弱，这般无力，她不相信自己的双肩能担当起拯救国家的重任。知道了这些，她再次泪如泉溪。泪水冲刷着她的妆容，也冲刷走了她的青春无知。几天时间里，她突然间长大了。长大了的"鲁元公主"的心情，与这苍茫大地一样的荒凉而悲怆。她不知道，将面临的是怎样恶劣的生存环境；她还无法想象，无论于谁，这一场婚嫁，都将是难以想象的心理与智慧的考验。

她真的是太弱小了。周旋于权势的男人和善妒的女人之间，就犹如进入虎狼之窝。她如何能在这场政治婚姻中，得心应手？

许多时候，我们不是作为生命在活，而是为了以为比生命更重要的欲望、野心、身份、称谓在活。

许多时候，我们不是为了自己在活，而是为了家人、朋友，甚至一些与自己毫不相关的人在活。

许多时候，我们其实也不是为与己相关或是不相关的人在活，而是为了生命之外的财富、权力、地位、名声在活。

男人如此，女人则更没有为自己活着的权利。从古至今，美丽女子的命运，似乎都逃不过做男人权欲与利益相争的工具这个宿命吧？

车队蜿蜒曲折，摇摇晃晃中，一个日头接着一个日头，从升到落，从落到升。大漠风尘中，每向前行走一步，"鲁元公主"的心跳与呼吸都要因加快而紊乱，悲伤与恐惧也与日俱增。"鲁元公主"宁愿随着车子的颠簸一直行走下去，一直走到天的尽头。

天，终究是有尽头的。从春和日丽，走到五黄六月，长途跋涉了很久，远赴匈奴的车队，在茫茫草原上，终于，"风吹草低见牛羊"，一座座小山包似的毡房，缓缓地向他们走来。北上匈奴的和亲车队，终于来到了匈奴的领地，来到了冒顿单于只手遮天的地方。

和亲之路的故事，是心想事成了，还是凶险多端呢？是喜还是悲呢？

和亲之路的故事，是即将开启了，还是就此结束了？

准确地说，和亲之路李代桃僵的故事，在汉王朝几十年间，其实一直延续着。

是一个又一个宗室女，替代皇家女，肩负起了国家兴亡的"和亲"使命。

为了和亲，远嫁他乡的这些美丽身影，她们都有着怎样的命运？怎样的未来呢？

她们一个个青春的生命，没有被史学家记载，没有留下名字。

她们只是一个个皇室"宗女"。

从公元前200年开始，汉高祖宗女，即第一个远嫁匈奴的和亲公主——"鲁元公主"，远嫁匈奴冒顿单于，紧随其后，又有9个美丽身影，踏着"鲁元公主"的北上车辙，远嫁匈奴：

公元前192年，汉惠帝宗女远嫁匈奴冒顿单于；

公元前176年，汉文帝宗女远嫁匈奴冒顿单于；

公元前174年，汉文帝宗女远嫁匈奴老上单于；

公元前162年，汉文帝宗女远嫁匈奴老上单于；

公元前160年，汉文帝宗女远嫁匈奴老上单于；

公元前156年，汉景帝宗女远嫁匈奴军臣单于；

公元前155年，汉景帝宗女远嫁匈奴军臣单于；

公元前152年，汉景帝宗女远嫁匈奴军臣单于；

公元前140年，汉武帝宗女远嫁匈奴军臣单于。

我们所能知道的，是在大漠风尘中，这10个无名的宗室女的简单排列。

历史的尘埃，不仅仅遮蔽了和亲之路上这许多美丽"公主"的名字，"公主"远嫁路上的哀泣声，和"公主"们未来的命运也一同淹没了。

直到公元前108年，汉武帝宗女细君公主，远嫁乌孙昆莫（国王）猎骄靡，才让我们看到了一个公主的真实模样。

之后，是公元前103年，汉武帝宗女解忧公主嫁乌孙王岑陬、翁归靡。

公元前33年，汉元帝时期，又一个了不起的女子出现了，无论是历史学家，还是民间传说，都给予这个女子极高的评价。至今说起这个女子的名字，都不禁啧啧称赞。她就是王昭君。

从国家利益去考虑，自然是"国家兴亡，匹夫有责"。然而，所谓"和亲"，说白了，不过是一种以一个个小女子的青春和生命为代价，为工具，施用的另一种形式的"美人计"。

"美人计"这个计谋，陈平为解"白登之围"施用过，虽然"其计妙，世莫得闻"。

陈平的"美人计"无法说出口，刘敬却是在冠冕堂皇地施用"美人计"。

刘敬的这个"美人计"，有一个合情合理合规的说法，即：和亲外交政策。

归根结底，"和亲"摆脱不掉"美人计"的套路。

历史证明，"美人计"几乎屡试不爽。

然而，没有哪个男人认真想过，美人计中的"美人"是怎么想的，她需要怎样的勇气、胆略和智慧，才能从容地在刀锋上舞蹈？没有哪个男人想过，这些周旋于以男权为中心的政治舞台上的美人们，心中是怎样的酸楚和痛苦呢？

若干年之后，历史学家从不同角度频频回望，关注点大多在和亲的功能、和亲的作用、和亲的影响上。有几人关注、了解这些"和亲公主"个人的命运呢？

为此，伟大的文学家鲁迅先生，在他的文章《坟·灯下漫笔》中，悲愤而犀利地指出，和亲政策，不过是：

以女人作苟安的城堡，美其名以自欺。

玄武纹带钩

刘敬肩负使命　汉匈缔结和约

公元前200年，随同"鲁元公主"一同离开长安城的，是建信侯刘敬。

刘敬之所以作为这次和亲使团的团长，当然不仅"和亲"的策略是他提出的，也因为他对匈奴的了解，对汉匈"和亲"外交具体措施的掌握了然于心，面见冒顿单于时，能够有胆有识，有勇有谋地应对随时可能发生的不测。

刘敬的才干，刘敬的敏锐，刘敬的智慧，刘敬的能言善辩，刘敬的不卑不亢，刘敬的处惊不乱，或是处乱不惊，纵横捭阖，淡定自如，必然是这场"和亲"外交的最佳人选。

唯一让刘敬不放心的，是这个冒牌的"鲁元公主"。

一旦"鲁元公主"的真实身份，被性情极端的冒顿单于，或是他的部下识破，不仅公主的性命，或是他刘敬自己的性命堪忧，还将会影响这场"和亲"外交，致使汉匈之间发生更大的危机。

当刘敬肩负着"和亲"的特殊外交使命，率领着大小官员，和满载着丰富物资的车马，护送汉王朝的"皇帝女儿"——"鲁元公主"，浩浩荡荡深入匈奴领地时，冒顿单于和他的部下们，对汉朝这个庞大的送亲使团到来，并无粗野鲁莽举止，甚至表现出难得的礼貌。

因为冒顿单于和他的大臣们，对汉朝送来的大批嫁妆更感兴趣。

这些物品，不仅有供公主10年所用的日常用品，和诸多的金银财物，还有作为礼物送给匈奴的大量真丝织品，包括作为原料的各种丝帛和制成成品的丝质衣物。此外，还有出自汉地酿制的美酒、汉地出产的各种食物。这些，都是游牧民族很少有，甚至从没见过的稀罕物品。

当初，刘敬向高帝刘邦提出"和亲"之策时，建议汉廷可送给匈奴一些"我所余，匈奴所无"的东西，这样，既不给汉王朝自己增加经济负担，也让匈奴感觉，汉廷将匈奴最需要最稀少的东西送来了，物以稀为贵，更得匈奴人心，以示对他们的重视。

刘敬的和亲使团带来如此丰厚的礼物中，像丝绸制品，和丝绸原料帛，在匈奴看来，不仅可供匈奴自己人所用，还可转卖给中亚的商人，换取更多的钱财和物品。

是故，对于物资匮乏的匈奴来说，这些稀罕物品的诱惑力，远胜于汉朝美女的诱惑力。

冒顿单于的注意力，完全不在汉朝送来的这位"皇帝女儿"身上，对于这位公主的身份是否真实，也看似没有多大兴趣去追究，更看不出他是否会对公主青睐有加，或是宠爱有加。

作为肩负使命的刘敬来说，此行的目的，可不是简单地让匈奴接受并喜欢上汉朝的物品，他要最大限度地说服匈奴，他们来到匈奴，是一次"和亲"之旅。

刘敬充分发挥外交家的气魄和才能，理直气壮，滔滔不绝地讲出了远赴匈奴和亲的目的。

刘敬说，作为汉帝的公主，是降嫁给冒顿单于，作为单于的阏氏，应该被立为第一夫人的。话没说完，冒顿单于便打断了刘敬：

公主既然已经嫁给我，怎样安排她，那是我们匈奴的事。

刘敬又搬出许多伦理纲常，让冒顿单于承认，既然冒顿单于与大汉公主结亲，那今后，单于就是大汉皇帝的女婿。冒顿单于哪里会接受自己的辈分从此要低于汉朝。他再次打断刘敬，强调说：

我与汉主都是堂堂一国之君主，谁都不能屈尊为晚辈。

刘敬不得不退而求其次，无奈地接受汉匈二主"兄弟"相称的协议。于是，历史上出现了一个颇为奇怪的协议：冒顿单于虽然娶了汉高帝刘邦的"女儿"为妻，但冒顿单于与汉高帝刘邦却以"兄弟"相称。汉匈之间"和亲"外交条约也就此形成：

其一，汉朝与匈奴划疆立界；

汉王朝低姿态与匈奴和亲的主要目的，就是安边。当时的汉王朝与匈奴相比，明显地处于劣势，于是，借和亲来减轻匈奴的侵扰，有效方式就是在和亲时，划疆立界。汉匈双方定下制度：以长城为界，"长城以北引弓之国受令单于，长城以内冠带之室朕亦制之"(《汉书》卷94《匈奴传上》)。

　　其二，汉与匈奴以"兄弟"相称，双方
是平等关系；

　　其三，每年，汉朝送给匈奴絮、缯、
酒、食物等日常用品，匈奴不再侵扰汉地；

　　其四，双方达成"通关市"的协议。

　　匈奴居于塞北苦寒之地，粮食与绢帛十分贫乏，
因此极愿意通过和亲方式得到中原的粮食与绢帛。对
于匈奴的"贪汉重币"，刘敬对此看得十分明白。

　　从匈奴方面来看，匈奴愿意与汉缔结和约，接
受和亲，就是因为可以得到更多的财物。而汉王朝与
匈奴达成和平相处的盟约，除了结为姻亲、互约为兄
弟之外，最主要的，是"岁奉絮缯、酒米、食物各有
数，约为昆弟以和亲"的物资供应，以后则成了定
例。这对于匈奴来说，何乐而不为呀？

　　所以，一听说汉王朝每年都要赠送给匈奴大量财
物，能轻而易举地获得不菲的馈赠，匈奴自然接受与
汉王朝保持相安状态。否则，匈奴将用骑兵践踏汉的
庄稼，破坏生产。

按常理而言，互市应当是互惠互利，但是，汉匈双方在和亲名义下的互市显然是不对等的。因为匈奴在互市原则下，又增加了附加条件，而且，汉王朝往往要多给财物，主动赈济，匈奴从中得到的经济利益远远超过了汉王朝。

汉匈缔结的这个"兄弟"盟约，怎么看都是汉王朝在向匈奴妥协、讨好，并且在做变相的纳贡。刘敬首提和亲外交，并与匈奴缔结不平等的和约，不论当时，还是如今看来，汉王朝都很是屈辱。

从女性方面去审视，"和亲政策"，说得通俗一些就是用女人换取和平，更是不堪的外交屈辱。

然而，对于建国伊始，急需恢复三年反秦战乱、四年楚汉战争所带来的巨大创伤的汉王朝来说，为避免汉地生灵涂炭，采取对匈奴忍辱负重的这个和亲政策，也是不得已的选择。

对付残暴又强大的对手，既然暂时没有办法战胜他，那就换一种方式，改用联姻结亲之计吧。所以，从长远来看，刘敬的和亲建议，又的确是非常有远见的国家战略。

此行匈奴，按刘敬出发之前的设想，他肯定并未取得自己和朝廷的预期结果。但是，汉匈之间，哪怕暂时保持一个和平的局面，也可以为汉王朝赢得时间，从而抓紧加强边防建设，逐步增强自己的军事实力。

结果也正如此，第一次汉匈和亲、缔结和约之后，在若干年时间里，冒顿单于领导的匈奴，的确对汉王朝的侵盗行径有所收敛。让汉王朝得以抓住暂时维持一个时期的和平时机，培养国力以期未来的政治企图。这也是刘敬献策和亲外交，并最终促成汉匈短暂和平相处的最佳结果吧。

从此，汉王朝采用以联姻为外交政策，开启了"和亲之路"之先河。

从此，一个又一个美丽的青春女子，从长安出发，以自己弱小的身躯，承担起了拯救国家的沉重而险峻的和亲使命。

首次担负和亲外交使命的刘敬，虽然谈判的最终结果并不完全如意，但是，作为外交家的刘敬，格局与胸怀，不仅仅局限在与匈奴的和亲外交谈判上，他怎能错过远赴匈奴这么不易的大好机会。他要尽量去了解匈奴，掌握更多的有关匈奴及周边的情况。

于是，刘敬盛赞冒顿单于对匈奴的治理有方，希望冒顿单于能允许，让他到匈奴各地游览、观赏匈奴的美丽风光，去了解民情，增进汉匈民族之间的友谊。冒顿单于对此毫不介意，还为刘敬一行提供了出行的各种方便。借此机会，刘敬成功地获取了匈奴的政治、经济、军事与地理方面的许多有价值的信息。

从匈奴返回长安，风尘仆仆的刘敬没有片刻歇息。他快速进入未央宫，向高帝刘邦详细汇报了此行谈判的过程，最终缔结和约的结果。紧接着，刘敬根据自己所了解的匈奴及周边情况，向高帝刘邦又提出了一个关乎汉王朝发展与稳定的宏大工程：

匈奴在河套以南地区，有白羊、楼烦两个部落，两地的兵力部署都很强，而这两地距离我朝长安都城都很近，最近的只有七百里路，轻装骑兵一天一夜就可到达关中地区。

关中地区刚刚经过战争，经济凋敝，人丁稀少，兵力较弱，一旦匈奴来袭，肯定难以抵挡。但是关中地区土地肥沃，可以满足许多人的饮食。

陛下如今建都关中，但是关中地区的人口远远不足，军事力量也不是十分强大。关中的北边靠近匈奴敌寇，东边有六国的旧贵族，宗族势力很强，一旦发生动乱，陛下是不能高枕无忧的。

当初各地诸侯起兵发难时，若不是有齐国的田氏各族以及楚国的昭、屈、景三大宗族参加，关中是不能兴盛起来的。

鉴于此，刘敬继续说，希望陛下把齐国的田氏各族，楚国的昭、屈、景三大宗族，燕、赵、韩、魏等国的后裔，以及豪门大家都迁移到关中居住。

这样，关中的实力可大大增强，平时可以防御匈奴来侵；一旦六国诸侯王有什么变故，也足以能率领他们东进讨伐。

刘敬直言：以臣所见，这是加强中央权力而削弱地方势力之方略。

高帝刘邦听了，十分赞同：好得很。这真是强本弱末之良策！

刘邦当下命令刘敬，立即按照这个移民关中的建议，开始实施具体的迁徙人口的移民工程。

刘敬提议将六国后裔，豪门贵族移民关中，这是将他们放在高帝刘邦的眼皮底下，既可防止他们造反，又可防备匈奴，高帝刘邦自然同意。从匈奴完成和亲谈判回到长安城的刘敬，又成功地实施了十万人迁徙长安城的移民工程。

此后，陆陆续续，有十多万人口，从东部迁徙到了关中。关中不仅得到了恢复并走向繁荣，同时，也加强了首都长安在人力、物力上的优势。都城长安从此迅速发展，逐渐形成规模。

虽然这些豪门贵族充实关中，也有不少弊病，但不能不说，刘敬这一策略被采纳并实施，对于汉王朝的巩固与发展至关重要。

不拘一格使用人才的高帝刘邦，赏罚也是心中有数。为表彰刘敬对汉王朝所做出的巨大贡献，高帝刘邦封刘敬为关内侯，食邑二千户。

作为曾经卑微的一介戍卒，刘敬以如此超人的格局与胆识，向高帝刘邦建言献策，提出一系列治国理政战略性谋划。关键的历史时刻，刘敬无疑发挥了关键且无可替代的作用。

刘敬主张的定都关中，提出的与匈奴和亲之策，建议的调迁贵族移民关中之事等等，每个建议和主张都关系到汉室天下的长治久安。而且，每个建议和谋划都得到汉朝廷的采纳实施。比起张良、陈平、周勃、夏侯婴、樊哙等人，刘敬是人微而言重。

这些建议和谋划，不仅影响了历史的走向，也影响了后世汉族与各少数民族之间的大融合，为汉王朝的巩固和当时的社会和谐、人民安居做出了突出贡献。

晚年的刘敬，隐居在今天陕西省永寿县店头镇明月山。这里的人们更愿意接受刘敬作为一介平民时的名字——娄敬。传说娄敬曾以仙术种黄金，此处至今有地名为：种金坪、晒金场。据专家考证，所谓种金，其实是种植一种名叫马蹄金的中草药。马蹄金属于多年生草本药用植物，又名黄胆草、金线草。它的全草都可以入药，具有清热利尿、祛风止痛的特殊功效。

正是利用自己种植的马蹄金为方圆百姓治病除灾，这种修行得道者的义举善行，其价值不在黄金之下。后人为纪念娄敬，将明月山易名娄敬山，并修建"娄公祠"于山腰，后又增修药王庙、菩萨庙。

永寿县有一片40万亩的槐树林，气势雄阔。传说娄敬在这里羽化升仙，脱骨于石洞，遗骨即埋葬于此。

1981年10月，"娄敬墓"被陕西省人民政府公布为陕西省第一批文物保护单位。

1990年前后，永寿县出土娄敬石像一尊，菩萨石像六尊，已收为当地馆藏文物。

如果只凭出身来看刘敬，他的确不过是历史上的小人物，即使熟读《史记》的人，可能刘敬或是娄敬的名字并不能引起注意。然而，纵观历史去阅读刘敬，他又是个不可思议的，有过人才能和见识的大人物。这种才能与见识，放到历史的长河中去做比较，也没有几个人可及。

太史公司马迁并不是给每个王侯都立传的。司马迁能在众多王侯将相、英雄豪杰中，在建功立业、非同凡响的神奇人物中，选择了为刘敬立传，自然在于刘敬的不凡之处。

太史公司马迁记述刘敬时，一直没有说刘敬的官职，也没有论及政治斗争，而是抓住重点，以刘敬的见识为中心列举他所做的四件大事。

太史公司马迁一方面讲述汉朝兴盛，刘邦的海纳百川，是很多人智慧的结晶：

千金之裘，非一狐之腋也；台榭之榱，非一木之枝也；三代之际，非一士之智也。

另一方面是敬佩刘敬的智慧：

> 然而刘敬脱挽辂一说，建万世之安，智
> 岂可专邪！

可见司马迁是极为佩服刘敬的智慧，认为刘敬这个人太匪夷所思了。

因为司马迁的神来之笔，我们得以认识了一个有大见识、大格局、大胸怀的刘敬，认识了一个别具个性、称得上是不凡政治家的刘敬。

刘敬的策略，今天看来，不仅是开历史先河，而且被后世，甚至今天，甚至以后的中国都会运用到，虽然换了很多形式。历史上，和亲和人口的政治大迁移，运用的并不在少数，有很多时候，连形式都照搬了刘敬的。

刘敬，虽然没有叱咤风云、指挥若定的大将之风，也没有运筹帷幄、决胜千里的兵法韬略，但他能全局在胸，审时度势，提出各种正确的建议和谋划，对初立不久的汉政权的巩固与发展十分关键。

当我们回溯中国历史，来到西汉王朝，观望2000

多年前的那些重要事件，我们就会发现，刘敬这个名字太值得后人铭记在心了。刘敬的每一个建议，又像极了一只只蝴蝶扇动的翅膀，让历史一次次发生了重大的改变。

当然，作为汉高祖刘邦，能接见一个普通的戍卒，进而接受一个戍卒的建言献策，的确是个了不起的皇帝。

第三章

吕后乱政与"文景之治"

吕后虽然在政治上骄横跋扈，手段毒辣，搅起夺嫡风波，又残酷地诛戮功臣，千方百计为吕氏家族谋取政治利益。好在这些步步惊心、你死我活的争斗，都发生在宫闱之内，发生在汉政权的高层，与宫墙外的百姓几无关系。

　　景帝刘启，与父亲文帝刘恒一起开创了"文景之治"，也为儿子刘彻的"汉武盛世"奠定了基础，完成了从文帝到武帝的过渡。

汉高祖刘邦逝世

西汉灭亡之后，历代帝王曾对长陵采取一些保护措施。比如魏明帝诏：高祖陵四方各百步，不得耕牧樵采；宋太祖乾德年规定：给守陵五户，长史春秋奉祀。这使两千多年之后的高祖长陵仍以高大雄伟的姿态，屹立在咸阳原上。

公元前195年，是汉王朝建立的第12年。

这一年，汉王朝经历了一场政权的大劫难和大动荡。

先是一个不幸的消息，悄悄地从长乐宫传出：刘邦因讨伐英布叛乱，被流矢射中，其后病重不起。

随后，更不幸的消息四散开来：叱咤风云的汉朝开国皇帝刘邦，终于没能战胜伤病。于汉高祖十二年（公元前195年）农历四月二十五日，与世长辞于长乐宫。

四天之后，汉王朝的大臣们得到了刘邦驾崩的噩耗。

一位极富传奇的汉王朝第一代皇帝，一颗中国历史的天幕上极耀眼的星，就此陨落。汉高祖刘邦因箭伤发作逝世时，只有53岁。举国悲痛之中，汉王朝的大臣们异口同声赞颂：

> 高祖起微细，拨乱世反之正，平定天下，为汉太祖，功最高。（《史记·高祖本纪》）

作为汉朝开国皇帝，汉民族和汉文化的伟大开拓者之一、中国历史上杰出的政治家，刘邦对汉族的发展以及中国的统一有着突出贡献。他拥有许多项中国历史第一的纪录：

他是中国历史上第一位由平民登上帝位的皇帝；

他是中国历史上第一位御驾亲征并且统一天下的皇帝；

他是中国历史上第一位在短时间（七年）内统一天下的皇帝；

他是中国历史上第一位实行郡国并行制的皇帝；

他是中国历史上第一位善于利用宣传战，打击政治对手的皇帝；

他是中国历史上第一位采用"招降纳叛"和"统一战线"军事战略战术的皇帝；

他是中国历史上第一位以"休养生息"为国策，大力发展经济的皇帝；

他是中国历史上第一位在全国范围内实行"轻徭薄赋"政策、实行"十五税一"低税率的皇帝；

他是中国历史上第一位下"求贤诏"，在全天下广招贤士人才的皇帝；

他是中国历史上第一位创作楚声短歌的皇帝，他的《大风歌》被誉为"千古人主第一词"；

他是中国历史上第一位祭祀孔子，并重用儒士的皇帝，从而为汉朝及后世以儒家文化为主体思想治国奠定了基础；

他是中国历史上第一位以孝治理天下、制定礼仪，从而巩固皇权的皇帝。

……

　　高瞻远瞩、深谋远虑的刘邦，建立起汉王朝，登基皇位后，一方面，消灭韩信、彭越、英布、臧荼等异姓诸侯王，又裂土分封九个同姓诸侯王；另一方面，建章立制并采用休养生息之宽松政策治理天下，让士兵复员归家，豁免其徭役。重农抑商，恢复残破的社会经济，稳定封建统治秩序。同时，对匈奴采取和亲政策，开放与匈奴之间的关市，以缓和双方的关系。

　　这些宽松无为的政策，不仅安抚了百姓、凝聚了人心，也促成了汉代雍容大度的文化基础。

　　到汉高帝刘邦末年时，经济已经明显好转，天下新定，人民小安。

　　刘邦在汉初制订的英明国政，不仅使饱受战乱的中国，得以休养生息，还开创了以后"文景之治"的富裕，奠定了汉武帝反击匈奴的坚实基础。

　　刘邦制定的一套政治体制和经济制度，为后世统治者所沿用，使汉朝延续长达406年，是中国历史上存世最长的统一王朝。

　　刘邦开创的大汉帝国，可以说是中国历史上第一个最强盛的朝代，令后世国人景仰与怀念，他本身也令后世众多的人怀念与书写。太史公司马迁在《史记·高祖本纪》结尾不吝笔墨地总结道：

> 太史公曰：夏之政忠。忠之敝，小人以野，故殷人承之以敬。敬之敝，小人以鬼，故周人承之以文。文之敝，小人以僿，故救僿莫若以忠。三王之道若循环，终而复始。周秦之闲，可谓文敝矣。秦政不改，反酷刑法，岂不谬乎？故汉兴，承敝易变，使人不倦，得天统矣。

大致意思就是：夏商的政治质朴厚道。质朴厚道的弊病在于使平民百姓粗野少礼，所以，殷朝的人用恭敬而讲究的威仪来承替它。恭敬而讲究威仪的弊病在于，使平民百姓迷信鬼神，所以，周朝人用讲究尊卑等级来承替它。讲究尊卑等级的弊病在于，使平民百姓不能以诚相见，所以，补救不能以诚相见的办法没有比以质朴厚道为政更好的了。

夏、商、周三王的治国法则循环往复，周而复始。周朝与秦朝之间，可以说是讲究尊卑等级的弊病都暴露出来了。秦始皇嬴政不加以改变，反而使刑法残酷，难道不是荒谬的吗？汉朝兴起，面对过去的弊病，高帝刘邦改变了治国法则，使百姓安居乐业，这是符合天道规律的治国理念。

英国的一位历史学家这样评价刘邦：人类历史上最有远见、对后世影响最大的两位政治人物，一位是开创罗马帝国的恺撒，另一位便是创建大汉文明的汉高祖刘邦。恺撒未能目睹罗马帝国的建立以及文明的兴起，便不幸遇刺身亡。而刘邦却亲手缔造了一个昌盛的时期，并以其极富远见的领导才能，为人类历史开创了新纪元！

刘邦逝世后，安葬于长陵。

长陵是汉代修建的第一座帝陵。位于陕西省咸阳市以东约20公里的窑店镇三义村北，距西安市中心约30公里。

长陵地址选在咸阳原的最高点，即秦咸阳宫的旧址之上，居高临下，威武壮观，显示了封建帝王高高在上的尊严。

长陵由黄土夯筑而成，覆斗形，至今仍高达33

米,是一座非常高大的墓冢。

长陵远望山峰兀立,气势雄伟。长陵南与汉皇宫未央宫隔河相望,北倚九嵕山,泾渭二水横贯陵区。

长陵的陵园为正方形,东西并列着两座陵墓,西为高祖刘邦陵墓,东为皇后吕雉的陵墓。

长陵是刘邦称帝的第二年开始营建的。陵园仿照汉都城长安建造,只是规模略小而已。陵园内建有豪华的寝殿、便殿。寝殿是陵园中的正殿,殿内陈设汉高祖的"衣冠几仗象生之具",完全像皇帝生前时一样侍奉。

汉长陵的营建规模,虽不是汉代帝王陵墓中最大的,但陪葬墓却是西汉诸帝王陵墓中最多的。陪葬墓群在陵园东部,格局之规整,在汉代帝陵中也绝无仅有,并构成了一个庞大的陵墓群。

跟随刘邦南征北战的功臣和贵戚,死后多陪葬长陵。每个墓冢占地不多,但墓冢之间前后左右的行列间距大致相当,排列得井然有序,形状有覆斗形、圆锥形、山形三种。唐朝诗人刘彦谦在《长陵诗》写道:

长陵高阙此安刘,附葬累累尽列侯。

长陵陵园以北，是长陵邑所在地。《汉书·地理志》载，汉高帝刘邦在世时就在长陵北建立了长陵邑，将关东六国贵族和关内豪门大族，迁入长陵邑集中管理，供奉陵园。陵邑人口曾经多达近八万人。

西汉灭亡之后，历代帝王曾对长陵采取一些保护措施。比如魏明帝诏：高祖陵四方各百步，不得耕牧樵采；宋太祖乾德年规定：给守陵五户，长史春秋奉祀。这使两千多年之后的高祖长陵仍以高大雄伟的姿态，屹立在咸阳原上。

长陵前立有清乾隆年间毕沅所书"汉高祖长陵"石碑一通，陵冢下是刘邦安寝的地宫。

1988年1月13日，长陵被国务院公布为全国重点文物保护单位。

刘盈即位　筑长安城墙

公元前195年6月26日（农历五月己巳日），太子刘盈登基，即皇帝位，史称惠帝或孝惠帝。

汉惠帝元年（公元前194年）起，惠帝刘盈首先下令拓宽修建了长安城所有街道，又集中人力物力修建城墙，自此，浩大的修筑长安城墙的工程开始了。

汉惠帝刘盈是汉王朝开国皇帝刘邦的嫡长子，母亲是中国历史上第一个掌握大权的女强人——吕后。

汉惠帝是吕后所生的唯一儿子，登基后，皇后吕雉被尊为皇太后。

汉高祖刘邦有八个儿子。真正的长子是刘肥，是孝惠帝的哥哥，与孝惠帝不同母，封为齐王。其余与孝惠帝不同母的弟弟是：

与戚夫人的儿子刘如意，封为赵王。

与薄夫人的儿子刘恒，封为代王。

其他姬妾所生的儿子——刘恢封为梁王，刘友封为淮阳王，刘长封为淮南王，刘建封为燕王。

刘盈虽比齐王刘肥年幼，但因为他是吕后所生的儿子，算刘邦的嫡长子。遵照嫡长子继承制，刘盈在汉高祖二年也就是公元前205年被册封为太子。

刘盈的太子之路，走得并不顺利。

生性仁弱良善的刘盈，与他父亲刘邦的潇洒与豪爽性格天差地别。这也使得刘邦常常对立刘盈为储颇感忧虑。一度，刘邦甚至直接就想废去刘盈的太子之位，而要重立宠妃戚夫人的儿子如意为太子（封地在赵地，称赵王）。因为刘邦觉得"如意类我"。

母以子贵。这是简单的道理，更何况极具政治手腕的吕后，哪里能允许撼动自己儿子的太子地位。

吕后不仅出面向丈夫刘邦提出坚决反对意见，还发动了大臣们劝谏，致使刘邦这一废立之举没有实施。

刘盈继承皇位时16岁。在他之前与之后，一串串被世人大书特书的皇帝当中，刘盈就是一个可有可无的存在。就连史学家，都有意无意地忽略了他。

太史公司马迁作《史记》时，甚至不设"惠帝本纪"，而设"吕太后本纪"，根本没有为惠帝刘盈专门立传。对刘盈的评价，也只是轻描淡写地用了"仁弱"二字，这是一个看得出几乎贬义的形容词。

班固在《汉书》里虽有《惠帝纪》独立成篇，事迹却很简陋，说他是宽仁之主，遭吕太后亏损至德。然后是一声"悲夫"的重重叹息。

皇太子刘盈并不是一个在锦衣玉食中长大的孩子。他短暂一生的敌人，不是别人，而是自己的亲生父亲和亲生母亲。

刘盈出生的时候，父亲刘邦正忙于在酒馆里与各方的酒友们推杯换盏，很少回家。刘盈跟随母亲和姐姐在沛县老家生活。

母亲吕雉和姐姐鲁元公主忙于农活的时候，只能将刘盈放在田埂上。这个被放在田埂上的孤独的孩子，不仅得不到父爱，还曾经险些死于父亲之手。

公元前205年4月，刘邦东攻项羽至彭城。项羽回击汉军，并大破汉军于彭城。刘邦仓皇逃跑。项羽遣人往丰沛捉拿刘邦家眷，6岁的刘盈和姐姐逃亡之中偶遇父亲，以为上了父亲的马车就安全了，怎知，这个父亲在追兵渐渐迫近的时候，竟然几次将他们姐弟二人端下飞驰的马车。幸有忠诚的夏侯婴的庇护，又数次将两个弱小的孩子抱上车。为此刘邦大怒，要杀了夏侯婴。

父亲刘邦，是一个野心大又不讲太多良心的"无赖"。

母亲吕雉，是一个性格刚毅却令人恐惧的强人。

偏偏，他俩所生的这个儿子，却有着仁善的心肠。

刘盈即位为帝，名正言顺成为大汉第二任皇帝，然而，惠帝刘盈却是西汉史上一个奇怪的空白。惠帝刘盈之前，是"雄才大略"的开国皇帝刘邦，惠帝刘盈之后，是他母亲吕后擅权，再往后，是"文景之治"，是西汉王朝最辉煌的汉武帝刘彻时期，是紧随之后的"昭宣中兴"。

惠帝刘盈在位期间，有丞相萧何和曹参辅佐，实施仁政，减轻赋税。政治清明，国泰民安。同时采取与民生息的政策，推动了当时经济的繁荣发展。在思想和文化方面，他废除暴秦禁锢，使黄老之术代替法家学说，打开各种思想发展的大门。

但是，仁弱的汉惠帝在位时，实际上大权掌握在强势的母亲吕后手中。造成这种情况的原因，一方面是刘盈个性着实软弱，还有当然是吕后对于政权强烈的掌控欲，使得刘盈根本无法实施政策举措。

吕后摄政，排除异己，残害藩王，而惠帝又秉持孝道，难违母亲吕后，特别是吕后残害赵王如意及其母后戚夫人，使惠帝刘盈身心受到极大摧残。受了惊吓又饮酒无节制的惠帝刘盈，不再敢理政，成为一个傀儡皇帝。

那时，高帝刘邦逝世不久，汉王朝上上下下在悲痛中，更担心的其实是如何将安定的生活继续下去。宫闱内，此刻是波谲云诡，杀气逼人。当初，强悍的吕后保住了自己儿子的太子地位，但是，被刘邦宠爱的戚夫人以及戚夫人的儿子如意——赵王却从此让吕后恨之入骨。吕后既是个刚毅能干的女人，也是一个心狠手辣的女人。如今，汉高祖刘邦驾崩，性情柔弱的惠帝即位，做了皇太后的吕雉，终于可以只手遮天了。

吕后做的第一件事，就是下令将戚夫人幽禁在永巷，剃去头发，颈束铁圈，穿上囚徒的红衣，让她舂米做苦役。收拾了戚夫人，也不能放过戚夫人的儿子。吕后以调虎离山之计使赵王刘如意进京。

刘盈知道母后欲加害弟弟刘如意，于是时刻提防以保护刘如意。刘盈与弟弟如意同饮食，共起居，寸步不离地保护这个同父异母的弟弟，致使太后吕雉始终找不到机会对赵王刘如意下手。尽管如此谨慎小心，还是被吕后找到了可乘之机。

公元前194年12月，惠帝清晨起来狩猎，因为赵王如意年龄小，想让弟弟多睡会儿，就没有一同起床，将刘如意独自留在了宫中。刘盈一走，吕后的爪牙立即报告吕后，吕后派人趁刘如意此时单独在寝宫的机会，将其毒死。待惠帝刘盈狩猎回到宫中，弟弟赵王刘如意已经死了。刘盈悲痛万分，却只能强忍泪水。

吕雉顺利杀害了赵王之后，接着对已贬为奴的戚夫人下手。吕后下令砍断了戚夫人的手脚，挖掉了她的眼睛，用火熏烧她的耳朵，又给她喝了哑药，然后将戚夫人扔到猪圈里，给这个残害得人不人鬼不鬼的戚夫人起了个名字："人彘"。

更残酷的是，太后还请惠帝刘盈来参观这个"人彘"。刘盈见后才知是弟弟赵王刘如意的母亲戚夫人。惠帝失声痛哭道：这种事哪里是人做得出来的啊！儿臣是太后的儿子，终究没有办法治理天下了。

哀伤过度的惠帝刘盈，大病一场。从此，借酒浇愁，无心打理朝政，他只能靠酒精麻醉自己，才能驱散心中那难以驱散的恐惧。汉王朝的执政大权，顺当地落在做皇太后的吕雉手中。

吕后没有停止残暴，又向齐王刘肥下手。

公元前193年10月（汉惠帝二年），齐王刘肥入朝，惠帝刘盈设宴欢迎兄长。刘盈认为，齐王刘肥既是兄长，就按普通百姓人家礼节，让齐王刘肥上座。在场的吕后因此大怒，密令上了两杯毒酒，要齐王刘肥起来饮酒祝寿。

当齐王刘肥站起身来端起酒杯时，刘盈预感到酒可能有问题。于是，刘盈也站起来端起另一杯酒，为吕后祝寿。吕后见此大为惊慌，亲自起身倒掉惠帝刘盈杯子里的毒酒。齐王虽不明就里，但感到奇怪，不敢再饮酒。事后齐王得知真相，极为恐惧。在高参指点下，刘肥献上城池给鲁元公主，尊崇公主为王太后。吕后才对齐王罢手。

天性敦厚的刘盈，自幼在严父悍母的控制下生活，无力反抗，只能消极逃避，以显示对母亲的抗议。

纵观中国历史上一幕幕血腥的宫廷争斗，为争王位或巩固王位，上演的兄弟相残、父子相残等等惨剧，对比之下，惠帝刘盈尽微薄之力对兄长刘肥、弟弟如意的保护，让人对刘盈充满了尊敬，可惜这样的范例在茫茫史籍之中少之又少。

凡事不能自主的惠帝刘盈，婚姻也极不幸。在刘盈20岁左右时，吕后为了政治需要，竟然作主，将自己的亲外孙女张嫣嫁给了刘盈。张皇后张嫣是鲁元公主和张敖的女儿，也就是刘盈的亲外甥女。不论近亲血缘关系，还是伦理道德上，这样的结合都极不合适。而且当时的张嫣，只有十岁多一点。

惠帝刘盈死时，张嫣年仅十四五岁。后来吕氏族灭，尚未成年的寡妇张嫣张皇后被废，被软禁在只有吃喝而没有自由的北宫。汉文帝后元年（公元前166年）张嫣去世，只有36岁。

当初，高帝刘邦要废太子刘盈，认定自己这个儿子过于仁弱的性情，不会成就什么事。不过，惠帝刘盈登基后，是很想做事的。高帝刘邦死后，兢兢业业为刘家打天下又保天下的丞相萧何，又辅佐汉惠帝刘盈执政。

汉惠帝二年（公元前193年），年迈的开国丞相萧何，由于长期为汉室操劳，终于卧病不起。惠帝刘盈亲往探视时问萧何：您百年之后，有谁可以代替您来做丞相？

萧何回答：陛下知道我的心思。

惠帝刘盈又问：曹参怎么样？

萧何听了，挣扎起病体向惠帝刘盈叩头说：陛下能得到曹参为相。我萧何死而无憾了！

曹参与萧何，年轻时就曾在一起共事。秦末起义军四起时，他们对先秦暴政之下的民间疾苦有目共睹，二人共推刘邦为沛公举起了起义大旗。不过二人共事期间产生过一些矛盾和分歧。

弥留之际的萧何，向惠帝刘盈推荐的贤相只有曹参。萧何为国家为百姓着想，不记与曹参之前的嫌隙与宿怨，对汉王朝的一片赤诚之心，日月可鉴。

惠帝二年（公元前193年）七月辛未，汉王朝一代开国名相萧何去世，享年64岁，谥号"文终侯"。

萧何生前，很有自知之明。他购置的田地住宅，必定处在贫苦偏僻的地方，建造家园不修筑有矮墙的房屋。他说：我的后代贤能，就学习我的俭朴；后代不贤能，（住家）可以不被有权势的人家夺取。

汉王朝建立后，萧何在秦六律的基础上，制定了被誉为律令之宗的《汉九章律》。汉以后的历代法律大多都以《汉九章律》为蓝本。

萧何死后，曹参果然继任丞相。他抛弃前嫌，一切政务悉照旧章，完全按萧何制定的规约办。正所谓无为而治，乐在其中。长此以往，一些朝臣便在年轻的惠帝刘盈面前，参奏曹参因循守旧，消极怠工。说曹参日夜饮酒，不治事。惠帝刘盈便召见曹参询问。

曹参反问惠帝刘盈：陛下自思本事能及先帝吗？

惠帝刘盈答道：朕年未及冠，如何比得过先帝！

曹参又问：陛下看臣比得过萧何吗？

惠帝刘盈回答：朕看来你似乎也比不过。

于是曹参说道：陛下说得正是！高帝与萧何平定了天下，法令已经明确，如今陛下垂衣拱手，我等谨守各自的职责，遵循原有的法度而不随意更改，不就行了吗？

惠帝刘盈恍然大悟，忙说：好。您休息吧！

曹参为相三年，谨守萧何法度，以清静自守，用民以时，不欲扰民，社会呈现一派清明景象。

萧何和曹参两位中国汉代开国名相，以"功成不必在我"的气度，创造了"萧规曹随"的历史佳话。

生前萧规曹随，死后墓冢相连。在陕西省咸阳市渭城区北杜镇以东2公里的瓦刘村，千百年来，萧何曹参墓一东一西默默隐藏在关中平原的田野里。

在中国众多历史人文典故中，萧何、曹参无疑是知名人士。但与他们的赫赫声名相比，他们的墓冢遗址，长期以来却经受着农耕及人类活动带来的种种破坏。

清朝时，有陕西巡抚毕沅于清乾隆四十一年（1776年），为这两位历史风云人物在墓冢前立碑："汉相国酇侯萧何墓"和"汉平阳侯曹公参墓"，以示纪念。

随着西咸新区的建设，沉寂多年的萧何、曹参遗址被列为西咸新区遗址保护和文化产业发展的重点项目。在经过生态、文化、休闲等多方位设计、完善后，作为西咸新区空港新城首个建成的历史文化项目，萧何、曹参遗址生态园林于2014年7月初正式开园，免费向广大市民开放。他俩也确实值得后人瞻仰、牢记。

刘邦在位时，为了对内平定叛乱，对外迎击匈奴，给百姓增加不少赋税，待惠帝刘盈即位，内乱已经平定，匈奴也因为和亲政策不再骚扰边境。所以，在萧何、曹参辅助之下，惠帝刘盈，取消了增加的赋税；刘盈又鼓励农民努力耕作，对于有成绩的农民还免除其徭役；为了促使人口增加，刘盈还下令督促民间女子及早出嫁。国内安定，边界和平，惠帝刘盈也有了财力和精力投入民生和城市基础设施建设。

刘邦在位时，长安都城仅修建了长乐宫和未央宫。当时的长安城，也只有几条街道，没有城墙。街道也不够繁华，缺乏帝都之气势。随着西汉朝廷与外界的交往日益增多，长安城的国都形象急需完善。惠帝刘盈决定，修筑长安城墙。

汉惠帝元年（公元前194年）起，惠帝刘盈首先下令拓宽修建了所有街道，又集中人力物力修建城墙，自此，浩大的修筑长安城墙的工程开始了。

汉惠帝三年（公元前192年）春，长安城墙的修筑达到高潮，汉政权先后征发了14万人筑墙。

汉惠帝五年（公元前190年）的秋季，长安城墙的建筑工程终于竣工。

汉长安城的城墙，全部由黄土版筑，分段层夯，十分坚固。城墙的东西南北，每边开有三个门，每门各有三个门道。右边的为入城道，左边的是出城道，中间的则是专供皇帝出入的。城垣周长25.7公里，城垣内面积36平方公里。

城内主要建筑有长乐宫、未央宫等。城墙外有护城河，宽三丈（6.93米）、深二丈（4.62米）。

至此，一座完整而宏伟的长安都城，矗立于东方世界，与同时期的西方罗马城媲美。长安城，也逐渐成为经济、文化的中心，很快在各方面繁荣起来。

汉惠帝刘盈，在他很短的皇帝生涯中，完成了全面整修长安城的伟大工程。对于长安都城未来的发展，惠帝刘盈功不可没。

汉惠帝六年（公元前189年）十月，是丰收的季节，也是长安最美丽的季节，天高云淡，秋风送爽，这一天，惠帝刘盈和吕后登上了高大坚固的长安城墙上，与各地入朝庆贺的诸侯们，共同庆祝长安城墙修筑工程的全部竣工。

仁弱的惠帝刘盈，在登上长安城墙，俯瞰长安的这一刻，是否心有所安？毕竟他是做成了一件福荫后世的伟大工程。

高帝刘邦统治后期，下达抑商法令，惩治不法商人。惠帝刘盈在位期间，大大放松限制商人的政策，解除了商人在经济上的重负和对商人的社会性歧视，直接促进了商业的发展，增加了国家收入。惠帝的这些措施使西汉初年的经济继续健康地向前发展。

惠帝六年（公元前189年），汉朝廷"起长安西市"，建起了长安的主要商业市场——西市，使长安成为汉朝经济活动的中心，也为长安城后来成为世界性大都市奠定了基础。

之后，惠帝刘盈又将皇宫，从长乐宫迁至未央宫。未央宫成为皇帝议事和居住的中央政府。

用"将门虎子"来形容惠帝刘盈，完全不合适。高帝刘邦以一布衣提三尺剑打下天下，但继承他皇位的惠帝刘盈，却是一个生活在母亲擅权阴影下的皇帝。他在位7年，所作的业绩寥寥，不过对于资质浅薄的汉惠帝而言，他只要保证坚决执行高帝刘邦创立的一套政策，善尽职守，就可国泰民安了。

的确，惠帝刘盈在汉王朝的历史发展过程中起到了承上启下的作用。

公元前188年秋天，继承帝位仅7年，终日郁郁寡欢，只有23岁的惠帝刘盈去世。班固在《汉书·惠帝纪》末尾写道：

秋八月戊寅，帝崩于未央宫。九月辛丑，葬安陵。

惠帝刘盈短暂的一生，几乎不曾感受到片刻亲情的温暖，却背负空有皇帝之尊而无实权的万般无奈。他不仅被强悍的父亲嫌弃，也被霸道的母亲摆布，他们就是笼罩在刘盈头上的乌云，一生都挥之不去。这个始终无法掌控自己命运的少年天子，究竟有着怎样不为人知的内心世界？

惠帝刘盈长眠在安陵。安陵，位于陕西省咸阳市东北约17.5公里的韩家湾乡白庙村南，西邻汉哀帝义陵，东距汉高祖长陵3.3公里。

汉安陵规模较小，墓高只有十多米。

安陵陵区分为陵园、陵邑及陪葬区三部分。安陵居整个陵区中部，建于渭河北岸的塬地上，封土为夯筑覆斗形。

　　张嫣张皇后陵位于安陵西稍偏北处。张皇后陵的规模与一般的汉代帝后陵相比，显得小了许多。作为后陵，还不如长陵陪葬墓中她的母亲鲁元公主墓高大，这在西汉诸陵中是少有的。

　　安陵的东面是长陵陪葬墓群，现存12座，大多为圆锥形。见于文献记载的陪葬墓有：鲁元公主、张敖、名相陈平、张仓、袁盎和文学家扬雄等。陪葬墓布局基本是东西一线，目前能辨认名位的有鲁元公主和张敖墓。

　　陪葬墓中，鲁元公主墓最为高大，位于咸阳市渭城区韩家湾乡白庙南村，西距安陵900米。

　　早些年，鲁元公主跟随母亲，虽然经历战乱，颠沛流离，也险些被父亲刘邦从车上抛弃，但重女轻男的吕后，始终视女儿鲁元公主为掌上明珠。在刘敬向高帝刘邦建议由大公主鲁元远赴匈奴，与冒顿单于完成"和亲"使命时，吕后连哭带闹，最终没有让鲁元公主远嫁匈奴。然而，深得母亲吕后宠爱的鲁元公主，却死在了母亲吕后之前。

　　吕后执政时的公元前187年，鲁元公主去世，鲁元公主既是惠帝刘盈的胞姐，又是惠帝刘盈的岳母，这特殊的双重身份，使鲁元公主的墓，只略小于帝陵，规模却远大于一般汉陵陪葬墓。

有些不可思议的是，所有西汉皇帝陵墓，唯独汉惠帝刘盈的安陵，有当地百姓自发捐资修建的护陵亭。这就是公道自在人心！

护陵亭里有高大石碑，石碑上刻有汉惠帝像和简介，重点突出了汉惠帝制定的几项利国惠民政策：

一是废除秦朝遗留下酷刑苛法；二是奖励耕织，采取休养生息政策；三是外交上与匈奴和亲，北方边境得到安定；四是修筑长安城墙，发展商业贸易。

然而，这些功绩，究竟是孝惠帝刘盈所为，还是算在他的母亲吕后功劳簿上呢？

没有人去细究，惠帝刘盈最终是死于病痛，还是死于不曾得到父爱和母爱的慢性谋杀。身为皇家之子，又比普通人家的孩子幸运多少呢？

卧马石刻

冒顿言语不敬 吕后受辱

在处理外交关系上，吕后秉承高帝刘邦时期的和亲之策，用财物换取暂时的和平，使汉匈之间边境安定，百姓安逸，缓和了内外矛盾，刺激了生产发展，增强了汉王朝的国力。

惠帝刘盈在位期间，朝廷大权已经掌握在母亲吕后手里了，孝惠帝病逝后，吕后理所当然地代行皇帝的职权。

公元前200年起，汉王朝采纳刘敬的"和亲"建议，与匈奴缔结和约之后的数年里，匈奴每年得到汉王朝的大量物资，汉匈之间相安数十年。

但是，这是多么脆弱的和平呀！

在这种不平等的"和亲"之下，匈奴的嚣张气焰与盛气凌人也与日俱增，变本加厉。

在汉宫中，吕后尽管横行霸道，只手遮天，既凶残，又肆无忌惮。但是，面对强敌匈奴的挑衅，甚至对她本人的侮辱，她却毫无办法。

公元前192年，惠帝刘盈即位的第三年，也就是刘敬奉旨出使匈奴，肩负"和亲"使命，护送"大公主"远嫁匈奴冒顿单于的第六年，汉王朝又一次选送一位刘家宗室女，降嫁给冒顿单于。

两次和亲的时间，间隔只有六年，而且又是汉王朝主动提出的，足以说明，当时的汉匈之间实力对比，汉王朝仍处于劣势。

此时的汉王朝，的确只能以妥协、忍让、讨好匈奴，才能维持与匈奴的"和平"关系。

汉王朝的考虑也不无道理。匈奴如果发起侵略，每年都要有上万的财物损失，还会有大量的人口流失，而采用和亲的外交政策，损失的不过是千金财物，再搭上一个连名字都叫不上的小女子的青春和生命。

权衡利弊，孰轻孰重，自然是明明白白的。

只要能得到和平的结果，政治家不在意过程的残酷。"和亲"行之有效，汉王朝肯定是坚持继续实施的。

然而，冒顿单于既想得到汉王朝送来的大量中原物品，也很想怀抱汉王朝送来的"公主"，但是，却并不领汉王朝的这份情，他的态度愈发的傲慢而无礼。狂妄至极的冒顿单于，遣使者送来了一封言词极为不敬的国书。国书直接送给了皇太后吕雉。

国书里通篇充满了侮辱性语言，大致意思是：我是个孤独无依的君主，自小生长在荒原野地放马放羊的地方，景色一般。自我执掌匈奴大权以来，曾多次到匈汉边境，我发现中原不仅风光旖旎，物产也极为丰富，令我羡慕不已。因此希望能到中原远游，尽享快乐生活。但是我孤身一人，远赴他乡，未免寂寞无趣。听说陛下您如今也是孤独无依，形单影只一人居住。不如我们两个做君主的，相依相伴，各得其乐。

吕后看罢国书，暴跳如雷。

高帝刘邦刚刚去世，冒顿竟然如此出言不逊，骄横跋扈，这是成心欺辱我们孤儿寡母，侮辱我大汉无人呀！

怒火中烧，气愤到无以复加的吕后，立即将丞相陈平、樊哙、季布等将相大臣召来。

　　吕后脸色铁青地向群臣讲述了这封国书的大致内容。她咬牙切齿地说，无论如何不能忍受这等奇耻大辱，要先杀了匈奴使者，然后发兵讨伐匈奴。

　　群臣了解了事情的来龙去脉后，大多数人很快都明白了，冒顿单于的这封国书，就是要挑起事端，从而激怒汉王朝，致使汉王朝在高帝刘邦逝世后，做出不理智的行为。匈奴可以此为借口，依靠自己强大的军事装备，给汉王朝以致命的打击，从而获取更多的利益。

　　虽然大多朝臣明白，这是冒顿单于的激将法，不过，这种侮辱性的语言和行为，也的确难以容忍。只是，吕太后真要决定出兵攻打匈奴，大家又不敢随意附和。

　　凭借汉王朝当时的军事实力，完全不是强大匈奴的对手，怎能与匈奴正面对抗？吕后如果不能容忍奇耻大辱，发动战争，失败的结果显而易见。

　　看着吕后怒不可遏的样子，朝臣们一时都静默无言。

　　就在这时，武将樊哙高门大嗓地嚷道：冒顿这个混蛋，真是欺人太甚了！凌辱我朝太后，就是凌辱我大汉王朝！你们还犹豫什么？你们贪生怕死，我樊哙可不是这等胆小如鼠之人。请太后下令，臣愿率领10万大军，到匈奴境内横扫匈奴。

从沛县就跟随刘邦的樊哙，身经百战，对刘氏家族始终忠心耿耿，屡建战功，关键时刻常常挺身而出。当年鸿门宴上，正是樊哙勇闯项羽的营帐，才让刘邦脱离险境。

高帝去世后，樊哙仍然能够得到吕后的信任，是因为樊哙与吕后有着另一层关系——樊哙是吕媭的妹夫。樊哙竭力维护吕太后，于情于理，都是可以理解的。

樊哙高声应和吕后的决定，从情感上说，家仇国恨，他慷慨激昂，无可厚非。但是仔细想来，樊哙的表态与请战，显而易见是盲目的，是冲动有余而思考不足的，或者说是在阿谀逢迎。明白局势的朝臣面面相觑。而有些朝臣，则为迎合吕后的心意，连连说："好。好。"

这时，郎中将季布开口了，他直言不讳地说：樊哙这是在信口胡说。不假思索地请战，太后应该下令杀了樊哙。

吕后听闻，简直不相信自己的耳朵。忠心耿耿，主动请战，要为她出这口恶气的樊将军何罪之有？你有何理由要置他于死地？

季布是楚人。秦末大乱，刘项相争，季布曾效力于西楚霸王项羽，数次打得刘邦很狼狈。项羽败后，刘邦特意下令追查季布，悬赏重金，求他的人头，幸亏若干侠士，把季布藏匿起来。后来刘邦听人劝，为了安抚项羽旧部，安定社会起见，赦免了季布，还给他一个官儿——郎中。刘邦死后，汉惠帝时，吕后任命季布为中郎将。

季布为人仗义，好打抱不平，以信守诺言、讲信用而著称。所以楚国人中广泛流传着"得黄金百斤，不如得季布一诺"的谚语。"一诺千金"这个成语也是从这儿来的。站在朝堂上的季布，并没有因为他的话令吕后恼火而紧张慌乱。

季布不紧不慢，一字一句地说：樊哙这是在吹牛，此人可杀。当年高祖刘邦带30万大军亲征匈奴，起初战无不胜，后来还是被困在平城白登山上。当时樊哙就在其中，怎么未见他神勇能战？汉军当时被困的惨状至今历历在目，阵亡的将士尸骨未寒，受伤的将士尚未康健。当年30万都打不过匈奴，今天他樊哙用10万就想横扫匈奴？这岂不是当面欺诳君主，迎合上意拍马屁吗？匈奴趁秦末大乱崛起，今天我大汉丧乱初平，元气未复，不宜来硬的。天时、地利、人和都占优的匈奴，以及敌我双方的实力，樊哙应该很清楚。樊哙如此说，分明是要动摇天下。这是不是一桩该杀的大罪？

季布说到这里，吕后的脸色也开始缓和。

季布的话说得实在、客观，也很走心。吕后听进去了。

季布继续说道：野蛮的匈奴人好比禽兽一般，他们口中说出的话，大可不必当真。好言好语不值得高兴，恶言恶语也不值得恼怒。匈奴人野蛮无礼，作为君主的冒顿单于，也如此寡廉鲜耻，不懂礼数。以我之见，冒顿单于这是在玩心术，是用激将法。他的这些凌辱之言，目的就是要激怒太后还有文武百官，挑起事端，使我们在愤怒的情绪下，在头脑不清醒状态下，采取不切实际的军事行动，落入他们布置好的圈套。所以，还望太后以大局为重，妥善慎重地思考出应对之策。

季布的这番话，让吕后彻底静下心来。

樊哙虽然有鸿门宴救主的功劳，但论带兵打仗，他却是资质平平之辈，就是一勇夫而已。他的这个牛皮，吹得太大，若真实行，丢了他的性命事小，10万大军的性命和天下生灵涂炭事大，刘家和吕后的江山，没准从此不保。

若是吕后真的信了樊哙和附和他的众将，为出这口气，派兵出征匈奴，能不能坐住长安，都不好说了。

樊哙被季布当场驳斥，要求吕后处死他，樊哙竟然没有反驳。

吕后哭诉自己被羞辱，身为吕后的妹夫，情急之下，挺身而出，也是一时激动，话说出来，可能就后悔了，幸好有季布站出来挡了。

关键时刻，是不能说大话的。尤其是关乎国家生死存亡之时，说大话，是要动摇国本的。吕后虽然也喜欢人家说好听的，凡是人，都如此。可贵的是，吕后是个有智慧明事理的人，她明白季布说得有道理。于是，宣布散会，不再议出击匈奴之事。会后，吕后着人回了一封词语卑恭的信，作为对她这封侮辱性国书的复函。

复函大致内容是：单于没有忘记我们这破败的国

家，遣使送来书函。我读了书函，惶恐不安。想我如今年老体衰，头发日渐稀落，牙齿也在松动，行动不便，走路不稳。单于一定是误听了，将我这样一个丑陋的老妇误以为是妙龄少女，真是惭愧！还请单于谅解！单于不值得这样降低身份侮辱自己。为了报答单于的好意，我今大送上一份薄礼：御驾两乘，良马八匹，以供单于日常之用。

冒顿单于收到复函和礼物，完全出乎意料。冒顿单于以为，他如此出言不逊，中伤侮辱吕太后，吕太后一定暴跳如雷，即刻发兵前来出气的。

自从高帝刘邦采纳刘敬的和亲主张，主动与匈奴和亲以来，汉王朝方面信守承诺，每年都赠送给匈奴大量物品。

而得到美人和财物的匈奴，其实在边境上，始终没有停止骚扰抢掠汉地边民。对于这些小规模的侵扰，汉王朝方面一直是睁只眼闭只眼，并没有认真处理。

汉王朝的态度，让冒顿单于和匈奴官民，更加肆无忌惮。他们以为，汉王朝是从内心里惧怕了匈奴，惧怕了冒顿单于的。他们贪婪地希望，能从汉朝获取更多的利益。

　　恰逢高帝刘邦驾崩，即位的惠帝懦弱无能，吕后以太后身份专权。汉王朝正处于动荡不安，政局不稳时期。冒顿单于得到消息，暗自欣喜。他不能错过这个极佳的机会。

　　冒顿单于故意以一封言辞大不敬的国书，试图激怒吕后，从而使汉朝冲动之下，发起讨伐匈奴的战争，匈奴便名正言顺地加以还击。利用匈奴强大的军事力量，给予汉朝致命打击。

　　没承想，这吕太后不仅容忍了针对她那些不堪的侮辱性语言，复函上还如此贬低自己，是"丑陋老妇"，并且低声下气地希望得到冒顿单于原谅，讨好地送来富丽堂皇的御驾和宝马。布置好的这盘棋，没能让汉朝进入圈套。说明汉朝有聪明人识破了他的激将法。汉朝如此违背常理，忍气吞声，一定有更充分的准备反制匈奴。冒顿单于思来想去，认为不宜轻举妄动，哪怕做表面文章，也要暂时与汉朝保持睦邻友好关系。

　　于是，冒顿单于再次遣使者来到长安，给汉朝送上国书。很有礼貌地谢罪说：十分抱歉！因为我们不

懂礼节，说了不该说的话，多有得罪。特向陛下郑重
道歉！陛下幸好宽恕了我。

前来的匈奴使者还献上数匹良马，赠送给吕后，
希望继续商议和亲之事。

一封言语不敬的书信，险些引发一场战争。好在
有敢于直言劝谏的季布，好在有季布的勇气和智慧。

太史公称："吕后为人刚毅。"刚毅的吕后，
对于冒顿的言语侮辱，愤怒不堪。但是，为了国家大
义，吕后如此审时度势，抛开个人私愤恩怨，接受中
郎将季布的劝谏，也是汉匈之间一触即发的战争，得
以和平解决的关键。

时隔两千多年，我们仍能感受到女强人吕后强压
着的怒火，流在脸上的那屈辱的泪水，在时空穿越中
依然闪着光亮。看到冒顿的第二封国书，吕后内心的
怒火已逐渐消解。吕后决定，继续刘邦执政期间与匈
奴的和亲政策。在国家实力不够强大的情况下，委曲
求全，忍辱负重，继续与强敌匈奴和亲，自然是当下
最有效的策略。

汉王朝准备好了赠予冒顿单于的车马、礼物，又
从刘氏宗族中，选择了一个女子，同样认作是皇家公

主，继续"以宗室女为公主，嫁匈奴单于"以和亲。冒顿单于笑纳之，致歉，"因献马，遂和亲"。

汉匈之间一场即将发生的兵燹之灾就此化解了。

汉惠帝和吕后时期，汉王朝的百姓脱离了战争年代的苦难，无论是皇帝和大臣们，都想休养生息，无为而治。软弱的汉惠帝，垂衣拱手，清静无为，"刚毅"而强悍的吕后以女主行皇帝职权，政事不出门户，天下安宁。很少使用刑罚，罪人寥寥无几。百姓勤于耕种，衣食不断增多。

吕后虽然在政治上骄横跋扈，手段毒辣，搅起夺嫡风波，又残酷地诛戮功臣，千方百计为吕氏家族谋取政治利益。但是这些步步惊心、你死我活的争斗，都发生在宫闱之内，发生在汉政权的高层，与宫墙外的百姓几无关系。

处理外交关系上，吕后秉承高帝刘邦时期的和亲之策，用财物换取暂时的和平，使汉匈之间边境安定，百姓安逸，缓和了内外矛盾，刺激了生产发展，增强了汉王朝的国力。

乱政结束 刘恒登基

　　公元前180年，人们满怀希望，迎来了一位新皇帝的登基，这是汉朝从一个国家初定走向繁荣昌盛的关键时期。

　　新登基的文帝刘恒是个有名的仁君。

　　可怜的汉惠帝刘盈去世，失去儿子的吕后，在惠帝发丧时，虽然哭声刺耳，却听不出有丝毫的哀痛之意，甚至不曾流下眼泪。

　　惠帝刘盈在世时，并不曾与皇后生有儿子。在吕后精心策划下，惠帝的一个地位很低的妃子所生的儿子，被吕后指定为皇帝，称为少帝恭。三年后，少帝恭又被另一个幼儿少帝弘所替代。

　　这个阶段，吕后以皇帝过于年幼为理由，自己以太皇太后的身份临朝执政，直接做了汉王朝的最高统治者。开始了被后世称之为"高后"时期。

吕后虽然没有自行宣布自己为女皇，却行使摄政大权，负责国家大事，有着无可争辩的至高权利。

吕后的做法，后来的中国王朝几次被做皇后的把持朝政时所效仿。

大权在握的吕后，培植起了一个吕氏外戚集团，一心要为吕氏家族诸人封王。虽然有大臣们以高帝刘邦定下的规矩：严禁异姓封王。但是，强悍的吕后以"高后"的威权，打压了大臣们的不满，仍然坚持为吕氏家人分封王位。

高后八年（公元前180年），吕后病重，仍没有忘记巩固吕氏天下。她下令为自己的侄子吕台、吕产、吕禄还有吕台的儿子吕通封了王，其他六个吕姓也被封列侯，并任命其他亲属为将军。

吕后确保了能指挥驻扎在长安城的军队，但是，处于远地的军队，她没有力量掌控。

吕后能指挥的军队，更无法阻止匈奴进入中原的领土。公元前182年到公元前181年，匈奴入侵西郡，即甘肃南部，第二年，又抓走了2000多人。

病危中的吕后，告诫吕氏外戚：

高帝平定天下以后，与大臣订立盟约：不是刘氏宗族称王的，天下共诛之。现在吕氏称王，刘氏家族和大臣们都愤愤不平。我很快就死了，皇帝年轻，大臣们可能发生兵变。所以你们要牢牢掌握军队，守卫宫殿，千万不要离开皇宫为我送葬，不要被人扼制。

吕后很想将一切的一切，都安排妥当的。她留下遗诏，让她的亲属吕产为相国，让吕禄的女儿为皇后。吕氏家族的成员受到任命，很受鼓舞，以为吕家是可以消灭刘氏皇室，称霸天下的。但是，以后的事，无论是刘邦，还是吕雉，都是无法做主的。

公元前180年农历八月一日，霸气十足的吕雉，心有不甘地撒手人寰，终年62岁。

这个"为人刚毅"的女人，在没有完成她的政治计划就去世了。或许，她死时都无法瞑目。死后的吕雉与丈夫汉高祖刘邦，合葬于长陵。

吕后死后，拥刘之军蜂起，一场刘氏皇族集团与吕氏外戚集团你死我活的斗争开始了。吕氏外戚自知，一旦失去了吕后这座"靠山"，尽管有吕后遗诏，仍然会面临刘氏皇族和大臣们的诛杀。他们准备先下手为强，密谋夺取政权。然而，不得人心的吕氏外戚的阴谋，很快被反对派得知。

高帝刘邦仍留有分处楚、淮南和代地的后裔，这些人能够争取其他亲戚的支持。高帝之孙齐王刘襄带头行动，在向其他王国的亲戚求助后，他率领自己的部队向长安进军。

同时，长安城中，曾经为高帝刘邦"六出奇计"，足智多谋的陈平和开国元勋太尉周勃一起，他们从容地布局，协同行动。

吕后去世一个月后，齐王刘襄发难于外，陈平、周勃响应于内，刘氏诸王遂群起而杀诸吕。

刘氏皇族集团与吕氏外戚集团的一场流血斗争，以刘氏皇族集团的胜利而告终。

诛灭吕氏势力后，大臣们认为，吕后所立的少帝恭和另外两个刘盈庶子，均不是刘盈亲生，于是先废后杀少帝刘弘，并在刘姓皇族选择皇位继承人。候选人有三个：一个是高帝刘邦的亲生子代王刘恒，一个是高帝刘邦的亲生子淮南王刘长，另一个是齐王之子刘襄，即高帝之孙。

齐王刘襄声称，他的父亲是他两个叔叔的兄长。

另外齐王所处的地位，也比两个叔叔更为有力。毕竟，吕氏家族是他领导下才被消灭的。推举齐王登基的建议却遭到反对。大臣们考虑的重点就是其母。

因为担心齐王的母亲可能效仿吕后，所以，必不能有一个势力强大的娘家。同样的理由，大臣们也提出了反对淮南王的候选资格，而且，淮南王年龄尚小。

经过认真谨慎地考虑，大臣们决定，迎立当时封为代王的刘恒继承帝位。大臣们认为，刘恒不仅有承担其使命必须具备的条件，即使命感和仁慈心，最重要的一点，代王刘恒的母亲薄氏具有十分高贵的品质。

商议妥当，长安传送信息给代王，请代王刘恒即位皇帝。

代地寒凉的暗夜里，一个看似单薄，却玉树临风的青年男子身影，站立在夜的旷野中。这个男子，使得月黑风高夜，那无边的黑暗中有了光亮。

黑暗中，这个面相朴实和善，又气宇轩昂的男子，眯着一双温和的眼睛，那目光中的暖，足以驱散寒气。此刻，夜色笼罩下的代地，不是他观望的区域。他将目光投到了西面的长安城方向。

　　透过夜色，男子似乎看到了发生在宫廷之内的争斗搏杀，他不禁打了个寒噤。他本来是为了逃避宫中的内乱，才来到这偏僻苦寒的代地的，现在，却让他再回到那个混乱的宫闱之内。

　　这个男子，就是被汉宫几乎遗忘在代地的刘恒。

　　当长安来的使者向代王刘恒和母亲薄姬，宣告迎立刘恒为大汉天子这一重大决定时，刘恒和母亲并没有欣欣然，相反，他们忧心忡忡，疑虑重重。宫廷争斗，从来不缺少阴谋诡计，尔虞我诈。刘恒的哥哥弟弟们的遭遇和莫名的死去，已经让刘恒和母亲薄姬对这个世界的真伪难以做出判断。

　　刘恒的属臣们也意见不同，有的认为是一个阴谋，有的则分析说不会有假。

　　刘恒与母亲薄姬犹犹豫豫中决定，就让老天来帮助做判断吧。

　　刘恒于是用占卜来决定吉凶，结果得到一个"大横"的占卜结果。"大横"预示着更替，预示着刘恒不久要即位天王，将父亲的伟业光大发扬，就像启延续禹的那样。

　　刘恒疑惑，我本来就是诸侯王了，还要做什么

王？占卜的人向他解释，天王即是天子，比现在一般
的王要高一级。

代王刘恒仍不放心。他又派遣舅舅薄昭前往长
安，探听虚实。

舅舅薄昭很快从长安返回代地。将得到大臣们要
迎立代王的真实意图报告给刘恒。商议之后，刘恒和
母亲薄姬，才决定离开代地，前往长安。

在向长安进发的途中，他们仍然一步步小心翼
翼，战战兢兢，生怕落入吕后设置的圈套，命丧黄泉
路。在距离长安城50里的地方，刘恒又派属下宋昌先
进城打探虚实。

代王刘恒的车马到达渭桥时，大臣们都来拜见，
他们一个个自称为臣。太尉周勃觐见时说，希望单独
与代王说话。不放松一丝警惕性的刘恒属下宋昌，抢
先回复道：

所说的若是公事，就公开说。若是私事，代王不
接受私情。

太尉周勃听罢，即刻跪下，奉上了天子印玺和符
节。心存疑虑的刘恒，谨慎又谦让了一番，终于同意
接受玉玺。在陈平、周勃等众大臣的拥戴下，刘恒平

安地继承了皇位，住进了未央宫。

这就是历史上的汉文帝。这一年，刘恒22岁。

国家危难时刻，选择了刘恒。他担负起了这一国家重任，这是他的命数，他不能逃避。同时，识时务的齐王刘襄解散了部队，返回齐国。

汉文帝刘恒，是汉高祖刘邦与薄姬的儿子，是汉惠帝刘盈同父异母的弟弟。

刘恒的母亲薄姬，是吴郡吴县（今江苏苏州）人。曾经是项羽部将魏豹的姜室，魏豹被韩信击败后，薄姬被召入汉宫。进入汉宫一年多，她未曾见过刘邦一面。

年少时的薄姬，与一同入宫的管夫人、赵子儿三人是闺蜜。当时，三个小姐妹如同陈胜、吴广起事时一样，也曾相约"苟富贵，无相忘"。

三个手无缚鸡之力的小女子，即使有约，也不可能像陈胜、吴广那样揭竿而起，左右自己的命运。在男人话语世界里，她们只能依靠男人，男人的势力，男人的宠爱，才能成全自己，才能有自己的未来。

当有一天，命运眷顾薄姬的时候，其实也是在改写着中国历史。

那一天，峨冠博带的汉高帝刘邦，裹挟着帝王雄风，信步在后宫御花园时，就这么凑巧，他听到了管夫人、赵子儿这两个薄姬的闺蜜，叽叽咕咕的对话。这两个女人，已经先后得到刘邦的宠幸。他们的对话，引起了刘邦的好奇心。

那一天，刘邦一定心情不错，对女人间的饭后谈资十分感兴趣。两个美人笑说与薄姬初时的约定就飘进了刘邦的耳朵里。历史的蝴蝶翅膀，就在这一刻轻轻地又扇动了一下。

刘邦听了这两个女人的讲述，忽然就对这个未曾宠幸的薄姬心生了一丝怜悯。或者，仅仅只是刘邦的好奇心在作怪，刘邦执意要见见这个被他冷落多时的薄姬。

是薄姬的安静，还是安静中那宠辱不惊的神情，或是薄姬姣好的容颜打动了刘邦？或者，仅仅是刘邦作为一个风流男人的本能，当晚，在后宫佳丽翘首期盼的目光下，从不显山露水的薄姬，荣幸地躺在了高帝刘邦的龙床上。

说来，一切仿佛命中注定，也就那一晚，一次承欢的薄姬，竟然孕育了一代明君刘恒。

"文景之治"的汉文帝，就在这一夜的云雨之后诞生了。

此后，拥有后宫佳丽三千，风流忙碌的高帝刘邦，无论如何都不再想起，世上还有个与他一夜欢情的薄姬。刘邦就此没有再与薄姬相见。

因为被刘邦再次冷落，因为出身低微，因为有权倾一时的吕后专制，生性善良与世无争的薄姬，始终与皇宫的繁华与喧闹无缘，却安然于皇宫矛盾纷争的漩涡之外。

汉高祖五年（公元前202年），薄姬生下儿子刘恒。有了儿子，并没有因此给薄姬带来多少皇家的荣耀。

汉高祖十一年（公元前196年），刘恒8岁，被立为代王。彼时的代地，那是个无人愿去的荒蛮之地，更是其他皇子没有意愿到达的苦寒之地。

所谓祸兮福所倚，福兮祸所伏。

汉高祖刘邦去世后，那些受到汉高祖御幸的爱姬，如戚夫人等，都遭到了吕后忌恨，被幽禁起来，不允许出宫。薄姬的懦弱和胆怯，反倒保护了她。因为极少被汉高祖刘邦宠幸的缘故，吕后没有视她为劲敌，薄姬得以出宫。她跟随儿子刘恒，来到了偏僻的与匈奴接壤地带。从此，贫困苦寒的代地，成为刘恒与母亲薄姬相依为命之地，也是被皇宫的权力纷争遗忘之地。

在吕后大开杀戒，将刘邦的儿子几乎赶尽杀绝之时，薄姬的儿子刘恒却幸免于难。

这自然不是吕后心软而刀下留人，而是刘恒和母亲薄姬以"无欲无争"的姿态保全了自己的性命。

北风呼啸的那个冬天，薄姬带着不足八岁的刘恒，还有一个由吕后安置的小宫女窦漪房，向着这个远离汉长安城的边疆代地出发了。

窦漪房出生在赵地，她本来希望随同赵地的封侯回家乡的，却阴差阳错地被书写花名册的宦官，将她误写进了代王的随身宫女中。不料，就此成就了她和代王刘恒的姻缘。最终让她登上了皇后的位置。

刘恒母亲薄姬自然明白，宫廷斗争的残酷现实，清静无为与世无争是自保，也是无奈的选择。

在母亲薄姬清心寡欲生活态度影响下，儿子刘恒也无意与其他皇子争夺继承权，甘愿就在边疆，就在毗邻匈奴的荒漠贫瘠代地，安心做一个没人关注的代王。

以薄姬的平和性格，即使早年有"苟富贵"的愿望，恐怕也被这里肆虐的风雪掩埋，被匈奴随时而来的阵阵铁蹄声击破。

那时的长安城宫廷里，吕后正刀刀见血地施展暴虐。远离长安，并不意味着远离了危险。薄姬为儿子和自己祈祷，只要母子平安地活下来，就是此刻最大的幸福！

残酷的宫斗，以刘氏皇族集团大获全胜而告终。

大局已定的长安都城，风平浪静。新的汉室，需要一位贤明的君主，更需要一位性情温和的皇太后。

心地善良，仁慈朴实的刘恒，在取得胜利的汉王朝老臣眼中，便是不二人选。

曾经被高帝刘邦冷落的薄姬，没有争宠的心机与勇气，更没有吕后的计谋与才智。她选择了听天由命，躲过了吕后的血雨腥风，冥冥之中，保全了自己的后半生。她还以自己的宽厚和仁慈，为儿子赢得了天下，成就了一段政治清明的社会秩序，也是当世万民的福气。

仁善的薄姬，在刘恒登基之后，被尊为太后。

后来，汉文帝刘恒去世，太子刘启即位，即为汉景帝，祖母薄姬又尊为太皇太后。

唯一的遗憾是，儿子刘恒竟然走在了母亲的前面。薄姬白发人送黑发人，让老来的薄姬好不悲伤。

公元前155年，就在儿子刘恒去世两年后，薄姬也安静地与世长辞。

一生与世无争的薄姬，长眠于远离高帝刘邦的长陵，而与自己儿子文帝刘恒的霸陵相距不远，在今天的西安灞桥区狄寨街道鲍旗寨西北处。"薄太后陵"因在汉文帝霸陵之南，故又称"南陵"。

薄太后没有安葬在长陵，是因为："以吕后是正嫡，故不得合葬也。"

生前不得汉高帝刘邦宠爱，去世后仍然远离刘邦与吕后的长陵，清静无为的薄姬，一定乐得与儿子刘恒相伴，享受安宁闲静。

"南陵"封土形似覆斗，底东西宽一百五十米，南北长二百米，高四十多米，底面积四十四亩，上顶面积三亩多，原陵园占地一百一十多亩。陵园现有清陕西巡抚毕沅立碑，上有"汉薄太后南陵"六字。原陵园南侧有卵石铺砌的陵园大道一条，现仍可见卵石和道旁镶边花砖碎块。

经历了两千多年的风雨，薄太后陵早就被洗劫一空，但地面的封土堆前，百姓自发的祭奠从来没有停止过。他们以虔诚的姿态，将这位在他们看来教子有方的母亲，奉为了神灵，到此焚香叩拜。

公元前180年，人们满怀希望，迎来了一位新皇帝的登基，这是汉朝从一个国家初定走向繁荣昌盛的关键时期。

新登基的文帝刘恒是个有名的仁君。

文帝刘恒没有忘记母亲的教诲，和他们经历的磨难。秦的严酷和吕后的专权，让他汲取了深刻的教训。社会需要休养生息的政策，自然而然，以无为而治的"黄老之学"，成为文帝刘恒的治国法宝。

文帝刘恒主张"以德化民"，要求为官为君者都应该以身作则，"感化民众"。执行休养生息和轻徭薄赋的政策，两次将田租减为三十税一，甚至12年免收全国田赋，大大减轻了农民的负担。

为做天下人的表率，文帝刘恒不辞劳苦，亲自下地耕作。他说，农业是天下的根本，应当开辟籍田，朕要亲自带头耕作，供给祭祀宗庙所需的谷物。

文帝下诏天下：农业是百姓赖以生存的基础，有人不专心务农而去经商，因此衣食困乏。朕为此很是忧虑。因此今天率群臣耕田以鼓励农业，应免天下百姓今年的田租。

当看到自己亲自耕种的麦子收获了那么多，又看到百姓面对丰收的喜悦和说笑，文帝兴奋得难以言表。

文帝刘恒认为，古代治理天下，朝廷设有进献善言的旌旗和供书写批评言论的木柱，以此来保持治国之道的畅通，使直言正谏者前来发表意见。现在法律上有诽谤妖言之罪，这就使大臣们不敢畅所欲言，皇帝无从听到自己的过失。这怎么能够使远方的贤良之士来到朝廷呢？应该废除这一法令。百姓当中，有人诅咒皇帝，约定相互隐瞒，尔后又相互欺蒙揭发，官吏就认为大逆不道，如果还有其他言论，官吏又以为是诽谤。据此治以死罪，我非常不赞成。

文帝刘恒在高帝刘邦的基础上，进一步废除了肉刑和诽谤妖言罪等一些严刑苛法。断狱判死罪的人有数百，却几乎不执行。

文帝刘恒还是出了名的勤俭持家的皇帝。有一次他想修筑一座露台，一细算费用，需要花费黄金100

两。文帝惊呼：这可是相当于中等人家10户财产的总和呀！我如今在先帝建造的宫殿里，已经很好了，没有必要再花费那么多的钱建一个露台。于是，立即决定作罢。

当时，很多的列侯都住在长安，这给京城的粮食供应增加了负担。刘恒下诏，命令列侯到自己的封国去生活，即使朝廷恩准留在京城，也要将自己的儿子派到封国去。

这一举措，遭到了大多数官员的抵制，很多人找各种各样的借口留在京城。

文帝刘恒极为生气。他让丞相周勃带头做表率，免了他的丞相职务。回到封地的周勃，被人举报，在家常常身披盔甲，一定有谋反之心。周勃赶忙通过文帝的舅舅薄昭向文帝说明实情：被罢免丞相职务后害怕被抓，所以家中有些防备，但却没有反叛之心。

文帝刘恒在重新调查后，没有发现周勃谋反的事实，便释放了他。和封建时代很多皇帝相比，文帝刘恒确实难得的宽容。

知人善任，虚心纳谏的文帝刘恒，在位期间，提拔重用了贾谊、晁错、张释之、周亚夫等人才。

汉文帝初战匈奴告捷

多年以来，大汉为了与匈奴结为弟兄，不断地馈赠丰厚的财物。而不守和约，做出背叛盟约的事情，使兄弟情谊疏远的责任往往都是匈奴方面。

汉文帝刘恒刚刚即位时，汉王朝尽管建立已经二十多年，但国力并不强盛，仍无法与北方的匈奴抗衡。

刘恒即位后，国内社会相当安定，对外交往也较平和。特别是与北方匈奴，仍然坚持奉行一贯的和亲政策。

然而，就在公元前177年的农历五月，北方的匈奴右贤王侵入了黄河以南的河套地区。

飘浮不定的这片土地，长期处于中原政权与少数民族势力的拉锯地带。

秦朝时，这里就是中原王朝与匈奴反复争夺的地区而征战不休。多少年间，这里的百姓都在寻梦安宁与安定。

匈奴的兵马来了，烟尘滚滚，马蹄阵阵，杀声连天。所到之处，风声鹤唳、草木皆兵。

中原政权的戍边将领也来了，修筑长城，抗击抵御匈奴的战鼓与呐喊震天动地。

穿过历史朦胧的记忆，我们看到了，比模糊的历史清晰的，是当时四季饱满的黄河，激情、豪放、纯朴而自由。放眼黄河两岸，湖泊遍布，碧水青山，密密丛丛的翠柏烟峰，郁郁葱葱，生机勃勃。

只想寻求安宁度日的百姓，在两岸一望无际的翠绿中，一边呼吸着战火的硝烟，一边只要有短暂的宁静，勤劳朴实的百姓，就会抓紧耕田、种地、放牧、狩猎、饲马。"水草丰美，土宜产牧，牛马衔尾，群羊塞道。"

此刻，匈奴的右贤王，又惊飞了这一短暂的宁静。他越过河套以南之后，更进一步向南骚扰和劫掠汉地，大举入侵北地、上郡。

上郡等地的要塞一个一个被匈奴的右贤王攻破，边界地区的百姓惨遭掳掠和屠杀。汉王朝的边防军无力抵挡匈奴的强势攻击，右贤王则一路高唱凯歌，竟然直逼高奴地区（今延安市）。

正在甘泉宫的文帝刘恒（今咸阳市的淳化县），接到紧急军情报告后，立即布置抗击匈奴的决策。刘恒一面命令丞相灌婴率领骑兵85000人，火速北上，赶赴高奴地区，迎击已经深入到这里的匈奴右贤王。另一方面，刘恒下令卫将军立即调兵加强首都长安的守护。高奴与长安之间，也就五六百里。文帝刘恒同时发布诏书，指责匈奴背信弃义的入侵行为：

汉朝和匈奴早有约定，结为兄弟，汉匈缔结姻亲，世代友好。为不让匈奴侵害边境，每年输送给匈奴的礼物非常丰厚。现在，匈奴的右贤王离开匈奴境地，不守承诺，带领部众侵入汉朝的黄河以南地区。他们在边塞地区出入往来，杀我汉朝官吏和士卒，驱逐侵害居住在上郡的居民，使他们不能居住在原地。匈奴人欺凌边地官吏、抢掠边地百姓，无恶不作，真是欺人太甚，完全违背了汉匈的约定，我们决不能容忍。所以，现在派遣丞相灌婴，率领大军，对匈奴右贤王给予打击，必欲取胜。

派遣迎击匈奴的丞相灌婴，秦朝时期，只是在睢阳（今河南商丘市）以贩卖丝织品为营生的小商贩，刘邦起兵反秦，攻打到河南时，灌婴跟从了沛公刘邦。

灌婴因为骁勇善战，屡建战功，颇得刘邦信任，封为颍阴侯。

高帝刘邦当年御驾亲征到代地，去讨伐谋反的韩王信时，灌婴是作为车骑将军随从刘邦的。到达马邑的时候，灌婴奉刘邦命令率军一路过关斩将，降服了楼烦以北的六个县，斩了代国的左丞相，在武泉以北击败了匈奴骑兵。又跟随刘邦在晋阳一带袭击了隶属于韩王信的匈奴骑兵，所统帅的士卒斩杀了匈奴将领。战功显赫的灌婴，马不停蹄，再奉刘邦命，一并率领燕、赵、齐、梁、楚等国的车骑部队，在砻石打败了匈奴的骑兵。

当时，灌婴与高帝刘邦的先头部队到达平城，被匈奴大军团团围住。"白登山"解围后，跟随高帝回军到东垣。

吕后去世后，灌婴曾协助周勃、陈平诛杀诸吕，帮助刘氏皇族夺回皇权，拥戴代王刘恒登基皇位。所以，灌婴可谓是汉王朝的开国功臣，三朝元老，对刘氏皇室忠心耿耿。

有着与匈奴多年作战的经验和失败的教训，现在文帝刘恒发出让灌婴率军抗击入侵匈奴人的圣旨，虽然已经不年轻，但依然热血偾张的灌婴，立即领命。灌婴率领的骑兵，是一支训练有素，极其精锐的部队。

匈奴右贤王因为之前所向披靡，势如破竹，轻易就深入到汉地，自然以为汉军是没有任何战斗力的。轻敌之念下，他们遭遇到灌婴率领的这支精锐部队的沉重打击。

灌婴这次率部抗击匈奴，是经过精心而周密布置的。加之全军上下群情激奋，同仇敌忾，一出击就打得匈奴右贤王的队伍七零八落，狼狈溃散。

右贤王本人若不是得到手下拼死护卫，趁乱骑上一匹快马慌忙逃窜，也要被汉军一举擒获了。侥幸脱身的右贤王，狼狈逃往塞外。

这一场抗击匈奴的战斗，汉军大获全胜，大大鼓舞了汉军的士气。

得到汉军取胜和匈奴溃逃的战报，文帝刘恒也从甘泉宫来到了高奴，他亲自到战场犒赏将士。获得抗击匈奴的胜利，文帝心情大好，他从高奴犒赏将士返回途中，又顺路驾临太原，接见了代地的群臣，并一一奖赏曾经的属下。

代地，是文帝刘恒即位皇帝之前的封地，他被封为代王时，只有8岁。在这里，他曾经居住生活了14年之久。

此番又回到自己和母亲薄太后生活过的地方，文帝刘恒自然备感亲切。他使用皇权报答这里的群臣和百姓——除了召见原来追随他的旧臣，各加赏赐，晋阳和中都的百姓都可免纳三年租赋。文帝刘恒让太原地区的百姓沐浴了一番"皇恩"。

汉朝给匈奴这次打击之后，匈奴到边境扰民侵掠的现象有所收敛。汉匈边境安宁了一些时日。冒顿单于自知右贤王侵入汉地确实理亏，同时，又想继续从汉地索取财物。第二年，他给文帝刘恒写了一封貌似言辞客气的国书，国书再次提及汉匈和亲一事，信中写道：

上天所立的匈奴单于恭敬地问候大汉皇帝，近况如何，身体安康吗？

前些时，陛下提出与我们的和亲之议，我们觉得符合双方的意愿，汉匈应该联姻。

但是，由于贵国边境官吏侵犯，侮辱了我们右贤王，而右贤王又没有向我奏报情况，他擅自听从他手下左右的胡言乱语，竟然与汉军敌对，破坏了汉匈之间最高领导以前的协议，断绝了我们之间的兄弟情谊。遗憾之至！

陛下发来两封国书，责备我们，我派使者带信答复，使者没有归来，汉朝的使者，也不前来匈奴了。汉朝因为这个缘故不与我们和好，使得两国的关系陷入僵局。

如今，我再诚恳地致函陛下，希望都不要因为属下的错误，而损害我们匈汉关系的大局。为了表达我的诚意，我已经惩罚了右贤王，派他去西征，出击月氏。

靠了老天的保佑，右贤王将功赎罪，凭借匈奴将士精良，战马强壮，已经彻底斩杀、平定、消灭了月氏。而附近的楼兰、乌孙、呼揭等二十余国，现在也都归降匈奴。各游牧民族成为我们匈奴的一部分，合为匈奴一家。北方已彻底平定。

我希望，停止战事，让将士休息，让百姓安居，牧养马匹，消除以前的不愉快，恢复过去的和平，以安定边民。继承匈汉两族自古以来的友好传统，使年轻人得以成长，使老年人安居乐业，世世代代和平欢乐。

只是不知皇帝陛下的想法如何？所以我派郎中系虖浅前去递交国书。此外送上骆驼一匹、宝马两匹，以及驾车良马八匹。

如果陛下不希望我们的使者接近边塞，那就让他们在远离边塞之地居住。使者抵达之后，请不要再羁留他们，让他们尽快返回。

这一年的六月中旬，匈奴使者将国书送达。

汉文帝刘恒接到冒顿单于这封看似谦恭，实则充满霸气、咄咄逼人的国书后，立即召集朝臣，商议对策。

冒顿单于的这封信，其实是表明匈奴国力的强势。那么汉廷究竟是再接再厉攻打匈奴，还是接受与匈奴和亲？

公卿大臣们认真分析，有的说，单于刚刚攻破月氏，获胜后士气正旺，眼下，汉朝不宜跟他们交战。有的说，即使夺取了匈奴的领地，那里也大都是盐碱地，不适宜居住。还有的说，应当继续采取和亲策略，避免汉匈发生战争为上策。

听了大臣们的议论，文帝刘恒决定，接受冒顿单于的请求：继续与匈奴联姻，争取和平。同年，文帝刘恒复信给冒顿单于道：

大汉皇帝敬向匈奴大单于问候，祝你安康。

你日前派使者系虏浅送来的国书，声称愿意停止战争，消除以前的误会，恢复和约，休养将士，以使百姓安居，世代和平。我非常同意这一建议，这也是我国圣人自古以来的原则和理想。

多年以来，大汉为了与匈奴结为弟兄，不断地馈赠丰厚的财物。而不守和约，做出背叛盟约的事情，使兄弟情谊疏远的责任往往都是匈奴方面。如今，右贤王入侵我黄河以南汉地，单于既然已经做了处分，那么，我们就不深究了。单于如果能按来信中说的去做，明确告诉官吏们，使他们不要背负盟约，讲求信义，我们会同样尊敬地按单于所说的去做。

贵方使者说，单于亲自率军作战，东征西讨，兼并他国，十分辛苦。所以，我送你一批礼物，以表薄意。这些礼物是与我所用的服饰相同的绣衣、长袄、锦袍各一套，黄金发饰一件，黄金腰带一条，黄金的带钩一枚，彩绸10匹，锦缎20匹，赤锑、绿缯各40匹。我将派遣中大夫意为使者，前去馈赠单于。

公元前176年，长长的车队，满载着这些物品，和一位仍然不知名的刘姓宗室女，从长安城出发了。

时隔第一次汉王朝与匈奴和亲已经24年了。24年间，有三位不知名的汉宗室女，远嫁匈奴，做了冒顿单于阏氏（妻子）。贪婪的冒顿单于，时刻觊觎着汉王朝丰厚的物品，也时刻觊觎着长安城美丽的女子们。

迎娶汉公主的单于寝宫，看似喜庆热闹，然而，阴郁的气息弥散在四周。它就像一个巨大的怪兽，张开着血盆大口，将柔弱美丽的汉宗室女，迅速吞噬在腹中。

单于寝宫的内内外外，角角落落，到处写着的，只有四个字：暴殄天物。

『文景之治』 汉匈继续和亲

时隔第一次汉王朝与匈奴和亲已经24年了。

24年间，有三位不知名的汉宗室女，远嫁匈奴。迎娶汉公主的单于寝宫，看似喜庆热闹，然而，阴郁的气息弥散在四周。它像一个巨大的怪兽，张开着血盆大口，将柔弱美丽的汉宗室女，迅速吞噬在腹中。

用汉宗室女的青春和生命，以及大量汉朝物品换来的和平，维持不了多长时间，就会遭到匈奴方面无耻的破坏。

"吃"进去三个汉宗室女的冒顿单于，终于在公元前174年病死。

但是，贪婪又残暴的父亲之后，是更加贪婪而残暴的儿子。

冒顿单于死后，即位者是他的儿子挛鞮氏，名稽鬻（jī yù），号老上单于。

因为匈奴更换了君主，汉匈之间必然存在许多不确定性。

老上单于即位后，首先彻底击败了宿敌月氏，斩杀月氏王，并且将月氏王的颅骨作为酒杯，震惊西域。

就在冒顿单于死后不久，汉文帝为保持汉匈关系稳定，在老上单于新承大统之时，文帝刘恒十分客气地选派了一名汉宗室女，假充皇族公主，远嫁匈奴，做老上单于的阏氏。

这一次担负"和亲"使命的，是一位诸侯王的女儿，但究竟是哪位诸侯王，史书上仍然没有记载。

文帝刘恒要派宦官、燕地人中行说（háng yuè）做和亲使者，前往匈奴。然而，这个宦官中行说却推三阻四，嫌北地环境艰苦，不愿意前往。虽然最后迫于君命，不得不服从，但是中行说心中已生恨意。

中行说下定决心：如果一定要让我去，我不会饶恕汉朝。

果然，中行说一到匈奴，就归降了老上单于。这让老上单于十分欣喜，很是看重宠幸中行说这个汉朝的叛国者。

　　中行说来到匈奴之后，得知匈奴人爱好汉朝的绸绢、丝绵和食物，就对老上单于说：匈奴的人口比不上汉朝的一个郡，然而，匈奴却很强大。这是因为，匈奴人穿衣吃饭与汉人不同，没有什么需要依赖汉朝的。现在，单于您在改变匈奴的习俗，喜爱上汉朝的东西。其实，汉朝给予匈奴的东西不过占其总数的十分之二，却使匈奴的全体部众依附于汉人。你们成天在草丛、荆棘中穿来奔去，汉人赠送的这些丝绸衣服很快就破碎开裂了，远不如匈奴人本来穿着的皮衣结实耐用。汉朝的食物也不及匈奴本土自制的乳酪方便好吃，不如将汉朝送来的东西统统扔掉吧！

　　中行说一边诋毁着汉朝财物，一边又教老上单于身边的人写字算数，让他们学会统计他们的人口和牲畜，试图提高匈奴人的智力和能力，从而更加有力地对抗汉人。

　　中行说在老上单于身边，一刻也不停地挑拨教唆老上单于与汉朝交恶。

　　当汉朝使者递交国书给老上单于时，通常是用一尺一寸的木简，开头问候的敬语是："皇帝敬问匈奴大单于平安无恙"。

　　中行说挑拨老上单于说，匈奴一定要在气势上压倒汉朝，国书也要有些改变。

　　老上单于接受了中行说的建议，改用每牍一尺二寸的木简给汉皇帝复函。国书的印章和封缄也做得很长很大，而且国书的开首则以"天地所生，日月所置匈奴大单于敬问汉皇帝无恙"作为敬语。言辞傲慢，显然是对汉朝皇帝形成一种居高临下的态势，以激怒汉皇帝。

　　中行说私底下还不断地做些小动作，比如当汉使臣来到匈奴，看到匈奴人不尊重老年人，轻视老年人，觉得这样的风俗很不好。

　　中行说就不怀好意地对汉使臣说：你们汉朝的风俗不也是如此？对那些要去守卫边防，从军作战正要出发的年轻人，他们的父母难道不是将自己的衣服食物拿出来，供给那些即将出发的人吗？匈奴人攻击作战为国家大事，这是非常明确的。老弱的人不能参加战斗，所以，他们将肥美的食物给了健壮的人吃，以便保卫自己，这样父子才能安全无恙，怎么能说匈奴人轻视老年人呢？

　　又比如汉使臣了解到匈奴人的父亲和儿子住在

一个帐篷里，父亲死了，儿子便娶后母为妻；兄弟死了，活着的兄弟就娶死去的兄弟妻子为自己的妻子。而且平时也极不讲究礼节，没有帽子腰带的讲究，也没有朝廷的礼仪等等。

中行说就极力夸匈奴人的文化习俗的好，而贬低汉人的文化风俗。他说：匈奴人的风俗是吃牲畜的肉，喝牲畜的奶汁，穿牲畜的皮革；牲畜要吃草喝水，随着季节转移地点。所以，在紧急的情况下，人们就练习骑马射箭，平时无事人们就安居乐业。匈奴人的约束简单，容易施行；君臣间的关系也很简单直率，所以，能够长久维持。整个国家的政务就好像一个人的事务一样。父亲兄长死了，儿子、弟弟就娶他们的妻子做自己的妻子，是怕本族本姓没了后代。所以，匈奴人虽然婚姻生活混乱，却一定要立本族的人传代。现在，中原人虽然假装不娶自己父兄的妻子，亲属却逐渐疏远，以至于相互杀戮，改姓改族。况且，礼仪的弊病很多，使得人们上下辈之间互相怨恨；而出于礼仪大肆营造宫殿，人民的活力都要用尽了。至于汉人努力耕田种桑以求衣食，修筑城郭以自我防卫，这就导致了在紧急情况下，人民不会去战斗，和平阶段，也就疲于生产。唉！你们那些住在土石房子里的人呀，就不要多说什么了，也不要显示你们的好衣服了。你们以为自己戴着高帽就显得高贵吗？

中行说一副不屑于与汉使臣辩论的态度，口出狂言道：汉朝的使者，你们只要记着，给匈奴送来充足的绸绢丝绵、精米酒曲，而且要保证质量就行了。何必与我说三道四？如果汉朝送来的东西十分好，我就不与汉朝廷计较；如果送来的财物粗制滥造，那么，就等着秋天收获季节，我们的骑兵去践踏你们的庄稼地好了。

中行说不断地挑起汉匈之间的仇恨和敌视，处心积虑地煽动汉朝与匈奴之间的矛盾和冲突，教唆老上单于窥视汉朝边境的要害之处。

老上单于在中行说的唆使下，凭借塞外的地理优势，看准了汉军无法远追匈奴，故而对汉朝采取"敌休我袭，敌进我遁"的游击政策，发起一些十分突然的骚扰、入侵、掠夺，使汉军防守上疲于奔命。每次整顿好兵力求战匈奴，匈奴的兵马就带着既得的掠夺品逃回塞外，使汉军求战不得。

最大规模的一次入侵，发生在汉文帝十四年（公元前166年）冬，老上单于挥兵14万，侵入朝那、萧关（今天的宁夏固原地区），杀死了北地郡都尉，掳掠了众多的牲畜。他们一路疯狂烧杀抢掠，直抵彭阳。先锋人马火焚大汉回中宫，又有探马到了雍甘泉，远哨铁骑逼近长安城。

面对来势汹汹、猖狂之极的侵略者，文帝刘恒立即任命中尉周舍、郎中令张武为将军，出动战车千辆，骑兵十万，在长安城附近驻防，以防备匈奴入侵长安城。

同时，文帝刘恒又任命卢卿为上郡将军，任命魏遫为北地将军，任命周灶为陇西将军，张相如为大将军，董赤为前将军，调发大批战车、骑兵去攻打匈奴。

文帝刘恒还准备亲自带兵出击匈奴，大臣们都站出来劝阻，刘恒仍坚持御驾亲征。大臣们只好求助薄太后。薄太后得知后，坚决拦阻了文帝刘恒的出征，文帝才放弃了亲征的计划。

在汉军部署严密，几路大军共同抗击下，老上单于不敢与汉军进行正面决战。滞留塞内月余后向匈奴境地遁逃。汉军追出塞外后，也就撤军了，没有对匈奴有太大杀伤。

匈奴如此猖狂的侵略，完全源于叛逃的宦官中行说对汉朝的报复。

此后数年之间，匈奴又连年入侵，杀戮汉地百姓无数。特别是云中郡和辽东郡一带（今内蒙古托克托东北地区和辽宁省）受害最为严重，每一郡都有上万的百姓被无辜杀害。面对这一情况，汉朝万分忧虑，也万般无奈。

汉文帝后元二年（公元前162年），文帝刘恒再次派使者来到匈奴，送上国书，强调以前的和亲之约，以及维持今后睦邻友好关系的愿望和重要性，国书大致内容是：

皇帝敬问匈奴大单于平安无恙。

您派使者送来的两匹宝马，我恭敬地接受了。

我们的先帝规定：长城以北的游牧射箭民族由单于管辖，长城以内戴帽束带的百姓，由我朝来管理。这样，两国各得其所，相安无事。百姓万民得以耕地种田，织布纺线，射猎野兽，谋衣谋食，社会稳定。

但是，现在有不良之徒，贪图汉地不义之财，背叛信义，违反和约，置百姓万民性命于不顾，离间两国君主的友谊。这是无法容忍的。

我们两国早已达成共识，您的来信说"我们两国已经和亲，两国君主对此都有意愿，以后要停止战争，休养士卒、放牧马匹，世代欢乐、安定的局面重新开始"，我对此十分赞赏。

让老人颐养天年，让年轻人健康成长，我与单于如果都遵循这个天理，顺应天意，安抚万民，使我们君位世代相传，以至无穷，天下人对此没有不称赞的。

汉朝与匈奴是势均力敌的邻国，希望日后继续坚持这一原则。

匈奴在北方居住，天气寒冷，冬天漫长。所以，我将遣使，每年送给匈奴单于一定数量的粮食、金银、棉布等，以及其他物品，以表心意。

我和单于为民父母，做天下人君长，就要时刻为百姓安危着想，从大局着眼。之前的一些小小的纠纷，不足以离间我们兄弟之间的友谊。

古人言：天不偏盖一方，地不偏载一方。让我们不计前嫌，遵循天地大道，消除以前的嫌恶，以谋求长久的和平相处，使两国人民像一家人一样，子孙万世，共享福祉。

百姓万民，下及飞禽走兽，没有不趋向平安有利而躲避危险的。这是上天的大道。我们应消除以往的误会，我宽恕赦免投奔到匈奴的汉臣，单于您也不要追究投奔到我朝的匈奴人士。

汉朝在这次和亲之后，决不先背约。希望单于仔细考虑此事，也能做到信守承诺，以保两国的和平。

汉文帝刘恒的这封国书，试图以和平方式，解决汉匈之间的边境冲突，态度极为诚恳。不愿正面与汉朝敌对的老上单于，自然也就顺水推舟，表达了同样的意思，接受了汉朝讲和、继续和亲的意见。

公元前162年，汉匈再度联姻。

又一位汉宗室女，从长安出发，踏上了漫长的和亲之路，嫁给了老上单于。

汉匈两国继续按约定，以长城边塞为界，互不侵扰。两国的边界一度局势紧张，因为有一位没有留下名字的女子——"汉公主"的担当，和大批的汉朝物品，得以缓解一时。

历史是不忍细看的。

细看下去，每一眼都触目惊心，每一页都是蘸着血泪写就的。

历史的细处，不仅有建功立业，金戈铁马，也有急功近利，权谋欺诈；有宫廷争斗的你死我活，也有民间百姓的忍辱负重；有铮铮傲骨，更有卑躬屈膝；有男儿的勇敢担当，也有女儿的坚韧守望，更有屈辱与不幸的泪眼蒙眬……

汉文帝刘恒为此颁发诏书，检讨自己，将汉匈和解的情况通报天下：

我并不英明，不能远施德泽，所以，致使中原以外，四方荒原地区的百姓不能平稳安宁地生活。百姓辛勤劳苦，却不得安居，这些过错，都是由于我缺少德能，不能使德泽流布远方。最近，匈奴连年危害边境，杀死了很多的官吏和民众。如果这样长期交兵，灾难不解，中原以外的地区如何能得到安宁？

我每天早起晚睡，操劳天下大事，为千千万万的百姓感到愁苦，心里忧惧不安，没有一天能够把边境的问题忘记。所以，派出的使者络绎不绝，道路上冠盖相望，车辙交错。为的就是让使者们向匈奴单于说明我的想法。现在匈奴终于回到正确的道路上，考虑国家安宁，为千万民众谋求利益，匈奴单于日前致书与我，确定抛弃那些细小的纠纷，结下兄弟般的情谊，来保全天下善良的民众。

汉匈已确认和亲，并且承诺，以今年为开端，匈奴不再进入塞内侵扰我大汉。我朝也已答应，汉人也不许出塞匈奴。今天布告天下，就是希望各自遵守，违反约定者，将处以极刑。天下官民都当严守和约，以保天下和平！

与老上单于再次和亲的四年后，即汉文帝后元四年（公元前161年），老上单于稽鬻病逝。老上单于的儿子军臣单于即位。叛逃匈奴的汉宦官中行说，又继续效力于军臣单于。

在军臣单于即位的第二年（公元前160年），汉朝如前一般，担心匈奴更换了君主，汉匈之间必然会有许多不确定性。于是，又选送了一位汉宗室女远嫁给年轻的军臣单于。太史公这样简单地记叙道：

后四年，老上单于死，子军臣单于立，而中行说复事之。汉复与匈奴和亲。

匈奴君主的更替，汉匈之间关系的复杂，被太史公一言以蔽之。

在军臣单于继位的一年多时间里，汉匈之间倒也相安无事。然而，公元前158年，军臣单于又单方面背弃盟约，断绝了与汉朝的和亲关系，出动骑兵大举入侵上郡、云中郡。每一个郡，出动了3万骑兵。边地百姓死伤无数，大批财物遭到抢掠和损害。

汉朝当即调遣大军御敌，派出了三位将军率军分别驻扎在北地郡，代地、赵地。沿边境居住的吏民，也紧守险要，以防匈奴入侵。

汉朝又调遣三位将军，分别驻防在长安城西部的细柳、渭河北岸的棘门和灞上，以防备匈奴对长安的武力威胁。

那是一个个不眠之夜，前方失守的战报，一份又一份传到长安城的未央宫。

匈奴的铁蹄，已经踏入代地的句注山边，汉军报警的烽火也已传到了甘泉，传到了长安。

汉朝军队顽强地与野蛮的匈奴军队，血雨腥风中，短兵相接，殊死搏斗。双方交战数月后，顽强作战的汉军终于将匈奴军队赶出了边塞。当匈奴人撤离边塞而去，汉军也无心深入匈奴境地追杀，就此偃旗息鼓。

这次抗击匈奴入侵一年多之后，汉文帝后元七年（公元前157年），46岁的刘恒病故于长安未央宫，庙号为太宗，谥文帝。

在位23年的汉文帝刘恒，是在位时间超过10年的西汉皇帝中的第二个。

汉文帝刘恒从代地来到长安都城，在这23年间，宫室、园囿、狗马、服饰、用具等等没有增加过。他严以律己，宽以待人。只要有对百姓不利的，就进行改正。群臣中，如有人论述事情尖锐而又急切，文帝刘恒常常以宽忍态度，采用他们的建议。大臣中如有人接受金钱贿赂，文帝知道后，就拿出自己府库中的金钱赏赐给他们，使他们内心感到惭愧，不交给官吏治罪。

勤俭出名的文帝刘恒，经常穿着粗布衣服，他还要求身边的人也要尽量简朴。他所宠爱的慎夫人，也是简单服饰，不准衣服拖至地面，帷帐不允许织文绣锦，以此来表示敦厚质朴，为天下做榜样。

因为节俭，文帝刘恒生前就对于厚葬有不同看法。临终的文帝刘恒，留下诏书说：

我知道天下万物没有不死的。死是天地之间的常理，生物的自然现象，没有什么特别值得悲痛的。如今这个时代，是人都只想生而不老，生而不死。死了人还要花钱厚葬，以致为此倾家荡产；强调服丧，以致损伤了身体。我很不赞成这种做法。况且我没有什么德行，对百姓无所帮助。现在要死了，又让人们长久地为我服丧哭吊，遭受寒冬酷暑的煎熬折磨，使天下父子悲哀不已，损坏了老幼的身心，减少了他们的食量，中断了对鬼神的祭祀，这就加重了我的失德，怎么对得起全天下的人呢！我有幸获得保护宗庙的权力，以渺小的身躯依托在天下诸侯之上，已经二十多年了。靠天地的神灵，才使得国内安宁，没有战乱。我自知自己并不聪敏，常常担心自己有什么错误的行为，以致辱于先帝遗留下来的美德。年长岁久，担心自己不得善终。如今我竟有幸能以高寿去世，又能被后人供奉在高庙里，也许我的见识不高明，却极喜欢这样的归宿。

在诏书中，文帝刘恒还主张，他死后把夫人以下的宫女遣送回家，让她们改嫁。还向天下官吏和百姓下达命令，待他死后，只哭丧三天，然后全部脱掉丧服。服丧期间，不要禁止百姓娶妻嫁女，更不要发动民众到宫殿里哭丧。

一代明君文帝刘恒，长眠在了长安城附近的灞水旁边，因陵寝靠近灞河，得名霸陵。

霸陵在汉长安城未央宫前殿遗址东南57公里处，位于西安东郊白鹿原东北角，即今天灞桥区席王的毛窑院村。

霸陵所处的地势，中间凹陷，两侧鼓起，形如簸箕，又似一只凤凰起飞，当地人便称之为"凤凰嘴"。

霸陵是两座西汉长安城东南的西汉帝陵之一。另一座是汉宣帝刘询的杜陵，其他九座西汉帝陵，都在渭河北面的咸阳原上。

霸陵修筑时，依文帝刘恒的意见，山川保持原样，顺着山陵形势挖掘墓穴，不再加高，不因为修墓而劳累百姓。陪葬品全用陶器，不准用金银等贵重金属。霸陵正是"因山为陵，不复起坟"，所以，无封土可寻。

霸陵是中国历史上第一个依山凿穴为玄宫的帝陵，对六朝及唐代依山为陵的建制影响极大。

先于母亲薄太后去世的汉文帝刘恒，为弥补自己不能为薄太后继续尽孝的遗憾，临终时，嘱咐窦皇后和儿女们，照顾好薄太后。还要求将自己的陵墓以"顶妻背母"的方位安置。两年后，薄太后去世，窦皇后遵从文帝刘恒遗嘱，将婆婆落葬在文帝刘恒墓的南边。故，薄太后的陵墓就有了"南陵"之称。

白鹿原上，汉文帝刘恒与母亲薄太后、妻子窦皇后的墓地，远离位于渭河以北咸阳原上的西汉其他皇帝墓地。

史料文献对霸陵的记载很少，所以，只能根据仅有的记载来推测霸陵的具体位置。

汉文帝刘恒在位时，与匈奴继续采取和亲策略，匈奴背约入寇，也只是令边将防备抵御，不发兵深入进攻，恐怕烦扰百姓。由于汉文帝刘恒一心一意地致力于用道德教化百姓，兴起了讲究礼仪的风气。他又注重农业耕作，因此，当时的汉王朝，社会稳定，百姓逐渐殷实富足，国力也逐渐增强。

汉文帝刘恒驾崩后，太子刘启继位，史称汉景帝。

汉景帝刘启是汉文帝刘恒的第五子，母亲是窦漪房，窦太后。

汉文帝刘恒在代地做代王的时候，与一个王后生有三个男孩。后来，窦太后得到文帝刘恒宠幸时，前一个王后去世了，三个儿子也相继死亡。窦太后的儿子刘启，得以顺利嗣位。

与他的父亲汉文帝刘恒一样，汉景帝在西汉历史上也占有重要地位。父子俩统治汉王朝前后近六十年，被史学家称为"文景之治"。只是，他们后来的继位者汉武帝刘彻的光辉过于耀眼，遮蔽了"文景之治"的许多光辉。

汉景帝刘启继位后，继承和发展父皇文帝刘恒的事业，奉行先辈制定的和亲之策，尽量保持与匈奴的和平联姻关系。

景帝刘启继位不久，就派御史大夫、开封侯陶青到代地，商量与匈奴和亲事宜。

汉匈如以往一样，互通边境贸易，汉王朝继续送大量财物给匈奴单于，也继续嫁汉室公主给匈奴单于。

景帝前元二年（公元前155年）秋天，汉朝公主与匈奴的军臣单于第三次和亲。

陶青因为作为和亲使者，出色地完成了这次的和亲使命，汉匈和亲不久，就被提拔为丞相。

景帝前元三年（公元前154年）汉王朝的吴楚七个诸侯国举兵叛乱，企图与赵王联合，吴楚内攻，赵王率匈奴侵边。最终叛乱因赵王很快被汉军击败，匈奴也就停止了侵边行动。

此后的公元前152年，"景帝复与匈奴和亲，通关市，给遗单于，遣翁主如故约。"

几年间，北上匈奴的道路上又出现了冠盖相望，车辙交错的情景。随着粮食、绸绢、丝帛和金银财物一同北上，依然是不知名的汉宗室女。

如果说，高帝刘邦与匈奴的和亲是"白登之围"之后的不得已之举，那么，汉文帝、汉景帝的多次与匈奴和亲，则缘于当时的汉王朝国力并不强盛，军事力量也不够强大，还有以"无为而治"为主体的黄老思想在起作用。更有民心所向，疲于战争，社会需要安定，人民需要休养生息的缘故。

政治、经济、军事等诸多方面，制约着汉王朝，只能通过与匈奴和亲，而不能依靠武力解决汉匈关系。

匈奴每每同意和亲，甚至有时还会主动向汉朝提出和亲，也有多方面原因。一是汉匈战争互有胜负。每当匈奴在战场上失利，他们很自然想到和亲。二是匈奴希望通过和亲得到大量的财物。高帝刘邦与匈奴和亲，每年都送给匈奴一定数量的"絮缯酒米食物各数"，已经成为惯例。叛逃的中行说要挟汉使者说过：

汉朝必须按时送给匈奴质量好，数量多的财物，否则，待到秋收时，匈奴的铁蹄将践踏汉地的庄稼，破坏生产。

汉匈暂时的和平，如此脆弱，又如此来之不易啊！

景帝刘启继位后，因为基本上执行了父亲文帝刘恒的政策，推行了利民措施，人民得到休养生息，农业生产得到很大发展，进一步促进了社会经济的稳定和发展。

景帝时期，汉王朝的人口翻番，国内殷富，府库充实。

景帝刘启统治后期，国库里的钱堆积如山，串钱的绳子都烂断了，使得散钱无法计算；粮仓满了，粮食堆在露天，有些都发生了霉腐。

经过"文景之治"，汉王朝当时的富裕程度可见一斑。

第四章

征伐匈奴与张骞出使西域

匈奴就像是挥之不去的噩梦在武帝刘彻心里存在着。

建元六年（公元前135年），享受到与汉和亲多年好处的匈奴，再次派使者来到汉廷提出和亲。

此时距张骞出使西域过去了三年时间……

储位之争　刘彻继位

　　景帝刘启是32岁继承皇位的。从登基那天起，景帝刘启无时无刻不在考虑身后的储位问题。

　　景帝刘启去世后，太子刘彻即位，就是鼎鼎有名的汉武帝。

　　汉王朝一个全新的时代开始了。

　　景帝刘启一共生了16个儿子，却没有一个嫡出。原来，景帝刘启的正妻薄皇后，是祖母薄太后的娘家孙女，在刘启做太子时，由祖母薄太后指定包办的。一向给人感觉清静无为的薄姬薄太后，到老了，也不免要为自己的族人争抢一番。

　　人算不如天算，薄皇后始终未生一男半女，于是便引起了对储位激烈的明争暗斗。帝制的汉王朝，以及之后帝制的中国，皇位的继承人选，一直是个大问题。太子的废立问题，也一直是君主政体最薄弱、最危险的环节，各种矛盾可能随时突然爆发。皇帝至高无上，哪个做了皇帝，都会连带一大群人的利益，导致朝廷权利的重新分配，或损或益。得意者可以升天，失势者可能要入地狱。弄得不好，江山社稷因此改了姓，也是可能的。

如果皇帝的儿子早早成年，在位时就把太子定下来，而且中间没有太大的变故，顺顺当当接班，倒也罢了。但是宫中的事从来不是这么顺利的。如果皇帝在位时间不长，子嗣尚幼，或者没有子嗣，难免会发生太后加上有权势的大臣们一番明争暗斗。

所以，到底选哪个人接班，关乎国家大事，非同小可。景帝时期，对储位明争的，首先是景帝刘启的胞弟、母亲窦太后最疼爱的儿子梁王刘武。

皇后薄氏无子，加上刘武有贤王之名，还有广袤的封土和在平定七国之乱中立下的赫赫战功。

窦太后一心要在景帝驾崩之后，由另一个儿子梁王刘武入继大统。

景帝前元三年（公元前154年）初，在七国之乱爆发前夕，弟弟梁王刘武入朝，当时景帝尚未立太子。

一日，景帝刘启在朝上宴请梁王刘武，兄弟俩一时高兴，景帝刘启就喝多了。

醉酒后的刘启对弟弟刘武说：朕千秋之后，当传位于梁王。梁王刘武听了，自是心中窃喜。

参事窦婴提醒景帝刘启：汉法之约，传子嫡孙。今帝何以得传弟，擅乱高祖约乎？

景帝刘启酒醒后惊悟失言，就将此议搁置起来。

七国之乱平定后，立嗣矛盾更加突出。窦太后再度暗示景帝，传位给弟弟梁王刘武。景帝刘启就派大臣袁盎去劝诫窦太后。

袁盎是位有着较浓厚儒家思想的丞相。他很是强调等级名分，按"礼"行事，不能有僭越行为，为人也敢言直谏。

当年，汉文帝很宠爱慎夫人，在内宫时，慎夫人常和文帝、窦皇后同席而坐。一次，文帝刘恒到上林苑游玩，窦皇后、慎夫人跟从。等到就座时，郎署长布置座席，袁盎就把慎夫人的座席向后拉退了一些。慎夫人生气，不肯就座，文帝也很生气，起身回宫了。

事后，袁盎劝谏文帝刘恒说：臣听说尊卑有别，内宫上下才能和睦。如今陛下已立皇后，慎夫人只不过是个宠妾，妾怎么能和主同席而坐呢？这是失却尊卑啊。且陛下宠爱慎夫人，就应该厚加赏赐。如果尊卑不分，名为宠爱，实则害了她。陛下难道不知道戚夫人被吕后做成"人彘"的事吗？

文帝听了这些话，怒气顿时平复，并把袁盎的话告诉了慎夫人。慎夫人也是明白人，自知失礼，赐给袁盎五十金。

为人敢言直谏，又极强调等级名分的袁盎，自然对窦太后意欲立梁王刘武为继位者，有明确的反对意见。

袁盎对窦太后说：从前宋宣公不立子而立弟，引发了五世之乱。小不忍，害大义，必生事端。所以《春秋》认为传子才是正确的。

窦太后听了袁盎的话，知道这也是文帝刘启的旨意。自己无法改变传子不传弟的规矩，那就顺势而为，从此不再提及此事，然后送梁王刘武回到属地。只是，没能得逞的梁王刘武，怎会放过袁盎。

吴楚七国叛乱时，袁盎曾奏请斩晁错以平众怒。叛乱平定后，袁盎因反对立梁王刘武为储君，心怀对袁盎忌恨的梁王刘武，时刻寻找机会要除掉袁盎，终于有一天，袁盎被刺客所杀。

争夺储位暗斗的主角，是汉武帝的母亲王夫人。

王夫人，名娡，槐里（今陕西省兴平市）人。王夫人入宫前，曾嫁过人，还生有女儿金俗。后来，她的母亲将她与她的妹妹王姁，一并送进了刘启的太子宫。

王夫人入宫后，给景帝刘启生下三女一男四个孩子。前三个女孩，分别被封为平阳公主、南宫公主和隆虑公主。唯一的男孩，就是后来威震四方的汉武帝刘彻，生于景帝即位不久的前元年（公元前156年）七月初七。

景帝四年（公元前153年），因薄后无子，刘启最初遵照"立长"的传统，立自己的庶长子——栗姬的儿子刘荣为太子，史称"栗太子"；同时封当时四岁的刘彘（即刘彻）为胶东王。

很快，刘彘取代栗太子的契机出现了。

馆陶长公主刘嫖是汉景帝的同母姐姐。她希望自己的女儿阿娇日后能成为皇后，就想把女儿许给太子刘荣。

不料，太子刘荣的生母栗姬，因厌恶馆陶长公主屡次给景帝刘启进献美女，拒绝这桩婚事。

被拒的馆陶长公主十分恼火，转而来讨好景帝刘启的另一位宠姜王娡王夫人，要把女儿许配给刘彻。

陈阿娇和刘彻订婚之后，馆陶长公主屡屡向景帝刘启称赞刘彻如何聪明，如何懂事，使景帝喜爱上了这个孩子。

同时，馆陶长公主经常向景帝刘启进谗，诬陷栗姬。王娡王夫人也暗中操作，派人催促大臣奏请立栗姬为皇后。

景帝前元七年（公元前150年）十一月，一次朝会上大行官奏道："子以母贵，母以子贵"，请封太子母亲栗姬为皇后。

景帝刘启听后勃然大怒，事后诛杀了大行官，又废了栗太子刘荣为临江王。

半年后，王夫人被立为皇后，刘彻被立为太子。

这场储位之争的宫斗，并没有就此结束，争储的余波不断。

景帝中元二年（公元前148年），废太子临江王刘荣犯法，被从江陵（今属湖北）召到京城。中尉郅都令人严加看管、审讯。刘荣极其愤懑、悲伤，写完给父皇景帝的谢罪辞后，绝望地在狱中自杀。

刘彻立为太子后，回到属地的梁王刘武，不肯就此罢手。他广泛结交四方豪士，做了许多兵器弩弓等，储存大量金银，又派人刺杀了袁盎等十余名大臣。阴谋败露后，梁王刘武大为恐慌，买通韩安国找到馆陶长公主，疏通了窦太后，稍得宽释。

景帝刘启就此对这个弟弟疏远许多。梁王刘武沮丧不堪，惊恐中度日，不久就身染恶疾而亡。

景帝刘启借机将梁王刘武的封地一分为五，削弱了刘武诸子的势力。

景帝另立太子后，对权倾朝野的条侯周亚夫最不放心。周亚夫是西汉开国功臣周勃的儿子。周亚夫为人个性耿直，不善阿谀权贵，"将在外，君命有所不受"，就出自他之口，被汉文帝刘恒誉为"真将军也"。

周亚夫的一生，做了两件辉煌的大事：一是驻军细柳，严于治军，为保卫国都长安免遭匈奴铁骑的践踏做出了贡献。二是指挥平定七国之乱，粉碎了诸侯王企图分裂和割据的阴谋，维护了统一安定的政治局面。周亚夫为巩固西汉王朝的统治立下了汗马功劳。

当年，周亚夫的治军给文帝刘恒留下了深刻的印象，文帝临死时嘱咐告诫当时的太子刘启：国家若有急难，周亚夫可以担当带兵的重任。

文帝刘恒逝世后，景帝刘启任用周亚夫做车骑将军，后又任丞相。

起初，景帝刘启的确对周亚夫非常器重。只是，由于周亚夫的耿直，不会讲政治策略，逐渐被景帝刘启疏远。再后来，因功高盖主和个性耿直，周亚夫被莫须有的罪名，削职下狱。最后落个悲剧的结局——景帝后元元年（公元前143年），一代名将周亚夫，不堪其辱，狱中五天不吃东西，最终呕血冤死。

伴君如伴虎。逼死周亚夫与冤杀晁错一样，都说明景帝"寡恩忍杀"，惯于过河拆桥。

汉景帝后元三年（公元前141年）正月，景帝刘启患病严重，正月二十七日病逝于长安未央宫。

景帝刘启32岁即位，做了16年皇帝，享年48岁。

景帝刘启遗诏，赐予自诸侯王以下的百姓，凡应继承父业的人爵位一级，赐给天下百姓每户一百钱。放出宫女，让他们回到自己家里，免除赋役，不再参加任何杂徭。

景帝刘启葬于阳陵，是汉景帝刘启及其皇后王娡同茔异穴的合葬陵园。位于今陕西省咸阳市渭城区正阳镇张家湾、后沟村北的咸阳原上，地跨咸阳市渭城区、泾阳县、西安市高陵区三县区。

阳陵始建于汉景帝前元四年（公元前153年），
至汉武帝元朔三年（公元前126年）竣工，修建时间长
达28年，陵园占地面积20平方公里。

汉景帝王皇后陵位于帝陵东北，距帝陵450米
处，与景帝陵遥相呼应。

西汉时，帝、后合葬实行"同茔不同穴"的制度，
即皇帝和皇后虽葬于同一茔域，但各起一座陵园。

1990年，考古工作者对位于帝陵东侧10个外藏坑
进行了发掘。出土了大量的包括文吏、武士、男女侍
从、宦者等各种身份的陶俑，各类陶塑家畜，原大或
缩小为三分之一的木车马，各种质地的生活器具和兵
器以及粮食、肉类、纺织品等生活消费品。

阳陵出土的汉俑十分引人注意。他们只有真人的
三分之一大小，约60厘米高，赤身裸体且没有双臂。
据研究，这些陶俑在刚刚完工时都身着各色美丽的服
饰，胳膊为木制，插入陶俑肩部的圆孔，以便木胳膊
可以灵活转动。但经过千年的风霜之后，衣服与木胳
膊都已腐朽，因此只剩下了裸露而残缺的身躯。

兵马俑的队伍中有一部分是女子，大多面目清
秀，身材匀称。也有一些颧骨突起，面貌奇异，可能

是当时的异族兵员。与秦始皇兵马俑的肃穆与刚烈不同，阳陵汉俑显得平和而从容，正反映了"文景之治"时期安详的社会氛围。

景帝刘启在位的16年中（公元前156年—公元前141年），汉匈之间，虽然边界地区常有小冲突发生，但是，并没有发生大规模的战争。这为汉朝休养生息、发展生产，争取了时间。

景帝刘启，与父亲文帝刘恒一起开创了"文景之治"，也为儿子刘彻的"汉武盛世"奠定了基础，完成了从文帝到武帝的过渡。《汉书·景帝纪》称赞"文景之治"道：

汉兴，扫除烦苛，与民休息。至于孝文，加之以恭俭，孝景遵业，五六十载之间，至于移风易俗，黎民醇厚。周云成康，汉言文景，美矣！

景帝刘启去世后，太子刘彻即位，就是鼎鼎有名的汉武帝。

汉王朝一个全新的时代开始了。

不再妥协 武帝欲征伐匈奴

汉武帝刘彻即位不久，决定沟通与西域的联系，联合西迁的大月氏，以夹攻匈奴，"断匈右臂"。

于是，朝廷开始招募人才，来充任联络大月氏、结盟共击匈奴的使臣。

在这样选拔人才的良好风气下，一个青年应募成功。这个年轻人，就是张骞。

汉景帝前元元年（公元前156年）农历七月的一天。

这一天，似乎没有什么不同。像以往的夏季普通一天那样，湛蓝湛蓝的天空，透明的太阳照耀着长安城，因为炎热四处蒸腾着喘息急促的热气。街道上安静无声，长安城的人躲在看不见的地方，仿佛在等待着什么事情的发生。

他们所爱戴的汉文帝刘恒，刚刚去世。人们不敢想象，新继位的皇太子刘启，是不是会像他的父亲那样，给人们创造一个安定和平的环境。

皇帝为善，则众善归之，皇帝为恶，则众恶亦归之。

长治久安，永宁安远，长乐安定，这是人们对生活始终的追求和理想。此刻，长安城未央宫的后宫内，传出了一声婴儿响亮的啼哭，一个皇子出生在了这个炎热的夏天。

这个出生在皇帝家的男孩，还在妈妈的肚子里时，就已经预示出"贵征"了。那时，他的父亲刘启还是太子，他的祖父汉文帝刘恒还在位。

有一天，这个孩子的母亲王娡，摸着鼓起的肚子，兴奋地告诉做太子的丈夫刘启，她梦见了太阳进入她的怀中。太子刘启很是兴奋地对他老婆说：此贵征也！

遗憾的是，这个被太阳青睐的皇子，未出生时，祖父汉文帝刘恒就去世了。

父亲刘启成为汉王朝的即位者——景帝时，这个起初被称作刘彘的男孩随即出生，他也是母亲王氏唯一的儿子，是景帝刘启的第十个儿子。

刘彘是个天生聪颖过人、慧悟洞彻、进退自如的孩子。在他还是三岁小儿时，有一天，景帝刘启将儿子刘彘抱在膝上，问儿子刘彘：你愿意做天子吗？

儿子刘彘不假思索地回答父亲：这是由天不由儿的。我只愿每日居宫垣，与父皇玩耍。刘彘似乎信口而应的回答，让做父皇的刘启很是惊讶，自然对这个儿子另眼看待。

刘彘还有惊人的记忆力，求知欲特别强。刘彘尤其爱读书中古代圣贤帝王伟人的事迹，而且还能过目不忘。

景帝刘启发现，儿子刘彘禀赋异人，深感诧异。遂改刘彘名为“彻”。“彻”字，是彻悟、是通彻、是透彻，充满着智慧之意。

景帝前元四年（公元前153年），四岁的刘彻，以皇子的身份被封为胶东王。景帝前元七年（公元前150年），七岁的胶东王刘彻被立为储君。

景帝后元三年（公元前141年）正月，刘启患病。病情急剧恶化时，刘启自知不久于人世，临终前对太子刘彻说：人不患其不知，患其为诈也；不患其不勇，患其为暴也。

意即：不担心人不聪明，而担心人利用小聪明使诈；不担心人不勇敢，而是担心自恃勇力而暴虐。

做父亲的景帝，似乎已经感觉到了儿子刘彻有许多异于自己的品质，但是把天下交给儿子刘彻，还是需要他克制的。

后元三年（公元前141年）正月，汉景帝逝世。16岁的太子刘彻即皇帝位，尊皇太后窦氏为太皇太后，皇后王氏为皇太后。

汉武帝刘彻，是个运气相当好的皇帝。他登基时，距离他的曾祖父刘邦建立汉王朝已经六十多年，又有祖父文帝刘恒和父亲景帝刘启，两辈近四十年治理，比较充分地推行对内休养生息，对外和亲睦邻的政策，从而使国力大大增强，

史籍中称，汉武帝即位时，国库丰足到串铜钱的绳子都因长久不用而烂掉，粮食多到粮仓不够用，只能堆在露天而导致米麦腐烂。民间的牲畜数量也大幅度增加，以至访亲会友时，都只愿意选乘公马，瞧不起用母马出行。

这样的描述，反映出经过"文景之治"，确实给刚刚登上帝位的汉武帝刘彻留下了厚实的家底，兵精

粮足。

前人栽树，后人乘凉。登上帝位的刘彻，正是年少气盛，意气风发之时，面对军事、经济实力都高度增长的大好形势，自然想要大展宏图，再创汉朝辉煌佳绩。

即位第一年，武帝刘彻就下诏书，命丞相、御使大夫、列侯等大小官吏，推荐天下品德好、威望高、敢于直言极谏的各类人士，他要虚心向他们询问古今理政之道。

武帝刘彻的热情和谦虚，点燃了众多大小知识分子和官吏们的激情，有心报国的文人儒生官吏，纷纷向武帝提出自己的见解和建议。其中，就有在景帝时为博士的董仲舒。

董仲舒对武帝刘彻提出，治国理政的重大理论和关键的具体措施，接连用了三章来表述，相当详尽，且洋洋洒洒。董仲舒认为，君主受命于天，就要奉行天道，而天道既是国家走向大治的途径。至于儒家的仁义礼乐，则是推行天道的具体方法，所以，应该以儒学为最尊。治乱的关键在于国君，而国君的要务是善于用人。要推行积极的教育和选举制度，选拔出有才干、有担当的人，为国家效力。这些观点和建议，武帝刘彻十分认可，也大加赞赏。

董仲舒的"君权天授""三纲五常""春秋大一统"等思想，成为武帝刘彻加强专制政体、统一文化思想的举措和理论基础。"罢黜百家，独尊儒术"也奠定了颇为有序、对后世影响深远的中央集团的官僚体制。

在外交方面，尤其是处理与匈奴的关系上，刚即位的武帝刘彻，也试图要有所作为。起初，他依然承继先帝们"明和亲约束，厚遇，通关市，饶给之。匈奴自单于以下皆亲汉，往来长城下"。

在年少的刘彻记忆里，父祖们奉行的和亲之策，虽然减少了彼此间的战事，苟且得到一时的安宁，但也付出了不菲的代价。

泱泱大国，堂堂天子，却一而再地在匈奴单于面前卑微到低三下四，谈判、讲和、送上大量的中原物品与汉家女子，主动与野蛮的匈奴人联姻。这个过程是如此的屈辱不堪，令年少的武帝难以容忍。

汉武帝刘彻即位不久，从匈奴降人的口中得知，河西走廊一带生活着一个较大的游牧部族，称为大月氏或月氏。因为匈奴的打击，大月氏惨败，月氏君王被击杀，残部只得狼狈逃窜西迁。西迁的大月氏有报匈奴世仇之意，但苦于无人相助。

得到这个信息，武帝刘彻很是兴奋。他认为，如果利用大月氏和匈奴之间的世仇，汉王朝采取一个积极的、主动的，以夷制夷的战略，也许是改变汉在匈奴面前这种被动和软弱局面的可行之法。

刘彻当下决定，沟通与西域的联系，联合西迁的大月氏来夹攻匈奴，"断匈右臂"。

于是，朝廷开始招募人才，来充任联络大月氏、结盟共击匈奴的使臣。

在这样选拔人才的良好风气下，一个青年应募成功。这个年轻人，就是张骞。

张骞（公元前164年—公元前114年），字子文，汉中郡城固（今陕西省汉中市城固县）人。富有开拓和冒险精神的张骞，于建元二年（公元前138年），即武帝即位的第三年，肩负起汉朝重大使命，由甘父做向导，从长安城出发，率领一百多人前赴域外。

张骞出使后，汉朝廷不能在不知有无结果中等待。而当时的形势和武帝刘彻急于解决汉匈多年的汉受辱关系的心情，也是不容无为等待的。武帝要在对待匈奴的政策方面，依据实际情况作出调整。

建元六年（公元前135年），武帝刘彻即位的第六年，他已经是一个22岁的青年了。这一年，享受着与汉和亲多年好处的匈奴，再次派使者来到汉廷提出和亲。

此时距张骞出使西域过去了三年时间。是否满足匈奴的要求，武帝并没有一个成熟的意见。他召集来大臣们进行讨论，商议。

大行（掌管宾客接待的官员）王恢的家乡在燕地，"数为边吏，习胡事"。王恢自认为做过多年的边境官吏，对匈奴的情况较为熟悉。首先表达自己的意见。他说："汉与匈奴和亲，率不过数岁即背约。不如勿许，举兵击之。"今天来看，王恢便是外交上的主战派，或称为鹰派、崇武派。

王恢认为，从以往数十年的历史来看，匈奴与汉王朝每次和亲之后，往往维持不了几年，匈奴就违背和约，侵犯汉朝边境，劫掠百姓。所以，对待如此不讲信用的人，不宜再与他通婚和亲，只有派兵出击。

御史大夫韩安国则提出不同意见。韩安国说：

千里而战，即兵不获利。今匈奴负戎
马足，怀鸟兽心，迁徙鸟集，难得而制。
（《汉书·韩安国传》）

依韩安国之见，不能出击匈奴。原因在于，如
若主动远征匈奴，长途跋涉，其实是十分不利的。匈
奴本来就拥有精骑良马，而且以逸待劳，同时在人家
地盘上，天时地利都是匈奴占优。到时候，如果匈奴
不与我汉军正面交锋，而是四处逃遁，我们岂不是一
无所获。另外，即使夺取了他们的领地，我们也无法
久居；俘虏了他们的兵士，恐怕也难以成为我们的战
士。而汉军千里追击，势必造成人困马乏的局面。这
样的状态与匈奴交锋，恐怕会成为强弩之末，完全没
有战斗力，何谈取胜。所以，远征出击不适宜，不如
仍然与匈奴和亲。

和亲派韩安国如此一说，立即得到许多大臣点头
赞同。多数大臣认为，武帝刘彻即位之初，和亲是处
理汉匈关系的最佳选择，自然纷纷认为韩安国说的极
是，都附和这个不动武而继续和亲的建议。

和亲派占大多数，武帝刘彻再三斟酌，决定同意

　　和亲派意见，继续和亲。但是，匈奴就像是挥之不去
的噩梦在武帝刘彻心里存在着。

　　一想到多年前匈奴冒顿单于用一封极尽侮辱的话
语侮辱曾祖母吕后，年轻气盛的刘彻心里，就燃烧起
怒火。他太不愿意继续低三下四地讨好匈奴，他希望
能有机会，狠狠地打击匈奴，不仅要顶天立地地站立
在匈奴单于面前，出出汉王朝受辱于匈奴几十年来的
这口恶气，最终是要荡平匈奴，彻底废除"和亲"这
个屈辱的政策，以保后世和平。

马邑之谋

公元前133年（元光二年）7月，武帝刘彻派遣精兵30万，命护军将军韩安国、骁骑将军李广、轻车将军公孙贺，率主力部队埋伏在马邑附近的山谷中。将屯将军王恢与材官将军李息率3万多人，出代郡（今河北省蔚县东北），准备从侧翼袭击匈奴的辎重并断其退路，一举全歼匈奴主力。武帝刘彻同时派遣大商人聂壹前往匈奴诱敌。

机会似乎出现了。公元前133年，武帝刘彻执政的第八年，在汉匈边境雁门关马邑做生意的大商人聂壹，找到主战派大行令王恢。

聂壹对王恢说，匈奴在边界经常侵犯，祸根不除，民不聊生。现在，匈奴与我们刚刚和亲，他们目前会对汉朝放松防备，以为汉朝与匈奴会如以往那样，和睦相处。此时"可诱以利致之，伏兵袭击，必破之道"。

王恢问聂壹：你有什么办法能把匈奴引进来？

聂壹回答：我经常在边界上做买卖，匈奴人都认识我。我可以借做买卖之机，假装把马邑献给单于。单于贪图马邑的货物，一定会来到大军埋伏的地方。只要单于一到马邑，埋伏的汉军就可以截断他们的后路，活捉单于。

王恢听了，认为这是打击匈奴的极佳计策，立即将聂壹的想法汇报给武帝。

王恢说，只要在马邑埋伏好众多精兵，引诱匈奴兵到马邑，然后来个突然袭击，必然会大胜匈奴。

张骞出使西域毫无消息，联合大月氏共同打击匈奴的计划难以落实，现在，听到主战派王恢的这个提议，很是让年轻的武帝刘彻振奋。

出兵一事，至关国体，武帝刘彻不能轻易做决定，他再次召集大臣们商议讨论。

马邑，秦汉时期，在今天的山西朔州，历来是北方的边塞重镇。秦时大将军蒙恬曾在雁门关外驱逐匈奴时，在这里围城养马。

武帝刘彻召集大臣们商议，就有着明确的主战倾向，他很希望大臣们能够按照自己的思路开展讨论。

武帝刘彻开场白说：

> 朕饰子女以配单于，币帛文锦，赂之甚
> 厚。单于待命加嫚，侵盗无已，边境数惊，
> 朕甚闵之，今欲举兵攻之，何如？（《汉
> 书·韩安国传》）

武帝刘彻已经摆明了自己的态度，认为多年来送和亲公主嫁给匈奴单于，还有大量的金银细软不断地送给匈奴，匈奴仍然侵扰汉朝边境，为此他极为忧虑。现在，他有举兵攻击匈奴之意。

此话一出，引起了以大行令王恢为代表的主战派和以御史大夫韩安国为代表的和亲派之间针锋相对的激烈争辩。

作为燕人的王恢，感觉自己熟谙匈奴情况，在商议中，王恢又是第一个向汉武帝进言：战国初年，代国虽小，北有强胡的侵扰，南有中原大国的威胁，君臣尚能同仇敌忾，奋勇抗击外侵。代地百姓也能较好地赡养老人，抚育幼儿，种植及时，粮食丰足，以致匈奴人不敢轻易侵犯。如今大汉强盛，海内一统，

陛下威名远扬，匈奴却侵扰不止，骚扰百姓。为什么呢？显然是因为大汉过于示弱。匈奴每次与汉和亲，不过数年即违背约定，正是因为没有坚决抗击的缘故！所以，我认为，应该主动出战匈奴，狠狠地打击他们的嚣张气焰。

和亲派也提出了充足的理由反对出兵。御史大夫韩安国像之前一样，据理力争讲道：

我们也都知道，当年高帝率领30万大军远征匈奴，却反被匈奴围困平城，遭受了七天七夜的饥寒交迫和恐惧之苦。平城解围之后，高帝对于匈奴并无愤恨之心，这是因为圣人心怀天下：

> 不以己私怒伤天下之功，故乃遣刘敬奉金千斤，以结和亲，至今为五世利。孝文皇帝又尝壹拥天下之精兵聚之广武常溪，然终无尺寸之功，而天下黔首无不忧者。（《汉书·韩安国传》）

所以，韩安国认为不应该主动挑起大汉对匈奴的战争。

　　御史大夫韩安国话音未落，大行令王恢便立即反驳：御史大夫说的话不对！当年高帝披坚执锐，蒙雾露，沐霜雪，纵横沙场多年，完全有能力战胜匈奴。之所以不报平城之仇，并非力不能及，而是体恤天下百姓不再苦于战事，过上和平生活。但是，现在的形势与当年高帝大不一样。如今匈奴不断侵扰边境，抢劫财物，杀伤边境居民和士卒，以致大道上，装运尸体的棺木络绎不绝，令人心痛不已。匈奴的如此行径，难道是可以再容忍的吗？所以，必须出击匈奴。

　　御史大夫韩安国再次以天时地利的优劣来说服主战派：用兵的原则是以饱待饥，以治待乱，以逸待劳，这就是圣人的用兵之法。但是，我们如果要远征匈奴，长途奔袭，纵兵深入，是很难建功的。因为如果要求行军快速，粮草却不能及时跟上；如果行军速度减慢，则会挫伤兵士锐气。况且，行军不到千里，就会人疲马乏，如此状态，怎能打胜仗？所以，不能发动战争。

　　韩安国这些话，引起了王恢的嘲笑：您的话牛头不对马嘴。我提议的，不是长途奔袭，而是深入敌后，引诱匈奴进入我们的边境，再用提前埋伏好的精兵，趁其不备突然袭击。同时，要在各个要道设置伏兵，阻断匈奴人的后路，让他们无路可逃。这其实是万无一失之策。

争辩到此，韩安国无言以对，只好沉默。

两年前，以韩安国为首的和亲派还占上风，而且有很多的支持者和附和者，现在，王恢为首的主战派或是崇武派，却占了上风。原因在于武帝刘彻的主导意见，影响了众大臣；另外，王恢提出的诱骗战术，企图侥幸取胜，也让武帝和众大臣很是心动。

于是，武帝采纳了王恢的意见，筹划在马邑伏击匈奴。

当年，即公元前133年（元光二年）7月，武帝刘彻派遣精兵30万，命护军将军韩安国、骁骑将军李广、轻车将军公孙贺，率主力部队埋伏在马邑附近的山谷中。将屯将军王恢与材官将军李息率3万多人，出代郡（今河北省蔚县东北），准备从侧翼袭击匈奴的辎重并断其退路，一举全歼匈奴主力。武帝刘彻同时派遣大商人聂壹前往匈奴诱敌。

商人聂壹以出塞经商为名，假装投奔匈奴，去见匈奴军臣单于。

聂壹对军臣单于说，他手下有数百人，能斩杀马邑县令，举城而降，牲畜财物可尽归匈奴，但匈奴一定要派大军前来接应，以防汉兵。

军臣单于贪图马邑城的财物，相信了聂壹的话。于是亲率十万大军进入武州塞口（今山西省左云县），并派使者随聂壹先入马邑，等斩杀马邑县令后进兵。

聂壹随后返至马邑，与县令密谋，杀死一名囚犯，割下首级悬挂在城门之上，伪装为县令头颅，欺骗匈奴使者。

军臣单于得到使者的报告后，率领大军向马邑方向进军。

在距离马邑百余里的地方，军臣单于发现，沿途的牲畜遍布四野，却无人放牧。这引起了军臣单于的怀疑。

此时，匈奴攻下一边防哨所，俘获了正在巡逻边地的汉雁门尉史。在威胁之下，尉史将汉军的埋伏计谋和盘托出。

军臣单于听后大惊，继而大喜。他仰天直呼：我本来就有些怀疑。我得到尉史，没有上汉天子的当，真是上天所赐啊！

军臣单于立即率军撤退，快速逃离了边塞。兴奋之余，军臣单于封这个投降的尉史为"天王"。

早已埋伏的汉军阵营，却丝毫不知事态已经发生变故。

韩安国等率领的大军分驻马邑境内埋伏，本希望军臣单于能按约进入马邑后纵兵发起攻击，等待好几天不见动静，并没有军臣单于的军队要前来的任何迹象。

韩安国遂改变原先的作战方案，主动率军出击。此刻才知匈奴人早已凭借敏捷的快马撤兵，逃出了塞外。汉军无论如何都追之不及了。

王恢、李息率领的三万大军已出代郡，准备袭击匈奴的辎重，却得知匈奴退兵。王恢非常惊讶，这完全出乎他的意料。

王恢自知，自己率领的军队是敌不过匈奴大军的。于是他一箭未发，引兵返回。

汉朝廷筹划了许久，动用了数十万兵力，以为万无一失，十拿九稳的"马邑之围"，就这样宣告毫无结果地收场了。

武帝刘彻得到如此荒诞结果，大为震怒。

这是武帝刘彻执政以来，第一次发起大规模主动出击匈奴的军事行动，可想而知，他是多么希望通过此役来证明自己决断的正确，同时打击匈奴的嚣张气焰。然而，不仅没有发生战事，连匈奴的影子都不曾见到，怎不让刘彻恼羞成怒。

气愤不已的武帝刘彻，立即召见王恢。马邑伏兵之谋是王恢提出的，而王恢自己却临阵脱逃，这是不能不处以重罚的。

面对龙颜大怒的武帝刘彻，王恢为自己辩解道：陛下息怒。按照原来的计划，是让匈奴人进入马邑城内，在我汉军的伏兵突袭后，我才以轻骑打击匈奴的辎重部队，使匈奴军队腹背受敌的。没承想形势发生了诡异变化，匈奴军队竟然未伤一兵一卒，就主动撤退了。我所率领的只是区区三万轻骑，如何有实力与匈奴的大军正面交战？那岂不是以卵击石呀！所以，我宁可违反之前的军令，自己遭受处罚，也要为陛下保全这三万将士的性命呀！

王恢的辩解听起来十分在理，让武帝刘彻无法当场治王恢罪，只好将他交给廷尉审议处理。

利用这个喘息之机，王恢用千两黄金，买通了丞相田蚡，通过武帝刘彻的母亲王太后为自己求情。

田蚡是汉廷外戚大臣，王太后的胞弟。王太后自然肯为田蚡出面，来劝儿子武帝刘彻。

王太后对武帝刘彻说：在马邑伏兵袭击匈奴的计谋是王恢提出来的。如今"马邑之谋"失败，陛下如果诛杀王恢，岂不是等于帮助匈奴复仇？所以，陛下三思，不宜处王恢死罪。

无法平息心中怒气的武帝，回复王太后：我正是听了王恢的提议，才兴师动众，大动干戈，征发我朝数十万兵马，结果却是一无所获。要是轻易饶了王恢，哪里说得过去？再者，这一次即使事出有因，没法生擒匈奴单于，但是王恢若能出击，哪怕烧毁匈奴军队的辎重，也可以对朝野有所交代。王恢却贪生怕死，不采取任何行动。我若不杀他，是无法向天下人谢罪的啊！

狱中的王恢听了武帝刘彻的这番话，自知自己成为"马邑之围"的替罪羊，是难逃一死了，于是，在狱中自杀了。

精心准备的马邑之谋，以失败告终。

武帝刘彻执政的汉王朝，首次出击匈奴，却既没能剿灭匈奴主力，也没能实现预期的计划，更没能活捉匈奴单于，在最为紧要的关头，功亏一篑，功败垂成。

有惊无险，从马邑顺利返回匈奴领地的军臣单于，对汉朝廷竟敢对匈奴以大规模的武力对抗，震惊之余，恼羞成怒，更对汉人是恨之入骨。

匈奴人将心中与日俱增的对汉人的仇恨和敌视，全部付诸行动之中。

军臣单于决定，立即断绝与汉朝的和亲关系，并且要不间断地利用小股骑兵，袭击扼守大道的要塞，侵入汉朝边境，心安理得地实施抢劫掳掠。

匈奴对汉地边境的侵扰，一时间，让汉军疲于应付。

武帝刘彻本想利用王恢的奇计，出出这么多年饱受匈奴屈辱的恶气，却不料，人算不如天算，导致匈奴更加穷凶极恶地疯狂侵边，这是武帝刘彻始料未及的。

"马邑之谋"虽未成功，但是，群臣从武帝刘彻的态度和行动上已经明白，武帝刘彻不甘心容忍这许多年以来，与匈奴之间带有屈辱性的和亲盟约。武帝刘彻是决心要打破匈奴人野战无敌的神话，才决然发起这场战事的。

"马邑之谋"虽未成功，武帝刘彻主动出击的军事举动，却很是振奋人心。民众心理上发生了微妙的变化，展现出抗击匈奴的极大热情，军队也展现出斗志和朝气。民众知道，过去对匈奴一味忍辱负重，委曲求全，如今，汉王朝也有能力与匈奴正面作战了。一份自尊、自强、自信的民族精神油然而生。

"马邑之谋"虽未成功，却使得匈奴对汉王朝提高了警惕，虽然扰边不息，却不敢轻易大举南侵。一定程度上解除了朔北的威胁，保障了北方经济的复兴和文化的发展。

"马邑之谋"，也由此改变了自汉高祖刘邦以来所采取的与匈奴和亲的政策，开启了武帝刘彻一朝对匈奴战争的开端。

"马邑之谋"之后，汉王朝的军事人才不断涌出，"帝国双雄"卫青和霍去病，正是在此战之后挺身而出，驰骋疆场，马踏匈奴，威名远扬的。

车骑将军卫青

汉武帝刘彻执政时代，匈奴、武帝、卫青、霍去病，这是几个关键词。

拨开历史的云烟，时空流转，让我们回到烽火连天的汉武帝时代，去做一个假设：如果没有出现卫青、霍去病这两个威震四方抗击匈奴的英雄，汉王朝还将是汉王朝吗？而匈奴又是如何的匈奴呢？

元光六年（公元前129年），也就是马邑伏兵之后的第五年的秋天，匈奴兴兵南下直指上谷（今河北省怀来县）。

武帝刘彻想都没有想，是否与匈奴谈判或是和亲，立即派出四位将军各率一万骑兵，在边塞市场一带去攻打匈奴。

四位将军中，就有车骑将军卫青。卫青是汉武帝第二任皇后卫子夫的弟弟。所以，讲述大将军卫青的故事，绕不过姐姐卫子夫。卫青命运的转折，正是缘于同母的姐姐卫子夫得幸于汉武帝。

卫青原本是个苦命的孩子，出身并不高贵，如果只从他的最初身份看，他的人生轨迹本不会与王朝命运相连。

卫青的母亲卫媪曾在平阳侯府做家童，与她的丈夫生有一男三女。长女卫孺，次女卫少儿，三女就是卫子夫。因母亲卫媪与同在平阳侯府做事的县吏郑季私通，生下了卫青。

小时候的卫青，被送到亲生父亲郑季的家里，但是郑季对卫青非常不待见。少年卫青在郑季家放羊，嫡母所生的儿子们时常欺负他，虐待他，将他视作奴仆。卫青稍大一点后，不愿再受郑家的奴役，来到平阳侯府，做了武帝刘彻的胞姐平阳公主的骑奴，随从平阳公主。

姐姐卫子夫，年少时，被送往平阳侯家学习歌舞，是平阳侯府讴者（歌女），服侍的正是曹寿的夫人，武帝刘彻的胞姐平阳公主。

建元二年（公元前139年）春，18岁的少年天子刘彻，去灞上祭祀先祖，祈福除灾。回宫时顺路去平阳侯府邸看望当时嫁给平阳侯曹寿的大姐平阳公主。

武帝刘彻即位一年有余，自7岁为太子，至16岁即位娶妃，已经有两年了，却并无子嗣。平阳公主便效仿姑姑馆陶公主，养了许多良家女子，给武帝刘彻作为进献备选。恰逢武帝灞上祭扫归来小憩侯府，平阳公主便将十几个女子精心装扮，让她们拜见武帝刘彻。

当美女如云一般，围拥在武帝刘彻身边时，竟然没有一个女子让武帝刘彻心动。

看到弟弟刘彻对这些女子无动于衷，平阳公主就让侯府的讴者来助兴。讴者中就有卫子夫。

五百次的回眸才有一次的擦肩而过。一切说来都是缘分。

当歌女们一出场，温良贤淑的卫子夫，就让汉武帝刘彻眼前一亮，不仅看中了她，临幸了她，还将卫子夫带入宫中。

进入宫墙内的卫子夫，却如进入冷宫。一年多时间里，再不见了那个风流倜傥的少年天子。武帝刘彻似乎已经不再记得，有这么一个让他一时动心的小歌女存在了。

第二年春天，汉武帝刘彻打算释放一批不中用的宫人。在挑选宫人的时候，这个小歌女卫子夫又一次跳入武帝刘彻的眼中。

再度见到武帝刘彻的卫子夫，并没有兴奋，她一心想离开高大寂寞的宫墙。武帝刘彻没有放走她，而是再度临幸了她。

这一次临幸，历史的蝴蝶适时地轻轻扇动了一下，卫子夫怀上了武帝刘彻的孩子，即后来的太子刘据。

然而，怀孕又能怎样？后宫内永远不缺少嫉妒、阴谋与杀气。

当时的皇后，是长公主馆陶公主刘嫖的女儿陈阿娇，看到一个小歌女卫子夫不仅得到皇上宠爱，还能有孕在身，一直没有生养的陈皇后羡慕嫉妒恨，便命人绑架了卫子夫正在建章任职的弟弟卫青，意图杀害卫青。

幸亏卫青的朋友，骑郎公孙敖及时救了卫青，卫青得以大难不死。

当汉武帝刘彻了解到这场谋杀未遂的事件后，及时召见了卫青，并封卫青为侍中，做建章宫监。

元光六年（公元前129年）武帝派出四路人马，出征匈奴，卫青作为一路，担任车骑将军，出兵上谷郡。

虽然这是卫青第一次担当重任出征，他却丝毫没有胆怯，果敢冷静地率领着一万将士，深入险境，直捣匈奴祭天圣地龙城，首虏700匈奴兵，取得胜利。

武帝刘彻派出的另外三路，有两路失败，一路无功而还。唯独卫青出上谷郡至龙城斩获数百人。这次战役是马邑之战后，汉武帝主动发起的首次大规模战役。在诸军皆败的情形下，卫青的获胜对于汉武帝信心的影响是显而易见的。这也成为卫青迅速崛起为军事统帅的一个重要契机。

武帝刘彻看到只有卫青凯旋，喜形于色，大加赞赏卫青的智勇和胆略，封卫青为关内侯。

卫青获得的龙城之战，为以后汉朝的进一步反击匈奴，打下了良好的人心基础。

元朔元年（公元前128年）春，卫夫人为武帝刘彻生下龙子刘据，因而被立为皇后。

元光六年，卫青出上谷，打击的是匈奴左部。之后，卫青的作战对象转向中部和右部。元朔元年秋，武帝刘彻派卫青领三万骑兵，出兵雁门关，斩首数千。

这是武帝刘彻兴兵与匈奴作战以来的最大战果。

元朔二年（公元前127年），匈奴右贤王、白羊王、楼烦王占据阴山、河套等黄河以南地区，以此为据点，不断侵扰汉朝边民，并对汉京城长安构成很大威胁。

武帝刘彻再次下令抗击匈奴，力争收复河南，彻底解除匈奴对长安的困扰。武帝刘彻对卫青说，自己的历史使命是：

> 汉家庶事草创，加四夷侵凌中国，朕不变更制度，后世无法；不出师征伐，天下不安，为此者不得不劳民。（《史记·汉武帝传》）

汉武帝是一个具有雄才大略的政治家，他不满足于王朝贵族的故步自封。他这段话的意思是说，变更制度和出师征伐是必须完成的两项任务，二者最终指向是大一统。这一席话同时表明，武帝刘彻将卫青视为实现这一宏伟志向的同路人。

武帝刘彻派将军卫青、李息率兵出内蒙古托克托旗，沿黄河北岸西进，迂回到陇西，对黄河以南的匈奴军队，发起突然袭击，匈奴军队卒不可防，大败而逃。

这一仗，汉军大获全胜，活捉敌兵数千人，夺得牲畜数上百万之多，汉朝完全恢复了秦末汉初被匈奴占领的河套地区。

河套这一带水草肥美，形势险要，武帝刘彻在此修筑了朔方城，设朔方郡、五原郡，同时从内地迁徙十万人到那里定居。还修复了秦时蒙恬所筑的边塞和沿河的防御工事，解除了匈奴骑兵对长安的直接威胁，也建立起了进一步反击匈奴的前方基地。

打了胜仗，立了大功的卫青，率领的汉军，全甲凯旋，令武帝刘彻无比振奋。武帝刘彻下诏书，昭告天下：

匈奴违背天理，悖乱天伦，欺凌尊长，虐待老人，以盗窃为职业，欺诈各部蛮夷，策划阴谋，仗恃武力，屡次侵害边境，所以，朝廷派兵遣将，征讨匈奴的罪恶。现在，车骑将军卫青渡过西河，直到高阙，歼灭敌军2300人，把他们的物资牲畜都缴获为战利品。受封为列侯，西进平定河南地区，架桥北河，斩杀精锐敌兵，俘获卒众，赶回马牛羊一百多万头，全师而还，封卫青食邑3800户。

卫青对匈奴的打击，还促成匈奴内部最高统治权的变更。军臣单于死后，左谷蠡王发动政变自立，此即伊稚斜单于。伊稚斜单于击破军臣单于的太子部队，迫使太子逃亡汉朝。伊稚斜单于代表了匈奴内部与汉朝激烈对抗的势力，汉朝和匈奴之间最激烈的战争基本上发生在伊稚斜单于统治时期。

元朔三年（公元前126年），伊稚斜单于继位后的这一年夏天，为显示自己掌控匈奴的权威，他亲自率领匈奴的数万骑兵攻击代郡，杀死了太守，掳掠代郡军民千余人。

到了这一年的秋天，匈奴又侵入雁门郡、代郡、定襄、上郡，每一路各有三万骑兵，杀掠当地军民千余人。

匈奴的右贤王对汉王朝夺取他们黄河以南的河套地区，并修筑朔方城极为恼火，他多次侵扰边境，并攻入河套地区，攻击骚扰朔方城，杀掠许多官民。

匈奴如此猖獗地从几路大规模对汉王朝的侵略，此刻，只有常胜将军卫青能为武帝刘彻排忧解难了。

于是卫青再次领命。

元朔五年（公元前124年），汉军在卫青的率领下，在匈奴右部开辟战场。

匈奴右贤王以为，汉朝军队根本不能到达那么遥远的边地，优哉游哉地喝着酒。

夜晚来临，黑幕遮蔽下，汉军已悄然来到，包围了右贤王。

醉眼蒙眬的右贤王大惊失色，难道是幻象？是错觉？该不是天兵天将来了？尚未彻底清醒的右贤王，被手下护佑着，同他的一个爱妾和几百个精壮的骑兵，慌忙疾驰突围，向北而去。

汉军轻骑追赶了几百里，没有追上。不过，汉军俘虏了右贤王的小王十多人，以及部众男女一万五千余人，牲畜达百万头。

长安城未央宫获前方出征匈奴大胜的捷报，令武帝刘彻大喜，待卫青率军回来，行进到边塞，天子已派使者捧着大将军印，就在军中任命车骑将军卫青为大将军，所有将领归他指挥、统率。

武帝刘彻兴奋地在长安城未央宫召见了凯旋的卫青，下圣旨：大将军卫青亲率战士征战，出师大捷，捉获匈奴王十余人，增封卫青食邑8700户。

武帝刘彻又封卫青的三个儿子为列侯。

卫青坚决推辞说：我有幸能够在军队任职，仰赖陛下神圣威灵，我军大捷，都是各位校尉力战的功劳。陛下已经垂恩封我的食邑，而我的儿子们还是小孩子，没有功劳，又蒙皇上裂地封为三个列侯，这不是罪臣在军队里勉励将士努力作战的本意。我的儿子卫伉等兄弟三人怎么敢领受封爵！

武帝刘彻回复卫青说，我没有忘记各位校尉的功劳。现在就来犒赏。

这一年，武帝刘彻设常置大将军，节制所有将领，卫青成为皇帝之下的最高军政首脑，位在丞相之上。

次年，卫青两出定襄，与匈奴单于直接对战。正是在这一年，霍去病封侯。

元朔六年（公元前123年）春，汉朝派大将军卫青统率六位将军，十万骑兵，浩浩荡荡，从定襄出发，北进数百里。出击匈奴。

以公孙敖为中将军，公孙贺为左将军，赵信为前将军，苏建为右将军，李广为后将军，李沮为强弩将军，分领六路大军，歼灭匈奴军几千人，战后全军返回定襄休整。

一个月后，卫青又统率六路大军，再次出定襄郡攻打匈奴，斩获匈奴军一万多人。

这次汉军大举北上抗击匈奴，有西域出使归来的校尉张骞随从大将军出征。

因为张骞曾经出使西域，在匈奴居住了很久，对匈奴的地理、人情、风俗都极为熟悉，又知道哪些地方的水草肥美，张骞担任了部队的向导，所以，部队没有遭受饥渴。

卫青出击匈奴，得张骞的帮助，如虎添翼。

加之张骞之前出使远方异国有功，武帝刘彻封张骞为博望侯。

元狩四年（公元前119年）春，武帝刘彻以14万匹战马及50万步卒，作为后勤补给兵团，派车骑大将军卫青与骠骑将军霍去病各率领5万骑兵，步兵和运输物资的军队十万余，兵分两路，跨大漠长征，出击匈奴。

汉军原计划由霍去病先选精兵攻击匈奴单于主力，卫青打击左贤王。后从俘获的匈奴兵口中得知伊稚斜单于在东方，两军对调出塞线路，霍去病东出代郡，卫青西出定襄。

卫青大军出塞一千多里，却与匈奴单于主力遭遇。

卫青命前将军李广和右将军赵食其两军合并，从右翼进行包抄。自己率左将军公孙贺、后将军曹襄从正面对抗单于主力。

两军即将对垒之时，恰巧太阳将落，刮起大风，沙石打在人们的脸上，两军都无法看见对方，汉军又命左右两翼疾驰向前，包抄伊稚斜单于。

伊稚斜单于看到汉朝军队很多，而且战士和战马还很强大，若是交战，对匈奴不利。因此，伊稚斜单于乘着六头骡子拉的车子，同大约几百名壮健的骑兵，径直冲开汉军包围圈，向西北奔驰而去。

这时，天已近黄昏，汉军和匈奴人相互扭打，杀伤人数大致相同。

汉军左校尉，捕到匈奴俘虏，供说伊稚斜单于在天未黑时已逃离。于是，汉军派出轻骑兵连夜追击，大将军卫青的军队也跟随其后，匈奴的兵士四散奔逃。

天快亮时，汉军已行进二百余里，遗憾的是，没有追到伊稚斜单于。俘获和斩杀敌兵一万九千余人，到达了寘颜山赵信城，又获得匈奴积存的粮食以供军队食用。汉军留住了一日，把城中剩余的粮食全部烧掉才归来。

在卫青与伊稚斜单于会战的时候，前将军李广，右将军赵食其的部队，从东面进军，却走错了路，在卫青的大军回营时，才遇到没按期来支援的李广、赵食其部。卫青要派人到朝廷报告情况，根据文书所列罪状责问李广，李广因此自杀。赵食其赎罪为民。

漠北之战击溃了匈奴在漠南的主力，逐渐向西北迁徙，十几年内再无南下之力。

这一战在汉王朝攻打匈奴历史上，写下了浓墨重彩的一笔。

这一战汉军损失也很大，出征的14万马匹，仅三万余匹返回。汉军的士兵也损失十几万，兵器甲仗及水陆运输等费用，还都不计算在内。汉朝廷倾尽库藏和赋税收入仍不足以供给战士的费用。

不过，卫青的地位日益提高，汉武帝希望群臣见大将军行跪拜之礼，只有大臣汲黯却依然行揖礼。卫青不但不生气，反而更加敬重汲黯，经常向他请教朝中的疑难之事，对待汲黯胜过平素所结交的很多人。

卫青才干绝人，对士大夫们有礼，对将士们有恩，战场上也能与将士同甘共苦。对外辱强敌有力回击，而对待同仁，则谦和仁让，气度宽广。这就是大将军卫青的胸怀与品格高尚之处。

卫青作为七战七捷，自立汉以来，第一个攻破匈奴的将军，也是出入禁中掌议论的侍中、太中大夫和参决政事、秉掌枢机的内朝大司马大将军，这些都需过人的能力和魄力。

卫青的外甥——当时只有17岁的少年将军霍去病，在漠北战役中，独自领八百骑出击，俘虏匈奴单于的叔父和国相，斩单于的祖父等2028人。大胜归来的霍去病，深得武帝刘彻厚爱，获封冠军侯。

卫青和霍去病关系亲厚。漠北大战时，李广因丧失了立功封侯的最后机会，以及迷路的过失，将会受到朝廷的军事审问而自尽。一年后（元狩五年），继承其父李广郎中令的李敢，因怨恨卫青，击伤了大将军卫青。受伤的卫青没有追究，年轻气盛的霍去病知道后，射杀了李敢为卫青舅舅复仇。

卫青身为大将军和大司马，为了西汉疆域的安全，常年率兵攻打匈奴来犯，先后深入漠北、漠西等地，路程偏远并且气候恶劣。从中原到西域，一路征战，即使身体状况良好的人，也会因为自然环境的改变引起身体不适。长期的长途跋涉，领兵行军作战，身体负荷太大，最终致使卫青的健康状况崩溃。

元封五年（公元前106年），一代名将卫青在家中安详离世。历史资料并没有详细介绍卫青怎么死的，只用了只言片语提及卫青因病去世。

卫青出生年月不详，根据推测，卫青去世时，年龄大约在45岁到48岁之间。

卫青作为汉武帝的得力大将，汉王朝的大司马大将军，一生英勇善战，七次击溃嚣张跋扈的匈奴，为平定巩固汉王朝的江山立下了汗马功劳。作为辅佐汉武帝的功臣，卫青死后，也得到了汉武帝最高的厚待，为纪念卫青的彪炳战功，汉武帝在茂陵东北，修建了一座阴山形状的墓冢，"起冢象庐山"。谥号为"烈"。

茂陵是汉武帝的陵寝，位于现在的陕西省兴平市。茂陵中还设有李夫人、霍去病、霍光等人的墓。陵中之人都是汉武帝的亲信功臣，卫青的墓紧邻霍去

病墓。卫青的墓在茂陵的西南角，凸起一个小丘，远
远看去犹如一座小山。由此不难看出汉武帝对卫青为
国家做出的贡献的肯定，以及对卫青此人的厚爱。而
他的戎马生涯令他的墓显得气势恢宏。

　　现在在茂陵所见到的卫青的墓碑，是清朝时陕西
地方官员毕沅所立。墓碑上刻：

汉大将军大司马长平侯卫公青墓

少年将军霍去病

　　在千载之后，世人在拜祭矗立在茂陵旁边的霍去病墓时，一定会在墓前的"马踏匈奴"的石像伫立，遥想少年大将军霍去病的绝世风采，为他的精神和智勇而倾倒，为他那不恋奢华保家卫国的壮志而热血沸腾。

　　少年将军霍去病（公元前140年—公元前117年），与卫青一样，并不是出身名门贵族，也有着一个奇特的家庭。

　　霍去病的母亲是平阳公主府的女奴卫少儿，即卫子夫的二姐，父亲是平阳县小吏霍仲孺。这位小吏不敢承认自己跟公主的女奴私通，霍去病只能以私生子的身份降世。

　　18岁时，霍去病以皇后卫子夫外甥身份任侍中，那时，汉武帝刘彻就十分喜爱这个勇猛果敢的少年。大将军卫青根据武帝刘彻的旨意，拨给霍去病一批精壮士卒，让他担任骠姚校尉。

元朔六年（公元前123年），17岁的霍去病，随舅舅卫青出击匈奴于漠南（今蒙古高原大沙漠以南），他首次率领八百骑兵勇士，远离卫青所率领的大军几百里，歼敌两千多人，俘获匈奴的相国和当户，斩匈奴单于伊稚斜大父行（祖父辈），生擒单于的叔父，勇冠三军。

武帝刘彻当即以2500户封霍去病为冠军侯。

霍去病封侯的第三年，即元狩二年（公元前121年）三月，武帝刘彻任命霍去病为骠骑将军，统率一万多名劲骑，从陇西出发进击匈奴。

此一战，被史学家称之为"河西之战"。河西指今甘肃武威、张掖、酒泉等地，位于黄河以西，是中原至西域的必经之路。

匈奴驱逐大月氏国以后，占据河西，切断了汉与西域交往的通道，并频繁袭扰汉朝西部地区的百姓。

汉军骁勇精锐将士在骠骑将军霍去病率领下，出陇西，经金城，越乌鞘岭，穿过匈奴的五个王国，边走边打，一路捷报，长距离野战的能力极大增强。

元狩二年（公元前121年）夏天，骠骑将军霍去病再次率兵西征，从甘肃庆阳出发，翻过居延山，经过小月氏，攻祁连山，越贺兰山，绕居贤泽，在黑河流域再战匈奴浑邪王、休屠王的军队，大获全胜，杀敌3万余人，众多王侯、国戚、大臣、将军在内的2500多名匈奴官兵投降。

从此，汉军军威大振，而19岁的霍去病更成了令匈奴人闻风丧胆的战神。

如此战无不胜的少年将军霍去病，怎能不受到武帝刘彻的器重而显贵！此时他已经与大将军卫青舅舅地位相等。

这次战役后，匈奴伊稚斜单于，对浑邪王驻守西面而多次被汉军所败十分愤怒。浑邪王损失的几万士卒，都是遭到骠骑将军霍去病打击的。

匈奴伊稚斜单于，想狠狠地处理一再败阵的浑邪王，消息走漏后浑邪王和休屠王便想要投降汉朝。

武帝元狩二年（公元前121年）秋，浑邪王和休屠王派出使者，前往汉王朝边境防守将军李息营内，商谈投降事宜。

消息传回长安，武帝刘彻不知匈奴二王投降的真假。

浑邪王和休屠王尽管两次战败，但仍然拥有数万军队，且受降地点远在匈奴境内，很有可能出现预料不到的突然变化。因而汉军虽然名为前去受降，但必须像上战场一样，时刻准备与敌人面对面地搏斗。

武帝刘彻将这个艰巨的任务，交给了威镇敌胆的霍去病。

霍去病不辱使命，率领部队渡过黄河。

当浑邪王的四万多部众，望见汉军严整的队伍前来时，有的紧张，有的部将企图逃跑。一时出现混乱场面。

而休屠王也改变了态度，拒绝降汉。

面对局势的变化，霍去病沉着冷静，当即率领部分将校精骑，驰入浑邪王阵内，直面浑邪王。同时命令汉军，将正在逃跑的八千多匈奴兵斩杀。

还原历史现场这个情景，我们无法揣测，浑邪王心里，在这一刻想些什么。同僚休屠王出尔反尔，不与他合作完成投诚，而他也完全有机会把霍去病扣为人质或杀之报仇。如果他这样做了，单于不但不会杀他，反而要奖赏他。

但是，浑邪王没有这样做。是对匈奴单于彻底寒心使得他背叛自己的民族，还是眼前这个敢于孤身犯险，不惧生死的少年英雄镇住了浑邪王？

我们无从判断。只知道最终的结果是：浑邪王斩杀了改变态度的休屠王，收编了休屠王的军队。

少年将军霍去病以大无畏的气势，不但镇住了浑邪王，同时这气势也镇住了四万多名匈奴人，迫使浑邪王的部队稳定下来。哗变没有继续扩大，33位匈奴王及四万匈奴军队全部归降，汉军士卒没有伤亡。

随即，霍去病让浑邪王率少数人先去长安拜见武帝刘彻。霍去病自己率领匈奴的人马渡过黄河，向长安进发。

当浑邪王即将到达长安时，汉武帝派出两万车骑前往迎接。随后，霍去病所率匈奴降军也到达长安城。汉武帝刘彻大摆筵席，招待匈奴军的将士，并以数十万赏赐给众人，同时封浑邪王万户，为漯阴侯。

今天的我们，只能用景仰的心情，努力去想象，在那个局势迷离，危机四伏的时刻，一个19岁的少年将军，气宇轩昂地站在敌人的营帐前，是否是他的傲视群雄的霸气，他的无坚不摧的意志，他的战无不胜攻无不克的威名，就将四万匈奴兵卒、八千乱兵制服在马下，使得河西受降竟然如此顺利？

现实总比我们想象的更为惊心动魄，更为不可思议，也令我们更加对这个少年将军无比崇敬。

霍去病率军胜利接受浑邪王投降的成功，是汉武帝时期继两次河西作战后的又一巨大胜利。

这是中国历史上第一次面对外虏的受降。不但让饱受匈奴侵扰之苦的汉朝人扬眉吐气，更从此使汉朝人有了身为强者的信心。

可想而知，那时刻，武帝刘彻对霍去病的喜爱已经溢于言表。

为表彰霍去病的功劳，武帝刘彻昭告天下：骠骑将军霍去病率领部队征伐匈奴，西部地区的浑邪王部及其臣民都来投降，霍去病用军粮援助他们，并率领射手万余人，诛杀那些骁悍凶恶的敌人。杀敌八千多，降服异国之王33人。我军战士没受损伤，却使四万匈奴军队诚心归服。由于骠骑将军屡次作战的功劳，使得黄河上游的边塞地区几乎无忧患，朝廷用1700户加封骠骑将军。裁减陇西、北地、上郡守边士卒的一半，以减轻天下人民的徭役负担。

武帝刘彻对匈奴浑邪王率四万人来降，也是十二万分的高兴。下令厚待降者，要钱给钱，要马给马，要金玉绢帛给金玉绢帛。降人们无论怎么折腾，都不治罪。

> 虚府库赏赐，发良民侍养，譬若奉骄子。（《汉书·汲黯传》）

武帝刘彻还宣布，将投降的匈奴人，分别安置在西北五郡关塞以外的黄河以南地区，让他们保持自己的风俗习惯，作为汉朝的属国。

用对外的武功，显示出自己伟大的武帝刘彻，尽管被谏臣汲黯批评为"外多欲内施仁义"，将投降的匈奴人像祖宗一样供着，成为汉朝天下里一群特权人。导致自家的府库空虚，老百姓民不聊生。不过，"河西之战"沉重地打击了匈奴侵扰的气焰，使汉王朝收复了河西大片疆土，而且切断了匈奴与羌人联系的通道。河西走廊正式并入汉王朝。

打通了这个通往西域的咽喉要道，汉王朝的版图，从此多了武威、张掖、酒泉、敦煌四郡，从而加强了中国与西域各国的经济与文化交流。这对整个中国的历史进程产生了不可估量的影响。

"河西之战"短短一年内，霍去病率领的精壮骑兵，歼灭、受降累计近十万匈奴人，从此甘肃金城、河西并南山（祁连山）至盐泽（罗布泊），不再有匈奴人势力。汉朝的边民得以休养生息。

祁连山北麓有匈奴最大的马场，从此以后，为汉朝补充汉匈战争中需要的军马，那片广阔的大草原为汉朝日后养马备战做出了巨大的贡献。

如今地跨甘肃、青海两省的山丹军马场，就是公元前121年霍去病始创的，至今仍是亚洲最大、世界第二大的军马场。

然而，汉匈边境的战事并没有停息。

第二年，匈奴吸取前两次战争的教训，把军队主力和人畜转移到蒙古大沙漠以北，开始入侵右北平和定襄郡，杀死并掳掠汉朝军民一千余人。

为彻底消除来自西北方向匈奴军队的侵扰，元狩四年（公元前119年）春，汉武帝命卫青、霍去病各率骑兵5万，分别出定襄和代郡，深入漠北，寻歼匈奴主力。两路汉军奋勇发起漠北之战。

此一战，卫青杀敌19000余人，霍去病杀敌70400余人，两路汉军分别到达蒙古杭爱山南端和蒙古乌兰巴托东边，重创匈奴主力。

在深入漠北，寻找匈奴主力的过程中，霍去病携带少量的辎重粮草，驱使所俘获的匈奴人为前锋为汉兵开路，跨过大漠，过河活捉了匈奴单于大臣章渠。

霍去病实在是太渴望与匈奴单于交战了。他一路追杀，在狼居胥山举行了祭天，在姑衍山举行了祭地仪式。

封狼居胥之后，霍去病继续率军深入追击匈奴，兵锋一直逼至瀚海（今贝加尔湖），方才回兵。抓获匈奴俘虏七万多，自己的士卒大约伤亡十分之二。之后，又向敌人夺取军粮，行军极远而粮草没有断。

从长安出发，一直奔袭至贝加尔湖，在一个完全陌生的环境里又连连大胜，霍去病是整个华夏五千年历史上汉族将领率军北上远离国土最远者。

如此大胜，开天辟地。经此，左、右贤王所部几乎全军覆没。"匈奴远遁，而漠南无王庭"。

卫青、霍去病取得三次反击匈奴入侵战争的胜利，有效地制止了匈奴对汉朝的残暴杀掠，保护了北部边境人民生命财产的安全，确保了汉朝领土的完整，使经济发展和与西域的交流得到保障。

除了营建西北地区的长城和亭燧之外，汉王朝还修缮旧长城，在包头、呼和浩特一线设置内城、外城的防御工事。由此，从敦煌到辽东，汉朝建立了完整的攻防体系。

霍去病和他的"封狼居胥"，从此成为中国历代兵家人生的最高追求，终生奋斗的梦想。而这一年的霍去病，年仅21岁。

在完成了旷世功勋之后，霍去病也登上了他人生的顶峰：成为汉王朝大司马骠骑将军。

趋炎附势者，见霍去病的权势日益显贵，卫青的权势日益衰落，卫青的许多旧友和门下宾客纷纷投靠霍去病，也多能得到官爵。古往今来，所谓人情冷暖，世态炎凉就是如此吧。

性格低调，为人和善的卫青并不在意这些。

霍去病为人沉默寡言，他用兵灵活，注重方略，不拘古法；勇猛果断，每战皆胜，又敢作敢为。这让卫青深爱不已。

汉武帝刘彻曾经要让霍去病学习吴起、孙武的兵法。

霍去病则回复武帝刘彻，打仗应该随机应变，而且时势变易，古代的兵法已不合适了。

武帝刘彻还曾为霍去病修建了一座宅第，让霍去病去看看。

霍去病回复刘彻："匈奴未灭，何以家为？"

霍去病的英武善战，霍去病的家国情怀，怎能不得武帝刘彻的重视和信任！然而，天妒英才。

许是在漠北之战中匈奴人将病死的牛羊等牲口埋在水源中诅咒汉军，因此水源区遭到污染。而霍去病在此处饮食了带有病菌的水，加之长期劳累，身体免疫力低下，最终没有抵抗过去。数次领兵出征的劳累，长时间处于艰苦的环境，也足以对霍去病的身体造成不可治愈的伤病。漠北之战一年多后，即元狩六年（公元前117年），23岁的骠骑将军霍去病去世。

汉武帝刘彻对爱将霍去病的英年早逝，万分悲伤。

为了表达对霍去病的哀思，也为了纪念霍去病对汉王朝的巨大贡献，依武帝刘彻旨意，为霍去病修建了一座寓意深远的墓冢——以祁连山的山体形态建造，彰显霍去病力克匈奴的奇功。

武帝刘彻还调来铁甲军，列成阵，沿长安城一直排到茂陵东的霍去病墓，为霍去病送行。

武帝刘彻还为霍去病定谥号："景桓侯"，取义"勇武与扩地"两层意义，表达少年骠骑将军霍去病克敌服远、英勇作战、扩充疆土之意。

霍去病墓建于武帝元鼎元年（前116年），位于茂陵东约1公里处，即今天陕西省兴平市南位镇道常村西北。

霍去病墓的神道两侧，安置了马踏匈奴、卧马、跃马、石人、伏虎、卧象、卧牛、人抱熊、怪兽吞羊、野猪、鱼等大型石刻。

现存霍去病墓石刻共有16件，均以花岗岩雕成，以动物形象为主，这些作品以其简洁的造型，粗犷的风格，宏大的气势，不仅寄托了对英雄的歌颂和哀思，也反映了正处于上升时期的汉朝生机勃勃的精神面貌。

霍去病墓的石刻群雕作品，风格庄重雄劲，深沉浑厚，寓意深刻，耐人寻味。既是古代战场的缩影，也是霍去病赫赫战功的象征。

雕塑的外轮廓准确有力，形象生动传神，刀法朴实明快，具有丰富的表现力和高度的艺术概括力，是中国古代雕塑艺术发展史上的一座里程碑。它打破了汉代以前旧的雕刻模式，建立了更加成熟的中国式纪念碑雕刻风格，对后世陵墓雕刻的艺术风格产生了极其深远的影响，是汉代以后中国古代大型纪念碑雕刻的典范之作。

这组群雕中没有出现霍去病的形象，然而，每一处都能感受到少年骠骑将军霍去病的英雄气概。

群雕石刻的代表作——马踏匈奴石刻，是一匹昂首屹立的战马，四足下踏着一名手持弓箭的匈奴首领。在这件高168厘米的主题雕刻中，艺术家以一匹器宇轩昂、傲然卓立的战马，象征西汉政权的声威，以战马将侵略者践踏在地的典型情节，来赞颂骠骑将军在抗击匈奴战争中建树的奇功。

这匹战马的神情，警惕又安详，垂放收敛中自有一股雄浑的力量，静立中自有一种博大的气势。

仰卧在马下挣扎的匈奴首领，露出绝望的神情，反衬出战马的勇猛与不可战胜。战马的四肢健壮而坚实，犹如四根巨大石柱，与马身浑然一体，构成永久性的柱石建筑感。没有细节，没有修饰，是异常单纯简洁的整体形象。正如当代哲学家李泽厚在他的《美的历程》所言：

在汉代艺术中，运动，力量，气势就是它的本质。

"马踏匈奴"石刻的构图别具匠心，象征手法的运用也使它具备了浪漫的特色，使观者联想的领域更加开阔。作品的外轮廓，雕刻得极其准确有力，马头到马背部分，作了大起大落的处理，形象十分醒目。

"马踏匈奴"石刻，堪称思想性与艺术性完美统一的典范，是西汉纪念碑雕刻取得划时代成就的标志。

千载之后，世人在拜祭矗立在茂陵旁边的霍去病墓时，一定会在墓前的"马踏匈奴"的石像伫立，遥想少年大将军霍去病的绝世风采，为他的精神和智勇而倾倒，为他那不恋奢华保家卫国的壮志而热血沸腾。

武帝刘彻执政时期，一改前辈对匈奴妥协忍让的态度，在他即位54年间，他只执着于做一件事——抗击征伐匈奴。

武帝刘彻崇武绝亲的决策，并不是偶然生发的。当时民族关系的主流思想、政治状况以及经济、军事实力都已发生了很大变化。

武帝刘彻登基时，上距高帝刘邦建国近七十年，汉朝经历了"文景之治"的积累，实力增强。武帝刘彻"罢黜百家，独尊儒术"，奠定了颇为有序的中央集权体制，国内没有发生大的动乱。

经过多年的休养生息，百姓享有了更多发展果实，大汉王朝出现了这样的殷实景观——《汉书·食货志》记载：

> 至武帝之初七十年间，国家无事，非遇水旱，则民人给家足。都鄙廪庾尽满，而府库余财；京师之钱累百巨万，贯朽而不可校；太仓之粟陈陈相因，充溢露积于外，腐败不可食。

既然具备了较强的经济实力，汉武帝就无需对匈奴一味地谦恭忍让了。

当时年仅16岁，满怀雄心壮志，又有谋划深远和强烈的历史责任感的汉武帝认为，自己在位时必须彻底解决匈奴造成的边患问题，决不能把这些问题留给子孙后代。

这期间，汉王朝一共打了44年仗，进行了八次北伐，每一次出征，都在30万到50万人左右。每一次，武帝刘彻都亲自全盘谋划、制定作战方案，落实人马调配，后勤保障，以及战斗结束后的钦定赏罚。

武帝刘彻一生的愿望，就是要彻底平定匈奴，"马踏匈奴"，以保万世平安。而得卫青、霍去病这一"帝国双雄"，让武帝刘彻这一愿望得以部分实现。

汉武帝刘彻的名声之大，是被后世称为大帝的。之所以如此，因为他是不多汉人皇帝中，对北边的游牧民族采取主动出击战略的人。他所重用的两位外戚悍将，卫青和霍去病，也的确给匈奴造成了很大的打击。但是，作为农耕民族出征游牧人，即使一时取胜，所付出的代价，也是惊人的。十万骑出征部队，得有十万匹马在后面供给，还不算人力。仗打完了，前线的马匹损失一半，后勤供应的人马也差不多消耗光了。

经过长期的对匈奴战争，民间实际上已经贫困不堪，供应不上。官府就强抢，但是，民间对付官府，也有一套，每每让地方官完不成任务。武帝刘彻急了，就要杀长安县令。著名的谏臣汲黯出来横挡，才算保住了县令的脑袋。

在匈奴内部，遭受汉朝的打击后，最终分裂成

"五单于并立"的局面。

汉宣帝甘露元年（公元前53年），呼韩邪单于归附汉朝。

汉宣帝甘露三年（公元前51年），呼韩邪单于朝觐汉宣帝于甘泉宫，"赞谒称臣而不名"。

汉元帝竟宁元年（公元前33年），呼韩邪单于再次入朝：

> 上书愿保塞上谷以西至敦煌，传之无穷，请罢边备塞吏卒，以休天子人民。

这一年，还发生了一件大事——昭君出塞，汉朝和匈奴之间恢复和亲。

在包头等地出土的墓葬中，瓦当有"单于和亲"的汉文字样。可见，"汉匈一家"的局面已经为汉匈双方所认可。

汉武帝时代所致力的大一统，到汉宣帝时得以真正实现，中华文明得以上升到一个更高的层面。汉宣帝刘询的开明统治稳定了汉武帝时期征服的那些郡县，汉朝的疆域在汉宣帝时期达到最大。

马踏匈奴石刻

不辱使命 张骞出使西域

张骞大约从36岁开始，反复于千山万水的长途跋涉中。于语言不通、习俗不同、危机四伏的险恶环境里，栉风沐雨、风餐露宿、饥寒交加、担惊受怕、险象环生——长达20年之久。

张骞死后，遗体由首都长安归葬故里——汉中市城固县博望镇，距白岩村西五里远的饶家营村。张骞墓作为"丝绸之路"陕西省七个遗产点之一，成为汉中第一处世界文化遗产。

就在汉武帝刘彻挥师北上，征讨匈奴时，他并没有忘记，在他登基之初，曾经筹划的与被匈奴灭国的大月氏（dà ròu zhī）结盟，东西合击匈奴的计划。

当时的匈奴正处于全盛时期，势力范围极大，要沿着河西走廊西行出关，脱离汉王朝的控制区域，一定要经过匈奴的管辖范围，才有可能找到大月氏。虽然，汉匈之间保持着"和亲"的睦邻关系，但是，在这个完全不对等的关系中，匈奴随时给汉王朝制造大大小小的麻烦。

况且，河西走廊以西，距离大月氏，到底有多么遥远，路途有多么险恶，朝廷的官员没有人清楚。更何况是被匈奴人追得到处奔波的游牧民族大月氏。武帝刘彻廷议时，朝廷的大臣面面相觑，谁都不肯站出来请命出使大月氏。

汉建元三年（公元前138年），御林军郎官张骞大胆揭榜。武帝刘彻很是欣慰，终于有一个人愿赴未知之途，为朝廷分忧解难。

武帝将汉使的符节交到张骞手中，派了一个叫堂邑甘父的人做出使西域的向导。堂邑甘父是匈奴人，取汉人堂邑的姓，名甘父。甘父对域外的情况非常熟悉。武帝刘彻又亲自挑选一百多个随从者，一同前往大月氏。

当张骞率领一个百余人的使团，从长安城出发西行时，可谓浩浩荡荡。望着渐行渐远的车队，汉武帝不忍收回眺望的目光，他心中要平定匈奴的希望，就这样被张骞带上了西行之路。

匈奴侵扰边民的消息，一个一个接踵而来。从长安城出发的张骞，却泥牛入海杳无音讯。好在，武帝刘彻得大将军卫青，还有少年英才霍去病，厉兵秣马，时刻备战杀敌。

使命在肩，但未必是每个人都敢于担当。

张骞背负着神圣的使命，走过一座又一座驿站。距离长安城越来越远了，危险也越来越逼近。

关于郎官张骞生平，在太史公司马迁著《史记·大宛列传》里，记载很简单。

班固所著《汉书·张骞李广利传》中，有对张骞生平较详细的记载。

张骞出生于陕西省汉中市城固县博望镇（以其封号为名）白岩村，现有人口三百多人。所谓"博望"，这是汉武帝对张骞博闻多见，才广识远的肯定。意为："取其能广博瞻望。"

两千多年前，张骞从长安城出发，西行之路的艰辛，不仅仅在旅途的坎坷与周折，还有无边的忍耐和寂寞，甚至是绝望，这些似乎比一死了之更加艰难。如果没有坚定的信念和使命感，何以应对毫无希望的漫漫长路？

武帝刘彻亲自签下的汉王朝符节，揣在张骞的怀中，这是张骞西行之路的信念和力量。当无路可循时，这符节是指引他前行的路标；旅途疲惫时，这符节又是他前行的动力。张骞不敢有丝毫的懈怠。

当张骞一行沿着河西走廊西行出关时，就脱离了汉朝的控制区域。张骞的一路人马，小心翼翼地行进在匈奴的势力范围内，匈奴人很快报告给了匈奴单于。当匈奴单于得知，汉使者已经进入匈奴境内，目的地不是匈奴，而是要去匈奴的宿敌大月氏时，匈奴单于怒不可遏，立即下令拘留张骞一行。

张骞等人被带到王庭（今呼和浩特）匈奴单于面前。早有思想准备的张骞，据理力争，要求匈奴单于放行。当时的匈奴军臣单于根本不予理会。他甚至对张骞咆哮道：

你们未经我同意，就擅自闯入我匈奴境内，而且还想前往我们匈奴的敌国大月氏。你们这是藐视我们匈奴的权威！

张骞发现，军臣单于还不清楚，汉王朝派他出使大月氏，是为联合大月氏共同抗击匈奴，所以，他沉着冷静地看着愤怒的军臣单于，心平气和地解释说：

大汉只想与匈奴和月氏等国都建立友好关系，并不想伤害任何一方。我为事先没有通告贵国而深表歉意，请求单于允许我们过境。

军臣单于出于对汉朝的戒备和对月氏的敌视，始终不肯放行。他软硬兼施，先是让张骞背叛汉廷，像其他一些汉人一样，投靠匈奴。

张骞的态度十分明确，他坚决拒绝。张骞表示，他宁可一死，也不会背叛汉王朝。

军臣单于看到连死都不怕的张骞，心中倒是有几分敬佩。不过。他心存侥幸，认为这只是张骞一时激情而已，日久天长，最终总会有降服于他的那一天。于是，军臣单于又改用软化政策，不再逼迫张骞投靠匈奴。他为张骞提供了较好的生活条件，甚至，选了一位匈奴女子，做张骞的妻子。

一时间难以逃离匈奴的控制，张骞就假装接受匈奴人的友善款待，先答应了娶匈奴女为妻，给匈奴人造成一个假象，似要归顺。他还和这位女子有了一个儿子。

但是，在漫长的岁月里，张骞始终睁大了眼睛，寻找着脱身的机会。

被匈奴军臣单于囚禁的11年里，能让张骞坚持下来的，是他心中不变的信念——他是汉王朝的使者，他是为完成汉王朝交付寻找联合大月氏的任务而西行的。这是他的使命，是他的责任，更是他生命的全部。使命与责任，让他拥有了希望，他在绝望中守护着微弱的希望之光。

取得匈奴人的信任后，张骞在河西走廊到处游走，了解匈奴人的生活习性，察看地势地形，绘制地图，时刻准备逃走。只要胡人的监管一放松，张骞就能穿着胡服，骑着快马出发。

机会终于在11年后等来了。

在一个匈奴的盛大节日里，全体官民都在欢乐庆祝，痛饮狂舞。张骞趁看守松懈时，与曾经和他一同离开长安城的几个属下和堂邑甘父等人，偷偷地牵走了几匹良马，连夜向西逃去。

二十多天马不停蹄地昼夜奔逃，终于，张骞他们远离了匈奴的控制区域，来到了大宛国（今天的中亚费尔干纳盆地）。

大宛国盛产葡萄美酒和汗血宝马，是个比较富裕的西域国家。知道有遥远的东方大汉王朝使者来到大宛国，大宛人非常高兴。他们热情地接待了张骞一行。

大宛人之前有所耳闻，汉王朝如何的富庶和繁荣，只是苦于两国距离遥远，难以交往，没能与汉王朝建立友好关系。如今，汉王朝的使者来到他们国家，他们很希望以此为契机，使两国建立起友好关系。

张骞了解到大宛国君臣的意愿，很是高兴。他直言不讳地说，我们是奉大汉皇帝之命，前赴大月氏缔结友好关系的。但是却被匈奴阻隔，把我们一行拘留了十多年。近日方伺机逃脱。现在，大王如果能够帮助大汉，将我们送到大月氏，那么我们回国后，一定向我们大汉皇帝禀奏大宛国的心愿，并用大量财物酬谢贵国。不知大王能否满足张骞的请求？

大宛国国君听后，很真诚地答应下来。派人很快将张骞一行送到了康居国（今锡尔河以北），再请康居国国王将他们转送到更南的大月氏。

经历了千辛万苦，张骞不改初衷，继续前往匈奴以西的地方寻访大月氏。终于在妫水（今阿富汗北部阿姆河一带）找到了大月氏。进入大月氏的那一刻，张骞真是百感交集，经历了这十多年的苦难，终于能够如愿以偿地完成汉王朝联合大月氏共同抗击匈奴的使命了。

可是，大大出乎张骞的意料，当张骞向大月氏王提出联合提议时，月氏王却婉转地拒绝这一提议。月氏王礼貌地对张骞说：十分感谢大汉皇帝对我月氏的厚爱。但是，月氏之前遭受匈奴的沉重打击，至今元气尚未恢复。如今逃到万里之外，只能苟且偷生，哪有力量与匈奴抗争。不是我们不想报仇，而是月氏确实力不从心。

原来，自从大月氏王被匈奴击杀之后，另立的新国王带领着族人不断地西迁，最终，在阿姆河流域定居下来。逐步壮大之后，他们征服了大夏国。这里的土地肥沃，生活也稳定下来，从上到下，大月氏已经无心再回到东方与匈奴争霸了。

了解了大月氏真实想法的张骞，很是失落。出使的目的没能达到，意味着这次出使的失败。张骞失望之余，在当地和附近地区游历了一年多，充分了解了西域各地国情与风俗之后，只好无奈地告别月氏王。

启程回国时，张骞特意取道南山，试图经过羌人控制地域，而避开匈奴。事与愿违，他们的行踪还是没能逃过匈奴人的视线，又被匈奴扣留了一年多。直到匈奴的军臣单于去世，军臣单于的弟弟左谷蠡王伊稚斜自立为匈奴单于，国内发生战乱，张骞才得以再度逃脱。

汉元朔三年（公元前126年），九死一生的张骞终于回到了长安，前后历时13年。出发时张骞率领的使团浩浩荡荡一百多人，回来时仅剩下张骞、胡妻和向导堂邑甘父，足见张骞出使西域之艰难。

张骞寻访大月氏的漫长路线经过阿富汗，直达现在乌兹别克斯坦共和国境内的撒马尔罕。2100多年前，中国还从来没有人到过中国以西这么远的地方。此行，张骞给汉武帝，给汉人带回了中国第一次听到的关于西亚、印度、中东甚至欧洲国家的消息。后来中国商人骑着骆驼，带着丝绸、茶叶和玉石，正是沿着张骞所开拓的路线，翻山越岭并穿过戈壁沙漠，到达西亚、中亚和南亚做生意，这条路线就是"丝绸之路"。即便今天，拥有四个轮子驱动的汽车，人们重走"丝绸之路"尚且不易，何况2100多年前多数时候须负重徒步行走的张骞？无怪大哲学家范文澜先生要感叹：

　　　　他的生还，是人类历史上一件值得纪念的大事。

更有意思的是，原本张骞是为了对付屡屡来犯的匈奴才出使西域寻找西部盟友的，而自始至终陪伴他的，竟然就是最忠心耿耿的向导——匈奴人堂邑甘父。可以说，沿途若无识方向、善弓射的堂邑甘父，在张骞饥渴不堪时射杀禽兽给张骞充饥解渴，张骞恐怕回不了长安。这不能不说与张骞身上正直无私的人格魅力有关。班固在《汉书》中写道：

> 骞为人强力，宽大信人，蛮夷爱之。堂邑父胡人，善射，穷急射禽兽给食。

历经13年、来回行程6000多公里以上的"凿空西域"，回到长安城的张骞瘦骨嶙峋，感动了汉武帝刘彻，他赞赏张骞在被匈奴长期拘禁期间，始终对汉廷的忠诚，有意要在臣民中弘扬这种精神。同时，欲与大月氏结盟合击匈奴的出使目的虽没有达到，但是张骞这十来年间行走西域的经历，获得的信息和知识，可为武帝刘彻做进一步的宏伟构图所用。武帝刘彻对张骞予以嘉奖，封他为太中大夫，始终同行的堂邑甘父也被封为奉使君。

功成名就的张骞，照常理可以安享天年了。可张骞脑海里总回想着一件事，他告诉了武帝刘彻。张骞说，他在大夏国（今阿富汗）时，看到中国邛山（今四川省唐河县）的竹杖和蜀地的细布在市场上出售，很惊讶。问商人，方知是从身毒（juān dǔ，今印度）国买来的。身毒国在大夏国东南数千里，那里的军队骑象打仗，离大海很近。张骞认为大夏国已经远离长安6000多公里，身毒国自然离长安更加遥远，竟然有四川的布匹、竹杖出售，可见身毒国应该离蜀地不远。张骞推想，如果从四川经身毒国到大夏国，应该是条终南捷径，还可免除匈奴人的阻击。他建议汉武帝自长安打通西南通道。

刘彻闻听此言，为之心动。西域的大夏、身毒、安息、大月氏、康居等国，都是不小或不弱的国家，也有着丰富的物产。他们都有一个共同之处，就是对汉王朝的财物感兴趣。那么花费一些财物，与这些国家建立友好关系，不但可以与北方的匈奴抗衡，分散匈奴的实力，也可使汉王朝名扬四海。从蜀地开道，向西南通达大夏，应该是可行的。

于是，武帝刘彻下旨，从蜀地的犍为郡派遣数个使团，向西南寻觅通向大夏的道路。

张骞再次领命，踏上了探险征程。他亲自坐镇犍为郡（今四川省宜宾市），指挥五路人马分头向駹（máng，今四川省松潘等地）、莋（zuó，今四川省峨眉山以南）、徙（xǐ，今四川省大全县）、邛（qióng，今四川省唐河县）、僰（bó，今四川省宜宾市西南）探寻。不久，五路使者在走出一两千里之后，都碰到了无可逾越的阻碍：

善寇盗，辄杀略汉使，终莫得通。

五路使者陆续返回——这次汉朝历史上大规模的西南探路行动失败了。不过也因此留下了成语"夜郎自大"的笑话：

为寻找通往身毒国（今印度）的通道，张骞领导的使者到达今天云南的滇国（今昆明市），再无法前进。其间，滇王问汉使："汉孰与我大？"后来汉使返长安时经过夜郎（今贵州省赫章县），巴掌大小的夜郎国君也提出了同样的问题，令汉使者哭笑不得，又不便回答。这就是司马迁在《史记·西南夷列传》

记载的：

> 滇王与汉使者言曰：'汉孰与我大？'及
> 夜郎侯亦然。以道不通故，各自以为一州主，
> 不知汉广大。

打通西南通道失败以后，张骞的人生轨迹大起大落，变数很大。

汉元朔六年（公元前123年）二月，汉武帝命张骞以校尉身份随大将军卫青出征漠北。卫青率公孙敖、公孙贺、赵信、苏建、李广、李沮六位将军和张骞取道定襄（今内蒙古和林格尔县）出击。由于张骞在匈奴境内生活了十多年，十分熟悉匈奴的地理和作战特点，使卫青大军对匈奴一战大获全胜。凯旋之日，汉武帝封张骞为"博望侯"。——这就是城固县博望镇的由来。

两年后（公元前121年），张骞又以卫尉身份和"飞将军"李广再次出征匈奴。李广率四千名骑兵作先头部队，张骞领一万名骑兵殿后。结果李广陷入匈奴左贤王四万骑兵的合围。李广率领部下苦战一昼

夜，几乎全军覆没，张骞才引大军赶到。虽终解围，但已违期，按照军法当斩。考虑到张骞之前的功劳实在太大，杀不得也，于是朝廷从轻发落，将张骞赎为庶人。《汉书》记载道：

> 骞以校尉从大将军击匈奴，知水草处，军得以不乏，乃封骞为博望侯。是岁元朔六年也。后二年，骞为卫尉，与李广俱出右北平击匈奴。匈奴围李将军，军失亡多，而骞后期当斩，赎为庶人。

汉元狩四年（公元前119年），张骞再次被汉武帝起用，以中郎将身份，率三百多名随员，各备良马，携带金币丝帛等财物数千过万，牛羊万头，第二次出使西域。

张骞此行目的，是招与匈奴有间隙的乌孙东归故地，以断匈奴右臂。张骞到达乌孙（今中亚伊塞克湖一带）后，交付了朝廷的赏赐，并把武帝刘彻的旨意明白地告诉了乌孙人，可是没有达到劝说乌孙东归的目的。张骞于是派副使访问了康居、大宛、大月氏、大夏、安息（今伊朗）、身毒等国。

这次，张骞又一去四年，于汉元鼎二年（公元前115年）回到长安。乌孙国还算友好，派遣译员和向导护送张骞回国。同时还派遣使者几十人相随同行，带着良马几十匹答谢汉朝，同时窥探汉朝的虚实。乌孙使者到达长安后才发现汉朝果然幅员广阔，物产丰富。

回到长安的张骞，因功被武帝刘彻提拔为大行令（后更名大鸿胪）——主管国家接待宾客等事务的官员。

不幸的是，回国的第二年，一生奔波、劳累不堪的张骞，生命就走到了尽头，于公元前114年病逝。由于不知道张骞的确切生年，也就无法知道他究竟活了多少岁，只能估算张骞大概享年60岁。

张骞大约从36岁开始，反复于千山万水的长途跋涉中。于语言不通、习俗不同、危机四伏的险恶环境里，栉风沐雨、风餐露宿、饥寒交加、担惊受怕、险象环生，长达20年之久，即便铁人也早就锈迹斑斑、伤痕累累。

张骞死后，遗体由首都长安归葬故里——汉中市

城固县博望镇，距白岩村西五里远的饶家营村。这是
中国人叶落归根的固有习惯使然。

城固人出于对两千多年前的乡贤张骞的敬仰，
将张骞墓扩建为张骞纪念馆，而且作为中国"丝绸之
路"组成的一部分。

2014年6月22日晚，陕西省电视台在"陕西新闻联
播"中播报了一条令人欣慰的好消息——当天下午在
第38届世界遗产大会上，张骞墓"申遗"成功：

> 北京时间6月22日15时，在卡塔尔首都
> 多哈举行的第38届世界遗产大会上，丝绸之
> 路跨国联合申报世界文化遗产项目顺利通过
> 投票表决，张骞墓作为'丝绸之路'陕西省
> 七个遗产点之一，成功入选《世界遗产名
> 录》，成为汉中第一处世界文化遗产。

与张骞墓一道成功入选《世界遗产名录》的另外
六个陕西省遗产点是：汉长安城未央宫遗址、唐长安
城大明宫遗址、大雁塔、小雁塔、兴教寺塔、彬县大
佛寺石窟。这七个遗迹分布在以"张骞凿空西域"为

标志的"丝绸之路"上，在人类文明史上具有重大的
文化价值，从而也使陕西省世界文化遗产点由仅有一
个秦始皇陵变为八个。

　　因为张骞的两次出使西域，大大沟通了西汉与西
北诸国的交流与友好往来。就在张骞病逝的第二年，
张骞生前派往康居、大宛、大月氏、大夏、安息、身
毒等国去的那些副使，分别同有关国家的使者一起返
回了长安，见识了武帝刘彻治下西汉的强大与繁荣，
于是西北各国开始与汉朝通使交往。

　　因为张骞率先开辟了通往西域各国的道路，诚信
的名声在外，中国许多使者出使国外也都称作"博望
侯"，以此来取信于外国，外国人因此也很信任这些
中国使者。后来，原先对汉人不了解的乌孙终于与汉
朝结成了姻亲。

　　这还不算，汉朝为了加强与西北诸国的交通往
来，开始在令居县以西修筑边塞，设置了酒泉郡。以
后派遣更多的使者到达安息、奄蔡（亦作阖苏、阿
兰，今高加索一带）、犛轩（máo jiān，今甘肃省永
昌县一带）、条支（今伊拉克境内）以及身毒等国。

即《汉书·张骞李广利传》所载：

> 因益发使抵安息、奄蔡、犛靬、条支、身毒国。

这些使者携带的财物和操持的使节，大致仿效当年博望侯张骞出使时的规格。而所有这些，九泉之下的张骞显然是不知道的。

张骞两次出使西域，打开了中国与中亚、西亚、南亚及欧洲等国交往的大门，构建了西汉与西方国家友好往来的桥梁。悠久的西汉历史离不开张骞，所以今天对张骞的功绩怎么高度评价都不为过。

1902年，梁启超在为张骞写的《张博望班定远合传》中就高度评价张骞是"世界史开幕第一伟人也。"指出：

> 欧美日本人常言，支那历史，不名誉之历史也。何以故？以其与异种人相遇辄败北故。呜呼！吾耻其言。

可是，早在出使西域的张骞横空出世，曾使中国人扬眉吐气，一度改写了洋人对中国人这种屈辱的印象。所以梁启超又写诗夸赞在危难中不失气节的博望侯张骞：

> 坚忍磊落奇男子，世界史开幕第一人。

曾任北京大学副校长和历史系主任的著名历史学家翦伯赞十分认同梁启超对西汉伟大外交家张骞的评价，指出：

> 他是一个冒险家，又是一个天才的外交家，同时又是一员战将，真可谓中国历史上出类拔萃的人物也。

主编了大学文科教材《中国史纲要》（四册）的翦伯赞教授早年还有一段话而今抄录在城固县的张骞纪念馆墙上：

> 张骞使中国种族第一次知道中原以外还有广大的西方世界，从而开辟中国史上政治和

经济之新时代。

对于"世界史开幕第一人"的张骞,辞世2100多年后的2014年6月22日,张骞墓成为中国的世界文化遗产之一,无疑是对张骞不辞艰辛"凿空西域"功绩的最大肯定。

张骞"凿空西域",开辟了从长安经宁夏、甘肃、新疆,到达西亚、中亚、南亚各地的沟通大道,铺就了后来的古代"丝绸之路",可谓世界史上的一件大事。正是因为汉武帝刘彻派张骞出使西域,才使中国人可以从长安出发,一直由中国的地理中心通行到今天的乌兹别克斯坦共和国境内。

张骞开通的"丝绸之路"给沿线人民带来了繁荣与富足,中国的纸、丝绸、火药、雕版印刷术等重大发明,随后也都通过这条西进之路传向亚细亚各国及西方。

原本中国内地没有的一些西亚、中亚、南亚的瓜果植物,也陆续引进到了长安,栽种在八百里秦川土地上。再由八百里秦川越过秦岭向东向南发展,直至"胡种"传遍全国。而这些"胡种",这些植物新品据民间传说，多是由张骞带回来的。

中原的丝绸瓷器漆器药材等输往西域，西域的葡萄胡瓜苜蓿石榴等进入中原。

有趣的是，无论《史记》还是《汉书》，也无论《张骞传》《大宛传》《匈奴传》《西域传》，一直到《西南夷传》，尽量不提张骞曾从西域带回什么可栽培的"胡种"。

也就是说，张骞的这一大功绩在司马迁和班固笔下，极少提及。反倒是老百姓口口相传，都认可所增添的植物新种就是张骞从西域引进的。

在《史记》和《汉书》之后，古籍文献都有张骞引入"胡种"的记录。比如李时珍在他的《本草纲目》中有对红蓝花、胡麻、蚕豆、胡瓜、安石榴、胡桃等植物新种的来源所做的详细介绍，并且肯定了张骞引进西域植物品种的功劳。

西行之路漫漫，马都不行，一定要骆驼。这也是长安成为丝绸之路起点的关键所在。中原大战时，冯玉祥西北军在甘肃征几千峰骆驼，到西安还好好的，出潼关到洛阳全死掉了，沙漠之舟最远只能到长安。

张骞第一次出使西域13年，归来时长安都轰动了，长安百姓满朝文武及汉武帝第一次见到了罕见的骆驼。后来，张骞再次出使西域，骆驼就不再稀奇了。骆驼包括骆驼载回来的西域宝贝已经进入汉人的日常生活。

第五章

破茧而出的美丽蝴蝶

史书中记载下来的，大多是这个时代的男人，以及这些男人在历史中发挥的作用，却忽略了其中的女人所发挥的作用。

　　历史，如果没有女人的存在，不知将如何发展。

张骞再度出使 和亲乌孙

张骞万里迢迢来到乌孙时，正值乌孙政体发生变化之时。张骞在昆莫的傲慢之下，开始了艰难的谈判。

乌孙昆莫表明态度之后，客客气气地款待了张骞一行，并热情地帮助汉朝使团转赴周边其他国家，如大宛、康居、月氏、大夏等。同时，昆莫为表达有与汉王朝保持友好关系的意愿，派遣了乌孙使者，前往汉王朝访问。

尽管张骞在对匈奴作战中，由于援军误期事件而失去了官职，被贬为平民，但是，他西行万里的域外经历，他的不辱使命，受尽磨难仍不屈不挠的精神，颇受汉武帝刘彻的敬佩欣赏，刘彻依然不时地召见张骞。

汉武帝刘彻认真地询问张骞西行路上的所见所闻，和张骞掌握的西域诸国的国情和域外知识。张骞也不厌其烦地详细介绍域外诸国的情况。其中，有关乌孙国的国情分析，以及和亲乌孙的建议，就是在张骞一边思考武帝刘彻的外交意图，一边介绍过程中萌生的。前面已经提到张骞出使乌孙，详细情况是这样的。

张骞介绍说，当年他身陷匈奴不得脱身时，经常听到匈奴人谈及乌孙国。《史记·大宛列传第六十三》：

> 臣（张骞）居匈奴中，闻乌孙王号昆莫，昆莫之父，匈奴西边小国也。

最初，乌孙与大月氏一样，都是居于祁连山和敦煌之间的小国。那时的乌孙国王名叫难兜靡。后来，大月氏击杀了乌孙国王，抢夺了他的领地，乌孙的民众只能逃亡投奔到匈奴。

传说难兜靡被杀时，他的儿子猎骄靡还在襁褓中，大祸降临时，侍女们来不及保护这个婴儿，幸亏有一个名叫布就的乌孙人抱着他出逃。危险关头，布就情急之下，将猎骄靡藏在荒草中。布就则在其他地方躲藏起来。

当大月氏的兵卒撤离，等待了一天的布就，再去寻找婴儿猎骄靡，竟看到颇为神奇的情景：一只母狼正在为猎骄靡哺乳，旁边的一只乌鸦口中也衔着一块肉在等待喂猎骄靡。布就因此认为，猎骄靡必有神助。

布就抱着猎骄靡归降了匈奴，将所见神奇讲给冒顿单于。冒顿单于听了，认为猎骄靡有神异，于是决定养育他。

就这样，乌孙王难兜靡之子猎骄靡在匈奴长大了。他魁梧高大，勇武过人，单于十分喜爱他。

汉文帝时期，当猎骄靡得知大月氏现在的居地后，"自请单于报父怨"。匈奴单于同意帮助他报仇，将猎骄靡父亲难兜靡的旧部交还给猎骄靡。猎骄靡为父报仇，为国报仇，率军西击，攻破了西迁后的大月氏。大月氏只能再往西迁，在阿姆河流域定居下来，并在一定程度上控制了原来的大夏国。

汉文帝后元三年至后元四年（公元前161年至公元前160年），猎骄靡举族西迁，拥有了大月氏领地，又收编了大月氏的民众，顿时强大起来，占据了天山以北，今伊犁河流域和今属中亚吉尔吉斯斯坦的伊塞克盆地。

骁勇善战，又怀有一颗复仇之心的猎骄靡，完成报仇之后，更想复兴甚至壮大之前的乌孙国。他不愿再去朝拜匈奴单于，不愿再依附于匈奴。匈奴自然是不会同意的。匈奴感觉，猎骄靡真是狼养大的孩子，忘恩负义，一点良心都不讲。遂发兵征讨，哪知数次征战，都失败而归。匈奴因此对于猎骄靡有神灵相助的说法更加深信不疑，便不再进犯。

听了张骞的介绍，汉武帝虽然很感兴趣，但是却不知张骞谈到的乌孙国的历史，对于当下解决汉王朝与匈奴关系有什么意义。武帝刘彻认为，如今的匈奴不敢为难乌孙，同时，乌孙也并不敌视匈奴。所以，乌孙似乎不太可能助大汉抗击匈奴。

张骞似乎已经知道武帝刘彻会发出这样的疑问，他不急不缓地继续他的讲述和分析：

不久前，匈奴遭到我汉军的重创，浑邪王投奔我大汉，浑邪王的故地包含了乌孙昆莫王西迁之前的居地，即在敦煌、祁连间，这里是要冲地带，是匈奴通往西域的要地。如果我朝与乌孙和亲，结为兄弟之好，同时馈赠丰厚的财物，招揽乌孙向东迁徙故地，乌孙是可能同意的。如果这样，岂不是"断匈奴右臂"，很大程度上制约了匈奴。如果与乌孙结为同盟，那更西边的大夏等国也会更容易招揽，成为大汉的盟国或是臣属国的，这对于陛下的声威，是不是很有意义的呢？

善于揣摩圣意的张骞，在丢掉官职之后，极想利用自己域外行走十多年的冒险经历和所掌握的大量域外信息，为自己挽回声誉，同时，也很渴望重新走上仕途。所以他不厌其烦地反复讲述，也在不断地思考武帝刘彻的意图。

张骞这些既生动又有实证的讲述和分析很入耳，武帝刘彻很爱听。最打动武帝刘彻的，是最后这一句。的确，汉武帝一生的愿望和理想，就是不仅要掌控大汉，而且要扬威域外。此时的汉武帝，可能还没有世界的概念，但是，从张骞的经历和这些域外信息，他知道了，大汉之外，还有着更加广阔的天地，广阔到超出了他的想象。更多的地方，有待他去征服，或者等待着他的威名远扬。

武帝刘彻当下拜张骞为中郎将，命他率领庞大的300人组成的使团，每人两匹良马，并且携带牛、羊等牲畜上万头，还有大量金银和价值万金的丝绸、珍宝，前往乌孙。这次出使西域，重点就是游说乌孙，与乌孙和亲，结为亲戚后，共击匈奴。《汉书·西域传》载：

> 乌孙国，大昆弥治赤谷城，去长安
> 八千九百里。户十二万，口六十三万，胜兵
> 十八万八千八百人……最为疆国。

经猎骄靡复国后的乌孙，成为能够与匈奴抗衡的国家。

元狩四年（公元前119年），张骞的庞大使团，浩浩荡荡来到了乌孙国。乌孙昆莫（国王）猎骄靡见到遥远的东方汉王朝的使团来到乌孙，尤其是看到使团带来的大量财物，喜不自禁。他欣然接受了汉王朝送来的礼物。

当时的昆莫已经是六十多岁，妻妾成群，儿子就有十多个。早年间，昆莫猎骄靡立长子为太子，但是，天不假年，太子未及壮年时就染病去世。临终之前，太子请求父王，一定要立太子唯一的儿子岑陬（cén zōu，官职）为王位继承人。太子临终遗言极为恳切，老昆莫不免为之感动，当场答应下来。

宫廷内斗，无论发生在哪个国家，无论国家大

小，似乎都是同一个脚本。

太子的弟弟大禄对于这样的安排很是不服。他孔武有力，骁勇善战，尤其是很有野心。他一直以来就认为自己无论是政治才干还是武功技艺，都高出太子哥哥。只是因为父王昆莫的威权，他才没有公开对太子的敌视。当得知太子哥哥身患重病，他很是幸灾乐祸，以为他出头的机会终于到来了。

哪知，老昆莫却答应了太子的临终遗言，立孙子岑陬为新的继承人。野心勃勃的大禄，终于压抑不住内心的愤怒了，他招纳其他兄弟，挑战父王的权威，企图率众造反。

老昆莫见此情景，只得向次子大禄做出妥协：让孙子岑陬统帅一万多骑兵，另赴他处，建立自己的领地；大禄也统帅一万多骑兵，组建自己的军队。国王昆莫也有自己的卫戍部队和直属领地，并且有权指挥其他兵力。

本来十分强大的乌孙，就此形成三个相对独立的政体，大大削弱了乌孙的整体实力。

张骞万里迢迢来到乌孙时，正值乌孙政体发生变化之时。当然，老昆莫对自己治下的乌孙国，还是自信满满的。他认为，乌孙国的实力并不输于匈奴，自己虽然年过花甲，无论身体状况还是精神状况，一样不输于年轻人，随时都能够披甲上阵。

张骞前来拜见乌孙老昆莫时，他虽然接受了汉王朝送来的大批礼物，但是，老昆莫表现得却极为傲慢，一副大国接见小国使者的倨傲与怠慢。张骞见老昆莫如此态度，心中大为不满。他强压着怒火，尽量语气平和地说：

"我们万里迢迢从东方的大汉而来，带着万分的诚意和丰厚的礼物，按常理，在接受大汉天子的礼物时，理应行礼拜谢，可是，大王您非但不愿行拜谢之礼，而且还如此不以为然。既然这样我们就将礼物如数收回，带着礼物立即回国。"

见张骞温和中表现出的强硬，乌孙老昆莫望了望那些礼物，确实有些舍不得放弃，于是，勉强起身行了拜谢礼。但是傲慢的态度仍然没有改变。

张骞就在昆莫的傲慢之下，开始了艰难的谈判。张骞首先将汉王朝与乌孙结为盟友的设想讲给乌孙昆莫：

汉朝公主降嫁乌孙昆莫，两国以兄弟相称；乌孙可以扩大势力范围，让部分民众迁回乌孙故地居住生活；汉朝可以为乌孙提供更多的财物，满足他们对物品的需求；两国建立军事同盟，在对待匈奴的立场上保持一致。

老昆莫听了，不置可否。他说这事要与朝臣们商议后，再做决定。几天之后，老昆莫将乌孙朝臣们商议的结果告诉了张骞。这个结果与汉廷的期望值相去甚远。

乌孙认为，乌孙与汉朝相距遥远，对汉王朝的了解几乎为零，更不知汉王朝与匈奴相比，哪个更强。一旦让匈奴知道乌孙与汉王朝结盟，势必会惹恼了匈奴，为乌孙树了强敌；况且，早些年乌孙长期臣属于匈奴，乌孙朝野都对匈奴心存畏惧。乌孙现在与匈奴也并无间隙，这样明确地与匈奴为敌，肯定会遭到匈奴的直接出兵攻击。而汉王朝距离遥远，不能为遭到攻击的乌孙解困；扩大领地虽然对乌孙来说很有诱惑力，但是乌孙的百姓已经习惯了在新领地安居乐业，无意再作迁徙。另外，最重要的一点是，如今乌孙的政体形成三足鼎立态势，一旦发生战事，任何一方实力受损，都将影响国家整体。是故，乌孙目前还不能与汉王朝建立同盟，不过保持一般的友好往来是可以的。

　　乌孙昆莫表明态度之后，客客气气地款待了张骞一行，并热情地帮助汉朝使团转赴周边其他国家，如大宛、康居、月氏、大夏等。同时，昆莫为表达与汉王朝保持友好关系的意愿，派遣了乌孙使者，前往汉王朝访问。

　　元鼎二年（公元前115年）乌孙的使者随同张骞来到了长安。长安的富庶与繁华，令乌孙的使者瞠目结舌，很是惊羡。乌孙使者充分地享受到汉廷给予的上乘的物质待遇，同时，感受到汉王朝的强大实力。从长安返回乌孙后，他们兴奋地将所见所闻，原原本本地禀报了乌孙昆莫。

　　汉王朝的使团前往乌孙，乌孙又派遣使者回访汉王朝，这一系列动作，不久就被匈奴知道了。匈奴气愤又担心，一旦乌孙与汉联盟，匈奴将面临两大强敌联手夹击，后果不堪设想。匈奴单于决定，他要尽早将汉朝与乌孙之间的联盟切断，必须对两国加以打击和制裁。匈奴报复的目标首先指向乌孙。出兵的决策一出，便被乌孙得知了。

　　这期间，张骞所到的大宛、月氏等国也与汉朝开始往来，乌孙意识到，在西域诸国与汉王朝结交这个问题上，如果不及时解决好，乌孙将会面临被周边国家孤立起来的态势。惶恐中的乌孙，为了自保，情急之下，乌孙主动向汉王朝提出了"和亲"要求。

乌孙昆莫匆匆忙忙组成了一个使团，规模也不小，同时，挑选了几十匹良马，作为赠送汉王朝皇帝的礼物。乌孙使团到达长安后，态度变得极为谦卑，希望能尽快与汉王朝缔结和亲盟约。他们甚至急切地希望，这次就能迎亲回国。

对于乌孙的前倨后恭，武帝刘彻表现出大国领袖的稳重与气度。他心中明白，乌孙之所以改变态度，完全是形势所迫。他接受了乌孙的和亲请求。但是，汉武帝将汉廷群臣的意见，告知乌孙使者，必须先纳聘礼，然后遣送公主。

武帝刘彻说，大汉的公主，那是皇家的金枝玉叶，下嫁你们乌孙，已经是给予你们特殊礼遇了，怎能如此草率匆忙送亲？乌孙必须要有聘礼才能迎亲回国。

乌孙使者听罢，连连点头允诺，归国后，乌孙再以良马千匹作为聘礼，送到长安，然后迎接降嫁的汉公主。

细君公主

悲愁公主刘细君

刘细君墓，坐落在新疆伊犁州昭苏县的乌孙山夏特大峡谷谷口。墓地距夏特古城约8公里，西接哈萨克斯坦，北扼奔腾不息的夏特河，南依巍峨挺拔的汗腾格里峰，东临乌孙山。墓高近10米，底部长近40米，是乌孙草原中规模最大的古墓之一。墓前约五六百米处，塑有刘细君的立像。

汉武帝刘彻的时代，是尚武开边的时代，是激情燃烧的时代，也是人才济济，群英荟萃的时代。有纵横沙场、叱咤风云的武将，也有用智谋定天下的能臣。

不过，史书中记载下来的，大多是这个时代的男人，以及这些男人在历史中发挥的作用，却忽略了其中的女人所发挥的作用。

历史，如果没有女人的存在，不知将如何发展。

虽然，女人在历史中总是被动出现的。

然而，在女人被男子当作缔结盟约，结交权贵，笼络人心的工具时，就已然成为历史发展的一部分。

所以，女人从没有在历史的作用中缺席过。可悲的是，她们也从来没有被历史认认真真地打量和关注过。

武帝刘彻执政之前是如此，武帝刘彻之后亦如此。

江都王的女儿细君，就是被动走进历史的女人。

元封六年（公元前105年），刘细君被汉武帝封为和亲公主，下嫁给乌孙国王昆莫。刘细君是幸运的，在她之前，汉王朝远嫁了那么多"和亲"的汉宗室公主，都不曾有真实名字见于史册。而刘细君是第一位被记载下来，以真实名字出现的和亲公主，也是丝绸之路上第一位远嫁西域的公主。

武帝刘彻要与遥远的乌孙缔结和亲盟约，本该是武帝刘彻的亲生女儿担当此重任，嫁给乌孙那个近七十岁的年老国王昆莫。然而，武帝刘彻就像当年吕后不允许将鲁元公主远嫁一样，他也不会让自己的女儿做出牺牲的。

凡刘氏宗族，大多都被封为王，即使权职有大有小，但毕竟是皇族，地位自然显贵。他们有的还是高官，手握重权。

　　只是要从这些刘氏宗室中挑选一个年龄合适，又有姿色，尚未婚嫁的女子，也不是一件容易事。即使家中刚好有这样一个女儿，有权势的人家也会想方设法逃避，不让自己女儿成为"和亲公主"。那么，只能从没有政治背景和经济实力的宗室之女中去做选择了。

　　不幸的江都王刘建之女刘细君，得到了这从天而降的"荣宠"。

　　刘细君与武将卫青、霍去病的出身不同，细君出身皇亲宗族，与生俱来带着家族的尊贵。按辈分排列，细君是武帝刘彻的孙女辈。她的曾祖父是汉景帝刘启，祖父是汉武帝刘彻的哥哥——江都易王刘非，父亲是江都王刘建。

　　尽管是同一个刘姓，尽管祖上如此显贵，少时的细君，却几乎没有享受过皇亲宗族的尊贵。细君的父亲刘建，是个荒淫无道的诸侯王，他不但与父亲宠幸的美人淖姬等女子私通淫乱，声名狼藉，而且生性残暴。有一次，刘建游览广陵（今扬州）的雷塘，恰逢大风，他却命令两个侍从驾船进入湖中。当风浪掀翻了小船时，两个侍从落入水中。刘建不但不准有人相救，还很开心地看着他们在拼命挣扎中溺水而亡。

　　元狩二年（公元前121年），江都王刘建与淮南王一起企图谋反。阴谋暴露后，在他的家中，搜查出了武器、印玺、绶带等。被捕后的刘建，自知罪孽深重，在狱中自杀身亡。

　　刘建的妻子成光也因参与谋反，在刘建死后，成光等人被处死。江都国就此被撤除，成为广陵郡。

　　这起谋反事件发生时，正好是张骞因援军误期而被贬为庶人，匈奴的浑邪王向少年将军霍去病投降的那一年。

　　因父亲刘建、母亲成光的谋反，整个家族受到牵连，被夷灭三族。细君因幼小得以幸免，但命运因此一落千丈，从尊贵的王室千金，成为万人唾弃的逆臣之女。靠父辈亲戚的怜惜，细君在小心翼翼，低眉顺眼地看着别人的脸色中成长。

　　虽然依然保持着皇族的身份，但皇族的荣华富贵却与细君无关。身世的坎坷和世事的冷漠，罪臣之女的细君过早地体会了人情冷暖和世态炎凉，由不得时时见花流泪、对月伤情。

　　所幸的是，因为拥有皇室血统，细君没有沦为奴婢。天生丽质，却毫无经济与政治势力可依靠的细君，得到了大汉"和亲公主"的"荣宠"便在所难免。柔弱又孤独的小女子刘细君只能接受这一国家使命，或者她还要谢主隆恩。以当时的境况看，也许，能活下去就是万幸的了。

与乌孙和亲，这是武帝刘彻登基以来的，第一次与他国主动和亲，自然要选一位才貌双全的女子，才能担当起大国之重任。

与生俱来聪明伶俐，容颜秀美的细君，尽管家族败落，但毕竟仍是皇亲贵族的后代，不同于一般家庭的女子，她得到过良好的教育，能诗善文，精通音律。关键是孤苦伶仃，没有父母做主。仿佛量身定做，担当大国之重任的"和亲公主"，非她莫属。

这一年，刘细君15岁。《汉书·西域传》记载了细君出嫁时的场面，可谓隆重，可谓风光。

元封六年（公元前105年），刘细君带着大汉公主的荣耀，启程远嫁遥远的乌孙。从长安出发时，数百人组成的送亲与陪嫁的队伍，有使团成员，有护卫，有侍从，有乐队，有杂工……还有大量的金银珠宝、绫罗绸缎，以及日常用具一应俱全的陪嫁妆奁。自然，少不了有汉廷送给乌孙的大批礼物，足足装了上百辆马车。

《汉书·西域记》极尽语言之功力，尽可能地描述当时的风光场景，却只字未提这场面中的主人公刘细君，此刻是怎样的感受。刘细君告别长安，从此将置身异国、天各一方。塞外荒凉，路途漫漫，一旦离别就将成永诀。西域之路，驼铃声声，遥远且陌生，载着恩绪万千的刘细君登程了。

嫁为人妻，这是每一个女孩成长为女人的必经之路。只是这场婚姻附加的重任，压得这个15岁的小女子几近窒息。政治使命已然落在了刘细君柔弱的肩上，她默默地承命，也在默默中心生怨愤。

从小寄人篱下的细君，无人疼爱，无所倚仗，心事也只能含含糊糊地透露给贴身丫鬟听。如今，远离故土，前景渺茫，更没人为她出谋划策，为她披荆斩棘。想到此，不可名状的恐惧袭上心头，细君已是泪眼蒙眬。

距离长安遥远的乌孙国，与汉王朝和亲，自然满足了乌孙昆莫以汉王朝抗衡匈奴的政治目的。只是，当年那个被母狼哺乳的孩子，如今已是年近古稀的老人，而细君却与乌孙昆莫的孙子年龄相当。当细君到达乌孙时，老昆莫以很高的礼遇迎接了细君。

旌旗蔽日，鼓乐喧天中，款款走下来的汉朝公主，有着东方大汉公主的高贵气质，也有着东方女子的灵秀与端庄，令乌孙国王喜出望外。盛大的婚礼上，乌孙昆莫封细君为右夫人，即正位夫人。

匈奴得知乌孙与汉王朝已达成和亲盟约，虽然慑于汉王朝的威力，不敢对乌孙轻举妄动，但也不愿就此甘拜下风。

匈奴单于为改变被动局面，改变策略，极力拉拢乌孙，效仿汉王朝，也向乌孙昆莫提出和亲之议。年老体弱的老昆莫虽然完全不需要那么多妻子，但是，无论是汉王朝还是匈奴，他两方都不想得罪。为平衡乌孙、匈奴与汉王朝的关系，老昆莫迫于压力，只得迎娶了一位匈奴公主为左夫人。

远嫁乌孙，做了国王妻子，又是正位夫人，刘细君得到了曾经一度失去的皇族尊贵，然而，这尊贵并没有给她带来精神上的抚慰。一般人家的女子嫁得好不好，人们常常会通过男方的硬件来判断，可婚姻的幸福度，却是由夫妻双方的感知来决定的。

嫁错人比不嫁更可怕。刘细君的这场婚姻，却无法与一般人家女子嫁为人妻相提并论。因为与情感无关，与幸福更无关。老昆莫对于夫妻恩爱之事已力不从心，更何况人人皆知，这不过是一场政治联姻，不存在任何情感可言。刘细君与其说是嫁为人妻，不如说嫁给的是看不见摸不着的政治。

一段万般艰辛而尴尬的"和亲"日子开始了。这种日子，一直持续到老昆莫去世。

细君公主一开始到达乌孙，就独自居住在为她建造的汉家宫室里。一年中只有两三次与老昆莫单独相处，也只是礼节性地一起喝酒吃饭。因为语言不通，两人很少交流，重要的事情都要靠翻译来沟通。

细君公主尽量做着自己该做的事情。重大国宴上，她"置酒饮食，以币帛赐王左右贵人"。即用财物、丝织品等赏赐老昆莫左右的贵人，博取乌孙贵族们对汉王朝的欢心。

在这万里之外的异乡客地，思乡之苦令细君公主度日如年。孤独寂寞中，只有与汉地随行的贴身丫鬟、侍从交流。但是，这些丫鬟侍从们与细君一样，思乡之情难以排遣。于是，叠加的思乡之苦，令细君公主多愁善感的心中就更加悲苦，忧伤愈加浓厚。

好在漫长而无涯的孤寂中，有一把琵琶陪伴。这把琵琶，是武帝刘彻专为细君打造的。武帝刘彻一定意料到乌孙之行，客居他乡的细君，定是寂寞孤独难耐，便命人将筝、筑、箜篌等乐器改良，制作成四弦琵琶。

自小精通音律，妙解乐理的细君，拿起琵琶，自是无师自通，弹拨自如。后世，唐代诗人白居易在著名的《琵琶行》中，生动地形容琵琶声声：

大弦嘈嘈如急雨，细弦切切如私语。

宋代文豪苏东坡在《宋叔达家听琵琶诗》直言：

何异乌孙送公主，碧天无际雁行高。

就此我们知道了，从细君开始，上千年的和亲史中，琵琶，成为远嫁漠北，和亲西域的公主们，在遥远的异国他乡，借琵琶来抒怀寄托情思，排遣苦闷忧愁的绝佳工具。

终日忧愁的细君，将满腔思绪化成一首《悲愁歌》：

吾家嫁我兮天一方，远托异国兮乌孙王。

穹庐为室兮旃为墙，以肉为食兮酪为浆。

居常土思兮心内伤，愿为黄鹄兮归故乡。

丝丝缕缕的悲楚情绪，在嘈嘈切切的琵琶声中酽酽地流淌，灵魂似乎也随之飘向遥远的故国家乡。

为了让武帝刘彻知道自己的处境，刘细君用了五个金币，请前往汉地的商人将她写的这首思乡悲歌，设法呈送给汉廷，期盼能得到皇帝恩准离开这孤苦的地方。这封满纸用泪水写就的《悲愁歌》，还真的辗转递呈，送到了武帝刘彻手中。

一曲《悲愁歌》，唱出了细君公主寂寞他乡的悲怨和归乡的期盼，让人为之伤感。性格刚烈的武帝刘彻读罢，也不禁为细君公主的处境戚戚然而涕泪不止，一时无语。除了同情和怜悯，武帝刘彻是不可能允许细君回国的。关乎国家军事外交大事，岂能被女儿情长影响了？作为补偿，武帝刘彻下令，今后每隔一年，就遣使携带大量礼物前往乌孙，抚慰细君公主，希望她安心乌孙，不负使命。可是，客居他乡的孤苦悲愁，又岂是这些身外之物能消解的？

郁郁寡欢中度日的刘细君，最不能接受的是乌孙的风俗。

老昆莫自知自己年老体衰，不久于人世，尽量想把后事安排得妥妥帖帖。他有意让自己的孙子岑陬（官职），名为军须靡，继位乌孙的大君长。

同时，老昆莫也希望乌孙继续保持与汉王朝的和亲关系。按照乌孙的习俗，子孙继承王位，也要继承君王的妻妾，这在乌孙是顺理成章的。所以，老昆莫要让自己的右夫人细君公主改嫁给自己的孙子军须靡。这样一来，可在自己死后，乌孙依旧保持与汉王朝的政治联姻。这一做法在中原文化中，是有悖伦理道德的。自幼得到中原文化熏陶的细君，哪里能够接受这种不伦的改嫁？

细君公主悲切地上书汉武帝刘彻，请求朝廷做主，拒绝乌孙的这一提议，并请求回国。以汉王朝国家利益为重的武帝刘彻，是根本不会顾及细君公主个人感受的。刘彻回复细君公主：

从其国俗，欲与乌孙共灭胡。

汉武帝刘彻的态度十分明确，你细君公主的处境和想法很值得同情和理解，但是既然已经降嫁了乌孙，就该入乡随俗。再者说，这是涉及汉王朝与乌孙的联盟和约，共灭匈奴的大事。只好委屈你了，千万不能感情用事。

后世在讲述古代和亲公主时，时常将她们描绘得不仅个个姿色出众，而且大智大勇，甚至身怀绝技。

但是，现实中这些远嫁的公主们，她们只是自幼长在深闺，并没有政治禀赋的小女子，命运实在是将她们担不起的重大国家使命，强压在了她们的柔肩上。

巴巴地等待武帝刘彻给予她支持的细君公主，得到的却是决绝的回复。

什么是绝望，什么又堪称绝望？

细君公主看罢圣旨，再次泪水横流。她也只能如此，只能在含悲忍辱中承命，以大局为重，再嫁老昆莫的孙子军须靡。思乡之苦尚在缠绕着细君，如今又增添一份难以名状的再嫁之痛。虽然年龄相当，但是，二人却有着辈分上的不伦。更让细君难以接受的是这个男人的粗鲁。

当这个男人满嘴酒气强行亲吻细君公主时，每一次都会令细君公主内心泛起恶心；当这个男人无时无刻都可能生发欲望时，更令细君公主恐惧万分。再次被另一个男人强压在身下，而且是被一个性情暴戾的君王压在身下，细君内心的疼痛开始扩展，扩展到她全身的每一寸肌肤，甚至每一个毛孔。细君的疼痛，是真切的，是剜心掏肺的，是刻骨铭心的。

每当这一刻来临，她想到的只有四个字：生、不、如、死。

痛苦中煎熬了三年的细君，在太初四年（公元前101年），她生下了她和军须靡的女儿，这个在母亲忧郁中降生的孩子，名为少夫。女儿的到来，给细君带来了许多宽慰和快乐，然而，这快乐却是如此短暂。产后不久，常年痛苦中度日的细君公主，握着女儿细嫩的小手，撒手人寰。

于细君公主而言，死亡何尝不是解脱？这一年，细君公主只有20岁。

命运坎坷而又凄苦的细君公主，短暂一生始终上演的是个人命运的悲剧。

柔弱的细君公主却有着影响历史，甚至改变历史的力量，这是她自己也没有意识到的。

作为和亲公主第一个远嫁乌孙国，细君以她的知识渊博，多才多艺，赢得了乌孙国上下的敬重，成为乌孙与汉王朝政治联盟的奠基者。

异国他乡艰难的度日，细君公主换来了汉朝边疆数十年的稳定和安宁。而她和她随嫁的汉族将士、宫女和工匠，作为第一批进入西域的汉人，也给当地的游牧民族带去了先进的中原文化。她完成了"和亲"的政治使命。

细君公主还是历史上和亲公主中最富才情的一位。她在孤苦中以诗文寄托思乡情愁，她的《悲愁歌》被汉史家班固收入《汉书》中，广泛流传。她以她的才情与诗章为自己写进了历史，也让历史无法轻易跳过这个看似微不足道的女性。

正是细君公主这份过人的才情，也让她柔弱的性格更加敏感。敏感的女子多为悲愁所困，这是她的另一种不幸。中国历史上，以诗文闻名的女子，一生都与"怨"和"愁"有着不解之缘，细君公主如此，之后的诗人李清照亦如此。

刘细君去世后，汉朝又派楚王刘戊的孙女刘解忧，作为和亲公主嫁给了军须靡。

刘解忧『出征』乌孙

中国历史长卷上，有着解忧公主以青春与生命在其中挥洒的笔墨。她就是一只美丽的蝴蝶，翩翩飞舞中，撰写着历史，也改变着历史。

后人为纪念这位远嫁的公主，在她的家乡——今江苏省徐州市小南湖修建了一座单拱桥，命名为"解忧桥"。

乌孙老昆莫去世后，老昆莫的孙子军须靡继承了王位。

乌孙本来就在汉王朝与匈奴之间寻找着平衡点，左右观望，摇摆不定。细君公主的突然去世，让乌孙与汉王朝之间的政治联盟出现了变数。好在，乌孙有意愿与汉王朝继续保持比较紧密的友好关系，汉王朝也极希望两国的盟友关系进一步巩固和加强。

武帝刘彻得到细君公主离世的噩耗，顾不上悲伤，果断地决定，汉廷再选出一位汉宗室女，西嫁乌孙。

这个女子，也在历史上留下了名字。她的名字叫解忧。

"解忧"这个名字，既有宿命感，又有使命感。她是为了消解家族之忧，或是汉王朝之忧而出现的。

解忧与细君一样，也出身在皇亲贵族，童年又都有着悲苦的经历。

解忧的先祖刘交，是高帝刘邦的小弟弟。曾经为哥哥刘邦打天下立下赫赫战功。解忧的祖父刘戊，是霸居一方的第三代楚王。楚王刘戊与景帝刘启是平辈的堂兄弟。刘家的男人，大概每个人都有一颗雄霸天下、坐上未央宫王朝皇帝龙椅的野心。

景帝三年（公元前154年），解忧的祖父——楚王刘戊联合了吴王刘濞，参与了同姓诸王的"七国之乱"，试图造反。刘戊造反前，他的丞相张尚，和太傅赵夷吾都苦口婆心相劝过他，但是一意孤行的刘戊不仅没有接受，反倒杀害了二人。

"七国之乱"的叛军，曾一度攻占了昌南。叛军的下场可想而知，最终被汉朝名将周亚夫击败。兵败后，吴王刘濞逃遁不知去向，楚王刘戊自知难逃一死，索性自我了结。楚王刘戊尽管畏罪自杀，但是，他谋反的罪行直接影响到家族，也殃及子孙。楚王这支皇族很快衰落，政治上长期受猜忌和排斥，经济上也失去了实力，落入无法扭转的苦难之中。

作为罪臣后代，楚王刘戊的孙女解忧出生的这一年，是汉武帝元狩二年（公元前121年），距祖父谋反时间已经过去了三十多年。

这一年，汉匈关系发生了巨大转变，汉王朝的骠骑将军霍去病，统率一万多名劲骑，取得了被史学家称之为"河西之战"的胜利。收复了甘肃武威、张掖、酒泉等地，这是位于黄河以西，中原至西域的必经之路。也就有了后来张骞出使西域，和细君公主出嫁乌孙。

因祖父的罪行，从小备受冷眼与鄙薄的刘解忧，被选作和亲公主，降嫁乌孙，在所难免。

当同样是罪臣江都王刘建之女刘细君，因"和亲"远嫁乌孙国王而郁郁以终后，武帝刘彻为巩固与乌孙的联盟，于太初四年（公元前101年），将年近20岁尚未走出闺阁的刘解忧，嫁到了乌孙。

汉武帝刘彻为解忧公主的西行，举行了盛大的送亲仪式。那场面没有出嫁女儿的喜气，有的却是送武士出征战场的庄严。顶着罪臣后代之名成长，自带悲苦命运的刘解忧，不像刘细君那般与愁和怨结缘，也缺少细君见花流泪、对月伤情的敏感。罪臣后代的解忧同样感受过人间冷暖，体会过世态炎凉。身处悲观环境中的解忧，有着比细君不同的乐观处事心态——听天由命，随遇而安。

坐进装饰得富丽堂皇的皇家车辇时，刘解忧没有半点忧伤。没有人为她真心告别，她也无须真心为谁挥手。父亲死了，母亲也死了。现在汉武帝刘彻认她为自家公主，不过是需要自己而已。

或许，刘解忧的性格，正是刘彻心中女版的大将军卫青、骠骑将军霍去病吧。武帝刘彻心中对刘解忧的远嫁，充满着安远永宁的期待。送亲的仪式，如此豪华气派，车上的流苏有节奏地摇晃，驼铃也在颠簸中发出好听的声响，让解忧公主从威严壮观的送行中冷静下来。

从长安城出发，途经皇家宫苑——上林苑。这是武帝刘彻于建元三年（公元前138年）在秦代的一个旧苑址上扩建而成的宫苑，后来的大将军卫青曾经在这里统领武帝刘彻的亲兵羽林军，助武帝刘彻走向一个崭新的历史舞台。

此刻，上林苑中的园林建筑，那些规模宏伟众多的宫室，那些有着多种功能供武帝刘彻和皇亲国戚游乐的场所，正从刘解忧的眼前摇晃着一点点后退，长安城也正在身后渐行渐远。

已经走上通往西域乌孙的漫长征途了。夜色降临，黑暗中，刘解忧感慨万千，她想到了与她年龄相当的细君公主。

她们都是罪臣后代，她们都对自己的人生无法做出选择，她们走上了同一条西行之路，她们都承担了汉王朝的使命。她们柔弱的身体被当作了一座桥梁，横跨在长安与异国他乡之间。重重踏过她们身体的，是关乎国家，关乎政治，关乎权力，更长远地说，还关乎历史。而这些与她们的青春与幸福本身毫无关系。也许解忧公主正在步细君公主的后尘，西行之路，也是她解忧此生的不归路吗？黑暗无边的夜，繁星满天，望着一颗颗星星，解忧心中既有一种期待，又有一份恐惧。

为爱而嫁，那是多么奢侈的梦想啊！

没有为家族遭际解忧的刘解忧，如今要万里迢迢嫁到乌孙，或许是老天在为她选择另一条为谁解忧的人生之路吧。

既然已经如同风中摇曳的小草，低到被人践踏的地步，那么，只要还活生生扎在土里，就有可能迎来阳光雨露的滋润。一岁一枯，也意味着一岁可能有一次重生。

西行路上，解忧在内心暗暗为自己鼓劲，既然无法选择自己的命运，就在听天由命中做力所能及的努力吧。

前路有细君公主的悲剧，也为解忧公主添加了几分面对艰辛未来的心理准备。不过，即使有各种心理准备，也让解忧无法料到，这场远嫁之路，竟是如此的一波三折。

解忧公主远嫁西域五十载，汉王朝换了三朝天子——汉武帝刘彻、汉昭帝刘弗陵（公元前94年—公元前74年，即汉武帝小儿子，母亲是赵婕妤即钩弋夫人，西汉第八位皇帝）以及汉宣帝刘询（公元前91年—公元前49年，原名刘病已，汉武帝曾孙，汉武帝孙刘进之子，西汉第九位皇帝，公元前74年—公元前49年在位，是中国历史上有名的贤君）。

在乌孙，解忧公主先后嫁了三个丈夫——三代乌孙大昆莫，目睹了一次次惨不忍睹的战乱，经历了一场场惊心动魄的宫廷内斗。直到年逾七十岁，在征得汉宣帝刘询同意后，心力交瘁，步履蹒跚的解忧公主，才得以回到思念了半个世纪的汉朝故国。

解忧公主所嫁的第一个乌孙国王，就是细君公主的第二任丈夫，即老昆莫之孙军须靡。

无论是汉朝的皇帝，还是匈奴的单于，或是乌孙的昆莫（国王），最不缺少的就是后宫的女人。军须靡已有多位妻子。他的左夫人，是祖父的那位匈奴公主，因为再嫁军须靡生了一个儿子，因而非常得宠。这个儿子名叫泥靡。解忧嫁给昆莫军须靡时，位居右夫人——第一夫人。

初来乌孙，解忧公主除了经历与细君公主相同的困难——语言不通，饮食、风俗不同之外，她还遭到了昆莫军须靡的冷落和左夫人匈奴公主的嘲讽。罪臣后代的解忧，早就遭遇过轻慢与鄙视，她看在眼里，却没有放在心上。宠辱不惊,淡然处之。她对自己说,她有足够的耐心和毅力面对冷遇。

语言不通,解忧快速学习,不仅能听懂了,时间不久就能与人交流了;

西域的饮食,于解忧更不在话下,很快她就从胡食美味中品出了快感。

走入宫廷,解忧仪态端庄,镇定自若;跨上战马,跟随昆莫巡游部落,解忧英姿飒爽。解忧的努力和耐心终于迎来了出头之日。昆莫军须靡与左夫人匈奴公主对解忧的怠慢和冷淡并没有长久,军须靡就命丧九泉。军须靡临终前,把国事托付给堂弟翁归靡,翁归靡是军须靡叔父的儿子。军须靡与翁归靡达成协议,待军须靡幼小的儿子泥靡长大后,做叔叔的翁归靡就将政权再归还给王位继承人泥靡。

堂弟翁归靡答应了军须靡托孤遗言。

军须靡去世后,翁归靡继位为乌孙昆莫,按照乌孙风俗与惯例,解忧公主和匈奴公主都将改嫁给号称肥王的新昆莫翁归靡。

虽然之前有细君再嫁老昆莫孙子军须靡的先例,汉家女子解忧仍然同细君一样,难以接受这样的改嫁。但是，从远嫁乌孙开始，将自己一半交给上天安排，一半力争做自己主人的解忧，没有像细君那样，向汉朝皇帝提出怨求。

解忧公主安然处之，心平气和接受了再嫁。

肥王翁归靡继位后，许是解忧公主温婉柔情的仪态，许是解忧公主随遇而安又不卑不亢的性格，许是历经磨难之后，成长成熟的解忧公主那份宽仁与大度，都在吸引着新昆莫翁归靡。

在经历女孩到女人的转变之后，在肥王翁归靡眼中，解忧公主已经出落成一个真正的美妇人，他觉得解忧甚至比初到乌孙时还要美丽动人。她的身体是丰腴的，性格是平和的，而最美的是解忧公主和他在一起时，呈现的妩媚与投入。比较匈奴公主的粗犷与不拘小节，肥王翁归靡更对东方女子解忧的优雅和温柔心醉神迷。

爱不只是海誓山盟，而是一种相处习惯；是男人愿意了解女孩变成女人过程中的种种不易，以最大的善意满足女人细腻的情感与琐碎的要求。

翁归靡的宠爱和尊重，让解忧公主积蓄已久的对爱情的渴望，一时间喷薄而出。解忧公主发自内心地爱上了肥王翁归靡。

遇到爱和性都不算是稀罕的。最难得的是遇到了相互理解。

所谓的爱情，不就是茫茫人海中遇见另一个能与你共鸣的灵魂吗？与肥王翁归靡在一起时，解忧意识到，自己终于梦想成真了，她不仅为爱而嫁了，更为找到知己而嫁了。

幸福于解忧，不再是奢侈品。

与肥王翁归靡相处数十年间，解忧公主以女人水的柔软、风的灵巧、火的热情与金的信念，全身心地爱着翁归靡。

翁归靡则对解忧公主呵护有加，关怀备至。他欣赏解忧，他从解忧对他的理解与爱中得到了满足与安心。两人如此的情投意合，也拉近了汉廷与乌孙国的密切关系，双方信使往还，不绝于途。同时，在解忧公主的努力下，汉王朝与西域各部落交往日益密切，丝绸之路上车马交错，一片繁荣景象。西域各国争相与汉王朝交好结盟。

这是一段非常美好的岁月，是只属于他们二人绵长不绝的蜜月期。情深意长的相处，让翁归靡与解忧公主有了三子二女：长子元贵靡，次子万年，三子大乐，长女弟史和小女儿素光。

在之后的几年间，长子元贵靡被拥立为乌孙王储；次子万年，在西域小国莎车王去世后，被迎立为莎车国王，因为他们看重万年有汉家血统；三子大乐，为乌孙左大将，长女弟史成为龟兹国王绛宾之妻，小女儿素光成为乌孙若呼翕侯之妻。

在几个孩子成长阶段，解忧公主时刻要让孩子们知道，他们也属于遥远的东方大汉王朝，他们的身体里同样流淌着汉人血脉。在几个孩子小时候，解忧公主经常派遣他们回到长安，学习汉族先进文化。解忧的长女弟史，是个灵巧又勤奋的女子。弟史回到长安后，着实爱上了长安，爱上了长安城的一切。

在宫廷内，弟史看到了汉族华美的歌舞和动听的音乐，走出宫廷，来到长安城的大街上，弟史更是目不暇接。街道上市声鼎沸，喧闹却有序。从熙来攘去的汉人着装上，便可知织绣业已经很成熟。有男子穿着绫罗绸缎漂亮的短衣长裤，那定是出自富裕人家。也有男子着粗布做的短衣，那无疑出自一般人家。女人们更流行衣裙两件式，也有长袍。裙子的样式可多了，最有名的是从宫中开始流行的一种折叠有皱的裙子叫"留仙裙"……

登高走上长安城墙，眺望汉廷宫殿，雄伟壮丽而又威严，解忧的女儿弟史又禁不住对汉朝的建筑无比崇仰而心生喜爱。

弟史在长安三年，见识了许多，也学到了许多。再回乌孙后，弟史将汉朝的乐器和音乐带到了西域，并且按照长安城的建筑风格，建筑起了龟兹首都延城——"有三重，外城与长安城等。宫室壮丽"。

解忧公主不遗余力地辅助夫君——乌孙昆莫翁归靡，时常到各部落视察民情， 访贫问苦。当年，与她一同来到西域的随从，将中原的农业种植技术传授给乌孙当地游牧民，让以游牧为传统的乌孙发展农业，这使得乌孙的物产得到了前所未有的丰富。

解忧公主以自己的智慧和远见卓识，和汉王朝开放的胸怀，说服乌孙昆莫翁归靡和乌孙长老们，开通了乌孙通往大宛、康居和塔里木城诸国的通商口岸。乌孙的边贸由此迅速发展，乌孙与邻国的关系愈加和睦。

随同解忧公主远嫁乌孙的侍女冯嫽，也是一位知书达礼，聪明爽朗的女子，兼有特殊的语言才能。解忧待她如姐妹，到了乌孙国后，解忧做主将冯嫽嫁给位高权重的右将军为妻。这样解忧与冯嫽在王廷内外连成犄角之势，对乌孙国的政治军事，都产生深远的影响。

然而，曾经受宠于军须靡的匈奴公主，不甘心被肥王翁归靡冷落一边。她将心中的怨恨，化作一个个带毒的话语，不断向娘家匈奴单于告状，激怒了匈奴单于，他出面干涉，双方闹得很不愉快，以致大有一触即发而诉诸战争的态势。

解忧公主

风云变幻 解忧，解忧乎？

在乌孙，解忧公主先后嫁了三个丈夫——三代乌孙大昆莫，目睹了一次次惨不忍睹的战乱，经历了一场场惊心动魄的宫廷内斗。直到年逾七十岁，在征得汉宣帝刘询同意后，心力交瘁，步履蹒跚的解忧公主，才得以回到思念了半个世纪的汉朝故国。

后元二年，即公元前87年，抗击匈奴大半生的汉武帝刘彻去世。

16岁登基的刘彻，是历史上可以和秦始皇相提并论的，很有才略的伟大帝王。

汉武帝刘彻在位半个多世纪，是汉帝国的鼎盛时期，他首创年号，兴太学。采用奖励农耕、发展生产、富国强兵、抗击匈奴的宏伟战略。在政治上加强中央集权制的同时，在经济上实行煮盐、冶铁、运输和贸易的官营制度，兴修水利，发展农业，开展对外贸易；在军事上东并朝鲜、南吞百越、西征大宛、北破匈奴，奠定了汉地范围，首开丝绸之路。基本上形成了中华民族生存空间的格局，从而使汉帝国以统一、繁荣、强大的姿态屹立在世界的东方。

汉武帝刘彻在各个领域均有建树，但在位后期穷兵黩武，又造成了巫蛊之祸，为他整体正面形象留下负面阴影。汉武帝刘彻是第一个用"罪己诏"进行自我批评的皇帝。征和四年（公元前89年），汉武帝向天下人昭告，自己给百姓造成了痛苦，从此不再穷兵黩武、劳民伤财，甚至表白内心悔意。

这就是《轮台罪己诏》。这份诏书，是中国历史上第一份帝王罪己诏。敢于罪己，置自己过失于天下舆论中心，汉武帝无疑是第一人！至此，后代皇帝犯了大错，也会下"罪己诏"，公开认错，展示明君姿态。

汉武帝刘彻备受诟病和争议的，就是伤害了中国历史上最伟大的史学家——司马迁。

司马迁在《史记》中对武帝刘彻有褒有贬，班固的《汉书·武帝纪》则对汉武帝的文治大加赞扬。

班固说：汉武帝刘彻刚刚继位时，卓有远见地罢黜百家，突出《六经》的地位，实行招才纳士，谁能为天下出谋划策，就推举谁为优秀人才，让其建功立业立功。武帝刘彻兴办太学，修建祭祀庙祠，改正月为一年第一个月，确定历法，协调音律，作诗赋乐曲，建造祭天禅台，祭祀百神，继承周朝传统，号令制度，值得称述。后继者得以继承宏大事业，具备了夏、商、周三代之风气。像武帝刘彻这样的雄才大略，不改变文景时的恭俭，以救助百姓的政策，就是《诗》《书》所赞美的制度，后世又能超过多少呀！

班固绝口不提汉武帝的武功，表明对汉武帝的武功是有保留的。

汉武帝刘彻崩于五柞宫，享年70岁，谥号孝武皇帝，庙号世宗，葬于茂陵。

茂陵是西汉五陵之一，是规模最大的西汉帝王陵。所在地原属汉代槐里县茂乡，故称茂陵。

茂陵位于陕西省咸阳市区与兴平市之间的五陵塬上，距西安约40公里，陵的封土，略呈方锥体形，平顶。这座在汉代陵墓中最为高大、宏阔的帝陵，是"汉兴厚葬"的典型。

建元二年（公元前139年）开始在此为武帝刘彻修建寿陵，造陵工期长达53年，耗资占到当时皇朝每年供赋的三分之一。

茂陵的陵高也是"违规超限"，达46.5米高，四周边长达1000米，状如覆斗，被西方学者喻为"中国的金字塔"。方中（地宫）的随葬品多得不计其数。

茂陵陵园的建筑遗址比比皆是。自汉唐以来，政要学士，文人墨客等在此留下了无数的诗文墨迹、楹联匾额，衍生了光彩夺目的"茂陵文化"。

茂陵陵周陪葬墓有李夫人、卫青、霍去病、霍光、金日磾等人的墓葬。

汉武帝刘彻一共生有六子：长子刘据立为太子，次子齐怀王刘闳早逝，其余为燕王刘旦、广陵王刘胥、昌邑王刘髆（bó，古同膊）和少子刘弗陵。

征和二年（公元前91年），发生了著名的巫蛊之祸。皇后卫子夫、太子刘据因受苏文、江充、韩说等人诬陷不能自明而起兵，兵败后自杀。之后数年，汉武帝一直没有再立太子。

长子刘据死后，武帝的三子燕王刘旦上书父皇，自愿进京担任皇宫保卫，希望得立为太子，武帝刘彻大怒，毫不犹豫地斩杀了刘旦派来的使者，并下令削去燕王刘旦三县属地。

武帝的四子广陵王刘胥，为人奢侈，喜好游乐，行为举止毫无法度，未被立储。

五子昌邑王刘髆是刘彻与李夫人所生，为李广利的外甥。征和三年（公元前90年），李广利和丞相刘屈氂谋划立刘髆为太子，事发后李广利投降匈奴，刘屈氂被腰斩。后元元年（公元前88年）正月，汉武帝刘彻去世的前一年，五子昌邑王刘髆去世。

刘弗陵是汉武帝最为年幼的儿子。母亲赵婕妤（钩弋夫人）以"奇女子气"得宠，居住在钩弋宫中。太始三年（公元前94年），赵婕妤生下刘弗陵，号称"钩弋子"。

征和三四年间（公元前90年—公元前89年），长到五六岁的刘弗陵，体格健壮、聪明伶俐。汉武帝刘彻看着少子刘弗陵，满心喜欢，他觉得这个儿子太像自己，对刘弗陵无比宠爱，也对刘弗陵抱有很大期望。

武帝刘彻有意传位于少子刘弗陵。他命内廷画工绘制了"周公辅成王"的图画，赐给奉车都尉霍光，暗示群臣，自己要立小儿子刘弗陵为太子。

武帝刘彻为了防止自己死后，主少母壮、吕后乱政之事重演，不惜下令赐死刘弗陵的生母钩弋夫人。

后元二年（公元前87年）二月十二日，武帝刘彻病重期间，将年仅8岁的刘弗陵立为皇太子。

二月十三日，武帝刘彻又诏近臣托孤，任命奉车都尉霍光为大司马、大将军，接受遗诏辅政。加封金日磾为车骑将军，太仆上官桀为左将军，搜粟都尉桑弘羊为御史大夫，共同辅佐少主。

汉武帝刘彻去世后，少子刘弗陵继位（公元前94年—公元前74年），史称汉昭帝，这是西汉第八位皇帝。

汉昭帝刘弗陵继位时年仅8岁。

汉武帝晚期，因对外战争、封禅等造成国力严重损耗，发布《罪己诏》，并及时扭转国内外的方针政策。昭帝刘弗陵即位后，在霍光、金日磾、桑弘羊等辅政下，延续了武帝末期与民休息的政策，对内继续休养生息，多次下令郡国官员以劝勉农桑为首要政务，并亲自下田耕作，以身作则，劝百姓从事农桑，调动农民的生产积极性。为了减免穷困百姓的负担，昭帝还多次颁布了减免田租、口赋及其他杂税的诏令，废除了律外苛税。

在汉昭帝刘弗陵一系列措施下，汉武帝奢侈无度、连年征战所导致的"海内虚耗，户口减半"的形势，终于得以显著扭转。因此，昭帝之世，"百姓充实，四夷宾服"。

武帝刘彻驾崩后，边境并不安宁。昭帝刘弗陵一方面加强北方戍防，多次击败进犯的匈奴、乌桓等，另一方面重新与匈奴和亲，并派使者要求放回苏武等人，以改善双方的关系。

苏武是长安杜陵人，武帝刘彻时，天汉元年（公元前100年），匈奴新单于即位，武帝刘彻为了表示友好，派遣苏武以中郎将持节出使匈奴。苏武率领一百多人，带了许多财物，来到匈奴。不料，就在苏武完成了出使任务，准备返回时，匈奴上层发生内乱，苏武一行受到牵连，他们被要求背叛汉朝，臣服单于。

匈奴多次威胁利诱，欲使苏武投降。单于先是许以苏武丰厚的俸禄和高官，被苏武严词拒绝了。匈奴见劝说没有用，就决定用酷刑。当时正值严冬，天上下着鹅毛大雪；匈奴单于命人把苏武关进一个露天的大地穴，断绝食品和水，企图动摇苏武的信念。

　　饥寒交迫的苏武，在地窖里痛苦地忍受煎熬。渴了，他吃一把雪，饿了，就嚼身上穿的羊皮袄；冷了，就缩在角落里裹上皮袄取暖。

　　好些天过去了，单于见濒临死亡的苏武仍然没有屈服，只好把苏武放出来了。软硬兼施，都无法劝说苏武投降，单于反倒越发敬重苏武的气节。但是，单于既不忍心杀苏武，又不想让他返回自己的国家。就决定把苏武流放到西伯利亚的贝加尔湖一带，让他去牧羊。单于对苏武说：

　　既然你不投降，那我就让你去放羊。什么时候这些公羊生了羊羔，我就让你回到中原去。

　　在贝加尔湖，苏武牧羊十几年，当初下了命令囚禁他的匈奴单于已去世了，汉武帝也驾崩了。公元前85年，匈奴内乱，单于没有力量再跟汉朝打仗，又打发使者要求和好。汉昭帝派出使者来到匈奴，要求放回苏武、常惠等人。匈奴方面却骗汉使者说苏武已经死了。

　　第二次，汉朝又派使者到匈奴去。常惠买通了单于的手下人，私底下跟使者见面。汉使者终于明白了底细，面见单于说：

我们皇上在上林苑射下了一只大雁，大雁的脚上拴着一条绸子，是苏武亲笔写的一封信。他说他在北海放羊。您怎么可以骗人呢？

单于听了吓了一大跳：难道苏武的忠义感动飞鸟了！他向使者道歉，答应一定送回苏武。

始元六年（公元前81年），在昭帝刘弗陵的努力下，苏武终于获释回汉。当初苏武出使时，随从的人有一百多，这次跟着他回来的，只剩常惠等几个人了。苏武出使时40岁，在匈奴受难19年，花甲之年苏武终于回到了长安。

长安城的百姓得知苏武回来了，都纷纷出门迎接他，为这样一个有气节的大丈夫心生崇仰和敬佩。留居匈奴19年，历尽艰辛的苏武，始终持节不屈。

苏武牧羊的故事，流传至今。

苏武去世后，汉宣帝刘询将苏武列为麒麟阁十一功臣之一，彰显其节操。

汉昭帝刘弗陵在位的末期，匈奴会同车师（今吐鲁番盆地，为中原王朝沟通西域诸国的要冲地区）屡犯乌孙，对乌孙造成很大的压力。匈奴单于更是对乌

孙发出警告，要乌孙交出解忧公主，并和汉廷断绝盟
友关系。

面对匈奴的欺凌与勒索，肥王翁归靡大为震怒，
解忧公主则处乱不惊。凭着汉家宗室血脉里特有的政
治胆略，解忧公主让翁归靡火速遣使汉王朝，奏明此
刻乌孙面临的危机，请求汉廷出兵，分进合击，对付
匈奴：

> 昆莫愿发半国精兵，自给人马五万骑，
> 尽力击匈奴。唯天子出兵以救公主、昆莫。
> （《汉书》）

同时，解忧公主又以汉朝公主的名义，向娘家求
救。双管齐下，乌孙请求汉廷援手，足见当时乌孙的
危难情势已是刻不容缓。

汉王朝本来就因匈奴对汉的不断侵扰而商议对
策，所以，得到乌孙求援国书后，打算遣派军队驰援。
谁知就在这个当口，年轻的汉昭帝刘弗陵却去世了。

元平元年（公元前74年），8岁继位，在位13年，年
仅21岁的刘弗陵驾崩于未央宫中。

两千多年前医学并不发达的汉代，昭帝刘弗陵可能得的是当时无术可治的绝症。如此聪慧仁德的皇帝英年早逝，叫人惋惜不已。

昭帝刘弗陵谥号孝昭皇帝，安葬于长安东距未央前殿22公里、西距其父茂陵6公里的平陵陵园中。西有上官皇后陵。原有陪葬墓57座，现存23座。

汉昭帝刘弗陵去世，汉群臣匆忙间所立的新君昌邑王刘贺，却因品行不端，遭到朝野上下哗然。于是，汉廷大臣们又议废立之事，更立武帝刘彻的曾孙刘询为帝，史称汉宣帝，才算平息了几个月之久的汉廷内乱。

宣帝刘询，原名刘病已，祖父是汉武帝之子戾太子刘据，父亲是汉武帝之孙刘进。

宣帝刘询是西汉第九位皇帝，公元前74年—前49年在位。

刘病已出生数月，即逢巫蛊之祸。襁褓中的他便遭牢狱之苦后被祖母史家收养。直到汉武帝下诏，将刘病已收养于掖庭，上报宗正并列入宗室属籍中，皇曾孙刘病已的宗室地位才得到法律上的承认。

皇曾孙刘病已虽然被武帝刘彻下令召回宫中抚

养，聪慧好学的少年，却更喜欢跑到宫外去远游。刘病已屡次在长安诸陵、三辅之间游历，常流连于盐池一带，尤其喜欢跑到长安郊外的杜县、鄠县一带的下杜城。后来，他去世后也长眠在这一带，陵号叫作"杜陵"。

刘病已从这些市井的游嬉当中深切体会了民间的疾苦，了解了风土人情，以及吏治得失。

元平元年（公元前74年）昌邑王刘贺被废后，霍光等大臣将刘病已从民间迎入宫中。先封为阳武侯，于同年7月继位，时年17岁。第二年改年号为"本始"。他也是中国历史上一位在即位前受过牢狱之苦的皇帝。

元康二年（公元前64年）夏五月，为让百姓避讳更容易，刘病已改名为刘询。

政局尚未平稳之时，汉廷实在无暇顾及域外，所以，接到乌孙求助的国书，只能搁置一边。汉宣帝刘询正式登基后，才派出与苏武一同在匈奴被流放十多年，回到长安的光禄大夫常惠，出使乌孙，了解乌孙情况。

常惠出使到达乌孙，是宣帝本始二年（公元前72年），距乌孙请求汉王朝出兵合击匈奴，已经过去了两年。

此时的匈奴已经数次调动兵力，攻击乌孙，夺取了车延、恶师等地，当地的百姓被劫掠殆尽，情况更加严重。

常惠将乌孙的真实状况上报了汉廷，主张尽量救援乌孙，打击匈奴。

汉宣帝本始三年（公元前71年），一场声势浩大的汉王朝与乌孙合击匈奴的战斗打响了。汉廷派遣五路大军，分道出击匈奴，又派人到乌孙监督作战。

匈奴人听说汉军分五路出击，当年卫青、霍去病的神勇，使他们几乎全军覆灭的往事记忆犹新，他们不敢和汉军正面作战，一路向西北逃窜。乌孙国的军队正好以逸待劳，拦腰截击。匈奴人迅速败下阵来，死亡近四万人，损失牛马羊及骆驼七十余万头，匈奴人损失惨重。战后，所有战利品全归乌孙。

这是武帝刘彻抗击匈奴六十多年来，具有重大意义的一场胜利。

经此一战，匈奴从此一蹶不振，也致使匈奴的内部矛盾加剧，分化加速。汉朝北方边疆，得到了一个较长时期的平静。

出使乌孙的常惠，因功绩卓著，被宣帝刘询封为长罗侯。

古代女子，有娘家做靠山，有丈夫能撑腰，自身也有可依附的心智，注定要在婆家一帆风顺。

此时的解忧公主，占全了这些：汉朝的强大靠山、丈夫翁归靡的尊重与支持，还有她个人的智慧与胆略。天时、地利、人和，解忧公主赢得了乌孙举国上下的一片赞誉。人们感激解忧公主在国家危难之时，所做的不懈努力。从此，解忧公主在西域各国声名显赫。

爱情只是两个人的电光火石，婚姻却关系着两个家庭乃至家族或是国家的利弊权衡与取舍。

说到底，乌孙的昆莫翁归靡与解忧公主的爱情与婚姻，同样缺少不了政治因素。

汉廷与乌孙的这次军事合作，让乌孙国君翁归靡意识到，有必要进一步加强与汉朝的关系，以获得更多的经济与政治利益。

肥王翁归靡通过多次往来于乌孙与汉廷之间的长罗侯常惠，向汉宣帝刘询递交了一份国书表示，他要将自己与解忧公主所生的长子，即汉朝皇帝的外孙——元贵靡立为王位继承人。翁归靡还请求，让元贵靡也娶一位汉朝公主，从此与匈奴彻底断绝关系。

收到乌孙的国书，宣帝刘询与一众大臣商议后决定，继续与乌孙和亲，以解忧公主的侄女相夫为汉公主，降嫁乌孙的元贵靡。

这次和亲的准备工作做得极为细致充分：

送亲的随行人员，事先都在长安的上林苑先学习了乌孙语言，以方便日后交流；乌孙方面也派遣了三百多人，来长安行聘和迎亲。

神爵二年（公元前60年），汉宣帝刘询特别派遣长罗侯常惠担任使团团长，护送公主，前赴乌孙。哪知风云突变，庞大的使团刚刚到达敦煌，就传来肥王翁归靡去世的噩耗。更令汉廷不满意的是，乌孙王位，要按照翁归靡对前君王军须靡去世前的承诺，翁归靡只是暂时掌控政权，日后将还政于军须靡与匈奴妻子所生的儿子泥靡。真是人算总不如天算。

常惠得到准确消息后，只得一面上书长安汉廷，一面让相夫公主暂时留在敦煌。同时，常惠火速赶往乌孙，希望能有回天之力改变乌孙政局。

可惜，一切都是枉然。

宣帝刘询只好下令，相夫公主不再出塞，直接从敦煌返回长安。

多年用情感与心血苦心经营，解忧公主在乌孙的势力，乌孙的强盛，以及汉廷与乌孙的大好关系，一夜之间付诸东流。

乌孙立泥靡为国君，号为"狂王"。翁归靡的遗孀解忧公主，只能依照乌孙的惯例和习俗，无可奈何地第三度再嫁泥靡。

此时的解忧公主，已经50岁了。

这个新国君昆莫泥靡，自幼的确饱尝冷漠与孤独，如今登上了国位，他长出一口气，他要将多年来没有得到的重视一一找回来，他要让所有人知道他的存在。

性情残暴的泥靡，开始肆无忌惮地行事了。他专横跋扈，暴虐无道地实行打击报复。一时间，乌孙上下被他搅动得天翻地覆，鸡犬不宁，怨声载道。不仅如此，"狂王"在西域各国中也是恶名在外，失道寡助。

"狂王"泥靡根本看不上美人迟暮的解忧公主。

"狂王"泥靡对解忧公主，如果说有情感，那也只有满腔的仇恨。

"狂王"将这种仇恨和怒气，化作一次次对解忧公主的性宣泄和性虐待上。在将解忧公主压倒在自己身下时，他似乎觉得，过去所受的压抑与苦难，获得了片刻的缓解，也获得了释放的快感。

在泥靡无数次的施虐下，解忧公主生下了她和这个暴虐之夫的儿子，叫鸱靡。

此时的解忧，已经将自己的情感置之度外。更何况，她所有的情爱，早已随着爱人翁归靡的离去而消失。当"狂王"对解忧的肉体施虐时，她的灵魂早已飘离出来。

乌孙国已到了生死存亡的危急时刻，乌孙与汉王朝多年的关系，也已危在旦夕。解忧知道，她不再属于她自己，她要为家族解忧，为乌孙解忧，为乌孙与汉王朝多年的盟友关系解忧。

解忧认为，这样的机会是可以等到的。

的确，机会终于来了。当汉使团来到乌孙，解忧公主便与汉使者魏和意、仁昌密谋，要他们借宴会的机会诛杀"狂王"。

这场鸿门宴，只比当年的鸿门宴多出了一剑，而武士刺向"狂王"的这一剑居然偏了，没有成功杀死"狂王"，只重伤了他。"狂王"夺了马匹，逃得性命。

"狂王"的儿子领兵将解忧公主和汉使者魏和意、仁昌围困在赤谷城（乌孙的都城）长达数月，幸得西域都护郑吉发兵来救，才得以解围。汉朝为了政治大局，居然遣使安抚"狂王"，赐他财物，为他疗伤，并将魏和意、仁昌处死。

汉廷与乌孙的关系就此跌入最低谷。

时隔不久，汉廷派遣常惠等人率兵前往乌孙国进行军事干预，并利用冯嫽夫人能言善辩的口才，以及她对乌孙国内部情形的了解，多方疏通，说服各方派系，动之以情晓之以理地劝说，才使乌孙各方接受了汉廷的安排。

解忧与肥王所生的长子元贵靡立为大昆弥（乌孙国君之号），统治六万户；封"狂王"与匈奴公主所生的儿子乌就屠为小昆弥，统治四万户。双方分而治之，暂且相安无事。

至此，数十年前的和亲举措，乌孙政权的主要控制权终于落入汉人之手。

时光荏苒，又是若干年过去了，解忧与翁归靡所

生的长子元贵靡，和解忧公主与"狂王"所生的幼子
邸靡相继去世。

白发人送黑发人，解忧公主满心悲凉。

在远隔千里的异域，解忧公主经历了四朝三嫁，
生育四子三女。她已经为汉乌"和亲"奉献了自己全部
的青春与心力智慧，为汉王朝作出了最大的牺牲。现
在，该是她回家的时候了。

解忧公主上书汉宣帝刘询，说自己已是古稀之
年，思乡心切，希望皇帝恩准自己终老于故乡。解忧公
主言辞哀切，宣帝刘询为之动容，同意了解忧公主的
请求。

自从汉武帝太初年间，年轻的解忧公主意气风发
踏上征途，到如今，汉宣帝甘露三年（公元前51年），
她在西域已经生活了五十多年，当年是英姿勃发的巾
帼女子，此时已是鸡皮鹤发的老妇。

尽管经历了半个世纪的跌宕起伏，艰辛坎坷，解
忧公主的人生却是波澜壮阔，大气磅礴的。她比客死
异乡的细君公主幸运，也比之前那些籍籍无名的"和
亲公主"幸运。

红颜远嫁西域，朝思暮想中，岁月流转，解忧公主

终于在离开汉长安城五十多年后,带着三个儿女回到长安。

白云苍狗,物是人非,怎不令人感慨万千!

汉宣帝刘询赐给解忧公主田宅奴婢,以酬劳她为国家做出的牺牲和巨大贡献。

回到故国,享受了两年安宁的公主生活后,解忧公主平静地离世。

中国历史长卷上,有着解忧公主以青春与生命在其中挥洒的笔墨。她就是一只美丽的蝴蝶,翩翩飞舞中,撰写着历史,也改变着历史。

后人为纪念这位远嫁的公主,在她的家乡——今江苏省徐州市小南湖修建了一座单拱桥,命名为"解忧桥"。

解忧公主的儿子元贵靡去世后,他的儿子星靡继任为大昆弥,但是这个儿子软弱无能,缺少才干而无法担当此重任。冯嫽夫人于是上书汉朝廷,毛遂自荐,前赴乌孙辅佐星靡治理国家。汉宣帝准奏,因此乌孙的政权依旧被汉人掌控。

由于乌孙实行大昆弥和小昆弥的双王制,此后多年间,因王位争夺者有汉朝系和匈奴系,所以乌孙政权更迭不断，暗杀、篡位频繁。直到汉哀帝元寿二年（公元前1年）乌孙的大昆弥伊秩靡来到汉廷入朝进贡，因为这位乌孙国国君是汉朝公主的后代，让汉王朝为此深以为荣。

昭君出塞

四美之落雁　昭君出塞

　　"落雁"之容的王昭君，生活在距我们两千多年前，却是一位勇于表达自己，勇于追求自由的女性。就是我们现在常说的，这是一位有着强烈女性意识的女子。

　　昭君墓，又称"青冢"，坐落于呼和浩特市南郊大黑河南岸，墓体状如覆斗，高达33米，底面积约13000平方米，墓前雕有联辔而行的双骑塑像。

　　英国文学家、《莎氏乐府本事》的作者查尔斯·兰姆曾经说过："世界上最美的景物是人的面貌。"

　　人的面貌，单从形态和体积来看，它只是一个人身体的七分之一，但是方寸之间，无论是外形还是神采，都能在面貌上生动展现。

　　在穿梭往来的人群里，有多少个人，就有多少张脸面。这一个与那一个，似乎相似，却又大不相同。每一张脸面，都写着各种各样的表情与心情，或快乐，或忧郁，或轻松，或沉重，友好和善，凶恶厌烦，神采飞扬……也都隐藏着鲜为人知的故事，或许是令人喜悦的经历，或许是让人悲伤的过往。

一个人的脸部轮廓、面部神情以及眼神，体现出的是这个人真实的心灵写照。曾经有怎样的过去，又有怎样的现在，缺点和优长，都可能被岁月刻在脸上。要想了解一个人的性格，仔细观察他的面部特征，也许就可能得到答案。

中国古代，有四个女子，正是因为她们娇美的容颜，好看的面孔，被传颂至今。这四个女子是西施、王昭君、貂蝉、杨玉环。

纵观上下五千年的中国历史，有太多的历史事件或人物值得被写成史诗、悲剧或抒情诗。这些事件或是人物，有的彻底消逝了，有的只留下淡淡的一点痕迹。

也有无数的美人真身完全被淹没在时间的云雾中，如梦幻泡影，仿佛压根儿不曾存在过。而存在过，又让我们记住的，是这四大美人的形象。

她们之所以流传至今，是因为被无数遍地传说着，又被反复书写着。她们的面貌本身就是最好的风景，赏心悦目，所以被人们不厌其烦地书写、讲述，津津乐道。

其实人们除了对她们的美貌容颜感兴趣，也对她们美貌背后更为精彩的故事感兴趣。

她们四个中的三个，都可称之为是秀外慧中的奇女子，在阳刚十足的男人英雄中，她们也同样有着无畏的英雄壮举，可谓是粉红英雄。

由此可见，好看的女子也是要有个性、胆略与智慧才能饱满起来。

这四个女子的容颜各不相同，享有着"沉鱼落雁之容，闭月羞花之貌"的美誉。

都说女人善变，其实是变化的环境，需要女人扮演不同角色。

在四大美人人生的不同时期，她们也曾经有着不同的模样，不同的神态，不同的表情。

"沉鱼"之貌的西施，因为天生丽质，河中的鱼儿见了都不由自主地停止游动，因而得名。西施出生在春秋战国时期的浙江诸暨苎萝村。在国难当头之际，美人西施忍辱负重，以身许国，与郑旦一起由越王勾践献给吴王夫差，成为吴王最宠爱的妃子。她以美色将吴王迷惑得众叛亲离，无心国事，吴国终被勾践所灭。

"闭月"之容的貂蝉，是因美丽得令皎月为之躲闪的传奇女子。王允利用她的美色设下了连环计，貂蝉接受使命，从容不迫，周旋于董卓与吕布之间，致使"父子"反目。但是，其实在任何史书上都没有出现过美人貂蝉的名字。貂蝉是属于文学的，纸上的。在以男性为话语主权的恢宏巨著——《三国演义》中，罗贯中于刚劲有力的笔墨中添加了几笔淡淡的轻柔，就让一个光彩夺目、聪慧伶俐、善良温柔的女子貂蝉，栩栩如生地跃然纸上。

羞花之貌的杨贵妃杨玉环（公元719—756年），是蒲州永乐人（今山西省永济市），她是唐玄宗李隆基的贵妃，因资质丰艳，善歌舞，通音律，尤其是她的音乐才华在历代后妃中鲜见。四大美女中，唯独她与"误国"与"战乱"有着负面关联，又没得善终。

"落雁"之容的王昭君，生活在距我们2000多年前，是一位勇于表达自己，勇于追求自由的女性。就是我们现在常说的，这是一位有着强烈女性意识的女子。

王昭君，姓王名嫱，是南郡秭归人。

王昭君生活的年代，是汉元帝刘奭（公元前74年—公元前33年）执政时期。

汉元帝刘奭于公元前49年至前33年在位，是汉宣帝刘询与嫡妻许平君所生之子，西汉第十位皇帝。

刘奭出生没几个月，父亲汉宣帝刘询即位为帝。两年后，刘奭的生母许平君被霍光的妻子霍显毒死。地节三年（公元前67年）四月，刘奭被立为太子。

黄龙元年（公元前49年）十月，汉宣帝驾崩，27岁的皇太子刘奭继位，史称汉元帝。

汉元帝刘奭多才多艺，同时也善读史书，通晓音律，少年时好儒术。

性格决定命运，性格也因环境造就。

过早失去母亲的元帝刘奭，性格过于柔懦。他在位期间，很是依赖也十分宠信宦官，导致皇权式微，朝政混乱不堪，西汉就是在他执政期间逐渐走向衰落的。

竟宁元年（公元前33年），在位16年的汉元帝刘奭驾崩于长安未央宫，终年42岁，葬于渭陵。

汉渭陵位于咸阳市渭城区周陵镇新庄村东南。陵园东北约350米处，是孝元傅皇后陵。现存陵冢低矮，显然是削残所致。渭陵北375米，有孝元王皇后合葬陵。

汉昭帝、宣帝时期，汉朝明显处于强势，与北方的匈奴当然没必要有和亲之举。

公元前70年左右，战争、内乱，天灾与人祸，导致内忧外患，致使匈奴国势大衰。尤其是内部纷争，匈奴五单于争权夺利，互相攻杀。

汉宣帝神爵二年（公元前60年），这场内讧中，呼韩邪单于与郅支单于之间相争甚烈，最后郅支单于击败呼韩邪单于，占有漠北的广大地区。

势单力薄，处境艰难的呼韩邪单于听从了左伊秩訾王的建议，于甘露元年（公元前53年）"称臣入朝事汉，从汉求助"。

公元前51年的正月，呼韩邪单于在甘泉宫朝拜汉宣帝刘询。

汉宣帝刘询十分宠待呼韩邪单于，给予他特殊的待遇，规格高于其他的诸侯王，并且赐予冠带、衣裳、黄金、丝绸等物，感动得呼韩邪单于主动表示，愿意长居塞下，保卫汉朝的边界安宁。

两年后，呼韩邪单于再次入朝拜见汉宣帝，汉廷依然以优厚的待遇对他。当呼韩邪声称匈奴民众缺少食物时，汉廷立即将谷物两万斛供应给匈奴。

公元前36年，当汉朝的西域都护骑副都尉陈汤击败呼韩邪的对手郅支单于，使郅支单于伤重死亡，呼韩邪单于为此欣喜若狂。他上书汉元帝刘奭，表示：从今以后，我再无顾虑。一定要经常朝见陛下，永远做大汉的忠臣。

竟宁元年（公元前33年），呼韩邪第三次入朝，拜见汉元帝刘奭。

到达长安后，汉元帝刘奭对他"礼赐如初，加衣服锦帛絮，皆倍于黄龙时"。

呼韩邪感恩戴德，特别向元帝刘奭提出："言欲取汉女而身为汉家婿"，即他愿意娶汉朝的公主为妻，甘做汉帝的女婿。

与匈奴的先辈冒顿单于相比，匈奴再不见当年的蛮横和霸气。当年冒顿单于即使娶了汉室公主为妻，也绝不肯自称为婿，而是坚持与汉高帝刘邦兄弟相称。如今的呼韩邪单于，已毫无底气地主动要求做元帝刘奭的女婿。足见，在一百六十多年间，汉王朝与匈奴之间的实力对比，正在发生着翻天覆地的变化。

元帝刘奭虽然答应了汉匈之间建立翁婿关系，但是，元帝刘奭不可能让自己的女儿嫁给匈奴呼韩邪单于。同时，他也不想像以往那样，在皇族宗室中挑选一位女子降嫁域外。元帝刘奭打算，在后宫女子中选一个不中看的宫女，作为降嫁匈奴的汉室公主，应付呼韩邪单于了事。

元帝刘奭的后宫女子很多，不能全部召宠，只能靠画工把她们的相貌如实画出。汉元帝对于这些宫女的印象，完全来自画工的画像，从中选取美貌者召幸。

被选中的女子有可能成为受宠的妃子，而落选的女子则成为一般宫女，孤独终老于宫中。

嫁进皇宫，做皇帝身边的女人，或是做受皇帝宠爱的嫔妃，这是被召进后宫女子的梦想。她们哪里知道，皇宫内却是个最见不得人的去处。

宫女们为了受召，不得不贿赂画工。画工则大量索取，多则数十万，最少也不下十万。普通人家怎能拿得出这样一笔巨款。

宫女们和她身后的家族认为，只要被皇帝选中，便可能"一人得道鸡犬升天"，荣华富贵享之不尽。殊不知，即使被召宠，当她承载起家族荣耀和政治前景，势必步步惊心，处处坎坷。更何况，要与三千佳丽争夺一个丈夫，情爱被心机和利益绑架，对夫君的所有期待也不得不变成小心翼翼，如履薄冰。

这不是一种正常的婚姻关系。这种关系中，没有平等、没有尊重。可能会产生爱情，却是时隐时现可有可无。深宫的日子一天天过下来，想来并不比落选留在后宫终老舒服到哪儿去吧。

后宫中，有一个女子特立独行，她姓王，名嫱，字昭君，来自秭归（今湖北省秭归县）。这位宫女出身于一般的书香门第，自幼聪明伶俐，资质过人，又兼国色天香之貌，在当地就是颇有名气的才貌双全女子。不幸的是，几年前，昭君被官府选中，送进了长安的皇宫四堵围墙中，以备皇帝宠幸。

王昭君自恃才高貌美，她决不肯贿赂画工。再说，即使她了解需要使用这种手段，也无力拿出这么多的钱财。因此，画工自然不会如实画出她的美貌，甚至将她丑化为令人厌恶的模样。致使王昭君"入宫数岁，不得见御，积悲怨"。

没有哪只鸟儿，会喜欢关它的笼子，即使这笼子是金子打造的。

在要不要幸福的问题上，人并不存在选择，人只选择达到幸福的手段。

王昭君深知，如果她永远没有被皇帝召宠的机会，她即使有绝色容颜，有满腹才华，终将要孤老于后宫中，她自然心生许多悲怨。

当呼韩邪单于向汉元帝提出娶汉女为妻时，元帝刘奭命令掖庭令（嫔妃居住的后宫称掖庭，掖庭令即为管理掖庭的长官）将五名宫女带进未央宫。

此刻，历史给予了王昭君改变命运的机会，也给予了她流芳百世的机会，她竟然就在这五名宫女之中。

当五名宫女被带到未央宫，跪拜叩首，站立一旁时，高高在上的元帝刘奭对她们都没有正眼瞧一下。

元帝刘奭以为，自己对她们早已了然于心。这些不过是姿色普通的女子，她们的画像都曾被自己过目。

元帝刘奭打着哈欠，心不在焉地对呼韩邪说，她们都是绝色美女，请单于自己挑选一位吧。

看到呼韩邪一时拿不定主意，元帝刘奭戏谑地对宫女们说，嫁给单于，就是他的阏氏，也是朕的公主。你们若是谁有此意，可以主动要求，不必拘泥！

元帝刘奭以为，汉地女子，尤其是在后宫过着衣食无忧的女子，怎会主动要求去苦寒之地？即使有公主名分，嫁给单于，冠以阏氏，也难以打动她们。

然而，元帝刘奭此话一出，竟然有一位宫女应声说道：启禀陛下，小女子愿意追随单于，和亲匈奴，永保汉匈和睦！

元帝刘奭和在朝堂的众大臣都大吃一惊：想不到居然有人主动争取和亲匈奴。

元帝刘奭好奇地向出声之人望去，这一望更令他震惊不已：这哪里是姿色普通的女子，这就是一位倾国倾城的绝色佳丽呀！

此刻，本来只为政治目的提出和亲，并不指望在相貌上有所图的呼韩邪单于，也如发现宝物，一时间看呆了。

昭君丰容靓饰，光明汉宫；顾景裴回，竦动左右。（《后汉书·南匈奴传》）

王昭君靓丽的容颜，霞光般照亮了汉朝宫廷；雍容的仪态与楚楚动人的神情，震惊了众人。

此时的昭君，身体里燃烧着一团火，这火可能会点亮自己，也可能会毁灭自己。年少被召进宫中，漫长的三年过去了，孤独和寂寞中，希望渺茫。只有这团火还在燃烧，在告诉自己，无论如何都要坚持，等待机会。不在等待中死去，就在等待中重生。

如果这次和亲，随便挑一个嗫嚅懦弱的女子，将同样成为历史上一位默默无闻的"汉宗室女"。

主动出击的王昭君，为自己写入了历史，也因此活在了后世的传说中。

敢于在朝堂上，在众人面前表达自己，个性张扬的王昭君，就是要为自己的人生寻找出路，就是要抓住一切机会，冲出这看似金子打造的"鸟笼"。

历史，向来是关注那些有个性、有胆略、有智慧的成功人士。

坚持等待不失任何时机，寻找一切可能，挣脱囚禁自己后宫的王昭君认为，无论怎样，总比做一只笼中没有自由的金丝雀更好。

其实，可悲的是，如王昭君一样，无数的女子，也只能靠嫁人来改变自己的命运。说到底，她们无非是从一个笼子进入到另一个笼子。

当机立断，自荐和亲公主的王昭君知道，与其终老于不见天日的后宫，还不如嫁到匈奴去试试运气。走出去，前途未卜，但毕竟存在多种可能。

王昭君这样做，定然也有借机报复元帝刘奭的成分。她要以她的姿色容貌，引起元帝刘奭的注意，让这个睁眼瞎男人狠狠地产生悔意。

自己的后宫竟然深藏如此美貌的女子，自己竟然不知，这的确令元帝刘奭不仅震惊，也很是后悔：为何自己早没有当面看看这些备选的女子，而一味信任了那些该死的画工。

尽管元帝刘奭内心百感交集，但是他仍然不失外交礼节。

> 帝见大惊，意欲留之，而难于失信，遂与匈奴。（《后汉书·南匈奴传》）

元帝刘奭的这种表情，令王昭君内心有了些许快感和慰藉吧。

元帝刘奭装作高兴的样子顺应了王昭君的意愿，将王昭君以公主的名分嫁给了呼韩邪单于，并且赐予匈奴大量的财物。

呼韩邪此番入朝，可谓收获满满，既得到了汉王朝政治上强有力的支持和大量财物，又抱得美人归。

建昭六年（公元前33年）汉元帝刘奭择一吉日，赏赐锦帛28000匹，絮16000斤，加之数不清的黄金美玉，心中不舍地将王昭君隆重地送出了长安城。

告别故国，王昭君登程北去。

一路上黄沙漫卷、马嘶雁鸣。前途未卜的昭君思绪万千。

终于走出那个暗无天日的后宫了，走出皇宫的四堵墙了，走出长安城了。

命运在暗示什么？这是对她美貌、才华与个性的奖励，还是惩罚？她是被月老遗弃，还是被看重了？

无论未来如何，王昭君怀春的少女时代就此结束了。

这是一条不同于普通女人的出嫁之路。戏剧性地在异国他乡进入婚姻，而且是政治联姻，王昭君将有一段很漫长很艰辛的路要走；而从远嫁到终老，更有一段漫长而艰辛的路要走。

想到此，昭君在马上弹奏了一曲《琵琶怨》。凄婉悦耳的琵琶声，美艳动人的女子，让南飞的大雁仿佛都忘记了扇动翅膀，纷纷跌落于平沙之上。"落雁"便由此成为了美人王昭君的雅称。

昭君出塞，一路经冯翊（长安东北），过北地（今甘肃庆阳），然后路过上郡（今陕北榆林）再北上，到达西河（今内蒙古鄂尔多斯市东胜区）；自此西行抵朔方（今鄂尔多斯市杭锦旗）；由此再往东北折去，到达五原（今内蒙古包头）。

昭君和亲走的道路，是公元前212年至前210年，秦始皇命大将蒙恬监修的一条世界上最早的高速公路——秦直道。纵穿鄂尔多斯草原，北为内蒙古段，南为陕北段。

这条路是王昭君和亲北上出塞的必经之路，这条路也是丝绸之路的重要支线、民族文化交流的重要通道。

呼韩邪单于，以豪华国礼迎接了这位来自汉朝的年轻美丽的"落雁"女子。

这一年，王昭君16岁。此心安处是吾乡。昭君坦然接受自己的选择和命运的安排。

得到美人的呼韩邪单于，兴奋不已，当下上书汉元帝刘奭，声称匈奴愿意为大汉守卫北方边疆，世世代代永不改变。汉廷可以撤销从上谷以西直到敦煌的边境守军。让汉军休息，让百姓安生。

汉廷众大臣看罢呼韩邪口吻十分谦卑诚恳的上书，大多认为，此法可行。但也有通晓边事的郎中侯应认为需慎重，以防意外发生。元帝刘奭听从了郎中侯应的建议，决定暂不撤销边塞守军，遣使对呼韩邪解释道：

皇上看了单于的上书，十分赞赏单于的忠诚。但是，鉴于汉王朝的关梁障塞并非特别针对某一外族，同时也是为了防止内地奸邪之徒到塞外无事生非，所以，关塞以不撤为宜。请单于谅解！

呼韩邪单于很满意汉廷的回复，更加安心地做汉廷的女婿了。

从汉高祖刘邦远嫁宗室女给冒顿单于，到汉元帝刘奭将王昭君嫁给呼韩邪，都是"汉帝和亲匈奴单于"。但是，当年高帝刘邦和亲，是弱小卑顺的汉朝在求和，元帝刘奭和亲匈奴，则是汉朝赐给忠仆的一份礼物。对于呼韩邪单于的匈奴政权，具有强烈的政治支持和军事后援意义。和亲公主王昭君，在当时的匈奴政权中，是一种鲜明的实力标志。

王昭君当然地被呼韩邪立为阏氏，并且号称宁胡阏氏，意即匈奴有了王昭君，国家将从此安宁了。

婚后的王昭君，被呼韩邪宠爱着。虽然是老夫少妻，感情很好。不久两人就有了情爱结果，儿子伊屠智牙师出生了。

呼韩邪单于十分重视这个儿子，立他为右日逐王，颇有让这个儿子继承单于大位的意思。不幸的是，就在昭君和亲两年之后，汉成帝建始二年（公元前31年）呼韩邪单于去世了。

与所有出嫁塞外的和亲公主一样，昭君也面临了个人命运的风云突变。

呼韩邪有六个身份贵重的儿子，也有和其他阏氏所生的十多个儿子。尽管呼韩邪单于曾与诸子相约，日后单于之位在弟兄之间依次相传，王昭君的儿子伊屠智牙师要获得这个位子，却不知要到何年何月。

最终，按照呼韩邪单于病逝前的遗嘱，先立年长的儿子雕陶莫皋，称之为复株累单于。按胡地风俗和惯例，复株累单于要娶除了自己生母之外的其他阏氏为妻。

与远嫁乌孙的细君公主面临同样的困境，昭君要再嫁呼韩邪单于的这个长子为妻，她难以接受，上书汉朝皇帝，求归长安。与细君公主得到的答复一样，汉成帝刘骜冷冰冰地敕令昭君："从胡俗"。

汉成帝刘骜（公元前51年—公元前7年），是西汉第十一位皇帝，汉元帝刘奭与孝元皇后王政君所生的嫡子。汉成帝刘骜即位后，荒于酒色。刘骜在位期间，宠幸赵飞燕、赵合德姐妹，怠于政事，将朝政全委托给外家诸位舅舅。大权逐渐为王氏外戚掌握，为王莽篡汉埋下了祸根。

汉成帝刘骜在位25年，公元前7年2月（绥和二年），刘骜夜宿未央宫，忽然中风扑倒在床，就此驾崩于长安未央宫。终年44岁，葬于延陵。延陵修建于成帝即位的第三年（前31年）初春，在长安城西北的渭城延陵亭部，因此取名"延陵"。

王昭君迫于汉匈两方压力，只能从俗，再嫁自己的前儿子。

结婚的初衷，是求好、向上与光明。支撑起婚姻和人生的，永远都是能力、性情与姿态。

我们难以揣摩2000年前的王昭君，是如何说服自己，接受这样的尴尬处境。她想做一回自己，她在汉朝廷上主动提出"我愿意"的那一刻起，其实，她就不再属于她自己。

生命总有一日会灭绝的。这种省悟，使那些深爱人生的人，在感觉上增添了悲哀的诗意情调。

王昭君听从命运安排，与复株累单于生活了11年，生下两个女儿。

公元前20年，复株累单于去世。昭君从此守寡。

33岁时，昭君去世。

史料上没有任何关于年轻的王昭君，究竟为何过早亡故。是病患，还是忧虑？她给后人留下了许多疑问和揣测，也让后人为这位"落雁"美人扼腕叹息。

宋代文学家王安石在著名的《明妃曲》中描绘了王昭君的美貌、风度和情态以及这种美的感染力，并感叹：汉恩自浅胡恩深，人生乐在相知心，可怜青冢已芜没，尚有哀弦传至今。

王昭君去世后，她的女儿须卜居次云，女婿须卜当，秉承昭君生平之志，继续为汉匈两族的和平友好奔走。

昭君和亲的故事，流传甚广。许是她不同于历史上绝大多数和亲女子，大都是公主或宗室女，或贵戚之女，王昭君是一介平民之女。与之前的和亲公主们更为不同的是，王昭君主动请命，远嫁匈奴。这就使得她的出塞和亲显得极为传奇而不平常。

沉鱼落雁闭月羞花，古代的这四大美女，她们的人生，都和政治与国家勾连着。四个美女，四段悲情人生。说到底，她们都逃脱不掉成为男性社会权贵们手中的工具，无论她们是做选择还是不做选择。

从长安出发

HEQIN ZHILU

和亲之路

汉 下卷

齐安瑾 著

西安出版社

图书在版编目（ＣＩＰ）数据

和亲之路. 汉：全2册 / 张艳茜，齐安瑾著. —西安：西安出版社，2019.11（2021.5 重印）
ISBN 978-7-5541-3618-8

Ⅰ.①和… Ⅱ.①张… ②齐… Ⅲ.①和亲政策—研究—中国—汉代 Ⅳ.①K280.02

中国版本图书馆CIP数据核字 （2018）第 297108 号

和亲之路　汉（下卷）

著　　　者：	齐安瑾
出 版 人：	屈炳耀
策划统筹：	莫　伸
审　　读：	韩红艳
责任编辑：	吴　革
封面设计：	何　岸
版式设计：	王　苗
封面插图：	李秦隆
内文插图：	董雨纯
责任校对：	李雅菡
印刷统筹：	尹　苗
出版发行：	西安出版社
社　　址：	西安市曲江新区雁南五路1868号 影视演艺大厦11层
电　　话：	（029）85253740
邮政编码：	710061
印　　刷：	永清县晔盛亚胶印有限公司
开　　本：	880 mm × 1230 mm　1/32
印　　张：	28
字　　数：	420 千
版　　次：	2019 年 11 月第 1 版 2021 年 5 月第 2 次印刷
ISBN 978-7-5541-3618-8	
定　　价：	98.00 元（全 2 册）

△ 本书如有缺页、误装，请寄回另换。

1 / 镜水夜来·秋如雪

　　　鲁元公主刘青萝

67 / 此心空落恨天涯

　　　缗丝公主刘罩

131 / 云影重叠双双入

　　　庆阳公主刘菏

199 / 天涯零落·有人怜

　　　华如公主刘姝

265 / 叶叶声声滴到明

硕人公主刘如月

319 / 愁红带露

泰和公主刘依依

381 / 梧桐树·三更雨

贤和公主刘兰

后记 / 从长安出发的公主，今在何方？

目录

鲁元公主

镜水夜来·秋如雪

鲁元公主刘青萝

公元前209年，冒顿杀父自立单于，在北方称霸。紧接着西汉诸侯王韩王、代相叛汉，西汉与匈奴定和亲之路。关内侯刘敬奉命护送夏侯婴管家之女青萝作为公主替身与匈奴冒顿单于和亲。青萝大胆炽烈，与冒顿单于度过人生中最为华彩的四年，后在试图制止匈奴侵扰张掖时感染风寒，死于范夫人城，享年20岁……

四月的草原总是弥漫着一种生气，青草还在略带萧瑟的风中摇摆，虽然未绿，却已有勃勃生机。帐篷中炊烟袅袅，妇女们不停地忙碌着。帐篷外不远的地方，成群的牛羊涌动，孩子们挥舞着皮鞭追赶着羊群，成年男子骑着马在四周狂奔，似乎在庆祝冬天终于过去了。

然而这个春天却因为太子冒顿的突然归来充斥着一种杀气。

头曼单于兵帐内，左贤王呼衍渥、右大将兰骑正与头曼单于商定国之大事。

呼衍渥焦急地说："我王！虽然咱们东有东胡、西有月氏，看似受到莫大的威胁，但昨日有密探回报，东胡内乱已起，月氏国内子民早已倾向于西迁，所以二族根本不足为惧，它们并非我大匈奴的真正对手！"

兰骑听了呼衍渥之言顿时怒气冲冲："我王！月氏强盛百年，一直与东胡两面胁迫匈奴子民，还逼我们送太子冒顿去做人质，欺我匈奴久矣！如今我们已经夺回来了咱们数百里草原，趁此时机，直接灭掉它又有何妨？"

呼衍渥听了此言更加焦虑地说："切莫再提将太子入月氏为质之事！太子为质，本应两国修好，哪知你们只知一时意气，反而急于攻伐，致使月氏要杀太子，陷我王于不义……"

"如今太子逃归，量他月氏奈何不了我匈奴！"兰骑轻蔑一笑。

头曼单于听他俩激烈争辩，立马说道："无须多言！这都是神的旨意！当时遣冒顿为质，一则受月氏相逼，怕他们越过流沙地区堵了咱们向南侵袭的通道；另一则你们也都清楚，丘林阏氏为我生下蒙儿，神托梦于我，蒙儿将来能接续我的功绩，成就匈奴一番霸业，所以派太子为质。待入秋的祭祀大会上，即废冒顿太子，新立蒙儿为太子。"五十岁的头曼单于顿了顿又说："不过，我也确实不喜欢这个野性十足的太子！"

呼衍渥一听，立时看看帐外左右，轻声说道："我王圣聪！但冒顿太子勇猛健壮，有如我王年轻时的风姿，实为我匈奴之福。之前送其为质，难免他心中有所愤恨，如今盗得良马，拼死逃回，切记……"他更谨慎地左右提防，"一心则用，二心则防！"

"左贤王多虑了！冒顿这小子从小就跟着我，胆力十足，魄力过人，虽有野心，但也是将才之野心！他一直想统领我族人攻打东胡、月氏，替我王分忧！"兰骑说完放声大笑。

头曼单于听了兰骑的话，更是放心地说道："自淳维先祖至我头曼，匈奴经历千余年，时大时小，别散分离，哪有今日这般的凝聚力。冒顿我儿，忠心耿耿，是个难得的将才，将来辅佐蒙儿，为我匈奴子民开辟新的领地！今赐他万骑……"

三人哪知，帐外有个十岁的须卜鞍以追逐小羊的幌子将话都听了去。他瞬间翻身上马，向远处马厩疾驰而去。

马厩中喂马的正是太子冒顿，他听完小须卜鞍的报告，拍拍马头，沉着冷静，眼中露出腾腾杀气。

"何须万骑，千骑足矣！"

呼衍氏与兰氏原是黄河以北的两个小族，本属于月氏，后来逐渐与之分离，在高阙、阳山一带定居。然而这也是他们的两难之地，向南入秦，生活习性难以适应，向北则时刻受到月氏、匈奴、东胡的侵扰。在匈奴被东胡、月氏、秦夹击之下，他们毅然放弃高阙、阳山一带趋于稳定的居住条件，追随头曼单于迁徙至克鲁伦河乔巴山一带，慢慢发展壮大，如今各自有封地，成为匈奴贵种。可惜两族在匈奴势力逐渐扩大南迁的时候渐渐有了分歧，甚至有些敌对。

呼衍渥父亲呼衍赫者喜欢中原文化，随头曼单于向北逃时，带了当时所能搜集到的部分简书，其中有

《礼记》《孙子兵法》《诗经》的残篇，去世之前叮嘱家人一定要让宗族中的后辈诵读经典。所以，呼衍渥这一代的八个兄弟中除了老八呼衍庆有些骄奢，其余七人均既有智慧又有才气，其中五人为辅政大臣。虽不是一奶同胞，但亲如同生。他们随着头曼单于出生入死，时至今日，老大呼衍渥官至左贤王，老二呼衍蛰为右大都尉，老三呼衍赞为左大当户，老六呼衍恩为左骨都侯，老八呼衍庆为左大将。

兰氏一脉亦是匈奴贵种，右大将兰骑为兰氏第三代，勇猛好战，年纪轻轻却已是战功赫赫。头曼单于因他一片忠心，又是如此骁勇，故次次赏封。兰氏族人则因他位最高权最重，所以都听命于他。可惜他见识短浅，心胸狭窄，睚眦必报，如今又有些居功自傲，觉得头曼单于重用不会带兵出征的呼衍一族是因为呼衍一族存心谄媚，心中闷闷，所以动辄跟呼衍渥作对。

整个五月，冒顿带着他挑选的一千人马在草原上飞奔。有时四日不归，但在第五日太阳落山的时候，冒顿必定率领着一队人马归来。有时六日不归，但在第七日太阳落山的时候，他又率领一队人马归来。

他的爱妻，16岁的艾艾格每天除了问候头曼单于和冒顿的生母挛鞮阏氏，就是饲养驮着冒顿从月氏逃回来的这匹良马，她还给它起了个名字，叫连儿。因为是它才将自己与冒顿重新连接在一起。

这一天傍晚，艾艾格看见冒顿带领着一队人马从远处山上归来，也突然来了兴致，骑着连儿就迎了上去。冒顿和兵士们由于过于疲惫，都有些无精打采，但看见草原之花策马而来，队伍一下子有了生机。兵士们欢呼起来，冒顿也开怀大笑。

艾艾格在临近队伍的时刻冲冒顿调皮一笑，换了一个方向。

"驾！"清脆的嗓音划破天际。

哪知冒顿胜券在握，下马后一个哨声，连儿自动调转方向，朝着冒顿跑来。冒顿一跃而上，搂紧艾艾格，在一片欢呼声中向山那边疾驰。

他们在一个羊群前停下来相拥而坐，艾艾格依偎在冒顿怀里。

"你这次走了整整六天，我就知道你今天肯定回来。"

"这次我们一直往北走，到了乔巴山，那里有一条河，叫弓卢河，可惜它的源头在东胡。我一定要攻下东胡，让你夏天去额尔古纳河洗澡，冬天去那儿滑冰，看我们打猎。"

"那你下次带着我和连儿吧。"

"连儿？"

"嗯，是我给它起的名字。"艾艾格指指马头说，"是它把我们重新又连在了一起。真的，如果你再有一年不从月氏回来，我就要死了。"

"我答应过你的，就一定会回来。"

"我要谢谢神灵保佑你！"她还想说要谢谢父王在冒顿回来的当天就赐婚，但她忍住了，她知道哥哥的心中有仇恨。

"你还是这么一直为我祈祷。"

"我的命都是你救的，从小就你一个亲人。为你死我都愿意，何况是为你祈祷！在我心里，你就是王！"

冒顿的嘴唇哆嗦了一下，他立刻紧紧地搂着艾艾格，吻了吻她的额头，脸上却布满愁云。

"这是什么？"艾艾格躺在他怀里，发现一个骨制的类似于哨子的物件。吹口不大，旁边还有三个小孔，尖头也有个小孔，插着一个带着黑色缨子的小箭头。

"这叫鸣镝，是我跟月氏人学着磨成的。他们用的是彩色缨子，我回来以后全部都改成黑色缨子了。你看，从这一吹就会发出非常刺耳的哨声。兵士们只要听到哨声就会向哨声聚集。"冒顿指给她看。

"那把这个小小的箭头吹出去怎么办？"她看得出奇。

"箭头吹不出去，要用这个巧弓射出去。聚集兵士以后，我再射出箭头。这把响箭射向哪里，我的兵士就会射向哪里。"

"你们这些天出去都射到什么了？"

"兔子、狐狸，还有几只山豹。"

"还有山豹？我就知道冒顿哥哥最勇敢！"

"比山豹更可怕的动物我们都能射死它！"

"哇，这有一个红色缨子！"

"嗯，这是你给我做的第一个缨子，还有你笨手笨脚的影子，我要永远把它带在身边……"

冒顿边说边深情地吻向艾艾格，艾艾格满脸羞红，迎了上去。

第二天，冒顿骑着连儿"出征"。千骑人马经过一个月的训练，已经颇有骑兵风貌，射箭又快又准。但冒顿知道，相比箭术，听命才是第一位的。

疾驰出十里地以后，冒顿下马，拍拍连儿的屁股，连儿独自向山下奔去。冒顿令五十兵士出列，等候军命。

哪知他瞬间以鸣镝自射连儿，五十兵士惶恐犹豫，12人冒死跟射，38人未射。冒顿大怒，下令将38人立斩！剩余兵士万分惊恐。待冒顿第二次以鸣镝再射连儿时，全体兵士立刻乱箭射向连儿。可惜这样一匹良马最终被乱箭射死。

这些兵士虽然都是跟艾艾格一起成长起来的伙伴，但没有人敢向她说明真相，只是看着她为连儿的不归而落泪。艾艾格也能感觉到冒顿在营中威望突然变高，隐隐约约觉察出连儿的死跟冒顿的指挥有很大的关系。她心中有一种不祥的预兆，连儿死了，她与冒顿的情义没有了连接点，从小就维护她、照顾她的冒顿哥哥突然也变得陌生起来。

几天后，艾艾格跟母后挛鞮阏氏告请随着冒顿去打猎，以备即将到来的祭祀大会。其实她想看看冒顿是怎么训练兵士的，内心的疑问太多，她要去探个究竟。头曼单于和阏氏也深知艾艾格的性子，所以准允了她的请求。

生命在消逝之前总是格外的灿烂。艾艾格的父母因为在迁徙的过程中受到野狼袭击而去世，两岁的她被挛鞮阏氏收养，像女儿一样对待着。她从小就受到哥哥冒顿的呵护，得知自己的身世后，对哥哥的崇拜渐渐转为爱慕。只是大王后来越来越不喜欢哥哥，执意要将他送到月氏做质子。她与哥哥约定两年期限，如果哥哥没有归来，她就自杀。如今哥哥突然逃回，两人又被大王指婚，但却不知道为什么没有了往日的亲近感。

他们这一次往西走，来到了乌布苏诺尔湖一带。一路上艾艾格显得异常兴奋，每次看到猎物，她也积极地冲锋在前，冲冒顿骄傲地笑着。

小小的须卜鞍受到了艾艾格的格外优待，每次她都把最好的肉给他，他也就像个小跟屁虫一样时刻跟着她。

"艾格姐姐，你知道吗？冒顿哥哥说将来要封我做贤王。"

"哈哈，就你这个小不点啊！"

"我现在有很多任务呢！"他特别自豪。

"任务？谁派给你的任务？"艾艾格感到非常疑惑。

"就是冒顿哥哥啊！他让我在单于帐外听他说话，听到的话都告诉他。但我不能跟其他人说。"

艾艾格突然想起一路上的场景，冒顿哥哥的鸣镝一旦射向大雁、野兔、黄羊、狍子、狼，兵士们的弓矢也齐刷刷地射过去。她明白了，冒顿哥哥要的是至高无上的权力。连儿消失了，下一个，就该轮到自己了。

她甘愿为哥哥付出生命，可她如今更希望自己能与他一起白头到老！

她不想死。

"冒顿哥哥永远都是对的！我们都听冒顿哥哥的话好不好？"艾艾格冷静地说。

"嗯！"须卜鞍应了声。

是夜。冒顿心神不宁，艾艾格走到哪儿，他就跟到哪儿。

"你今天怎么了？"艾艾格装作若无其事。她想起挛鞮阏氏在自己面前也不知道哭过多少次，她说如果头曼单于不喜欢冒顿，一定会找到机会杀了他。她虽然不相信，但她明白，头曼单于和冒顿之间肯定要发生大事。

"如果我做错了事情，你会原谅我吗？"冒顿带愧疚问道。

"我相信冒顿哥哥从来不会做错事！"艾艾格看着冒顿犹豫的样子，十分不忍，她知道冒顿哥哥心里是有她的，这就足够了。

"我想让你一直陪着我。"25岁的冒顿从来没有今天这般缠绵。

"我就是一直陪着你啊！"艾艾格摸了摸他胸前的那个红色缨子，把他拥得紧紧的。

"艾格，我也会为你祈祷！"

"嗯，我知道……"

鎏金银竹节铜熏炉

第二天一早，太阳还没露出头，兵士们都已经整顿完毕，等待冒顿的检阅。

"科布多的狍子最多，今天打到上百只都没有问题。狍子看你不追，它也就不逃了。但我们不能放弃！狍子傻，我们可不傻。一定要再次寻找时机，直到射死它！明白了没？"

"明白！"上千人的队伍，整齐划一，喊声震天。

"好，出发！"冒顿发号施令。

艾艾格换了一身男子装备，更显得英姿飒爽。

"今天我一定要射中一只狍子！"

"哈哈哈……"冒顿和兵士们都大笑起来。

"好！今天由我冒顿的女人带队，走！"冒顿一声令下，所有人都充满了斗志。一个时辰不到就有二十多只狍子落网。

又出现一只！艾艾格拼足力气，越追越远。她多想从此就这样驰骋在天地之间！

冒顿看着时机成熟，立刻喊道："五十兵士待命！"然后迅速鸣镝射向艾艾格。只听"啊"的一声，艾艾格身中响箭，但并未落马，她咬紧牙关，继续向前追赶。五十兵士惊愕不已，但惧怕杀身之祸。

四十四名兵士只是迟疑了两秒，立即射向艾艾格……

冒顿怒道："成大事者，何须犹疑！六人陪葬！汝等是否信我鸣镝？"

"唯太子令！唯太子令！唯太子令！"

须卜鞍也喊着，只是没有忍住眼中的泪水……

回去的路上，冒顿经常开怀大饮，醉卧于草地泥潭，戏谑作怪，丑态毕露。须卜鞍知道他是思念姐姐，心中亦悲痛不已。

冒顿终于在靠近狼居胥山附近的营地时开始清醒。

匈奴人每年有三次重大的祭祀大会。正月举行春祭，祈祷人畜康健；五月举行夏祭，祭其祖先与天地鬼神；九月举行秋祭，昭告神明人壮马肥，献祭共享。三次祭祀大会唯独秋祭独特，祭祀时绕林木而会祭，所以也称蹛林。

十年前的秋祭上，头曼单于立冒顿为太子，十年后的今天，头曼却要废冒顿太子，新立丘林蒙为太子。冒顿心何以甘？

头曼单于拜日之时，他的坐骑在林中待命。

冒顿要做最后的尝试，他以鸣镝射向头曼单于坐骑，左右兵士莫敢有一丝一毫的迟疑，乱箭将头曼单于坐骑射死。

冒顿知道时机已然成熟，率队纵马至头曼单于帐前，以鸣镝射向头曼单于。左右上千发箭同时发射，可惜头曼单于一生征战，胸中的雄伟蓝图才刚刚开始实现，就已被冒顿的野心送上黄泉路。

冒顿自立为单于，杀尽了他的反对者！

这一年的匈奴秋祭，震惊了周边诸国！

紧接着，冒顿开始了自己的霸业建设。他遵从呼衍氏的筹备，设立单于庭，统领全国军政。军事上重用兰氏一族，起用须卜氏一脉，缓和了内部矛盾，使其聚集一切能量一致对外。短短几年，训练出敏捷整一的骑兵有三十余万人。向东灭了东胡，掳走数十万民众，上百万头牲畜。向西出击月氏，猎杀无数，挫其锐气。向南合并楼烦、白羊等小族，侵入五原、定襄、肤施等地，成为西汉时期北方塞外草原上的一个强敌。

十年后，冒顿率兵攻打代郡都城马邑。驻守当地的韩王虽然是个诸侯王，有兵五万余人，但十有八九都是未来得及逃的老弱病患，精兵三万余人哪是匈奴骑兵的对手。韩王很快投降，冒顿乘势继续南下，几近太原。

高帝大怒，亲自率领二十万步兵北上抵抗。从晋阳至原平，再至楼烦，节节胜利。哪知这是冒顿隐匿精兵，诱汉兵北上准备一举歼灭之的策略。时值隆冬，天降大雪，大风刺骨，极度寒冷，二十多万步兵行进缓慢。高帝率兵先至平城，全军并未赶到。

哪知冒顿率领精兵十余万突击高帝，将高帝围在白登达七天七夜之久。陈平献计，向冒顿亲近的阏氏行贿。三十五岁的冒顿虽有雄图大志，但野性不改，也深信阏氏"汉地终究非久居之地"之言，同时又惧怕新近投降的韩王与汉军二十万步兵双向夹击自己，所以引兵而去。

高帝虽然脱险，但深知匈奴已为长久之患。

高帝一路南下经过赵国到达洛阳，刚住下就看到二哥刘仲狼狈赶回，战战兢兢不敢近前。

高帝诧异道："你不好好守着代郡，怎么跑到这儿来了？"

刘仲唯唯诺诺道："皇上不知，那匈奴非常狡猾，原本从雁门回乌兰巴托，不承想又从东边折了过来。我的那些个兵士哪能……"

高帝气愤道："你倒好，跑得恁快，连封地都不要了。"

刘仲不敢言语。

高帝继续呵斥道："你也就配守个园子！"虽然想治他个罪名，但念手足之情，不忍重罚，降他为合阳侯。刘仲自去，不在话下。

于是高帝封戚姬为自己生的儿子如意为代王，只是年仅八岁，还不能执掌国事，于是命阳夏侯陈豨为代相，先去镇守。

高帝因白登之围越发感到匈奴难治，郁郁寡欢。恰逢丞相萧何奏报，建了两年的咸阳宫阙大致告就，请御驾亲往巡视。高帝于是命太仆夏侯婴驾车去咸阳。夏侯婴自幼即在马房里掌管养马驾车，所以驾车技术相当娴熟。他年少时与高帝交好，后跟随高帝在沛县起兵，战功赫赫，长期担任太仆一职，为高帝驾车。

萧何接驾，导入游览。新建的未央宫，比之前修好的长乐宫更是宏伟壮丽。周围约有二三十里，阙门最广，殿宇最多。各殿高敞壮丽，雄伟巍峨，气势宏大，高祖十分满意，故又令在未央宫周围，添筑城垣，作为京邑，号称长安。从此皇居勘定，霸业铸就。

吕后非常感激太仆夏侯婴几年前在下邑的路上救下太子和公主，特向高帝告请，将皇宫北面的一等宅第赐给他，取名"近我"，以示对夏侯婴的尊宠。夏侯婴命家眷迁入，其中就有当年从太原逃至咸阳的刘樵夫夫妇一家，他们现在是夏府的管家。

夏侯婴庆贺新府邸，高帝和吕后赏赐黄金百两并赐酒肉及诸果物数盘。十岁的太子最喜欢去夏侯婴的马房看马，而且早就有心学骑马。如今听说太仆叔叔的马房有二里之广，赶紧叫了姐姐同去观瞻。

公主和太子一并前来是夏侯婴莫大的荣光。夏家上下一片喜庆。

公主和太子在大堂见过太仆叔叔和夫人，送下贺礼以后，坐下喝茶。夏侯灶赶紧给太子使眼色。太子看灶哥哥这么着急，猜他今天一定给自己准备了一匹好马，赶紧向太仆叔叔请假："太仆叔叔，听说您新建了一个特别大的马场，我和姐姐好想去看看，请灶哥哥陪我们去吧。"

夏侯婴笑道："哈哈，我就知道你的心都痒痒得不行了！灶儿，带公主和太子去后院的马场转转。皇上这次北征还带回来几匹匈奴人的好马，就是性子比较野，一定要注意安全！"

夏侯灶赶紧回复说："嗯，儿子谨记！"

"哦，还有青儿，你们一同去吧。"夏侯婴嘱咐道。

"好，我这就去叫青儿。"说完，夏侯灶就跑出去了。

夏侯灶跑到管家房，只见刘妈在院子里安置东西，他兴冲冲地喊道："刘妈，青儿呢？"

"灶儿啊！跑得这么急！她在房里，正收拾着呢。"刘妈一听就知道是夏侯灶，心下喜欢，随即喊道，"青儿，灶儿来了！"

"哎，知道了！"只见屋里应了一声。

夏侯灶赶快跑进去，青儿正往架子上摆竹简呢。只见她梳起了发髻，穿了男服，还套了一双马靴。虽然素朴，但看起来英姿飒爽，有别样的美。

夏侯灶看到她这一身装扮也分外高兴，跑过去拍了一下她的肩膀，戏谑道："敢问这位兄台，这是要去征战何方啊？"

青儿痴痴一笑，佯装认真回道："鄙人即将北上，绞杀蛮族！"说完两人就哈哈大笑起来。

夏侯灶走近她，拉起她的手轻声说："我可不让你走！等过几天家里都安置好了，我就娶你！"

"嘘！小心让娘听见！"青儿亲昵地捶了一下他的肩膀。

夏侯灶故意提高声音说："咱们赶紧走吧，公主和太子要去马场了。爹让我来找你。"

"这么快啊！今天我也要骑马！"青儿兴奋道。

"爹说有好马，等我驯服了，你再骑。"

"哼，我也能驯服呢！"青儿倔强地说。

说着两人连蹦带跳就往后院马场赶。

后宫中，吕后正召了哥哥吕泽在叙话。

吕后恨恨道："如意才八岁，皇上就封他为代王，真是气死我了！"

吕泽劝道："戚氏一脉，族小势弱，不足为惧，妹妹不必费心！何况代王也是皇上顺口的许诺，那刘仲实在也是无能。"

吕后道："正是顺口的许诺，我才生气。皇上心里只有如意。如今还让陈豨为代相替他镇守，什么时候，让那如意当真去了镇守，我才放心！"

吕泽道："想必是戚夫人苦苦哀求，皇上念其还年幼，再过两三年，必定是要亲自去镇守的！"

吕后顿了顿，又气道："如今皇上被戚夫人迷了去！她那副妖媚样子！气煞我！"

吕泽继续劝道："妹妹贵为皇后，还奈何不了一个戚夫人！她再得宠幸，在你面前还不是婢女一个。妹妹切记要消气！如今公主也已成人，之前皇上就许了赵王，等过几天各王朝贺的时候，姻亲一结，我们在北方的势力也就更巩固了。"

"我这一双儿女，多亏当年夏侯婴的营救，否则哪还能有这般福泽！萝儿才十三岁，我想让她再在我身边待几年，北方毕竟苦寒！"吕后不禁动情说着。

"妹妹心疼女儿，但也要以大局为重！"

吕后哀伤道："我知道，你回去吧。"

这边马场，灶儿和青儿共同骑了一圈，下马的时候，青儿一不小心跌下马来，等夏侯灶跑过去的时候，她一骨碌就站起来了。

"摔疼没？脚崴了没？"夏侯灶看看这个满身是土的假小子，又心疼又好笑。

青儿笑着瞪了他一眼，说道："哪就那么娇气了！"于是拍了拍身上的土，自顾自地冲公主招手，说道："我没事！"

"我们赶紧上去吧。"夏侯灶拉着她就走。

他俩赶至公主和太子歇脚的亭子里，只见公主和太子都在那笑。太子打趣说："青儿姐姐，你不是说你比灶哥哥骑得好吗？今天怎么摔了一身的土啊！"

"哼哼，我那不是摔，我那是在土里打了个滚儿，专门给你看的。"

四个孩子顿时都大笑起来。

"姐姐，我今天也要骑马！灶哥哥会保护我

的！"太子也来了劲，向公主哀求。

"那你要小心些！你就骑刚才青儿姐姐的那匹，看起来温顺一些！"公主道。

"好！那你回去不能告诉母后，要不然最近又不能来太仆叔叔家了。"太子继续说道。

"嗯，我知道。"公主看着夏侯灶带着太子下去骑马。青儿站在公主身旁冲他们挥手。

"公主，你想骑的话，也下去骑一会儿。骑马可有意思了，有俯视群雄的感觉。"青儿兴致仍然不减，此时的她俨然一名大将。

"青儿姐姐，我哪有心思骑马。"公主看起来总是幽怨一些，"你不知道，母后虽掌管后宫，但得不到我父皇的关心，整天郁郁不乐。我也宽解不了她的心。"

"你要开心起来，你开心了你母后就能开心了！"青儿坐在公主身旁，握着她的手说道。

"我只有来这里才开心！看到你这么无忧无虑，真希望我能像你一样！"

青儿摸摸公主的头，说道："傻孩子，我跟着父母一路从太原逃过来，不知道吃了多少苦呢！我只恨匈奴人太野蛮，他们只会打杀抢夺！老百姓真是可怜！"

"父皇这次真是凶险，我二叔也是被打败回来了。"公主想到母亲一直不满如意弟弟被封为代王的事，又难过起来。

"哎呀，你别想那么多了！你现在有父皇、母后、太仆叔叔这么多疼你、护你的人！你要更快乐一些，这样，保护你的人也都会快乐！"

"嗯，我明白。"

"而且，我们还要更加积极地去保护那些保护我们的人！"

两人正说着话，突然，皇后的侍女急匆匆地跑过来说："公主，皇后请您和太子回宫，请刘青进宫叙话！"

"青儿姐姐？""啊？我？"公主和青儿异口同声道。

"你确定是叫青儿姐姐进宫？"公主惊诧不已。

"奴婢听得仔细，没错！"

"啊，我知道了，母后一定是听我常说起你，想见见你！"公主拉着青儿的手，高兴得都快跳起来了，"你终于能和我一起回宫了！"

"啊？我？什么时候进宫？"青儿转头问婢女。

"就现在！"婢女答道。

"这么着急！不会是发生什么事了吧？"公主心下又起了疑虑。

"奴婢也不知！"婢女战战兢兢地说。

"那我们走吧。"公主拉着青儿的手就走。

"我得和娘亲说一声，你们先走，我进宫再去找你！"青儿赶紧冲夏侯灶挥手，"快点回来！太子和公主要回宫了！"

原来，韩王投降匈奴以后，带领匈奴不时骚扰上谷、渔阳、云中、五原等郡县，后来居然说服了陈豨，共同谋反。高帝虽然派了樊哙出击匈奴，但想到匈奴长久以来的威胁，寝食难安。

于是请了关内侯刘敬共同来商议边防事宜。

高帝忧虑万分道："匈奴不灭，终究是患事！此次樊哙北上，定要将他们打回草原！"

刘敬说道："皇上！恐怕樊将军去了见不了匈奴

的面，他们自己就跑回去了。"

"这怎么说？"高帝感到非常疑惑。

刘敬胸有成竹地说："匈奴有称霸草原的野心，但没有称霸中原的野心，所以现在侵扰边防，无非是为了财物、牛羊、布匹，而不是疆域和政权！所以皇上尽可以放心！而且他们精兵虽然号称30万，但以骑兵为主，离开了草原，优势就成了劣势，所以他们不愿意、也不敢同我大汉真正交兵。"

"可恨代相陈豨居然也反了！来年我要再亲自去讨伐！"

刘敬不慌不忙地说："皇上，如今天下初定，北征才刚刚返回不久，兵士劳苦，不能再兴师动众再次北征了！而且，据臣看，以武力不能真正制服匈奴！"

"不用武力，难道还用文教不成？"高帝感到诧异。

"皇上，冒顿单于，弑父自立，性若豺狼，跟他何谈仁义？为今之计，是要让整个匈奴子孙臣服。臣有一策，只是恐皇上不能照行。"

"哦？但说无妨！"

刘敬正色道："要想让匈奴世代臣服，只有和亲一策！"

"和亲？"

"是的，皇上！结合姻亲！如果皇上将嫡长公主嫁给单于，他必然感沐皇恩，立公主为阏氏，待阏氏生下儿子，将来也必定立为太子，等到冒顿去世，太子就是下一个单于！到那时候，您的外孙成了匈奴的王，天下哪有外孙与外公对抗相争的道理呢？皇上平时只要赠予优渥，多加提防就行了。"

高帝犹豫了一下，心知自己已经口头上将公主赐给赵王张敖，但如今为国家计，公主和亲也不失为一种最为合适的策略。

刘敬看高帝犹豫，又说："皇上，臣还有一言。若皇上皇后爱惜长公主，不想让她远嫁，而是找一后宫女子代替公主遣嫁出去，一旦让冒顿知晓，恐怕于事无补，反而是后患无穷啊！"

高帝心下矛盾，但口上却说："此计甚好，我虽有一女，但为了天下，又有何惜？"

哪知皇后坚决不允，而且声泪俱下，说动了高帝: "妾只有这一儿一女,年幼多次遭遇不测,命运多舛,如今刚入住未央宫才几天,就要将长公主远嫁塞外?何况匈奴弑君弑父,以母为妻,以姨母为妾,毫无人伦道德,如何为人夫为人君?"

只见高帝一声声叹气无语。

皇后继续说道: "而且,当年皇上已口头上允诺将女儿嫁给赵王张敖,才获得了赵国的鼎力相助,才有了今日的天下,如何能食言?萝儿是我终身的依靠,嫁到赵国我都痛心不已,更别说塞外了!妾断然不肯从命!"

"这如何是好?"高帝也是没了办法。

"找人冒充萝儿去就好了!嘱咐好随从侍女,只要自家人说不漏嘴,匈奴人又如何知晓是真公主还是假公主?"

"找谁去呢?"

皇后听了高帝的话也忧虑起来。"找谁去呢?"她自言自语道,努力搜罗后宫诸位夫人的女儿,都还不足八岁,如何和亲。她忽地想到一个人,顿时欣喜地笑起来: "皇上不用着急,妾已经有合适的人选了,而且,她一会儿就能进宫了!"

"什么？让青儿姐姐替我去和亲？不行！"公主听到母后的话，坚决反对。

"傻孩子，她为什么不行？难道你去匈奴和亲不成？"皇后嗔怪道。

"母后，青儿姐姐就像我的亲姐姐，她，她不能去和亲。"公主努力地找着最合适的理由。

"尽说傻话，你也马上就要嫁人了，你能一辈子带着她走吗？"皇后心疼女儿。

"我不嫁！我要陪着母亲！这么大的宫殿，经常就母亲一个人，我不嫁人，我就要陪着母亲！"公主抱着皇后哭起来。

皇后顿时泪眼婆娑，哭着说："傻孩子，哪个女人能不嫁人啊？母亲就是舍弃了这条命，也一定会为你和盈儿都打算好的！过几天，四王朝贺的日子就到了，到时候就让你和赵王成亲！你们一起回到赵国，离娘亲也近！也断了你父皇让你和亲的念头！"

"我不去！不要嫁人！不要去赵国！也不要和亲！"公主又伤心地哭起来。

母女俩就这样抱着，哭着。皇后轻声地说："这已经是最好的办法了！"

　　夏侯灶紧紧跟着青儿，焦急地跟着，不知道怎么办。

　　"皇后为什么要让你进宫？父亲也没回来，真不知道宫里发生什么事了，不会是？选妃？"

　　"你瞎猜什么呢？"青儿白了一眼夏侯灶。

　　"呃……是不太可能！不太可能！"夏侯灶不好意思地笑笑，"是不是给太子？"夏侯灶又开始猜。

　　"你就省省吧！给太子选妃还能轮到樵夫的女儿啊？大臣的女儿不知道有多少呢！"青儿笑着看着夏侯灶。

　　"呃……也对啊！也对啊！不可能的！那为什么要召你进宫啊？"他还是想不清楚。

　　"灶哥哥，你别猜了！"青儿不好意思起来，低着头说，"而且就算真的是选妃，我也会告诉皇后，我已经……已经有心上人了！"

　　夏侯灶听了，急切地一把拉住青儿，两只手把青儿摆端正，认真地说道："我知道，你的心上人就是我！我的心里也只有你！等父亲回来，我立刻就过来跟刘伯伯提亲！"说着将青儿搂进怀里。

　　青儿挣扎出来，说道："哎呀，好了！还要进宫呢！你在门口等我，我马上就回来了！"

"嗯，你要记得，我的心里，只有你！我等你！"

青儿甜蜜地笑着点点头，轻轻地转身就走了……哪知这一转身，竟成了永世不得再见！

青儿跟着宫女七拐八拐，走了有半个时辰还不到。她一边走，心里越发焦急，想着："灶哥哥一定等着急了！天都快黑了！"

哪知宫女竟然把她带到沐浴间，青儿看着一大木盆冒着热气的玫瑰汤泉，心里慌得不得了，疑惑地问："你确定是带我来这里吗？"

"是的，皇后就是这么吩咐奴婢的。"宫女答道。

"我能不能不洗？我昨天刚在河里洗过了！"

宫女一听，觉得这个女孩分外可爱，笑着说："这是皇后吩咐的，必须沐浴更衣后才能进宫。"

"这也太繁琐了吧？我什么时候才能回家啊！"

宫女一边为她脱衣，扶她入水，一边说："今天估计要很晚了，皇后还赐了宴呢！"

青儿一听，更懵了。"这可怎么办？我还跟我娘亲说一会儿就回来呢。"

哪知宫女说道："你放心，你们一会儿都会见面了！皇后刚才也差人去请你父亲母亲了！"

"啊？这是怎么回事啊？"青儿听得一头雾水。

宫女只是笑。

沐浴、更衣、梳洗、上妆，每一步骤都有条不紊。青儿转身的一刹那，几乎不敢认铜镜中的自己。从小就是素衣粗服的她，没想到还能穿上如此鲜亮的绫罗，从来就习惯了默默无闻的她，没想到还有这么华丽的时刻，从来都是无功不受禄，没想到却轻易地就得到了这般的奢华与安逸。然而，她隐隐地感觉到，这一切似乎都潜藏在危机之中，只是她说不清楚那是什么。

她抖抖衣服，摸摸发饰，自言自语道："这样好不自在啊！"

宫女笑着说："慢慢就习惯了，我们现在去宴会吧！"

青儿只得跟着宫女前行。走出更衣间，青儿才发现，天已经完全黑了。今天怎么黑得这么快呢，平时她跟灶哥哥要喂好长时间的马天才黑呢，一个人嘟囔着："灶哥哥肯定等急了！"

进入大殿，在微弱的灯火中，透过柱子、纱帘，她终于看见了父亲母亲。她想大步跑向他们，可是衣服太过厚重，她只能踩着碎步，放慢了速度，轻声呼唤着："爹！娘！"

她惊慌、兴奋、诧异，以至于根本没有注意到自己的回声。

偌大的宴会，原来只跪坐着父亲、母亲！他们一家人从来就没有来到过这么大的宫殿，从来就没有参加过这么隆重的宴会。

"傻孩子，赶紧见过皇后娘娘！"母亲不舍地拉着她的手，示意她往上看，又把她往中间推去。

青儿一看，正上方坐着的皇后，面带笑容，正看着自己。她赶紧跪下，先是拱手，后又觉得拱手不合礼仪规范，索性直接趴倒。

"臣女刘青，拜见皇后娘娘！"

皇后一看，心知是个野丫头，笑着说："嗯，刘青，也算是我刘家一脉，赐坐！"

青儿父亲赶紧抱拳说道："小民诚惶诚恐，不敢攀附皇恩！"

皇后继续说道："我看青儿天生丽质，从今天起，就是我的干女儿！以后就住到宫里，跟公主也是个伴儿！"

青儿父母赶紧谢恩："谢皇后娘娘垂怜！"

青儿也一时摸不着头脑，纳闷极了，心想：怎么突然认我做干女儿呢？还好灶哥哥马上就要提亲，到时候就能离开这束缚人的宫殿了！

青儿母亲顿了顿，鼓起勇气说："青儿愚笨，不知礼仪，恐怕会忤逆了皇后娘娘和公主，所以还是让我们带回太仆府……"

同样都是母亲，皇后知道青儿母亲的怜女之情，可和亲的事如果不坐实了，到时候轮到公主，自己的心就痛死了！

皇后虽然笑着，但自有一种皇家的威严，她和蔼地说道："太仆年少时即跟着皇上出生入死，事事以国家为重，以皇上为重！你们全家被太仆收留，已近十年，自然知晓太仆感沐皇恩之心！如今，青儿将以大汉公主的身份替公主和亲，享受一世的尊荣富贵，实在是青儿的福气！也是你们二老的福气！”

“替公主和亲？”青儿的头“嗡”的一声都快炸了，赶紧跪倒，“皇后！小女……”

皇后正色道：“你不必多言，本宫相信你深明大义，一定能顾全大局！你的父亲母亲已被尊封为长禄大夫、长禄夫人，每年赐粮千石，丝绸百匹，金玉百两。长禄府也已在修建当中。你可想想清楚，父母一世的安稳都靠着你呢！”

青儿抬头看见的只是泪眼婆娑的老父亲，还有默默饮泣的母亲，恳求道：“皇后娘娘，小女自小跟着父母颠沛流离，如今好不容易在太仆府安定下来，小女只求能侍奉在父母身边，不求荣华富贵……”

“放肆！”皇后一听，顿时来了气，厉声说道，“事关国家大事，岂能朝令夕改？皇上已经下旨，刘青赐名青萝，一个月后奉旨和亲，望你们好自为之，切不可胡言乱语！好了，你们都退下吧！”

青儿父母哭着跪倒在女儿身边，只听得内侍说道：“送青萝公主回淑安宫，送长禄大夫、长禄夫人回府！”三人相拥而下。

青萝出门即跪，哭着说道：“女儿不孝，不能长久地陪伴在爹娘左右，原来只顾着惹你们着急生气，如今连见一面都难了……"

刘母赶紧扶起女儿，紧紧地拉住青儿的手，低声哭着。刘父也是黯然伤心，知道事已至此，绝难更改，便说："爹爹带你们母女二人半生受苦受罪，幸得太仆仁义收留，如今也是我们报恩的时候，切不可寻短见，负了太仆大人……"

刘母也是一生良善，听了刘父的话，一时警醒，对青儿说："既成了公主，别人肯定欺负不得！蛮人再野，你只要处处小心，与人为善，自然有好的结果。娘亲只求女儿好好活着！本来还想着你能与灶儿……"说着又哭了起来。

刘父一听，便急了，低声吼道："你这老婆子，在这儿还敢胡说，别害了太仆一家，赶紧走吧……"

青儿哭得更伤心了，顿声说道："爹娘放心！青儿知道你们一辈子都会感念太仆一家的恩德，女儿自然不会忘！爹娘的恩情，青儿更是此生都会铭记在心！青儿定会……好好的！好好的！"她压低声音扶着母亲的手继续说："还有灶哥哥，娘，你告诉他……我心意已定，必然去和亲，让他……不必再等我了……"说着母女俩又低声哭了起来。

这时，一个宫女走了过来，轻声唤道："公主，我们走吧，得回去了！"

刘父一看，知道他们已不可留，前面内侍也等得有些不耐烦了，就催促道："赶紧去吧！我们也走了……"说着，生生把刘母的手拽开走了。

两人跟着内侍朝西去了，公主跟着宫女朝东走了。三人从此别过，一生未通音信，未再见面。

一个月后，事事准备妥当。"鲁元公主"刘青萝梳妆完毕，蒙上红红的盖头，一个人呆呆地坐在妆台前。

公主轻轻地走到青萝身边，扶着她的肩膀说："我多希望，今天坐在这儿的，是另外一个姐姐，或者，是我也好！"

青萝眼中闪烁着泪花，起身握着她的手说："傻妹妹，这是姐姐的福气，你该为姐姐感到高兴才对！"

公主愧疚道："谢谢你！替我去……"

青萝看看左右，低声说道："母后都叮嘱多少遍了？不能说的千万别出口！"转而又叹气道："姐姐

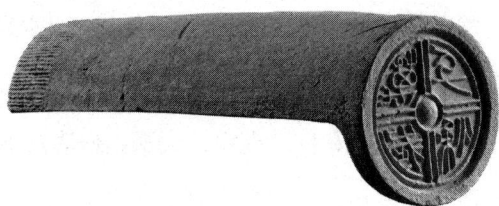

"千秋万岁"瓦当

的命该如此，不是你我能掌控得了的！"

公主伤心地说："我们，还能再见面吗？"

"或许还有机会，或许……永远不会再见了！"青萝的泪珠顿时也滴落下来。

"姐姐！"公主哭着抱住了青萝。

只听见内侍喊道："吉时已到！公主启程！"

青萝扶开公主，近身悄悄说道："姐姐拜托你，去看看我爹娘，还有，灶哥哥！告诉他们，我，一切都好！一切都会好！"说完，大颗泪珠滴落下来……

青萝狠狠心，一转身，坚决地走了。

关内侯刘敬奉命送"鲁元公主"去往匈奴单于庭结和亲约，护送兵马接近五百人，奉丝帛布匹三十车，奉酒米三十车，奉各类杂物杂食三十车。整个队有五百余辆马车，浩浩荡荡。

一路北上也听闻，樊哙将军已经收回代、雁门、云中等郡县。送亲队伍的优越感便更加强烈，只是"鲁元公主"及随嫁的诸多侍女越北上越悲凉。

青萝近身侍女采蘩悄悄地对公主说："公主，从长安出发一直到太原。一直有一个人骑着马，不远不近地跟着咱们的送亲队伍……"

青萝一听就知道是夏侯灶，问道："一直跟着吗？怎么不早告诉我？"

采蘩道："刚开始他离得比较远，我还以为他是随从兵士呢。后来好多天都不见他了。昨天咱们顺着汾水到了太原城里，我又看见他在不远处饮马。"

青萝心下悲怨，无言以对。

采蘩继续说道："公主，他是不是贼人？要不要跟刘大人说，加强保卫！"

青萝一听，说道："若是贼人，早就被拿下了。"她知道，见面已不可能。从代郡前来迎亲的匈奴侍从都已经到了太原，估计正虎视眈眈地挑刺呢，她的一言一行关乎大汉苍生社稷，切不可大意了。

"采蘩！"她轻轻地叫来采蘩。

"公主！"

"你一会儿叫小卫子捉十六只燕子，然后走到那人身前放飞，嘴里只消说：'燕子飞了，燕子飞了。'切不可多言，也不可告人！"

"嗯，采蘩明白！小卫子信得过！公主放心！"

青萝想起了小时候灶哥哥教自己认"燕"字的时候，跟她说《诗经》里有一首诗就叫《燕燕》，写一家姐妹情深，妹妹出嫁，姐姐去送她。

记得当时灶哥哥说："你将来出嫁，我去送你！"

青儿说："嗯，我就是燕子，燕子飞了，飞了……"

青萝看着飞在天空中的燕子，在心里跟灶哥哥说："如今大势已去，不能再留恋了，再留恋只能为两家人招来杀身之祸。我们要保护好家人！"

她也似乎听到夏侯灶的声音："青儿，我明白你的心意了！我满足了！我不能再保护你了，你要珍重！珍重！珍重！……"

青萝的耳边响起了二人曾诵读《燕燕》的童声：

燕燕于飞，差池其羽。之子于归，远送于野。瞻望弗及，泣涕如雨。

燕燕于飞，颉之颃之。之子于归，远于将之。瞻望弗及，伫立以泣。

燕燕于飞，下上其音。之子于归，远送于南。瞻望弗及，实劳我心。

仲氏任只，其心塞渊。终温且惠，淑慎

其身。先君之思，以勖寡人。

四个月后，疲惫的队伍终于看到了单于庭的帐

篷……

休息的时候，公主让侍女把她的头发从左右两边

摘了两绺扎在脑后系紧，额头系了一根娘亲缝制的红

色喜带，带坠从脑后自然地与长发都轻轻垂下。

她换下纱裙，穿上她专门为自己缝制的"男

装"：白色长衣，白色长裤，外罩一件宝蓝色古香缎的

中衣，袖口用褐色的天香绢收紧，脚踩一双马靴，系了

一件红色披风。秀美中却有一股英气，干练洒脱。

"采蘩，把我的马牵过来！"公主终于忍耐不

住了。

采蘩一看，说："公主！你怎么变成这个样子

了？皇后嘱咐说一定要守礼，不可骑马。"

"这么大的草原，不骑马真是浪费了！"青萝伸

展了一下臂膀，"快点，牵马去！"

"公主！"

"去吧，去吧，没事的。"

"刘大人会怪罪的！"

"没事的，怪罪的话，有我担着呢，你就放心吧！"

青萝策马奔腾，匈奴的迎亲队伍也骑马跟上，呼啦啦一字排开，好不壮观。冒顿早已接报，在帐内等候。忽然听侍卫禀报说："我王！收到须卜鞍信号，大汉公主已到！正骑马而来！"

"什么？骑马？"冒顿一饮而尽，把酒杯一扔，顿时来了兴致，走出帐外恭候，只见一字人马徐徐驰来，正中间穿着红色马服的就是公主。两边人马虽都比公主骑得好，却不敢超前，而是紧紧跟在她周围。

临近单于，迎亲的匈奴兵士迅速跟上，将单于围了一个大大的圈，给公主的马留了一个口，公主驰来一看，34岁的冒顿单于高大威猛，野性十足，眉宇间却有一份难得的温柔，不禁脸也羞红了。

她骑着马慢慢走进圈子，两边的兵士都欢呼起哄，哨声不绝。单于走上前来，牵住缰绳，早已被青萝的秀美和少女的羞涩迷住。

青萝鼓起勇气，却是怯怯地问道："你，你就是单于？”

哨声又起。

单于逗她说：“怎么？你看我不像？”

起哄声又起。

“公主，还不见过我王单于！”须卜鞍在右边马上提醒她。

青萝瞟了一眼须卜鞍，哼了一声，嘟囔道："哼！我又没见过他！"说着，右腿上踢，准备下马。哪知冒顿右脚迅速地踩在她的马镫上，一跃而起，也骑在了马上。

"啊！"公主受到惊吓，一声大叫。

冒顿马上一只手将公主搂紧，一只手握着公主的手，拉起缰绳掉转马头冲出了包围圈。公主手里抓着缰绳，却一下依偎在冒顿的怀里。

背后又是一阵欢呼雀跃声，此起彼伏……

公主挣扎了几下，想甩开冒顿抓着缰绳的右手，又想掰开冒顿搂紧自己的左手，却发现，越甩他抓得越紧，越掰他搂得越紧。

她终于没了力气，任他搂着，任他在自己的发边、耳边亲吻……

晚上，关内侯刘敬与冒顿单于达成协议，大汉与匈奴从此结为兄弟，互不侵犯。单于营帐外举行了盛大的篝火仪式，左贤王呼衍渥与关内侯刘敬举杯共庆。

"呼衍老将军，十多年了，还是一如既往地强壮康健啊！"刘敬恭贺道。

"刘相也是一如既往地为大汉效力，老臣佩服得很啊！"呼衍渥敷衍道。

"各为其主，为天下百姓谋些福利罢了。听闻呼衍老将军祖上也是汉人？"刘敬深知呼衍将军有汉人血脉，也有汉人情怀，越是挖掘几个这样的人，"鲁元公主"的处境就会越轻松，汉匈和平的时间就会越长久。

"那都是几十年前的事了。"呼衍将军笑道，心中已经知晓刘敬的用意，凑近刘敬耳边说，"'鲁元公主'年龄似乎不太对！不过刘相放心，老夫年迈，不会借此多言。只是希望汉朝天子守信守义，汉匈才是一家！"

刘敬笑着低声说："当年冒顿自立的时候，单单留下呼衍一脉，反而将兰氏一脉赶尽杀绝。我想，这也是由于呼衍老将军最有大局观念，知道良鸟择木而栖，知道和平的重要性。今亲约刚定，老奴相信，呼衍老将军会尽全力撮合，维护边市的贸易。呼衍老将军应该最清楚，谁是真正的受益者。"

呼衍渥心知冒顿单于没有治理天下的雄心，所以自己即使有再大的胸怀和野心，也难以实现了，便说道："刘相放心！只要汉廷年年遵照协议执行，我大匈奴自然知道孰优孰劣，但汉廷一旦违背协议，我大匈奴可是毫无畏惧！"

刘敬笑言道："呼衍老将军多虑了！老将军为大匈奴之心，老奴实在佩服！如今我大汉的嫡长公主成为单于阏氏，'嫁妆'嘛，每年只会多，不会少！"

呼衍渥一听，笑着说："那就好！那就好！"

两人碰杯大笑。

冒顿单于看着部族人人高兴，自己也多喝了几杯。他醉眼朦胧地看着远处"鲁元公主"营帐的灯光，心里早就痒痒起来。他拿了一壶酒，跟手下们海灌几口，就朝那儿去了。

营帐门口，须卜鞍还率人守着，冒顿单于把酒壶递给他，醉醺醺地一甩头，说道："去！那边守着！"

"是！"须卜鞍吹了一声口哨，周围的兵士马上一并向外扩散开。

此时的青萝，已经换成了女儿装，头戴凤冠，身披大红绫罗，端坐在石桌前。她见单于进来，身体又向内移了移，不敢直视他。

"这会儿怕了？"冒顿笑道。

青萝不知道说什么，突地一下站起来。

"那会儿在马上不是不怕了么？"冒顿走近青萝身前，故意拨弄她的耳环。

"哼，那是你霸道！"青萝不好意思地一扭头。

冒顿猛地掰过青萝的身子，青萝吓了一跳，挣扎着，双手乱打，说道："你要干什么？"

冒顿凑近她的脸，悄声地说："你说我要干什么？"

"无赖！"青萝嗔怒道。她已感知到单于对她的爱，那么炽烈，那么勇猛，她内心的火也被点燃起来。她也发现自己对冒顿单于这张脸开始迷恋，虽然她的双手还是死死抵在他的胸口，不让他靠近自己。

"敢说我是无赖？"冒顿紧紧抓住青萝的双臂，想把她搂进自己怀里。

突然，挣扎中的青萝猛地亲了一下冒顿的额头！

冒顿一下没了反应，反而定在那里不动了，手也放松了，青萝赶紧挣脱出来，开始大笑。

这下轮到冒顿惊异了！冒顿戎马半生，遇到的女人从来都是听命于自己，无条件地服从自己，没想到这个大汉公主却让他控制不住，而且让他有这么多的想不到。而这一切，又都让他格外着迷。

"我看你才是无赖！"冒顿也开始笑，看着她。

"哈哈哈，哈哈哈！"青萝一副要比赛的样子，"你喝醉了，抓不住我了！"

"你可是大汉的公主，怎么倒像是在我们草原上长大的？"冒顿大笑起来。

青萝知道，这是单于在试探她。她诚恳地说："楚汉战争的时候，我才9岁，逃命的时候差点被楚人抓住，是太仆叔叔救了我和弟弟。从那以后，我就跟着太仆叔叔学会骑马了……我也经常背着父皇和母后去太仆叔叔的马场骑马，所以才会骑得这么好！"她深知身负重任，但今天可能确实玩过了头。她咬了咬嘴唇，说："你如果觉得我有失礼仪，趁现在休了我，我就跟着刘大人回去了！"说着，径直就往帐外走。

冒顿一个箭步，立时又抓住了青萝的胳膊，一把将她拽回来，揽在怀里，回应道："走？你已经是我单于的女人了！"

"你放开我！"这次，青萝是真的生气了！她恼的是自己，失仪失态导致和亲的任务要失败了，还不如死了算了。

"不信任我，你就放手！我要走！"她用尽浑身的力气，下狠手捶他。

冒顿可不管那么多，就是靠近，靠近，再靠近她，看着她的双眼说："我要的，就是你！"

青萝一下没了力气，看到单于炽热的眼神，自己却羞得垂下眼帘。

冒顿又说："哎，等等，你刚才说你骑马骑得特别好？"

青萝来了兴致，认真地说："当然啦！你看今天，那么多人都骑不过我，他们都在后面跟着呢！"

冒顿哈哈大笑，这么天真可爱的姑娘，怎么能不让他心动呢。单于一把抱起公主，吹了烛灯，只听见外面一阵欢呼，吵闹……

两年的光景倏忽而过。

临近冬天，冒顿单于命人新制了一件褐色裘皮大衣送给公主。

他温柔地说："这是你在草原过的第二个冬天，一定再不能让冻着你！喜欢不？"

青萝娇滴滴地说："谢谢单于！有你在身边，我就不觉得冷！只是两年了，妾身的肚子……"

单于说："我不在乎！我只知道，你是我最重要的人！"

青萝搂紧单于的胳膊说："我真想就这么一直搂着你不放手！"

单于温柔地说："傻孩子，过些天我就要带着人马去打猎……"

青萝立刻来了精神，说道："那我也去！"

单于说："那可不行，今年也是往西走，好几百里地呢，打了狍子好让族人过冬！"

两人正说着话，突然见一个兵士走进帐来。

"我王，臣有事禀报！"这个小侍卫边说边战战兢兢地看了看青萝。

单于和青萝都很诧异，单于疑惑不解，顿了顿说："没事，你说吧！"

"呃……"

"说！"单于有些怒了。

"是！我王！前些天，呼顿王子去受降城打猎，一时兴起，去了互市，进入了五原城。哪知喝醉了酒，砸了店家，拉了店家十几桶酒，还掳了店家女儿……"

"啊？什么？"单于气得拍了一下桌子，"大胆狂徒！"

青萝也紧皱眉头。

兵士继续禀告道："店家不饶，呼顿一时动气，杀了店主人。在回受降的路上被五原都尉带兵挟持了去，现已被关入大牢，听说要斩……"

"成事不足，败事有余！"单于气得怒吼。

青萝给兵士使了个眼色，兵士悄悄退下。

青萝穿上裘皮大衣，看着冒顿单于在生闷气，轻声说道："我王不必费心！呼顿小王子是左贤王呼衍渥的孙子，咱们率领人马抢回来就是！"

"抢回来？"冒顿单于听了很是疑惑。

"是啊！左贤王最疼呼顿小王子了，咱们把他抢回来，呼衍渥一族必定对我王忠心耿耿！"青萝斩钉截铁道。

"互市刚刚建立半年，前几天还听须卜鞍报告，边境居民无不称赞这项举措。现如今，呼顿突然闯了这么大的祸，一旦去抢人，小战必不可免。大汉还未食言，我匈奴倒先失信了！"单于还是犹豫。

青萝继续说道："我王圣聪！记得我随母后第一次进长安城的时候，母后就曾许诺妾身与弟弟每人一件裘皮大氅。还说，上好的皮子就在草原，一旦有机会就去换两件回来。如今互市刚刚成立，方圆百姓从中都获得了实惠，我相信，咱们草原的裘皮一定有卖到中原的，草原子民也一定换到了中原的物产！"

"你试探我？"冒顿单于顿时来了气。

"妾身哪敢？青萝只是想告诉自己的夫君，究竟应该如何选择。呼顿小王子年轻气盛，杀了汉人，按律当诛。如果这种情况下我们去抢人，以我大匈奴的武力，汉军肯定难以抵挡。只是，抢回了人，失去的却是我大匈奴的信用！"

"那你说怎么办？"单于一副焦头烂额的样子。

"妾身妄言，请我王思虑。为了维持汉匈这份难得的和平，我王必须有个表率！"青萝坚定地说。

"难道要我尊重汉廷杀了小王子不成？"单于有点气急败坏。

"这是我王的圣断！"青萝坚定地说道。

"你是在为汉廷考虑吧？"单于现出怀疑的神情。

"恰恰相反，我是为我大匈奴考虑！"青萝诚挚地说，"我从小生活在中原地区，虽然跟着父皇颠沛流离，但也能从中体会到春耕秋收带来的社会成效。中原的物产之丰富是我大匈奴难以比拟的！如今发展互市，尤为难得！两地子民互通有无，生生不息，这才是长久之道啊！"

"你说得很在理！可是……"单于立在那里，定睛看着青萝，他知道青萝是对的。

"而且，父皇统一天下，最为重要的一个原则就是法度。萧何叔叔立下约法三章，父皇时刻遵守，最终才赢得了民心！"青萝继续说道，"妾身知道我王视草原子民为骨血，但如今，为了更多子民的安宁……"

"好了！"冒顿单于一拳打在了柱子上，"别说了！"说完便气冲冲地走出帐外。

每年秋天，高帝都会送来大批物产，拉着丝绸、医药、牲畜、杂粮的数百辆马车总是缓缓驶向草原，冒顿虽然并不安于现状，但确实很少侵犯边界，各地的互市发展越来越繁荣。他惊异地发现，好多草原子民都已经适应了中原地区的生活，他们的后辈都已经不会骑马射箭，这多少让他有些窝火。

青萝，则渐渐地爱上了草原，只是不知为什么自己一直没有孩子。她也好想去互市看看，她也想回到中原看看，但她知道冒顿心中最忌讳她这一点，这份对父母、家乡的思念只能隐藏在心底，只是偶尔跟身边唯一一个从中原带过来的侍女采蘩倾诉。

这一天，青萝刚刚喝过药，就听采蘩说道："阏氏，须卜鞍要见您！"

"让他进来吧！"青萝坐正身子等待着。

"阏氏！"须卜鞍单膝跪地，抱拳说道，"我王在互市巡查，让我回草原告诉阏氏，汉高帝，已经于半个月前驾崩了！"

"啊！什么？！"青萝千盼万盼关于亲人的消息，关于家乡的消息，没想到盼来的却是高帝驾崩的消息。她顿时心急，刚刚喝进去的药一口全吐了出来，一下昏倒在地。

采繁非常惊慌，赶紧上前扶住，哪知青萝瘫软倒地，侍女哪有力气搀扶起身。须卜鞍见状，情急之下，一把抱起青萝，将之放在帐内卧床上，又吩咐采繁赶快去取热水。

须卜鞍从小就跟着单于，他知道，在单于心中，分量最重的除了艾艾格就是青萝，而青萝就是自己率队从中原接回来的。当时除了奉行王命，别无他念。后来看着她在草原无忧无虑的生活，越看越像艾艾格，他的内心反而多了一份甜蜜和喜悦。这一次，他终于有机会这么近地看看她，虽然面无血色，却是异常亲切动人。

采繁打水回来，猛地打断了须卜鞍的思绪，他迅速站起来，略微羞涩地说道："赶紧给阏氏敷一下额头！"

"是！"采繁尽心服侍，须卜鞍就立在跟前等着。

一抹斜阳照射在帐外，马儿嘶声不断。青萝渐渐苏醒，她又一下坐起，问道："须卜鞍呢？"采繁扶起她。

须卜鞍近身向前。

"你说的是真的吗？"

须卜鞍看着憔悴的青萝，默默地点了点头。

"父王！女儿不孝，女儿不孝啊……母亲！母亲！你在哪里……"青萝痛哭。

"我们永远回不去了，回不去了……"采繁一看，也跟着哭起来。

须卜鞍一看两人这个样子，心下也十分悲伤。静静地等待了一会儿，更显得体贴感人。看青萝渐渐平复，他才轻声说道："阏氏，我还要向您提醒的是，阏氏的弟弟现如今即位，才16岁。我王单于听信呼衍一族谗言，想在明年春天再向中原要一份丝绸牲畜供给，恐怕我大匈奴与汉廷会生出许多是非，还请阏氏适时提醒我王，切要珍惜这几年的和平！"

"难得你有这份见解！你知道大王什么时候能返回草原？"青萝听了须卜鞍的话，顿时觉得更加亲近。

采繁也有些怨愤道："大王这次带着小妖精呼衍青一起去巡防，肯定在互市天天饮酒作乐⋯⋯"

青萝心下悲凉，但还是呵斥道："采繁！住嘴！胡言乱语！"

须卜鞍一听，知道也瞒不过青萝，便说："阏氏来到草原的几年是我草原最有力量的几年，单于倾心于阏氏也是有目共睹。这次巡防要从东往西，一路奔波，这也是我王体谅阏氏！"

"哼！"采繁听了不快。

须卜鞍顿了顿，真心说道："这个夏天，我王恐怕都要在边塞各地巡防，要回来也是冬天了，阏氏⋯⋯保重！我也得回去给大王复命了！"

青萝心下突然不忍，须卜鞍突然就像永远会保护自己的灶哥哥一样，如今他们都要离开草原这么长一段时间，她的心一下空落落的，她有气无力地说："你也要劝大王珍重！保护好大王！有什么消息可派人告诉我！"

须卜鞍抱拳说道："是！小臣告退！"说完，他抬头看了一眼青萝，转身快步走出帐外。

　　每天帐里就只有青萝和采蘩两个人，帐外是守护的兵士。青萝偶尔带着采蘩一起出去骑马，骑得好远好远，但仍然望不到单于的身影。

　　愁绪笼罩，让青萝的身体每况愈下，20岁的她和单于还有很长的人生路要走，作为第一个与匈奴和亲的大汉公主，她还要时刻规劝大王，因为大王是爱她的，大王的心里只有她一个，只是她看不到大王回来的任何迹象。

　　"你说大王是不是变心了？"青萝有一天突然问采蘩。

　　采蘩知道青萝心里也是苦闷，所以就又开始骂呼衍青："那个小蹄子，咱们刚来的时候才12岁，本来看着还机灵可爱，时常问我中原是什么样子。现在看来，就是个心机重的小妖精！这次大王本来哪位阏氏都不带的，她愣是先扮成个男孩子跟了出去，肯定是中途……"

　　"这些都不重要，重要的是呼衍青是呼顿王子的妹妹！"青萝一字一句说道。

"啊呀！真是！"采蘩一下慌了，"那怎么办？她肯定会找时机向大王诋毁你的！"

青萝沉着应道："可见地位也自有它的坏处，起码它能给人一种极大的便利，让人报了私仇。"

……

一个月后，须卜鞍的近身侍从赶回了草原，他带回的消息，让青萝再次震惊。

小侍卫风尘仆仆地赶到："禀告阏氏！我王听信呼衍阏氏的诡计，已经射杀了须卜鞍将军。"

"啊？什么？"青萝一下跌坐在榻边，"因为什么？"

"呼衍阏氏告诉我王说须卜鞍将军与阏氏您有苟且之事，我王大怒，射杀了须卜鞍和上次跟随他一起回草原的三个侍从。"

青萝气得一下站了起来，说道："这是莫须有的事！大王真的信了吗？"

"我只知道大王曾当面质问须卜鞍将军，须卜鞍将军坚决否认！可惜三天之后，还是下达了命令。须卜鞍将军被大王质问后就知道大王起了疑心，所以差我在他死后一定要回到草原，告诉阏氏，单于准备进攻张掖郡，请阏氏想办法阻止大王！”

青萝背向侍从，眼泪大颗大颗地滚落下来，但她仍镇静地说道："好的，我知道了，你退下吧！"

青萝回想了她与单于几年的恩爱过往，热泪盈眶，她无论如何不相信，那么将她放在心上的大王，如何能听信一面之词就射杀了从小跟随他的须卜鞍。

她在心中开始默默计划着一切……

"采蘩，遣一兵士询问大王如今身在何处？就说我骑射精进，想追随大王去打野鹿！"

采蘩从未见青萝如此坚定，立刻答道："是！"

半个月后，兵士回到草原，回复道："大王说他即将前往弱水，请阏氏率兵前往！"

"好的，知道了，你退下吧。"采蘩说道。

"弱水？须卜鞍果然说得没错！弱水离张掖、酒泉只有一百多公里，看来大王是心意已定了！我们也准备出发！"

"是！"采蘩也是一身男装，经过几年的训练，她的骑射功夫也已经不得了。

二人带着四百兵士日夜兼程，八天后赶到了范夫人城。

"公主，近来怎么咳得这样厉害！明天开始别骑马了，还是坐马车前行吧！"采蘩有些担忧。

"坐马车就来不及了，咱们一定要赶在大王来到弱水之前赶到张掖！咳咳……"

"但这样下去，你的身体会受不了的。"采蘩扶着青萝说。

青萝左右看看，使了个眼色，笑着说："哪就那么娇气了！你还不了解我啊！"

采蘩心酸地笑笑道："但这次，公主真的太虚弱了！一路上，饭都没有好好吃！"

"刚刚入秋，怕什么。骑马还凉快呢！放心吧！"采蘩扶着青萝躺下，忧心忡忡地出去了。她差人去城里找来一个老郎中，准备第二天给青萝诊治一下，哪知半夜突然听见青萝要水喝。

采蘩一摸，青萝浑身滚烫，手脚冰凉，赶紧叫来了郎中。郎中推测青萝是感染了风寒，配了一剂药，嘱咐道："煎药调服，切莫再激动。"

采蘩尽心服侍青萝喝药躺下。

第二天一早，一位兵士突然跑到营里，说有要事要禀报阏氏。

采蘩赶紧引进来，高兴地说："大王一定是快到了！"边说边扶起青萝。

兵士跪地即报："传大王口令，阏氏速速回单于庭，以免遭到汉军讨伐！"

青萝和采蘩瞬间对视，知道不妙，大王应该和汉廷真的开战了。

"汉军讨伐？怎么回事？"采蘩不解，快语问道。

"禀告阏氏，汉燕王反了！"

"什么？燕王又反了？"青萝急切地问道，她已经没有力气再听下去了。如此可怕的消息，像是来索她的命一样，但她不甘心。

"燕王带着党羽有上万人向我王投降了，汉廷正举全力对抗。大王担心阏氏安危，所以请阏氏速回，不过大王请阏氏放心，汉朝皇帝年幼无知，并非我大匈奴的对手！"

"那整个上谷地区的百姓岂不是又都遭殃了吗？"青萝已经气若游丝，她不想再问，却又想再听一些。她多希望此时能见到单于，告诉他，她要回汉朝，而且要代表匈奴回汉朝，重新约法三章，两国互利，互不侵扰！百姓慢慢富足安乐以后，让他们自己选择归属……

"那大王在哪里？"青萝轻声问道。

"大王已经从张掖往武威方向赶，力争五天之内到达上谷，与燕王汇合，共击汉廷！"

青萝一听，眼冒金星，颤颤巍巍问道："大王已经到了张掖？"

"是！大王两天前就到达了张掖，为草原带回了无数的人马牛羊……"

青萝听到此处，"哇"的一声，吐出一口鲜血，半个身子都斜搭在床榻前。

"公主！公主！"采蘩哭着扶起了青萝。

兵士一看，立时住嘴。

采蘩哭着看着兵士们，吼了一声："你们都出去！"

青萝脸无血色，愧疚难耐，挽了挽采蘩的头发说道："我们的心血都耗尽了……还是没能如愿……"

"公主！我们都快到张掖了！快如愿见到大王了啊！"采蘩哭着安慰青萝，青萝笑着摇了摇头，说："你是我的好妹妹！本来还想着等大王回来，替你求一门好亲事……可惜……"

采蘩哭着说："公主！别说了！赶紧躺一躺，马上就会好了！"

"我……终于可以回去了……我真的很想……见见……爹……和……娘……"青萝笑着摇摇头，说完就闭了双眼，双手无力地垂了下去，头则沉沉地靠在了采蘩的怀里。

"公主！公主啊！"只听见采蘩悲戚的哭声……

此时的范夫人城，太阳洒了一地光亮，但空气中却萧瑟阴冷，似乎蒙着一层阴影。兵士火速又赶向武威，只是这次要向大王禀告的是，他曾经那么牵挂的阏氏"鲁元公主"已经永远地离他而去了……

缂丝公主

此心空落恨天涯

绾丝公主刘覃

公元前192年，冒顿单于骄傲自负，知道高帝已于三年前去世，惠帝孱弱，不禁心生挑衅，给太后吕氏书信一封，期望与吕氏相结秦晋之好。太后大怒，但权衡之后仍以和亲为诱饵，赢得了休养生息的最佳时机。只是太后出于愤恨之心，将高帝赵美人的女儿从代王封地召回，将10岁的刘覃封为绾丝公主推上了和亲之路……

惠帝继位三年，因为天性温和良善，只能眼睁睁地看着太后在怀着极大仇恨报复先帝妃子的同时慢慢培植自己的势力。除了宫中争斗，宫外最大的国家隐忧则是外患匈奴，这一切都让他郁闷万千却不敢言。

自"鲁元公主"去世，匈奴冒顿单于变得更加肆无忌惮，在呼衍一族的挑拨下，经常偷袭侵扰北方和西方边境，所到之处必定是人死屋空，互市贸易完全陷入恶性循环。越是抢掠，越是空乏，越是不满足，越是侵扰。百姓流离失所，四散奔逃。

这一天，长信宫中蝉声阵阵，太后吕雉午睡醒来喝汤，只有随身侍女红蛾服侍。

"不知太医这次的诊治能否有些疗效？"太后忧心忡忡地说。

"太后不必担心，皇后娘娘有太后福泽庇佑，今年定能怀上龙子。"红蛾一边说一边接过汤碗。

"我看萝儿的这个女儿命薄，这都大半年过去了，肚子还不见有动静。是不是皇上与嫣儿不太亲近？"太后说。

"皇后娘娘与皇上是亲上加亲，哪能不亲近？想必是年龄太小，还是个孩子呢。"红蛾笑道。

"11岁，也不小了，只要生下儿子，我们就更有所图了。"太后意味深长地说。

"那太后觉得怎么办呢？再过几个月，皇后的假肚子就包不住了！"红蛾提醒道。

"不是还有个怀有龙种的宫女周美人么？"太后胸有成竹地长出了一口气。

"太后果然深谋远虑！周美人已经怀胎八月，比对外宣称的皇后娘娘的月份要大两个月……不过，早产这种事，也是再正常不过的了。"红蛾笑着轻声说道。

"你可把她盯紧了！再过一月，孩子一出来就抱到皇后宫里去！"

"太后放心！我今天就吩咐下去。不过听说这小蹄子心还不小呢！借着龙种见了皇上多次！"

"那一定得……"太后一边说一边别有深意地看了红蛾一眼。

"红蛾明白！想攀高枝也得看自己的命！只要她生下皇子，向皇上禀告难产而死，不就行了！成全了皇后娘娘，太后也就高枕无忧了！"红蛾低声附和道。

"嗯！"太后终于有了笑颜。

"太后福泽深厚，心思缜密，是长信宫的主人，也是未央宫的主人，也是……天下的主人！"红蛾也是胸有成竹。

"咱们知道就好，切不可走漏一丝风声！"

"是！奴婢这就下去吩咐！红蛾告退！"

"好，去吧！"

红蛾出去的时候，正好碰到皇上身边的小内侍常士奇带着两个手下和一个彪形大汉走了过来，随即说道："常士奇，您这会儿怎么到长信宫来了？"

"这不皇上让我给太后送封信呢。"常士奇低声说道。

"送信？"红蛾有些惊讶。

"可不？说是匈奴冒顿单于专门写给太后的信，唯太后不得亲启！这不！"他冲红蛾使了个眼色，头往彪形大汉歪了歪，"还在他手里呢。"

"哦！"红蛾不知道是吉是凶，说道，"那内侍先进去禀告，我吩咐几个小宫女办点事，就来！"

"没准儿是封告饶的信，赶紧回来讨赏吧！"他压低声音对红蛾说完就乐滋滋地进了长信宫的门。

"太后圣安！"

"常士奇，起来吧。"太后随即瞄了一眼常士奇身边的彪形大汉，看那大汉趾高气扬的样子，心中顿时不快。

"快，见过太后！"常士奇赶紧向这位彪形大汉说道。

"见过太后！"他瞪了一眼常士奇，手放胸前，行了一个鞠躬礼。

太后一见他傲慢的样子就知道他在皇帝面前肯定也是没有下跪。

"太后，他是匈奴来的信使，说是冒顿单于给您写了一封信，非得您亲自过目！皇上让我给您送过来。"

"信？"太后也有些疑惑。

"赶紧的……这儿……掏信……信……"常士奇赶紧跟彪形大汉示意，往他怀里指。

他大概会意，赶紧从怀里找出了信札递给常士奇，常士奇又递给太后身边的侍女，侍女又拿给了太后。

太后半信半疑地拆信，又看了看彪形大汉那张高傲的脸，说道："好了！信我已收到！先差人带他下去吧！"

"是！"常士奇指使两个手下说，"先带他下去，继续好生伺候着。"

两个小内侍自带彪形大汉退下。

太后展信阅读，越看越气，越看越忍不住。常士奇本来还兴高采烈，眼见着太后愁容上脸，越觉得是件棘手的事，头上的汗珠大颗大颗地冒出来。只听"啪"的一声响，一个上好的陶碗打碎在地。

常士奇赶紧跪倒在地上，刚进门的红蛾也是吓了一跳，赶紧跪倒！

"好一个冒顿单于！我与你不共戴天！"已近知天命之年的太后虽然欠缺保养，但风韵犹存。这一次是气极了，眉毛倒竖，嘴唇哆嗦，牙关紧咬不放。她把信一把扔到地上。信刚好扔到了常士奇的面前。常士奇虽然识字不多，这几个字倒还能认出来，匆匆浏览了以后大感惶恐说："太后息怒！"

红蛾亦说道："太后息怒！保重身体要紧！"

"简直无法无天！先帝真应该当时就剿灭了他！"太后仍然动气道。

"冒顿单于简直是大逆不道！竟然敢写此等书信？实在是罪不可赦！"常士奇跪着赶紧说道。

"你去给皇上复命去吧！告诉皇上，我要马上召见左右丞相和中郎将季布。"太后坐定，又开始思虑。红蛾在太后和常士奇说话这个时间也匆匆看过了信。

"是！小奴告退！"常士奇擦擦汗，赶紧给红蛾使了个眼色，站起来就退出去了。

红蛾见太后的气消了一些，气愤道："冒顿猖狂至极！一定要让他见识见识太后的厉害！"赶紧又给太后续了一碗参汤。

"凶蛮野人，还敢有此等幻想。先帝对待匈奴太过仁慈！慈养奸臣，善养贼人，这帮不知羞耻的东西！"太后仍然抑制不住怒火！

"太后一世美貌，竟也受了这般屈辱，奴婢实在不忍！"红蛾红了眼圈。

太后一看也动了一份真情，不禁说道："红蛾，你是我娘家丫头，一路至今也明白我其中的苦噩，尤其是入宫以来，被先帝嫌弃，与萝儿、盈儿孤苦相依。好在有刘青姑娘替萝儿去匈奴和亲，才保全了公主的姻缘。如今盈儿继承大业，又娶了嫣儿，我们的网才算刚刚结成！等将来慢慢换了绳索，任谁再来拧，可就拧不断了！"

"太后考虑周到！慢慢图来！好在皇上已经成年，只要大位在您手里，不就万事无忧了么！"

"可惜我年华正茂时被戚夫人那个贱人夺了恩宠，真恨不得杀她千遍万遍！"

"太后息怒！这一切不是早就无须多虑了吗？两年前，赵王如意暴毙，戚夫人也被您做成了'人彘'，死都由不了她！如今，先与群臣商量如何对付匈奴才是紧要！"

太后叹了一口气道："好，现在就去未央宫！"

常士奇忍着大太阳的毒晒一路跑到了未央宫，见到了正在看奏折的惠帝。

"启禀皇上，大事不好！太后动怒了！"

只见惠帝拿着笔的手猛地打了一个哆嗦，一下瘫坐在椅子上，问道："说！怎么回事？"

"请皇上先看看冒顿单于给太后的信！"

常士奇将信拿至桌前，只见惠帝神情恍惚，看了一眼信说道："读来听吧！"

"是！"常士奇清了清嗓子、弓了弓腰读道，"书呈汉廷皇太后！我是孤独的草原之王，生于水草丛生的沼泽地带，长于平坦空旷的牛马之野，数次来到两国边境，这次很想深入汉廷腹地一游。如今皇上独立继承大业，你则寡居。你我二人，同样寂寞难耐，没有快乐，何不永结同心，以双方各之所有，弥补了各之所无呢？"

惠帝虽然从心理上放松了下来，知道不是杀伐之事。但听到后文亦是怒不可言，气得拍了一下桌子说道："混账！胆敢如此欺侮我大汉！"

常士奇赶紧跪地说道："兹事体大，太后也气得发抖！如今估计已经往未央宫来了！太后还要立刻召见左右丞相和中郎将。"

"好，你去传旨吧！"惠帝摆摆手，"来，先把信拿过来！"

常士奇把信递过来然后退下。

惠帝又看了一遍书信，不禁欣然一笑，自言自语道："如果母后真能到一个天高云阔的地方，她的这份仇恨或许就能消解掉！仇恨消解了，罪恶就不会产生了！"他的眼前浮现出弟弟刘如意七窍流血的场景，还有断手断脚的戚夫人，心中默默念叨着："如意弟弟，是哥哥没有保护好你！早知道就不顾你年幼贪睡，拖你起床，一起外出习射！还有戚夫人……"

他突然想起戚夫人被做成人彘之前，被囚禁在永巷春米时写的那首《春歌》，他动情地一挥而就：
"子为王，母为虏。终日春薄暮，常与死为伍，相离三千里，当谁使告汝。"写完便大步流星地走了出去。

"走，去看看周美人。"近身内侍赶紧跟了上去。

常士奇请了大臣回来之后，得知皇上去了周美人处，无心国政，所以赶紧带了书信去大殿随侍，以免太后追问皇上。

太后赶至未央宫发现三位臣子都已在厅下等候，只是不见皇上。

"皇上呢？"

常士奇急忙奔进大殿说道："皇上刚才看了书信，忧愤异常，老奴着太医调经文脉，说肝气郁结，需要静养。"

"好，小心伺候皇上，将来有你们的好。先把书信给三位大臣看看。"

常士奇赶紧将书信捧上，先给右丞相陈平，待右丞相读完赶紧又捧予左丞相樊哙，最后又捧至中郎将季布。

只见季布还未读完，樊哙就说："单于这等禽兽！臣愿意率领十万兵士，横扫匈奴！"

"只是依照当前的国力，忍辱负重恐怕是权宜之……"陈平说。

"这般羞辱如何受得？我大汉国力胜它匈奴百倍！先斩了这个信使！随即就出兵！"樊哙一听就来了气。

太后听了心烦意乱，就问季布："你的意思呢？"

季布不缓不急地说道："臣的意思是斩了樊哙！"

"什么？"樊哙怒瞪两眼，"你个贼竖子！"

太后也吃了一惊。

季布继续说道："高祖七年，陈豨在代郡谋反，向匈奴投降。樊将军当时为上将军，率领大汉三十二万兵士出击，结果匈奴将高帝围在平城，樊将军并没有能力解围。当时天下都唱着这样的歌谣——'困在平城真是苦，七天七夜，不食不饮，不得弯弓弩！'如今，这样的歌吟之声还没有绝灭，伤残的兵士也才刚刚能起身站立，樊哙将军却又想动摇天下，妄言以数十万兵士横扫匈奴，属于当面欺蒙太后，所以当斩。"

"你！你……"樊哙也一时无言。

季布继续说道："太后，夷狄如同禽兽，得其善言不足喜，得其恶言不足怒也。"

陈平拱手说道："中郎将所言极是！请太后三思！"

太后不语，思来想去，终于压抑了自己的屈辱，为了大汉江山，说道："好吧！"于是命令大谒者张泽写了一封回信："单于不忘我们这个偏僻的小地方，还赐下书信，我们举国上下莫不惶恐。近来思虑良久，我已年老气衰，发齿尽落，行仪失当，不敢玷污单于。只是百姓无罪，特请开赦。现有御用马车两驾，良马八匹，奉上为驾。"同时又赠丝帛万匹，酒食百石，安抚单于的贪婪之心。

单于也自知失态，收到汉朝回函后赶紧又送来复函。

太后一看，笑着扔给红蛾说："我看单于的狼子野心也仅限于财物和女人。"

"书呈汉廷皇太后！中原真乃礼仪之邦，小王这次有所见识，幸得皇上太后赦免，不胜感激！"红蛾一看，噗嗤一笑，读出声来。读到最后一句她迟疑了，"另乞德貌双全之大汉公主重修和亲？"

太后微微一笑。

"只是皇上现在还没有生出公主，怎么和亲啊？"红蛾有些疑惑。

"你这脑子也该动动了！皇上没有，先帝还没有么？"太后边说边意味深长地听屋外的蝉声，"我这股气还没出够呢！哼！"

"太后圣明！先帝赵美人的女儿应该长大了！"

"赵美人倒是知趣得很，先帝去的时候将女儿送予薄姬抚养，薄姬虽不招先帝待见，倒是一朝有子，现如今成了代王太后。现在算来，也三年了吧？"

"整整三年。当年赵美人与薄姬交好，还是赵美人向先帝引荐了薄姬，哪知薄姬还有些运气，第二年就生了刘恒，可惜先帝连刘恒的样子都没看过，只是封了个代王。太后仁心，先帝去世后，赐她母子二人去了封地。"

"薄姬虽是个福薄的妃子，倒是安生。赵子儿那个狐媚子却害得我在先帝面前受了多番冷落！"

"现如今早已流放至南楚之地，有蛇蝎精虫的啃噬，估计也活不过今年去！"

"你即刻传旨下去，宣刘罥公主进宫！"

"是！"红蛾随即走出宫门。

太后闭上眼睛又开始了新的谋划。

赵子儿是先帝刘邦的美人，她与薄姬原本都是项羽部将魏豹的姜室。高祖三年，刘邦打败魏王，将魏王宫里的内侍全都掳到了河南荥阳，其中就有赵子儿、管夫人和薄姬。三人因年龄相当，关系十分要好，并以姐妹相称，还相约"富贵莫相忘"。后来，她们三人同被刘邦看中而召入宫中。管夫人、赵子儿两人因容貌姣好而很快被封为美人。

先帝有一天闲来无事，在花园中与管夫人、赵子儿赏花取乐。两位美人想到自己如此显要，又想到当日三人的盟约，不禁将此事当作笑话讲与刘邦听。没想到，刘邦听后反而对入宫一年多不曾被召幸的薄氏产生怜悯之情。于是，当夜便临幸了薄氏。只此一幸，薄姬于第二年生下刘恒。

先帝驾崩后，由于薄姬少见刘邦，地位也不高，所以太后准许她从其子去了代地。走时，赵子儿自知得不到太后的饶恕，苦苦哀求薄姬偷偷将自己7岁的女儿刘覃公主也带走。

太后知道后大发雷霆，要治薄姬的罪。于是将仇恨撒在管、赵二位美人身上，先将之囚禁在冷宫。等赵王如意和戚夫人死后，又将二人流放至南楚。管夫人半路得病去世，赵美人忍辱求生，还期盼着再见女儿一面，哪知如今等来的却是女儿将被送往匈奴和亲的消息，气急攻心，吐血身亡，尸首被官兵扔到了野林子，果然如红蛾所言，经受了蛇蝎精虫的啃噬。青春薄命，享尽了权力带来的繁华，最终却也成为权力的牺牲品。

11岁的代王刘恒接到旨意后匆匆往母亲宫中跑去。

"娘……娘……"他边跑边喊。

薄姬坐在宫里正在缝补衣服，旁边坐着覃儿在石头上作画，听见刘恒这么急切的声音，心里咯噔一下，匆匆站起，看着刘恒飞奔进门。

"恒儿，什么事这么紧迫？"

"娘……"刘恒喊了一声居然哭了起来，覃儿也赶紧跑了过来，胆怯地站在薄姬身后。

"怎么回事？你慢慢说。"薄姬蹲下身安抚道。

"娘！你看，太后传旨要覃妹妹去匈奴和亲！"薄姬这才看到恒儿小手里紧握着的圣旨。

"啊？我看看！"薄姬心慌意乱，匆匆一瞥，只看见，清清楚楚写着封刘覃公主为绾丝公主，赐婚冒顿单于，命半月内进宫。看完后，她一下瘫坐在地上，目光悲戚，眼泪大颗大颗地滴下来，双手紧紧握着圣旨不放。刘恒扯着她的左手，悲哭不绝。刘覃一边扯着她的前襟，一边扯着刘恒的左胳膊，她哪里懂得和亲，只当太后叫了她去就要杀了她，就只管哭着说："我只要跟着姨娘和哥哥，我不要去见太后，我不要去见太后……"

"这两天的太阳真是太可恨了，为什么落得这样快！"刘恒稚嫩的声音打破了寂静。屋里，两个孩子围着薄姬散漫地坐着，刘恒胡乱将手里的竹简卷了去，无心读书。刘覃整理着笸箩里的线团。薄姬抖了抖手里正在缝的一件红色长衣。

"真是快啊！给覃儿的这件长衣我一定要赶出来！"说着，她摸了摸覃儿的头。

"姨娘，你说我变成个男孩子该多好啊！"刘覃悲伤地说。

薄姬一听，眼圈就红了，难过地说："傻孩子，娘胎里带的，还能变回去再定？"

"要不，现在就将覃妹妹扮成男孩！回禀太后说覃妹妹早就不见了！"刘恒兴奋了起来，只要想到如何与太后做斗争，他就格外地兴奋。

"傻孩子，这可是欺君之罪，早知道有今天，三年前出宫的时候就应该……"

"应该什么？"刘恒急切地问。

"你说呢？该想个什么办法？"薄姬一边缝一边看了看刘恒。

"那那那……那……在半路就向宫里禀报，说覃妹妹突然被野兽叼走了……"

"啊！"刘覃吓得一哆嗦。

"你看你的鬼点子，吓了覃儿！"薄姬轻声责备道。

"哎呀，你们不用害怕，那不是假的嘛，只是为了向太后禀报！至于'这位妹妹'嘛！"说着，他指了指覃儿，"就说，她是娘亲在路上捡的！"

"这都怪娘亲没有远见！唉……"说着刘恒又悲伤起来。

"早知是这样，姨娘肯定想出一百种法子了！"

"姨娘，覃儿明白事理，只要处处与人通融，到哪里都会是招人疼的孩子！"刘覃知道现在一切都已不可更改，看见姨娘自责地流泪，她突然一下子长大了。

薄姬又不舍地看看刘覃说："只是姨娘辜负了你娘的嘱托！这一生心里都不得安稳了！"

"归根结底都是太后的错！"刘恒气愤地说。

"哎呀，傻孩子，这话可不能乱说！"薄姬一听刘恒说这样的话，赶紧制止了他，手紧紧地抓住长衣，悄声说道，"恒儿，今后说话做事一定要谨慎！覃儿也是一样！不能由着自己的性子说话，多说让别人失去提防的话，多说别人爱听的话。不过还是少言少语最好！"

刘覃点点头，将姨娘的话牢牢记在心里。

刘恒还是气呼呼的，不过他应承道："嗯，娘，我知道了。"

"姨娘不要担心我！这次进宫，一定能见到我娘呢！"

薄姬放下手边的针线，握着刘覃的手，叮嘱道："你也知道你娘亲和管姨娘都被废黜在冷宫，切记，如果太后不提让你去见母亲，你就不可主动提出去见。倒是可以疏通一下内侍，私下去看看。"

"娘，不用这么担心！覃妹妹如今肩负着和亲的使命，太后会千方百计保护妹妹周全，如果妹妹提出什么要求，太后也一定会尽力满足的！"

"你们都还小，哪知世事难料。覃儿，切记不可忤逆太后，否则怕有性命之忧！"

"嗯！"刘覃似懂非懂，"不能触犯太后！"

"覃妹妹，我将来一定要把你救回来！"刘恒充满稚气地说。

"不管走到哪里，一定要好好活着！活着就会有出路！"薄姬语重心长地说。虽然覃儿7岁的时候她才带到自己身边，但由于薄姬和赵美人情同姐妹，覃儿和恒儿也才差一岁，两人从小也比别的皇子和公主要亲近些，所以在她的心里，覃儿就像自己的亲生女儿一样。

"嗯，覃儿明白！"刘覃坚定地点点头，说着便靠在薄姬的怀里，紧紧地搂着她的腰。

可惜母子三人都还不知道，红蛾的一封书信，早已使赵美人一命归西了。

两天后，代王刘恒派出五驾马车、五百兵士护送缛丝公主回宫。一路不敢有丝毫的耽搁，终于在太后所给的最后一天期限前到达朱雀门。进宫之前，覃儿先接受了一番礼仪姑姑的教诲，哪知这位礼仪姑姑原是赵美人处的洒扫宫女，一见覃儿就嘘寒问暖格外亲切。虽然覃儿已经不记得这位善良的宫女，但这一切都让她心里倍感温暖。她记住了这位宫女的名字"米兰姑姑"，她一定要找到机会问出母亲的下落。

第二天，覃儿带着米兰姑姑一同去见太后，巧的是皇后娘娘也在太后处问安。米兰刚想告诉覃儿那是皇后娘娘，哪知覃儿已经恭敬地跪了下去，"缛丝叩见太后！叩见……"她赶紧跪在覃儿身后，低声说："那是皇后娘娘！"

"混账！太后面前还敢窃窃私语！"红蛾厉声呵斥道。

米兰赶紧叩头说："奴婢罪过，缩丝公主昨天刚进宫，请太后宽恕！"

"缩丝叩见皇后娘娘！"覃儿心知米兰姑姑又被人抓住了把柄，立刻继续匍匐再拜。她的声音清脆，神态谦卑。

红蛾正要发作，见太后使了个眼色，示意皇后在场，只好作罢。

皇后突然看见来了这么一个清秀的妹妹，欢喜万分，直冲她笑，但覃儿哪敢抬头。

太后缓缓说道："抬起头让我瞧瞧！"

覃儿微微一抬头，一身淡青色正衣，外搭一件蔷薇色长衣，显得格外清雅秀丽。哪知由于眉眼与赵美人极其相似，太后一看便来了怒气。

"你今年几岁了？"

"谢谢太后垂问！缩丝今年10岁。"

皇后娘娘听后，很是惊喜地说道："我就看着你小，原来才比我小一岁！"

覃儿"嗯"了一声，对她感激地笑笑。

太后瞥了一眼皇后，嗔怪道："没大没小，都是皇后了，还口无遮拦。你现在是皇后，她能跟你比吗？"言语中满满的是呵护与疼惜。

"啊，外祖母，看她多乖巧！我带她去花园玩吧！"皇后毕竟还是个孩子，一下冲外祖母撒起娇来。

"太阳毒的时候就赶紧回去！"太后嘱咐道。

"谢谢太后外祖母，知道啦！"皇后笑嘻嘻地说。

"等我再问她几句话。"太后继而转向覃儿，"你这几年都在代地，薄姬与代王可还安分？"

"回禀太后，姨娘经常说，太后宽厚仁慈，福泽深厚，嘱咐我们一定要回报太后恩德。代王喜欢敲敲打打，像个铁匠……"

"啊，铁匠？"皇后开心得笑起来，太后噗嗤一声也笑了。

覃儿看了看太后的脸色，就继续说道："嗯，就像个铁匠，整天烧铁块，然后磨制一些小东西。这次进宫，姨娘特地嘱咐将恒哥哥给太后打造的一对金护指带上，请太后赏玩！"说着，示意米兰姑姑将一个精致的铁盒奉上。

红蛾为太后打开捧上，太后瞧了一眼，小巧可爱，心下不禁喜欢，拿了一只戴上，还颇为合适，高兴地说道："难为他娘俩这份心意！起来吧，赐坐！"

"谢太后！"覃儿又是一拜。

"外祖母这么喜欢，就让'铁匠'回头再给您打磨一对，天天换着戴！"皇后没心没肺，笑嘻嘻地说道。

"没大没小，论理还是你舅舅呢！'铁匠'倒叫顺口了！"太后笑着说。

"谢谢太后原谅嫣儿！那我带她去宫里转转吧。"皇后笑着，边说边行礼。

"好，你们去吧。我也说了这一阵子话，有点累了。"

"绾丝告退！"说着又是一拜。

两个孩子从太后宫里一出来，皇后就拉着覃儿朝长信宫右侧的池塘跑去。等蹦蹦跳跳、拉拉扯扯到池塘，两个人都累坏了。

"啊！好久没这么开心了！"皇后自言自语道。

"你在宫里还不开心？"覃儿诧异问道。

"宫里又没有我娘，有娘亲的地方才是最让我开心的地方。"皇后直率地说。

覃儿听到皇后这么说，不禁伤心了起来，坐在一旁默默不语。皇后见状，就凑过去挤挤她说道："你也别伤心了，女儿终究是要离开娘亲的！……哎，我还有一个问题，刚才你为什么把娘亲叫作姨娘呢？这是那里的称呼吗？"

覃儿深情地看了一眼皇后，皇后的双眼真诚地盯着自己。这是疑惑的目光，也是信任的目光，覃儿非常感动，不禁说道："恒哥哥的娘亲确实不是我的娘亲，我的娘亲……在宫里。"

"啊？"皇后被吓了一跳。

"公主！"米兰姑姑着急地叫了一声，立时跪倒在地。

"你怎么了？"覃儿被米兰姑姑的举动吓了一跳。

"公主！宫里人多眼杂，有些话是不能说的，否则……会有危险！"米兰姑姑谨慎地说道，两个孩子都不说话了，苦恼地对视了一下。

"米兰姑姑，没事的，我会为公主保守秘密的！我不跟外祖母说，也不跟娘亲说！"她随即也唤自己的侍女，"立儿，今天的话不能向外说的！知道了吗？"

"奴婢知道了！"立儿轻轻一拜。

"你这下放心了吧？快起来吧。"米兰抬头冲皇后一笑。

"你笑起来真好看！你是我们的大姐姐！"皇后尽说孩子气的话。

"呀！折煞奴婢了！米兰哪敢跟皇后娘娘、公主比较，只是看见你们两个直率可爱，所以多说了一句，请皇后娘娘和公主饶恕！"米兰谦逊地说道。

"你比我们大几岁啊？我11岁。"皇后说道。

"我10岁。"覃儿说道。

"我27岁了。"米兰说道。

"你呢，立儿？"皇后又问。

"我16岁。"立儿答道。

"哇！太好了！米兰是父亲，立儿是母亲，我是哥哥，覃儿是妹妹。"皇后一说完，四个人就一起开

"阳陵令印"封泥

始大笑，笑得腰都直不起来了。

"哎呀，我的眼泪都笑出来了！"立儿说。

"笑得我的肚子好痛啊！"皇后捂着肚子说。

"皇后就是个小机灵！"米兰捂着嘴笑。

"我觉得皇后真是个好哥哥！"覃儿边说边摇着皇后的胳膊，开始撒娇，"哥哥，哥哥，我要放风筝……"

"嗯……"皇后装模作样地捋了捋胡子，"待哥哥去北山折几根细竹竿，给你扎一个大大的兔子风筝……"说完手背后像模像样地向着北边走，刚走了两步就大笑起来，"哈哈，太好玩了！"

此时，覃儿突然想到了恒哥哥，想到了姨娘，笑着笑着，眼泪流出来了几颗，随即像断了线的珠子，竟然哭了起来。

所有的人一下都没有了兴致。

皇后走过去抱着覃儿，安慰道："我知道你肯定想娘亲了！走，咱们去看你娘吧！"

米兰一听，内心说了一声："糟糕！"

覃儿一听，立刻从皇后怀里挣脱，抹了抹眼泪，说："嗯。"

"皇后娘娘，公主！不可！"米兰只能再次跪在二人身旁。

"为什么？"皇后和覃儿同时感到不解。

米兰慢慢道来："公主的母亲赵美人在先帝去世以后被打入冷宫两年，今年年初已经被……"

"被什么？"皇后和覃儿都很急切。

"被……被发配至南楚了！"米兰悲伤地说。

"啊？！"皇后一惊。

覃儿顿时像散了架，瘫坐在石头上，嘴里念叨着："我见不到娘了！我见不到娘了！我见不到娘了！"

"皇后娘娘，公主，还有一个关于公主娘亲的消息，不知道当说不当说。"米兰是真心犹豫。

"你说！我肯定保密！"皇后看了一眼覃儿，看到她急切而又紧张的眼神，皇后知道她比自己更想知道。

"不过都是前几日宫女们闲聊说起的，说……"米兰又看了看皇后和覃儿，她们的眼神告诉她继续说下去，"说宫里有一个人给公主生母赵美人写了一封信，信里只说美人女儿马上就要去和亲了，结果……

结果赵美人气急攻心，一下……一下就去了……"

"啊，去哪里了？"覃儿紧张地问道。

"是不是死了？"皇后诚恳地问道。

米兰无奈地冲皇后点了点头。

覃儿看在眼里，才明白娘亲已经彻底走了，永远不会再有相见的一天了！她终于绝望地大哭起来……

"哎呀，公主，不能哭！"米兰使劲摇着公主的腿，"不能哭！要忍住！"

"为什么？娘亲都死了还不能哭？"皇后生气地说，"怎么会听到这么让人伤心的事情！"

"皇后娘娘，公主现在的身份是和亲公主，一旦让人看见大哭不止，会被人认为是不愿意去和亲，那岂不是扰了太后的心？扰了皇上的心？公主如果担上这样的罪责，恐怕无论如何都洗不清了！"米兰郑重地说。

"嗯，你说得有道理，起来吧。"

"奴婢还有一事相求！"米兰继续跪着说道。

"求我？什么事？"皇后不解。

"奴婢原是赵美人宫中的洒扫宫女，曾经受到赵美人诸多恩惠。后来赵美人被打入冷宫后，我也被分了出来。如今有生之年再次见到公主，奴婢只有一愿，那就是跟着公主一起去匈奴，尽心照顾服侍公主，以报赵美人恩德！”

“米兰姑姑！”覃儿动情地叫了一声，米兰冲她坚定地点点头。覃儿又哭了起来。

皇后点了点头说道：“难得你有这份心！你放心！我一定会跟外祖母禀告的，就说公主进宫时间太短，为了不辱没大汉气度，也为了赢得匈奴更大的信任，就让姑姑一起跟着去！”

“奴婢叩谢皇后娘娘！”米兰感激道，盯着覃儿一个劲儿地笑。

“起来吧！”皇后遂而转向覃儿，“你别哭了！赶紧回去吧，哪天我再来看你！”

“嗯。”覃儿点头道。

立儿这时对覃儿说道：“我听人说，再过半个月就得出发，路上还得走几个月，公主一定保重身子！”

覃儿听了更觉得悲苦，忧伤地看着皇后的肚子问：“成亲好吗？你的肚子？”

皇后一听又笑了起来，说道：“哈哈，我给你变个戏法！"她双手轻轻一按，凸出来的肚子居然又回去了。

"啊？"覃儿和米兰大吃一惊，只有立儿在那笑。

"哈哈，这是假的！我说这大半天我怎么这么热呢！我也赶紧回去把这个大绸包取出来！"四个人又笑了起来。

皇后临走握了握覃儿的手，轻声说道："告诉你个悄悄话，成亲嘛，不好！不过我们都得听外祖母的，你一定要保重！"

"嗯！"覃儿认真地点了点头。

半个月后，在米兰姑姑的陪伴下，缟丝公主在五千官兵的护送下启程了。这次的路线是从长安的西北方走，先到安定郡，再到银川，再到朔方郡，过了长城就进了受降城了。

这次的嫁妆中，除了酒肉粮食，还有专门为缟丝公主准备的丝帛万匹，麻纸两车，颜料两车。因为公主喜欢画画，这都是皇后娘娘特地向太后替覃儿要的。

车队缓缓驶入草原的时候，在覃儿和米兰的内心，还有一丝小小的兴奋。她们终于摆脱了那么险恶的皇宫，开启全新的未知的人生。只不过迎亲队伍中的人都凶巴巴的，样子看起来十分野蛮强悍，米兰不禁为覃儿捏了一把汗。正想着，突然看见一个小士兵吹着口哨快马加鞭地冲了出去。米兰看他那么不屑一顾的样子，心中有些隐忧。这次虽然只有一个小小的属国都尉官护送，但毕竟也是西边六城的太守，想他单于也不敢怠慢。

哪知这个小士兵是阏氏呼衍青的亲信。呼衍青的哥哥呼顿王子因破坏互市被杀，而冒顿单于之所以同意，是因为听了"鲁元公主"的劝谏。呼衍青一直怀恨在心，不惜诋毁"鲁元公主"与冒顿单于的亲信须卜鞍有私情，使得冒顿单于射杀了须卜鞍，对"鲁元公主"也置之不理，最终导致了"鲁元公主"的病逝。如今又来了一个汉朝公主，呼衍青的心头之恨重又点燃，于是在迎亲的队伍中安排了自己的一个亲信，唤作马奴，盼望着他能找到一些汉王朝对匈奴大不敬的证据。

她听了马奴的报告以后，轻蔑一笑，朝冒顿单于的帐内走来。四十岁的冒顿单于正招了几位大将商量秋季祭祀大会的事情。

只听见刚刚升任左贤王的呼衍恩向冒顿单于说道："我王这次可以邀请鲜卑族人！"

"鲜卑？"冒顿不屑一顾。

"请那群弱蛮子干什么，老子迟早吞了它！"右大都尉呼衍庆也是不解。

"八弟，可不能这么说！"呼衍恩诚恳地说，"我王要谋得长远！如今我大匈奴只是从西北与中原接壤，鲜卑则从中原东北与中原接壤。虽说鲜卑族贫弱，但据探子回报，鲜卑族如今与汉交好，得了汉帝不少好处，将来相商共同侵扰我大匈奴也不是没有可能啊！"

"嗯！"冒顿单于陷入沉思。

"小小的汉朝皇帝怕什么，我一只手也能拧断他脖子！"呼衍庆总瞧不上六哥这种口气，"你不要老是长别人威风，灭自己士气！"

"我王要深思啊！两个交恶的邻居永远不会成为我们共同的敌人！"呼衍恩说得颇有深意。

"六叔说得对！"只听见呼衍青笑着走进来，边说边给冒顿单于行礼，妖媚无限，"我王单于在上！"

"你知道什么？不得胡议朝政。"单于一看是呼衍青，心中早就酥了半分，佯装发怒道。

"臣妾哪知道什么朝政，臣妾只想着为我王单于看清真正的敌人！"呼衍青娇滴滴地说道。

"哦？"单于一笑，"那你说说，我大匈奴真正的敌人是谁啊？"

"青儿不敢造次！"呼衍恩告诫道。

呼衍青看了一眼六叔，说道："六叔，青儿知道分寸！前两年我跟着大王巡边，早就看出来，汉帝有灭我族人之心！"

呼衍恩陷入了深思。呼衍庆一听正合己意，说道："青儿说得对！高帝那老贼肯定不是心甘情愿地供奉，现如今又来个小贼，还有个老太后，咱们不如举兵南下灭了他！占了他老巢！"

"八弟，你真是唯恐部族不乱！"呼衍恩说道，"国与国也有相交之法，汉虽有灭我族之心，但暂时还没有实力与我大匈奴对抗。而我大匈奴部族，虽说人人都能上马，但战斗力已不复从前。所以维持和平既是他们的首选，也是我们的首选啊！"

"六哥此言差矣，汉根基未稳，如今是我大匈奴取胜的最好时机！否则，将来有一天，不是我大匈奴灭了中原，就是中原灭了我大匈奴！"呼衍庆气愤地近乎吼出来。

"混账！"单于顿时来了气。

"我王息怒！"呼衍恩和呼衍青一看冒顿单于生了气，都拜了下去。

只见呼衍庆还高昂着个头，冒顿单于一看更来了气，对他说道："你还不服气么！出去！好好带你的兵去！"

呼衍庆一听不情愿地说道："是！臣告退！"

只见侍卫进来禀报："报告我王单于！缩丝公主离单于庭还有三里路程！"报完即退。

冒顿单于一听，对呼衍恩说："你去安置吧。"

"是！老臣告退！"呼衍恩恭恭敬敬地说。

呼衍青知道单于还在生气，而且生的是汉朝的气，她就跪下一边给冒顿单于捶腿，一边谄媚地说："大王有了汉公主，肯定把臣妾就抛到脑后去了！"

冒顿单于长长地呼了一口气，心乱如麻，一听她这么说，心下反而轻松了几许，于是抬起她的下巴，逗趣着说道："怎么，你又吃醋了？"

"臣妾不是吃醋"，呼衍青一扭头继续捶腿，"臣妾是怕奉命而来的公主哪天把臣妾用白布裹了去！"呼衍青说得莫名其妙。

"白布？什么白布？"冒顿问道。

"大王没见中原葬人的时候都是裹了白布然后才放进棺材的？刚才马奴回来想跟大王禀告的，被我挡在门外问了几句，听说这次汉朝的随嫁物品中有两车的白布，我一听就觉得不吉利，所以就打发他回去再看看。"呼衍青佯装哭倒，"臣妾是怕，公主一来，就要裹了臣妾去呢！"

"她敢！"冒顿单于又气愤地拍了一下桌子，立时又心乱如麻，呼道，"拿酒来！"

呼衍青立刻命人拿酒，倒满捧上，一杯接着一杯。

"禀告大王，缩丝公主已到帐外！"侍卫又报。

"送回新帐去！"冒顿单于命道。

侍卫一愣。

"狗奴才！没听见吗？送回新帐去，大王不去迎了！"呼衍青也来了气。

"是！"侍卫得令退出。

夜幕降临，新帐内只有覃儿和米兰。覃儿把盖头摘下透透气，站起来这走走那走走，米兰则掀开布帘子朝外望着。

"真热啊！"覃儿说。

米兰看看，笑着说道："公主穿着婚服，自然热些，我盛些温水来，给你擦擦汗！"

"啊，不要！你陪着我！我害怕！"

米兰一笑，自从入宫就陪着覃儿，一路往北来到了匈奴，她们两人更亲近了。

"傻孩子！我跟迎亲的人打听了，说单于四十岁左右……"

两人正说着，侍女进来禀告："公主，我王单于即刻就到！"

米兰赶紧给覃儿蒙上盖头，覃儿瑟瑟发抖，竟然哭了起来："我想姨娘，我想恒哥哥……还有娘亲……"

米兰一听慌了神，把覃儿抱在怀里，安慰道：

"傻孩子，不能哭，今天是你成亲的日子，应该高兴才是！不哭了！"

正说着，冒顿单于突然走进帐里。他穿着一身褐色的新衣，脚踩皮靴，腰间挂着两串石头坠儿和一把短刀，胸口绣着一个狼形图案，满脸的胡子，一只耳朵上戴两个哨子状的贝壳，两眼醉醺醺地盯着米兰和盖头下的覃儿。

"叩见大王！"米兰迅速看了一眼，赶紧跪倒。

"出去！"冒顿单于说完，晃晃悠悠地走向公主。

米兰头也没抬，起身即朝帐外走去，走到门口看见单于歪坐在公主面前，心下不忍，洒下泪来。

"你就是公主？"单于醉醺醺地问道。

"是！"覃儿颤抖着答道。

单于一把掀起覃儿的盖头，扔了出去，覃儿吓了一跳，站起来想走。

"小蹄子，哪儿去？！"单于顺势一把把覃儿拽回来，覃儿跪坐在地上，头也不敢抬。

"抬起头来！"单于命令道。覃儿哆嗦着抬头，一看单于又醉又凶，手腕又被捏得生疼，害怕得哭了起来。

单于一看，顿时来了火气，放开手一巴掌打将过来，罩儿竟被打出去有两米远，头磕到木头凳子上，嘴角和额头都流下血来。

米兰一直站在帐外，听见一声响亮的巴掌，赶紧冲进来，一看罩儿的样子，赶紧扑倒在地扶起了罩儿。

"公主，公主！"米兰叫着罩儿。

"我要娘亲……"罩儿一看是米兰姑姑，哭得更伤心了。

冒顿单于哪知道公主这般吵闹，心烦得不得了，酒也醒了一大半，在帐内走来走去，只看见米兰一边安抚公主一边给公主擦血。

"公主不哭！不能哭！你娘亲要是知道你嫁给了大王，肯定高兴坏了呢……请大王饶恕！公主，公主还是个孩子……"米兰也颤颤巍巍地说道，没想到单于如此凶悍，可怜的公主。

"吵死了！都给我滚出去！"单于命令道。

米兰叩完头扶起公主往帐外走。

"等等！"单于又凶巴巴地吼了一声。

米兰扶着公主转身面向单于再次跪倒。

"你叫什么？"

米兰怔了一下，知道在问她，赶紧回道："奴婢米兰。"

"米兰？安抚好了公主，一会儿送些酒进来！"

"是！"

米兰扶公主出去，来到旁边的侍女帐，赶紧遣人叫来了汉朝医女陪侍公主，自己则去膳房大帐取了些酒和腌牛肉，款款端至新帐。

"叩见大王！酒肉都已备好！"米兰见单于卧在榻边，跪在地上朗声说道。单于未动，也未理。米兰估摸着单于应该是醉了，于是轻手轻脚地将装着酒和肉的盘子放至木桌上，起身往帐外走。

"斟酒！"单于闷声说道。

米兰一听，吓得赶紧转身回来，斟满了一杯。单于的青铜酒杯比汉宫内的酒杯大三四倍，米兰一边斟酒一边纳闷，这样的饮法，普通人一杯就该醉了。

单于听见酒已斟满，说道："拿过来！"

米兰颤颤巍巍地将酒杯端至单于身前跪下，双手捧上酒杯，不敢抬头。

"你是不是以为我醉了？"

"奴婢不敢！"

"不敢？那你还敢不言语就出去？"

"奴婢只是……想看看公主的伤势。"

"公主？小皇帝逗我呢，给我送来个孩子！哼！"
单于边说边接了酒杯，一口气饮完，站起身将酒杯掷了
出去。

米兰一看，知道单于因此发怒，委实说道："请
大王原谅！绾丝公主的确还是个孩子。她是先帝与赵
美人的女儿，名叫刘罦，今年10岁。赵美人在先帝殁
后被太后发配至南楚，两个月前也去世了，公主也是
刚刚得知消息，所以感伤！我本是赵美人宫中的洒扫
宫女，看着公主长大，所以这次前来服侍公主。还请
大王不要怪罪公主！"

"据我的探子回报，公主近几年根本就不在宫
里！"

米兰应声道："禀告大王！公主在宫里长到七
岁。先帝殁后，赵美人将公主托付给宫里的姐妹薄
姬，公主后来就随着薄姬一起到了代王的封地，几个
月前才被太后接到宫里。"

冒顿单于心中有数，听米兰这么一说，也放下心来，随即说道："过来，给本王解衣！"

米兰一听，眼睛一转，心下已经大概清楚冒顿单于的意思，慢慢走至单于面前，低头解开单于的腰带，单于身上棕色的薄衫顿时垂下来。米兰瞬间看到了单于赤裸的胸膛，一下羞红了脸，温声说道："奴婢这就去请公主！"

哪知在她转身的一刹那被单于拥入怀中，米兰扭打着想要挣脱，可她哪里是冒顿单于的对手……

几天后，在秋季的祭祀大会上，冒顿单于远远看见覃儿和米兰身着匈奴服饰，长靴长裤短衣，格外清秀超然。而且在覃儿身边，还围着一群孩子。

单于很纳闷，悄悄走到覃儿和米兰身后，问道："你们在干什么？"

米兰转身一看是大王，赶紧跪下，覃儿也赶紧行礼。

单于不耐烦地说道："起来起来，告诉本王这是什么东西？"

只见一个孩子拿着一块四四方方的布，跑到单于跟前说："大王，这是字。"

"字？"单于吃了一惊，"这不是三颗小石子掉下来了吗？"

"大王好聪明，这是'小'字，大小的小！"覃儿说道。

那个孩子也跟着读了一声："大小的小。"

单于心里一喜，问道："你还会写字？"

覃儿"嗯"了一声，说道："是恒哥哥教我的。"

米兰赶紧补充道："哦！就是代王刘恒，薄姬的儿子。"

单于看了一眼米兰，米兰又一下羞红了脸。

"那这是什么？"单于甩了甩这个四四方方，布一样的东西。

"大王，这是麻纸。"覃儿答道。

"麻子？"冒顿纳闷不已，一下把覃儿和米兰说笑了。

"大王，是'麻纸'，不是'麻子'！"米兰笑着说道。

"它很有韧性，可以在上面写字画画。"覃儿解释道。

"这是中原做出来的？"冒顿翻过来调过去看了看。

"嗯！"

"这是用什么材料做出来的？"

"听姨娘说，是用竹子或者桑皮、藤条、稻秆，或者是茧，或者是用楮，将之煮沸捣烂，和成黏液，均匀地铺开，使之结成膜。最后再在上面放上大石头，就是特别重、特别重的大石头，把它压平，就做成了！"覃儿一口气说完了，还用手比划着。

单于听得认真，米兰见了心里高兴，她知道单于已经不怪罪公主了。

"工艺倒是不复杂。"冒顿看看身边一群这么感兴趣的孩子，就问覃儿，"你在这里教他们认字？"

"我教他们画画！"覃儿兴奋地说道。

"画画？"

"画就是字，字也是画。他们认识画了就自然认识字啦！"覃儿说道，"大王你看，这幅画里，上面一个牛头，下边一个口，是什么意思啊？"

灞桥纸

单于皱了皱眉头，说："牛会叫，会说话。"

"嗯！"覃儿像个夫子一样，煞有介事地说，"大王说对了！牛都会说话了，大家知道的事情是不是就更多了呢？如果贴个告示，知道的人是不是就更多了呢？"

"那这是什么字啊？"一个孩子问道。

"这个就是'告'字，'告示'的'告'，像这样直接画出来就是'告'字了！"覃儿一边说一边画着。

单于肯定地点点头，看看覃儿和米兰，再看看周围的一群孩子，高兴地说："好！那你们就跟阏氏学画画，再过一个月来比赛，谁画的字最多，本王就赏他一头羊！"

孩子们欢呼起来！

米兰欣慰地笑了，覃儿则高兴坏了，与孩子们一同叽叽咯咯地笑了起来，天真无邪。

米兰的手扶在覃儿的肩上，远远看去就像一对母女。

呼衍青将一切都看在眼里，心中像着了一团火，怒气冲冲地说道："究竟谁是阏氏？贱人！"

　　覃儿让米兰姑姑将姨娘给她缝制的淡粉色长衣改成两件罩衣，平时内里穿着长袖短衣长裤长靴，外穿一件长袖至小腿处的罩衣，紧切随身，从上到下缝了八个淡紫色的扣子。米兰姑姑时刻给她扣得严严实实，怕她着风。

　　这个小夫子给大家"授课"的时候，孩子们会编个花环给她戴上，有时候还在花环上插着两根长长的羽毛。覃儿可喜欢戴了，觉得戴上花环才真正成了小公主。米兰姑姑也就渐渐给她去掉了繁琐的发饰，在头发两侧各编了四根小辫子，长发自然下垂，花环一戴，清秀典雅，俨然是个落入凡间的小仙女。

　　她就这样美美地成了孩子王，将皇后跟太后给她讨来的矿物颜料、麻纸都拿出来，教孩子们画画、识字。其中有一位18岁的大哥哥，叫兰鹰儿，既是孩子群中最大的一个，也是最认真的一个。兰氏一脉虽然不如呼衍氏昌盛，但有一个勇猛无比的晚辈，也足够了。兰鹰儿从小勤练骑射，习得一手好箭法，而且沉稳内敛，谦虚谨慎，跟随冒顿单于学习带兵领兵的本领，也从呼衍一族参政议政中增长自己的见识。

　　他很小就听母亲说起过，呼衍一族的壮大离不开对中原诗书礼仪的学习，但草原上没人能教他认字读书。如今来了一位汉朝公主，竟然会画画，也认字，所以他只要有空闲时间就去请学，日积月累，竟然也能读书了。

他经常吟诵《诗经·葛覃》："葛之覃兮，施于中谷，维叶萋萋。黄鸟于飞，集于灌木，其鸣喈喈。葛之覃兮，施于中谷，维叶莫莫。是刈是濩，为絺为绤，服之无斁。言告师氏，言告言归。薄污我私，薄浣我衣。害浣害否，归宁父母。"外人只道他是喜欢读书，有谁知道，《葛覃》的"覃"就是覃儿的覃呢?

这个秘密此生只能留存在他的心中，因为覃儿是王的女人，是冒顿单于的女人。草原长大的兰鹰儿心里最清楚。为了不招来杀身之祸，他请单于为他赐婚，娶了一个牧民的女儿。从此，他只在暗中保护覃儿。

米兰温顺不多事，克勤克俭，即使有大王的宠爱，她也时时刻刻保护着覃儿，维护着覃儿。她慢慢也知道了呼衍青的霸道和狭隘都建立在呼衍家族的昌盛之上，而自己与覃儿背后只有冒顿单于。虽说兰鹰儿保护覃儿的心，米兰也看在眼里，但他毕竟还是个孩子，没有实力，也没有势力。单于一旦远行，她们将成为草原上最孤独无助的人。每当想起高帝仙逝后宫廷内的争斗，米兰内心的恐惧就一阵一阵袭来。她知道，一定不能与呼衍青交恶，只有百般忍耐才是最好的办法。

然而，米兰怀孕了。

冒顿单于共有三个女儿，唯一的儿子不幸骑马摔死，一直让单于悔恨万分。如今米兰怀孕，冒顿单于别提有多高兴了。

呼衍青则是气得肺都快炸了，她叫来马奴，气势汹汹地问："怎么才能除掉那个贱人？"

马奴一听就知道阏氏想除掉米兰姑娘，他胸有成竹地说："阏氏息怒，无论是她肚子里的孩子，还是她自己的那条命，都非常简单！"

"简单？"

"阏氏别忘了，米兰姑娘的帐外是牧民诺敏的家！诺敏一家老实本分，确实为公主和米兰姑娘的饮食日夜尽心，但……"，马奴左右看看，继续说道，"总会有走火的时候……这火一旦烧起来，灭，可就不那么容易了……"

"那就挑一个大王喝醉的时候！"呼衍青面露喜色，终于能除掉这个贱人了。

"但此法万万不可行啊！"马奴说道。

"为什么？只要做得神不知鬼不觉，有什么不可行的。"呼衍青鄙夷地瞧了一眼马奴，"刚才还敢说，这会儿又不敢做了？！"

"禀告阏氏，奴才的命都是阏氏给的，只要是阏氏吩咐的，奴才就没有不敢做的。只是，如今米兰姑娘刚刚怀孕就出事，大王一旦追查起来，很有可能会追查到阏氏身上，这不是反而害了阏氏吗？"马奴一片真心。

"这倒是！"呼衍青也一个激灵，"那怎么办？让我眼睁睁地看着那个贱人生下王子？"

"阏氏息怒！请阏氏想想，米兰姑娘的心头肉是什么？"马奴这一问，呼衍青还真不知道如何回答了。

"是她肚子里的孩子？是大王？是阏氏之位？"马奴摇摇头说，"都不是！"

"那是什么？"

"是公主！"

"哦！我明白了！"

"阏氏慧心！如今所有人都注视着米兰姑娘肚子里的王子，谁动手谁就会遭殃。而米兰姑娘最关心的只有公主，一旦公主出了事，她还能活吗？她如果活不下去，肚子里的孩子还能活下去吗？"马奴这才说出了实话。

"一箭双雕！"呼衍青长长地呼了一口气，喜上心头，"只是公主那傻孩子怎么除？"

"傻孩子才好除！她最常去的地方是哪里啊？是货帐！货帐那些架子可不长眼，管她是不是公主，管她是不是孩子……"

"好！给我做得干净点儿！"呼衍青如释重负。

"老奴领命！"马奴退下。

深夜，兰鹰儿安插在马奴身边的侍从迅速地上马向兰鹰儿帐内奔去……

冬夜漫漫，单于庭却分外热闹。呼揭族进献了几名巫女，颇有姿色，舞跳得极美。大王将众位阏氏、大臣、各族首领及青年英才全都请了过来，共赏乐舞。兰鹰儿随父亲一同来到了单于庭，但他的心思却不在乐舞，而是呼衍青身边的马奴。

席间，覃儿说她正在画一幅春祭图，所以向大王叩请早点回去，顺便去货帐再取四丈绢绡，用于拼接。一听"货帐"，呼衍青、马奴、兰鹰儿登时都来了精神。

"公主妹妹妙手生花，借丝画表现我王的英姿和我大草原的无限风光，实属草原之幸！"呼衍青假意地说。

"呼衍姐姐美丽聪慧，近来对我和米兰百般照顾，实在感激！"覃儿痴痴地说。

"米兰刚刚怀上王子，吃穿用度自然不比寻常。下午六叔刚给我送来两桶新鲜马奶，现在让马奴一并给你们送去。"呼衍青向大王举杯，"愿米兰姑娘早日为我王诞下王子！"

"哈哈，好！喝！"冒顿单于听了呼衍青这么说，高兴得喝了一满杯，又转向对覃儿说，"你和米兰先回去，晚上有雪，路上小心！"

"是，大王！"覃儿下拜。

"谢谢大王关怀！"米兰拜倒。

兰鹰儿一看，知道覃儿这二里路上凶多吉少，所以先抽身出来，带了两个侍卫在两百米外候着。

紧接着就看见覃儿和米兰一同上了马车，朝货帐的方向走。

雪慢慢大了起来，兰鹰儿到了货帐以后，在周围巡视了一圈，却也没有发现什么可疑的人。他进帐后看见一个侍卫在灯前都快睡着了。

"哎，小子！"兰鹰儿叫了一声。

"哦，公子爷在上！有什么指示？"小侍卫一惊，顿时醒了。

兰鹰儿问道："一会儿公主阏氏要过来取些画布，你知道放在哪个方位？"

小侍卫一听，赶紧说道："原来都在南边放着，十多天之前，马奴过来说重新都安置到东边的几个木阁上。喏，就在您左手边上，再往里走。"

"哦，这些木阁都稳吗？"兰鹰儿问道。

"公子爷，您是怕有人偷吗？木阁都是新做的，可费了他们不少力气呢。帐外还做了木栅栏，您放心！小的们管物资，小吃小喝能有，大的物件可不敢马虎大意！大王可是下了命令的。"小侍卫说得诚恳。

兰鹰儿走进去，把木阁上的物品拿起来看了看，除了灰，也没有什么。他又把木阁摇了摇，沉得很，摇不动。内心虽然打着鼓，但也不知道应该从哪方面着手保护。

他又抬头看了看帐内四周，对小侍卫说："公主阏氏应该快来了，我们去帐外候着，你好生给查找！"

"是！小的遵命！"

兰鹰儿又在帐外转了一圈，顺着货帐的东北角继续往东望了望，只见五十米外有一个陡坡。

"陡坡！东边！马奶！"兰鹰儿一个激灵，迅速嘱咐身边的一个侍卫，快带几十人马在陡坡处放哨，那人领命而去。

只见此时，公主已经在帐外十米左右下车，只听见覃儿嘱咐米兰："姑姑别下来了，雪大路滑，我带侍卫取了就来。"

公主慢慢行至帐里，径直奔到南边的木阁上，哪知看到的都是坛坛罐罐，纳闷极了，就问侍卫："麻纸和布匹都哪里去了？"

"公主阏氏在上！前段时间整修，把您的布匹都挪到东边去了。"小侍卫顺手一指。

"哦，那去这儿找。"

兰鹰儿看见灯光靠近，知道覃儿已经到了东边木阁前。他在帐外，心里焦急地说："快点取完赶紧出来！"

正在这时，东边的陡坡突然冲下一辆车来，只听见一声高喊："车滑了，马失控了，快躲开啊！"

"是马奴！"兰鹰儿一边往前跑一边挥舞着剑大吼，"快停下！朝右驾！朝右！"

"不好，米兰姑姑，有一辆马车朝货帐冲下来了！"侍女一看，吓呆了。

"什么！"米兰掀开帘子一看，黑暗中真有一辆马车冲了下来，还听见，"失控了！快停下！"

"坏了，公主还在帐里！"米兰心下着急，立刻命令马夫，"快！快把车赶过去！横在中间，把它挡住！"

"啊？"马夫一听就傻了。

"快啊！横过去！"米兰奋不顾身下车拉马，可马也不听使唤。她拼命拽着，只听见冲下来的那驾马车上的车夫一下飞了出来，马一声嘶叫，跌倒在地，马和马车顺势翻了几翻，两个大木桶也从空中落下，跌落在米兰的马车上……

覃儿听见外面这么大的声响，赶紧跑出帐外，跑出来的一刹那，车驾一并冲过栅栏，撞倒了货帐。而她则眼睁睁地看见米兰被一只滚过来的大木桶压住，"米兰姑姑！"她大喊一声，赶紧奔过去。

兰鹰儿满身是血也跑过来，原来是他横在路中间给了那马一剑，可惜还是没能挡住马车和马车上的木桶。

"快叫医女！"兰鹰儿推开木桶，抱起昏死过去的米兰就跑。覃儿跟在兰鹰儿身后，哭喊着："米兰姑姑！米兰姑姑！"

雪越下越大……

米兰睡了整整一天，第二天傍晚的时候才醒来。

天已经黑透了，只有落雪的声音。覃儿紧紧拉着米兰的手，呼唤着"米兰姑姑！娘亲！姨娘！……"眼泪止不住流下来。

米兰微微动了一下嘴唇，覃儿赶紧擦了眼泪，"快拿水！快拿水来！姑姑醒了！"

米兰努力睁开眼睛，看见身边是覃儿，高兴得挤出了笑容，"覃儿，是你吗？"边说边伸手去摸覃儿的头。

"嗯，是我！米兰姑姑！我是覃儿！"

"覃儿没事，我放心了！"米兰再看看自己的肚子，边说边滴下泪来。

"覃儿没事，姑姑要快点好起来！你都睡了一天了！"两人哭成一团。

……

"大王！"侍女见大王进来，赶紧拜下去。

"米兰，你醒了？"冒顿单于冲了进来，坐在铺边。看见公主小孩子一样匍匐在米兰的床头，握着米兰的左手。

"大王！"米兰伸出右手，握紧大王的手，"我们的孩子……"痛苦万分。

"马奴这狗奴才真是胆大妄为，可惜已经横插在栅栏上，要不然我赏他几百次死！狗奴才！"冒顿单于愤怒地说。

"大王息怒！马奴对大王一片忠心，此次祸患纯属意外啊！"呼衍青一听，顿时跪了下去，她可不想因马奴而动摇整个呼衍一族在大王心中的地位。

米兰看了一眼呼衍青，恨在心里，知道这次意外肯定与她脱不了干系，但她为了覃儿，仍然忍着巨大的悲痛冲大王说道："大王！请您饶恕马奴！马奴时常为我和公主跑腿，还给公主带回来不少野味，马奴对大王，对公主肯定是忠心耿耿！只是，昨晚路太滑，臣妾和公主的车都差点滑倒，呼衍阏氏好心赏赐给臣妾上等的马奶，是臣妾福薄！请大王一定不要怪罪马奴和呼衍阏氏！"

"哼！"冒顿单于看了一眼呼衍青，更是来气，"都滚出去！本王的王子就这样没了！谁今后再敢有半点马虎，本王要他全族的命！"

……

第二年开春以后，米兰渐渐恢复了身体，覃儿也越发可爱。呼衍青几个月都没见到大王，反而看见米兰和覃儿越发亲切。

自从哥哥去世后，她的内心充满了太多仇恨，直到最信任的马奴为她丢了性命，她才意识到自己真是罪孽深重，害了太多人。如今只有米兰和覃儿还信任她，她也将自己的心捧了出去。

米兰也在与呼衍青接触中发现，呼衍青真是个美人胚子，双目自然含情，圆圆的小脸，秀气的小嘴，有几分江南女子的清秀，而且性格豪爽，敢爱敢恨，率性而为，能歌善舞，独有一种魅力。

她俩把覃儿都捧在手心，天天围着她转。覃儿虽没有了娘亲，但却有米兰和呼衍青两个姐姐，也是两个妈妈的守护和陪伴，更是无忧无虑。

冒顿单于将呼衍青的转变看在眼里，野性十足的呼衍青让他欲罢不能。秋季的巡边，冒顿单于竟主动带上了她。等年底回到草原的时候，她已经有五个月的身孕了。

米兰和覃儿高兴坏了，拿出陪嫁中上好的丝绸，给孩子裁剪了新衣。只是她们谁也没料到，呼衍青会难产而死。

随着挛鞮稽粥的出生，冒顿单于的野心也越来越大，最重要的外交政策就是向东与鲜卑、扶余、肃慎等少数民族"交好"。

鲜卑族起源于东胡族，东胡被冒顿单于打败后分为两部，分别退保乌桓山和鲜卑山，两族均以山名作为族名，逐渐形成乌桓族和鲜卑族。冒顿单于对他们始终没有放松警惕，因为离得最近，所以每年都要求他们上贡。

扶余族人主要生活在松嫩平原的农安县一带，人口虽少，但那里谷物丰盛，每年的余粮颇多，畜牧业和手工业都较为发达，尤其擅长饲养貂、狐狸等，这些都使之成为冒顿单于垂涎的一块宝地。

肃慎族虽然集中在最东的乌苏里河一带，但却与中原地区有频繁的交往和联系。一方面是因为它与中原接壤的盖马大山一带并没有修建长城，另一方面是因为肃慎族与生活在盖马大山的高句丽族都是小族，两个小族都倾慕中原的器物。据匈奴的探子回报，肃慎人已经用灵巧精致的青铜鬲煮饭了，而匈奴用的还是从中原抢回来的陶制鬲呢。

冒顿单于听了这些消息，总有强烈的危机感。他有时候也很惊叹，为什么中原的人就能制造出口沿外倾、有三个中空足、便于炊煮加热的鬲呢。草原不比中原物产丰富，随着中原物产的不断涌进，冒顿单于越发贪婪。

十多年的草原生活让善良的覃儿更加地自责，她不止一次地祈求神灵，赐予这些善良的牧民以物产和财富。但慢慢长大以后她才发现，牧民的惰性是难以根除的。冒顿单于经营着自己的野心，但这野心的背后却空无一物。她看着身边沉睡的男人，回想着从她踏入草原的那一刻开始至今，他与她统治下的人们始终日复一日，年复一年，没有任何改变。

她也更加坚定地将全部心思倾注在挛鞮稽粥的身上，希望下一代匈奴的王能真正带领匈奴人走向和平。听说恒哥哥已经继位大统，她想给恒哥哥写封书信，问候姨娘，问候恒哥哥！

"米兰姑姑，你说，我该怎么写呢？"覃儿看着正在绣花的米兰姑姑。

"薄姬仁德，福泽深厚，如今都成了太后！"经历了十多年的风吹日晒，已经略显老态的米兰感叹道。

"是啊！姨娘仁善，从未想过的，却都得到了！"她摸了摸坐在身边正在临摹的稽粥的头说。

"如果当年就跟着太后，如今你肯定也是某个王公大臣的夫人了！"米兰放下手中的活儿，感伤了起来。

"哪有回得去的人生！这是我的命！"覃儿看着帐外的草原说道。

"覃儿你后悔过吗？"米兰心疼地问她。

"姑姑可曾后悔过吗？"覃儿一问，米兰倒是怅惘起来，"陪着你我不后悔，但陪着你来到草原，我也不知道了……总觉得谁辜负了你这一生。"

"姑姑始终有一颗为覃儿的心！娘亲如果知道有你，九泉之下也能安心了！"覃儿长长地叹了一口气，"谁也不曾辜负我！所以我更不能辜负了自己！我的人生，没得选！"

"我还想着你写信是不是让皇上来接我们回去……"米兰欣慰地笑了。

"回去？回去干什么？即使恒哥哥遵守当初的誓言来接我，我也断不会回去的。这里已经是咱们这辈子的家了！"覃儿不禁笑了起来，她又看看稽粥，"我现在心里只有稽粥，就像你的心里只有我一样！"

米兰也说道："是啊！回不去了！永远都回不去了！"

覃儿摸摸稽粥的头说："我想替咱们的稽粥要一

些经书来，好不好……”

　　“孩儿谢谢阏氏！” 十岁的稽粥已经是非常机灵了。

　　“稽粥是天底下最聪明的孩子！将来读着恒哥哥读过的书，就能成为恒哥哥一样的人！”覃儿欣慰地笑着，眼中不知不觉滴下泪来……

　　只见她提笔写道：“太后安康，皇上安康，臣女缟丝顿首跪拜！自来匈奴数十载，姨娘情分，哥哥情分，心中念念万千！……”

庆阳公主

云影重叠双双入

庆阳公主刘菏

文帝刘恒继位,匈奴右贤王兰木合潜居河南做了匪寇,破坏汉匈昆弟之约,文帝出击。又遇济北王谋反,文帝只能罢兵先解决内乱,济北王被俘自杀。冒顿单于佯装惩罚右贤王,派他打败月氏,以此威胁文帝。迫于军事实力悬殊,文帝答应和亲,但不知选哪位宗亲女。济北王刘兴居之妹,17岁的刘菏主动请缨为族人赎罪,入匈奴和亲,文帝赐封庆阳公主……

三月上旬都快过去了,泾水河边的农田还未绿,长安城边的垂柳也还未见芽,人们都穿着长衣长衫,虽然下了一场春雨,但尘土还未打湿。空气中的闷热干燥已经让人无法忍受。

"土匪来了!"

"啊?什么?有土匪?在哪呢?"

"河南啊,离咱长安才几百里地。"

"官府不管吗？"

"官府管不了啊，土匪凶着呢！"

"去年收成好，肯定抢了不少粮食。"

"抢粮食算什么呀，还杀人呢！"

"啊，真的吗？"

"那还有假！我老婆子的娘家人都逃过来不少了！"

"会杀到咱这里来吗？"

"那可不一定，听说土匪都会骑马，是匈奴人！"

"匈奴人都到中原了？"

"可不！听说去年草原干旱，寸草不生，人都快饿死了。"

"他们不是只吃肉不吃粮食吗？"

"你傻呀！那牛羊不得吃草啊，草都没有，牛羊怎么活啊！"

"那是不是快抢到长安了？"

"说不准。你赶紧回家看好你的老婆女儿吧。"

"这一担挑进城就回家喽。"

"哈哈哈！"

……

挑夫们围坐在一个小水店的门口，一阵哄笑后散开。

令他们没有想到的是，坐在他们身边那个听他们大发议论的慈眉善目的老头就是二度被拜相的周勃。

周勃出身贫苦，年轻时以编织苇箔、蚕具为生，偶尔还为人婚丧嫁娶之时充当吹鼓手，但他自幼习武，弓马娴熟，孔武有力。高祖刚刚起兵的时候，周勃是高祖的小跟班，每天做些清洁洒扫的事务。后来在楚汉战争、打击叛乱时立下战功。惠帝时做了太尉，后与丞相陈平谋划，诛灭了诸吕而拥立代王刘恒为皇帝。周勃为人质朴刚强、老实敦厚，虽被新帝任命为右丞相，但他知道自己是几斤几两，于是归还了相印，在京城养老。

哪知一年后，丞相陈平去世，新帝二度任命周勃为丞相。他这次可是硬着头皮来的。去年十一月上任至今年三月，刚刚五个月，就听到这么一个令人震惊的消息。

他马不停蹄地跑到新帝面前汇报。

"老臣叩见皇上！皇上圣安！"周勃匍匐跪倒。

"老丞相请起！"新帝看了看周勃，嘴角一笑。

"谢皇上！老臣有要事禀报！"

"哦？说！"

"老臣在城前喝水休息，不承想听见几个挑夫在那议论，听说如今河南一带起了匪寇，而且是匈奴人。老臣拼死奔回来，向皇上禀告！如今草民惶恐，皇上切不可大意了！"

"这些个郡守郡尉也太没用了！"新帝也惊诧不已，遂而对他说，"老丞相忠心可鉴，可有良策抵制匈奴匪寇？"

周勃凛然说道："臣愿与次子周亚夫率兵讨伐，将匪寇剿灭殆尽！"

新帝一听，内心隐隐起了戒心，自己以"弱势""外来"的皇子身份登上皇位，至今都在慢慢摆脱建朝老臣这一"功臣派"的干扰，如今却要启用第二代，这不正是给他们一个恃宠而骄的好机会吗？于是讪讪说道："好，遵照丞相的意思，待我查实后，你父子二人旋即带兵征讨。"

周勃随即退下。

新帝心中烦闷，自继位以来，仁慈善良的一些举措倒促成了当朝及各地臣子的逆反之心，加之先帝子嗣被分封后，如今也都有了各自的势力。最鲜明的例子莫过于先帝的庶长子刘肥的大儿子齐王刘襄和二儿子朱虚侯刘章，协助平定诸吕叛乱以后，竟要拥刘襄为新帝。虽然刘襄已于两年前病逝，但刘章仍然手握地方军权，始终是个隐患。

只听侍卫禀报："启禀皇上，太尉灌婴求见！"

"宣！"新帝不耐烦地说。

"皇上圣安！"

"站起来说话。"

"皇上，朱虚侯刘章去世了。"

"啊？"

"虽说是皇上的侄子，而且为平定'诸吕之乱'立了头功，但朱虚侯的去世，对大汉江山的稳固却是有百利而无一害的！"

"怎么说？"

"皇上，这第一点利就是他的封地及军需都可收归朝廷，增加了皇室的力量！"

"如今封出去的多，能收回来的有几个？"皇上还是忧虑万分，"先帝老臣拥立朕做了皇上，如今必须论功行赏，否则会伤了老臣的心！"

"皇上所言极是！只是分封出去的诸侯王逐渐联络成亲结派，倒成了难以对付的势力，皇上总不能等他们一个个病入膏肓才来整治。"

"那该如何？"

"皇上天恩浩荡，论功行赏，正是显示了皇上慈善悲悯之心！而且此时北方匈奴强盛，如果真对功臣大动手脚，内忧外困必然使我大汉风雨飘摇，所以从策略上来讲，也只能怀柔诸侯！只是……在行赏的同时还要限制诸侯王的势力形成，这才是重中之重！"

"你接着说！"

"如今诸侯王分封后，还是住在京城，利用各自所封之地的财富极易形成串联形成势力，既不利于京城的稳定，又不利于京城对诸侯王的管束。"

"如果让列侯回到封地，那不更是纵容了他们吗？"

"皇上放心，封地的生存环境太差，列侯力量必然也会分散，暂时都成不了大的气候，这样就好控制多了！"

"封地苦乏，又远离京城，列侯肯定不愿意回去！"

"皇上要让他们虽然不愿意回去，但不得不回去！"

"怎么讲？"

"皇上下诏，列侯去国！"

"去国？"

"对，让列侯回到自己的封国去。"

"恐怕朕颁布了诏书都没有人愿意回去。"

"这就要看皇上让谁第一个回去了！"灌婴意味深长地说。

"第一个？"

"皇上，先帝功臣的首领是谁啊？"

"丞相？"

"皇恩浩荡，念周勃有功，赏赐的黄金五千斤，食邑一万户，其他人则赏黄金两三千斤，食邑千户百户不等，唯独丞相所赐最多，如今二度拜相，可想而知他的显赫地位。如果他带头到封地去，还愁其他人不去吗？"

新帝心中一惊，如果真能如此，这一政策不仅打击了功臣派，而且极大地维持了中央对地方的统治权力和京城的稳定。他欣慰地点点头。

"好！就按你说的办！马上拟诏！"

这一诏令下去，京城的列侯们炸开了锅。老臣们都聚集在丞相府讨说法。

"列侯去国？！灌婴这不是过河拆桥吗？刚刚凭借我们的实力拥立了新帝，就让皇上颁了这么一道旨意！"

"诏书所写，一是为了减少列侯在京城居住的费用和消耗，二是为了让列侯去封地教育教化诸地子民，这样堂而皇之的理由，让老臣们如何信服？"

"丞相，你可得为老臣们说话啊！"

"封地苦寒，哪是人住的地方？"

"远离了京城，还谈什么加官晋爵？"

"我的封地归属苍梧郡，这与发配南楚有什么区别？"

"让我带着一家老小去巴蜀？这不是让我上天

吗？"

"老臣我刚与南阳侯结了姻亲，如今却要东西分离，这可如何是好啊！"

"老丞相……"

"丞相……"

周勃一早上被吵得头都快炸了，他一介武夫，想不清楚新帝的用意。

"如今有多少列侯？！从高帝入蜀汉者就有六十八人，从高帝到颍川的有十余人，淮阳守申屠嘉等有十人，卫尉足等又十人，再加上淮南王的舅父周阳侯赵兼，齐王的舅父清郭侯驷钧，樊侯蔡兼，将近百位列侯啊！"

"是啊！新帝封赏，一个不落！"

"当初觉得皇上和太后好德仁厚，如今看，真是绵里藏针啊！"

"如果真要去封地，老夫不要这个爵位也罢！"

"唉……"

"这可如何是好啊？"

七八人正在商议，只听侍卫禀报："皇上宣丞相觐见！"

周勃起身，立刻回复道："好！老臣即刻就到！"

"丞相身为我朝第一位万户侯，可一定要为老臣们讨公道啊！"

"丞相！"

……

众人七嘴八舌又开始说了。周勃心里也乱糟糟的。

"前几月皇上还有意让我带犬子去征讨河南匪寇，等此功一立，再向皇上为老臣们请命！"

"丞相老当益壮，皇上此次招丞相进宫，必是要商量征讨匈奴的良策！"

"我们在此先给丞相贺喜了！"

周勃穿了朝服，赶至未央宫。

"老臣叩见皇上！"

"赐座！"皇上放下手中的简牍，看着周勃。

"谢皇上恩典！"

"朕现在有一件棘手的事情，恐怕还得老丞相带头。"

周勃自以为是带兵去河南击匪，慷慨陈词道："皇天后土，老臣得享尊荣，全凭先帝与皇上的照拂！但凡有老臣力所能及之处，必然遵圣意而行，保我大汉朝的安宁！"

"好！"新帝听了，顿时喜笑颜开，"朕知道你在先帝老臣中最识大体，今日召你觐见，特为此事！"

"老臣一定谨遵圣命！"

新帝徐徐说道："丞相是随先帝出生入死的托孤大臣，自然知晓先帝与群臣立下的'白马之盟'！"

周勃朗声说道："是！非刘氏子孙不能为王，没有功劳者不得封侯。"

新帝点点头说道："先帝圣明！如今我遵先帝之嘱将有功者全部封侯！但前日我诏令列侯，让他们回到自己的封国去，有的人至今还没有动身。朕想请你这个绛侯做出表率，最先回到封国去！"

周勃一听，脑袋"轰"地一声炸开。

但他知道，列侯去国，已成必然，所以跪倒在地，说道："老臣愚钝，不能再伺候左右，臣谨遵皇上旨意，即日启程，回到封地，静心修德！"

在丞相府等待消息的大臣们好不容易兴冲冲地看着丞相进宫了，哪知盼来的消息却是"绛侯周勃告老还乡，皇上准允！另派丞相灌婴出击河南匪寇……"二度拜相的周勃在丞相的位置上待了十个月，如今不得不启程了。

是夜，山东济北王刘兴居的王府内灯火通明。

"太后让我们山东三分，凭什么对我们兄弟九人如此霸道狠毒！"老九刘雄渠气愤异常，说完，将手中的酒杯掷在地上，打了个粉碎。

主臣师爷张峦也说道："想当年，悼惠王受封齐王，建立齐国，定都临淄，统辖七十三城！如今你们个个被封侯，都将离开王都去封地，可要辜负老王爷的一番苦心了啊！"

老四刘将闾也愤愤不平地说道："明为封侯，实为剪足！我才不要什么杨虚侯！"

老六刘辟光最为胆怯，弱弱地说道："三哥，四哥，咱们不可一时动气，闯下大祸。如今大哥、二哥都已经去了，封地和兵卒都被撤回去了，咱们已经没有太大的实力了。再说七叔的舅舅不是也被封了周阳侯，还得回周阳县。咱们的舅舅不也被封了个清郭侯，要到郭县去。咱们哪有不去的道理？"

"哼！别提大哥二哥，如果不是二哥，他四叔能做得了皇帝？"老四刘将闾一听更是来气。

"我要反了！"老九刘雄渠猛然"啪"地拍了一下桌子，吓了众人一跳。

"啊！"众人惊诧不已，每个人的心中都凝聚着很多种说不清道不明的情绪。

老三刘兴居闷头不说话，眼神恨恨地盯着地上。

师爷张峦一听劝道："如今三爷已被封为济北王……"

老九刘雄渠说道："住口！三哥才不要什么济北王，我们只要父王辛辛苦苦建立起来的齐国！"

师爷张峦是刘肥的家臣，跟随刘肥一起建立齐国，也是看着这几个孩子长大。如今看着后人如此凋零，心痛不已，但他仍然从全局考虑，跪下说道："新帝令列侯去国，现如今老臣都不敢不从！此时正等着谁不服从王命，来个杀鸡儆猴呢！我随老王爷多年，如今族人上千，王爷们切不可莽撞行事……"说完，老泪纵横。

其他人听了，也都悲从心来。

老四刘将闾悲凉地说道："我就是咽不下这口气！大哥二哥为四叔的皇位，把命都搭进去了……"

老七、老八虽不说话，但也都是气愤不已。

老六刘辟光一看，担心三哥刘兴居真听了九弟的话，悄悄脱身来找二姐刘菏。

"二姐！"他上气不接下气地跑过来。

"老六？"

"二姐，你赶紧去劝劝三哥吧！"

"出什么事了？"

"朝廷要诸侯去各自封国，现在鲁莽的九弟居然喊出造反的话来了，我怕三哥一时意气，做错了事可就没有回头路可走了！"

"老九又出馊主意！"

"可不是，老九哪回不是出了事就缩回去了？如今皇上正等着人闹事呢，三哥可别中了皇上的圈套！"

"你三哥最重义气，新仇旧恨，一时估计是难以消解了，唉……"

"二姐，你现在是三哥最亲的人了，只有你能劝得住他。我娘常说，姨娘虽然只有三哥和你两个孩子，但你们二人却是族里最有担当的，所以父亲也才最喜欢你们两个。我们小时候犯了任何错误，都是三哥和你替我们遮掩，才少了父亲许多责骂……"

"没事，别说了。我去劝他，不能为了争一口气而牺牲了全族人的性命！"

他们匆匆来到议事大厅，只听见老九说："三哥，全族就看你的了！现在灌婴率领八万五千精锐兵马朝河南去了，咱们从上党、河东走，两天两夜肯定到京城了，端了四叔的老窝，大哥没做得了皇帝，让三哥做皇帝！"

老三依旧沉默不语。

"三哥，你怕什么呢？"老九不依不饶，"京城现如今老臣们都各怀鬼胎，咱们一去就会得到响应！"

"老九，你别说了，三哥怕过吗？如今全族上千号人的性命，不得不考虑吧？你也好好再想想！别老是出了主意，自己却从来不上阵，让别人替你挡着……"老八刘印也说话了。

"八哥，你……你说清楚，我让你替我挡什么了？"老九羞愤难耐，扑上去要打架，被老七和刚进门的老六拦腰抱住。

"我才不会替你承担你那些破事，不是偷了张家的人，就是盗了李家的狗……"

"你！我今天饶不了你！"说着，又扑了过去，因为被老六和老七抱得太紧，他开始跟老六老七撕扯起来。

"八弟，九弟！"二姐温和地叫了一声。

老八一看是二姐，也不言语了，老九用劲甩开老六和老七的胳膊，恨恨地看了看老八。

"二妹！""二姐！"众人各叫各的。

"诸位兄弟，咱们都是在乱世中长大的，父亲兢兢业业建立齐国，为的就是子孙和睦相亲，干出一番事业。如今你们吵嚷打架，岂不是辜负了父亲的一片苦心吗？"刘菏说着，竟落下泪来。

老五顿了顿，沉着地说道："太后专权的时候，我们一大家子如履薄冰，父亲说过多少次，在他的脖子上，始终架着一把无形的刀！如今好不容易大哥和二哥拼尽了性命，保全的是四叔吗？不是！是大汉的江山！而咱们是皇室最亲的人，羽翼丰满自然就会有被剪除的时候。今时不同往日的是，我们有上千号族人在我们的身后。好好都想一想，只要咱们能咽得下这口气，就和父亲一样，为了族人，把刀继续架在脖子上，回到各自的封地上去。如果咽不下这口气，为了族人，也要考虑周全，反也要反得得当，不是这里胡言乱语一气就能成事的。"

老四刘将闾顿了顿说道："二妹和五弟说得有道理！大家都平心静气议一议。咱们都听三哥的！'遇荣共生，遇乱齐心'的家训咱们不能忘！"

老九说道："好！我就听三哥的，说反我就跟着反！"

"好！听三哥的，共存亡！"其余弟兄也齐声附和。

　　大家都看着济北王刘兴居，只见他冷静地说道："我一个人反！"

　　"啊？什么？"众人都不解。

　　刘菏听了，明白了三哥的意思，立刻说道："我也去！"

　　"那不行！"老四立刻说道，"不能这样！也不能让二妹去！"

　　"是！不能让二姐去！"老六他们几个也说道，"我也去！"

　　"我也去！"老七、老八、老九也争着说。

　　刘兴居看了看几个兄弟姐妹，说道："你们刚才不还说听我的吗？二妹暂且在家照顾家眷，胜者为王败者为寇，不管是我还是四叔，肯定有一个……会来邀你入宫。"他的眼中只有亲妹妹刘菏。

　　刘菏眼神坚定地说："三哥邀我入宫是做长公主，四叔邀我入宫是要我的命，但我不怕！"

　　刘兴居迅速起身说道："弟兄们，于公于私我都要去报仇！于全族而言，我们生为良民却被无端猜疑至此，我定要去争一争，大汉江山是我们刘家的，不

骑马俑

是他四叔的！于私而言，当年四叔称帝，对二哥最先拥立大哥做皇帝而心存芥蒂，只封他做城阳王，而不是曾经许诺的赵王。二哥因此郁郁寡欢，两年便去了。母亲因此惶惶不可终日，最终忧惧受惊而死，这不共戴天之仇我一定要报！"

老九一听，立马叫道："好！我支持三哥！"

老六他们叫道："三哥！"

刘兴居坚决地说道："大家听好了！是济北王反了！济北王！反了！"

老四一听，叹息道："三哥孝顺仁义，一身正气！我们几个甘拜下风！只是要反可不是一句话，兵马？……"

刘兴居胸有成竹地说道："二哥早已预料到有这么一天，他在暗中给我留下三万人马，加上我的两万人马，今夜我们就出发！"

"三哥！我跟你去！"老六喊道。

"三哥！"老八也喊道。

刘兴居大义凛然，笑着说道："你们要齐心协力，保护好全族人的性命！以后都听老四的！即使分居各地，但心，永远要在一起！"

"是！三哥……"老六、老八说道。

济北王刘兴居连夜起兵，哪知丞相灌婴率领八万精兵击跑匈奴右贤王兰木合率领的三千匪寇之后，立刻就调兵回京。在长安的东北门郑县设好埋伏，轻而易举就击溃了济北王的五万士兵，而且还生擒了济北王。满朝公卿都主张要杀了济北王以一儆百，但新帝仍念及手足之情，特嘱幽禁终身。哪知，济北王刚烈如火，抓进大牢的当天晚上便咬舌自尽了。

刘肥一族的其他人听闻后，逐渐率领部族陆续到达封地，心中的仇恨难消，苦于势力被削弱，在老四刘将闾的带领下，暗自带兵训练，希冀有朝一日报仇雪恨，可惜，散易聚难。全族力量的凝聚已然不能再恢复至从前。兄弟几个十多年后举兵叛乱，最终被皇上一个个剿灭殆尽。

这边，灌婴击溃匈奴匪寇，却并没有继续追击。毕竟新帝权威还没有建立，有不臣之心的列侯还很多，作为一朝丞相，必须要全方位地防着。这一防竟第一个防住了一个皇族济北王，这是皇上和他都始料未及的。

　　且说匈奴右贤王兰木合虽然率领的是三千精锐，但进入内地山区，精锐的优势也凸显不出来，反而受到各方钳制。他们沿着沁水悄悄潜入济源王屋山一带，哪知王屋山东依太行，西接中条，北连太岳，南临黄河，地势十分险峻。在草原长大的他们，虽然凶悍易生存，但哪见过这样一座连着一座的高山，马匹、士兵都困乏不堪，肉食补给也不足，所以极度不适应。只得冲到济源、轵县、波县、河阳、平阴等平原地掳掠牛羊和妇女，侵扰达大半年之久，河南郡的人民深受其害。

　　灌婴这次来了个突然袭击，让兰木合措手不及，很多士兵扔了马直接就跑，却不知王屋山的各大出口都已被汉军围住。兰木合在几个干将的护送下终于突出重围往北逃，跑出去三四百公里，在谷远一带才慢慢聚合，人马已经不足一千了。

　　兰木合只好带领着士兵垂头丧气地回到了单于庭。

　　冒顿单于如今已58岁，好不容易带领族人走到这一天，却得知他的右贤王兰木合居然去中原做了匪寇，这让他颜面尽失，士气也泄了一大半。

"兰木合叩见我王！"兰木合衣衫褴褛，疲惫不堪地走进单于庭，看见冒顿单于在上，左贤王呼衍恩、单于的儿子挛鞮稽粥两人在侧。

"你还有脸回来？"

"臣就是不满，汉朝物产之多，你我都难以想象，为什么他们每年才给草原送来那么几车？牙缝都不够塞的。"

"你还不知悔改？你这次去了为什么不长住在中原？堂堂我草原的右贤王，居然有脸出去当土匪头子，你让大汉王朝怎么看我大匈奴！"

"汉朝皇帝一直欺瞒我王，臣实在咽不下这口气！"

"闭嘴！拉出去，军法处置！"单于气得手一挥，背过身去。

"大王！千万息怒啊！"左贤王呼衍恩赶紧跪倒说道，"最近楼兰、乌孙、呼揭等族都虎视眈眈，他们早就觊觎我大匈奴的乌布苏诺尔湖一带，右贤王此次确实犯下大错，但深入中原腹地勇猛可嘉，一定程度上也宣示了我大匈奴国威，如果右贤王可以将功折罪，平定呼揭等族，回报大王恩德，那岂不是更好？"说完，赶紧向右贤王使眼色。

右贤王会意，但不情愿地说道："臣有罪！臣愿意率兵平定西边小族，维护我大匈奴的统一与安宁！"

单于顿了一会儿，终于回转过来对右贤王说："限你在一个月之内降服各族，出去！"

右贤王看了一眼始终没有言语的挛鞮稽粥，说道："几个月不见，稽粥都长这么大了！很像大王年轻时候的模样！"

挛鞮稽粥赶紧拜道："谢谢木合叔叔夸赞！小儿改天再向叔叔请教骑射！"

右贤王拍了拍挛鞮稽粥的肩膀，高兴地说道："好样的！叔叔的马上功夫，全教给你！"说完又看了一眼气鼓鼓的单于，讪讪地出去了。

帐内就剩下冒顿单于与左贤王呼衍恩和挛鞮稽粥。

"大王！您是否担心与汉朝的关系？"呼衍恩看冒顿单于思绪不宁，试探着问道。

"此次该如何修好？"单于忧虑道。

"此次也不难！大王只要明白，新帝继位才几年，根基未稳，不会大动干戈！"呼衍恩胸有成竹地说道。

"两国修好才是长久之道！"挛鞮稽粥说道。

"你懂个屁！"单于气愤地说道。

挛鞮稽粥一听，看了一眼呼衍恩，低头不敢说话。

"稽粥说得也对，只是他还小，还不明白！两国修好，百姓安康，当然是最好的状态。但国与国，不得不防，最终要靠实力来说话！"

"听见没有！"单于看了一眼稽粥。

"是！孩儿记下了！"

"我大匈奴的王，永远不能唯唯诺诺，唯唯诺诺就是示弱，就有被别人侵吞的一天！"单于继续教训道。

"是，匈奴人永远要自强，要比他国强！"稽粥说道。

"强可不是一句话就能强得了、强得久的，要时刻保持警惕，有着狼一样的嗅觉，有着豹子一样的灵敏！"单于已经有意将草原的王位传给稽粥，但他发现稽粥有些软弱，如今要逐渐让他明白统治之道。

"是！孩儿记下了！"

"这次你随兰木合出征，好好往西跑一跑！"

"我王思虑周全！稽粥一定不会辜负大王的培养，此行定能树立权威！"呼衍恩笑着说。

"孩儿这次去了给父王打些野狍子回来，听母亲说科布多的野狍子最多了！"稽粥反而羞红了脸。

"哈哈哈……"单于欣慰地笑了。

"我们的稽粥是草原上最孝顺的孩子！"呼衍恩也高兴地说道。

一个月后，匈奴的书信送到了汉朝。新帝召了新丞相张苍问策。

"你看看匈奴来的信！"

张苍匆匆一看，呈上书信，缓缓说道："匈奴的信有假话，也有真话！"

"哦？"

"信中说右贤王是听信了义卢侯南枝的计谋，同汉朝官吏相抗拒，断绝了双方的兄弟之约，显然是推脱离间之意！"

"嗯，继续说！"

"至于说派右贤王将功赎罪，平定月氏、楼兰、乌孙、呼揭和旁边的二十六个小国家，倒是皇上意料之中的事。"

"他竟敢威胁朕？！"

"皇上圣明！匈奴的确有威胁之意，但这种威胁也只是口头上的威胁，相信此次右贤王也体会到了其中滋味，冒顿也明白，匈奴想挺进中原不是一件易事！皇上九五之尊，当前最需要的是安内，为将来成就大业赢得时机！如今匈奴愿意停战，替我大汉守卫整个北方边塞，皇上放心就是了！"

"那还是要和亲吗？"

"皇上圣明！和亲对我大汉最为有利，何况此次匈奴祈求和亲，非常有诚意！"

"只是？"

"皇上不必担心公主人选，如今宗室女这么多，在京城先选一选。"张苍笑着说，"有可能加快了各列侯回到封地的速度呢！"

"甚合朕意！"皇上一笑。

果然，选公主的旨意一下发，诸多女儿已到适嫁年龄的列侯原本还想赖在京城不走，如今都匆匆赶往封地去了。

太后宫里，皇上来给太后请安。

"我听说皇帝把前朝的事处理得井井有条，哀家心里甚是高兴！"太后由衷地说道。

"如今儿子却有一件棘手的事，不知道该怎么办了？"皇上若有所思。

"皇帝说的可是和亲一事？"太后问道。

"太后总是知晓儿子的心意！"

"当年你还是代王的时候，先帝赵美人的女儿缩丝公主被派去和亲，悲苦之情，你至今都还铭记在心吧？"

皇上默默地点点头。

"当时你身为代王，对于和亲，不能理解，心中也不愿支持。可如今，你身为一国之君，必要为大汉的江山和子民考虑，如果和亲之策是必然之选，公主就必得挑选出一个来。"太后说道。

"如今选公主的诏令都下发两三个月了，适龄的宗室女都避到封地去了，不管指定哪家翁主，必然要引起一番纷乱。"

"皇帝仁厚。哀家听闻当年先帝派鲁元公主去和亲，其实是太仆府上的一个侍女。如今也可选一个农家女子，在宫中调教时日，嫁予匈奴，厚待她家人，想必是有愿意去的……"太后看了看皇上继续说道，"皇帝政务繁忙，公主待哀家去挑选吧。"

"儿子不孝，还得劳烦太后！"皇上颇为自责。

"皇帝最是孝顺哀家！当年亲自为哀家尝药，感动天地，才被拥立为皇帝，哀家也要做力所能及之事，替皇帝解忧！"

母子二人正说着话，突然听到夏公禀报："小奴叩见太后，叩见皇上！原济北王刘兴居之妹刘菏正在宫外候旨，说她自愿去匈奴和亲，以赎哥哥叛乱之罪，谢皇上不杀族人之恩！"

"哦？"皇上和太后相视一笑。

"太后慈悲，皇上仁厚，自有人来解围！"夏公笑着说。

"讨巧！"皇上笑着说，内心已经轻松许多。

"只要皇上高兴，奴才也就放心了！"夏公笑着说道。

"你倒是尽心！"太后笑道。

"奴才原是侍奉先帝，后被吕后贬斥为杂役奴仆。如今皇上仁厚，使唤在侧，老奴舍了这条性命也是要尽心尽力的！"夏公跪着说道。

"好！封济北王刘兴居之妹为庆阳公主，入住碧桐阁，半年后嫁予匈奴！"皇上高兴地说道。

"碧桐阁就在哀家长信宫的西侧，皇帝有心叫公主来陪哀家说话！"太后笑道。

"皇上一片孝心，日月可鉴！相信经过太后抚养，公主必定被调教得落落大方，深明大义，将来去了匈奴，也更显我朝皇家风范！"夏公赔笑道。

"口齿倒是机灵！"太后说完转而向皇上说，"那皇帝先回去吧，尽心忙着前朝就好，庆阳公主有哀家照应，你放心就是了！"

"是，儿臣告退！"皇上带着随从侍卫出去。

庆阳公主刘菏自从哥哥去世，反而没有了之前的激愤，而是更加沉静自如。哥哥反叛，她想着皇上怪罪下来，会诛灭全族，赶尽杀绝，哪知皇上却没有半分责怪的意思。虽说哥哥被逼自杀了，但她却对皇上多了一份感恩之心。当得知没有宗室女愿意下嫁匈奴之后，她毅然决定去和亲。一为赎哥哥反叛之罪；二为全族赢得皇上更全面的宽恕。

几天后，她第一次去面见太后，进门便跪倒，说道："臣女刘菏有罪，请太后宽恕！"

太后一看，刘菏举止端庄，盈盈拜倒，内心已经多了一份宽宥。

"起来，过来让哀家看看！"

刘菏慢慢起身走了过来，眼中满是泪水。

"都已经被封为公主了，还哭哭啼啼做什么？！"太后抚慰道。

"臣女和哥哥有罪！"刘菏又哭了起来。

"哀家知道，你父亲在吕后当朝的时候受尽了屈辱与恐惧，你们这些孩子一个个也都心事重重，能悉心体会父母的不得已之处，所以心中多了一份顾忌。如今可好了，你已经成公主了，奉旨和亲，是我朝的有功之臣。皇上圣明，自然知道功过赏罚，你的族人自会安康，你就安心吧！"太后嘱咐道，"今后你就是庆阳公主，有罪没罪只在自己心里，永远不要再提了！"

刘菏看着太后，突然觉得异常亲切，点点头，

"嗯"了一声，眼泪汪汪说道："谢太后不怪罪臣女私心！"

"有时候，私就是公，公也是私！你只要明大义就好！"

"原来常听娘亲说太后仁德，处处与人为善。如今见了真颜，太后竟如此仁慈宽容，我们真是……"说着便又跪下，"今后臣女必定一心一意报答太后与皇上恩德！"

"好了，好了！起来坐下说话吧！"

"谢太后！"

"刚才你说到你娘亲？我只记得你父亲是先帝的曹夫人所生，比当今皇上大八九岁。你父亲娶亲早，正室是当时兵部侍郎的女儿姜氏，可是你的娘亲？"太后努力地回忆着。

"太后记性真好！这么久远的事情都还记得！父亲正室正是兵部侍郎的女儿，生了大哥、大姐和六弟。我娘亲是侧室黄氏，生了三哥和我。"刘菏委实道来。

"哦，那我是没有见过了！正室姜氏我倒还见过一次，你娘亲估计是后来在王府娶的。帝王家就是如此，如果是普通百姓，亲戚之间倒会常来常往。"

"太后身居高位却还口口声声惦念百姓！"

"哀家哪是惦念百姓，哀家自己也是百姓啊。当然，正是做了多少年的百姓，才知道如今做天子的为难与不得已。你既已答应了和亲，今后时刻要记得保全自己是第一位！保全自己也就是保全了大汉！不可自杀，不可逃逸，不可消沉，也不可蛊惑圣聪，妄图干涉政事。"

"嗯，菏儿时刻铭记太后嘱托。"刘菏感动得落下泪来。

"这个孩子，怎么尽知道哭！你娘亲如今也不知道要流多少眼泪呢！"

"太后对菏儿太好……我娘亲三年前就去世了。"

"哦！如此，你倒也少了一份牵挂。"太后叹了一口气说道，"你年纪也不小了，一直没有嫁人吗？"

"菏儿三年前本定好一桩婚事，后来因为母亲去世而退婚，这三年一直为娘亲守孝……我本来想，就这样一辈子为娘亲守下去！"

"傻孩子，女人哪有不嫁人的道理！原也是命有定数，你如今去了匈奴，就是匈奴的王后，你娘亲知道你有这份尊荣，也能含笑九泉了！"

"谢太后成全菏儿！"

这大半年里，庆阳公主天天去给太后请安，陪太后说话，侍奉太后饮食。临近出嫁的日子，倒是太后有些不舍了。不仅给庆阳多贴补了一些，给之前和亲的绾丝公主也带了不少东西。太后薄姬一生没有女儿，好不容易有两个贴心的"女儿"，却都走上了和亲之路，一个是被迫的，另一个是主动的。每当太后回想起这一切来，不禁心伤头痛。

然而，正是太后头最痛的这天，庆阳公主却要启程了。

这一路走得甚为艰辛。

时近隆冬，越往北走天气越寒冷，庆阳公主先是饮食不调，腹痛不止，一行人在西河郡停了半月有余。出发后，刚到受降城，草原的一股动物疫病袭来，新帝所赐的牛羊马匹尽数感染，朔方和定襄两地的兽医全部都在受降控制疫情，待疫情稍稍缓解，草药又不够了。迎亲的使者是匈奴的中郎将鄂雩浅，着急得像热锅上的蚂蚁。

汉朝谒者令肩此次奉命护送庆阳公主，见鄂雩浅这般焦急，就带他一起去见庆阳公主，请她示下此时该如何行事。

"阏氏辛苦！属下奉命迎亲，没想到一路曲折不堪。大王嘱托三个月内必须到达，如今才走到受降，而从这里到单于庭，起码还得二十天，到时候错过了良辰，我王单于必定会砍了我的头！请阏氏示下！"鄂雩浅跪倒说道。

"中郎将勿挂！我现在就请令肩先生为单于书信一封，详尽介绍当前的疫情，并告知单于，牲畜皆搁置在此地，待疫情稳固后再运回单于庭。你等随我，明日就携带其他物资启程。即使逾了日期，你们放心，我自会去单于面前请罪，不会怪罪到你们身上！"庆阳公主镇定地说道。

"叩谢阏氏！"鄂雩浅放下心来。

"小的遵命！"令肩领命答道。

之后的半个月，由于路赶得太急，到达单于庭的时候，庆阳公主刘菏感染了风寒，高烧不止，昏迷呓语。

巫女在祝祷仪式之后向冒顿进言，占卜不祥，神明震怒，公主不吉。正巧医女禀报，说公主恐怕是得了疫病，暂且隔离修养为妙。

冒顿单于一听，心乱如麻，将公主的新帐迁往单于庭东侧、一里以外的弓卢巴，一气之下迁怒于中郎将。士兵一百皮鞭抽下去，鄂雩浅早已血肉模糊，只有出的气，没有进的气了。

可怜刘菏身为王室贵胄，从小也是金枝玉叶，如今只落得病体残躯，被人嫌弃。

这可急坏了一个人，就是二十年前来匈奴和亲的绾丝公主刘覃，虽然才三十岁，草原的风霜岁月已经让她略显老态。如今亲人近在眼前，不承想却身患重病。她悄悄地嘱咐了自己的医女带着药材也一并前往弓卢巴，一定要把庆阳公主救过来。

在两位医女的共同治疗以及随身侍女桑儿的尽心照拂下，昏睡了八天八夜的刘菏慢慢苏醒过来。医女高兴得立刻差侍从回去向大王和绾丝公主禀报。

冒顿单于正在帐内与左右贤王、都尉等人议事。

突然听到这个消息，顿时轻松了许多。

"好！让她慢慢修养，痊愈后迁回单于庭！出去吧！"侍从刚转身，他又叫回来说，"你去告诉绲丝阏氏，让她着人好好伺候庆阳阏氏！"

侍卫应声退下。

帐内的气氛转而又严肃起来。

右贤王兰木合气愤地说："大王，近来月氏王重又集结兵力，率众东迁，不断侵扰匈奴的西侧，实在让人难忍！"

冒顿单于一听也说道："这些贼臣，不能心悦诚服我大匈奴，始终都是隐患！你们可有何良策？"

左贤王呼衍恩起身说道："去年右贤王率领八万人马平定了月氏等二十六个小国，如此也才威震了汉朝，使他们与我大匈奴重新修好。可是，咱们也是元气大伤啊！至今不宜再战，否则汉朝一旦西与月氏、东与鲜卑等族勾结，对我大匈奴将是致命的威胁啊！"

"大王！这也太让人憋屈了，左贤王一直要安抚，东边要安抚鲜卑、扶余，西边又要安抚月氏，我大匈奴何曾这样懦弱过！"右大都尉呼衍庆还是一味好战。

冒顿单于一听，气愤地将手中的酒一饮而尽。

右贤王兰木合鄙夷地看了一眼左贤王，说道："左贤王不可长他人士气，灭自己威风！我大匈奴三十万铁骑，何曾有损？"

左贤王朗声说道："右贤王带走的那八万人马，回来的可有四成？"

"八万人马早已充盈！不过像左贤王这种从来就不去兵营的人，哪能知道这样的消息？"右贤王又是轻蔑一笑。

左贤王拱手笑道："右贤王果然一如既往地勇猛果敢，迅速补齐了人手，可惜啊，这八万的战斗力恐怕还不及之前回来的那三成呢！"

右贤王气得瞪大了眼睛，说道："你！你敢藐视本王？！"

"好了！别吵了！"冒顿单于拍了一下桌子，然后命令道，"稽粥！"

"儿臣在！"稽粥答道。

"嘱你从各族一共再抽调两万人马，与右贤王、左右都尉共同领兵训练，这个冬天过去，一定要看到成效！”

　　“是，儿臣遵命！”稽粥拜道。

　　是夜，漆黑一片。18岁的稽粥从单于帐内出来，来到缩丝阏氏的帐内。只见两岁的儿子挛鞮耆已经睡着了，旁边坐着缩丝公主刘罩。

　　“母后！”稽粥愁闷地坐在军臣的床边。

　　“怎么了？这样没精神？”

　　“儿子让大王失望了！月氏王重新又复国了，我和右贤王那仗现在看来是打输了！”

　　“胜败乃兵家常事！一次败仗就把你打成这样了？”

　　“儿子只是对自己很失望！”

　　“你的亲生母亲可从来没有对自己失望过！她性格坚韧，永不服输！”

　　“儿子知道！”

　　“母后虽然不希望有战争，但也能理解，在这样一个乱世，你不战胜别人，别人就会战胜你！但一个民族，一个国家，同一个人一样，自强永远是第一位的！”

"母后说的是！"

"自从你母亲和米兰姑姑去世，没有人帮我，如今我还不是自己裁剪缝补衣裳？自食其力，总是有底气的。"说着，拿起手中的这件给稽粥看，"你看这件绵绸大袄，军臣的这个冬天不怕冷喽！"

"谢谢母后！"

"母后已经老了！原来是一心带着你，如今是一心带着你儿子！其他的，我都不想了！可惜啊，他母亲也是难产血崩，没有机会陪着他长大了！"

"都是荣儿福薄！"

"母后知道，你们青梅竹马，感情笃深，可天不假年，你也要打开心结！"

"儿子知道！这个冬天我要去屯兵，明年开春才能回来，母后要保重！"

"你们去哪里？"

"应该是去狼居胥山一带。"

"那太好了，离弓卢巴近。你代我去问候一下新来的庆阳公主，她也是你父王的阏氏。刚才医女托人禀报说她醒了，谢天谢地，终于醒过来了！"

"是！儿子明天就去！到时候派人来给母后回

话！"

"好！赶紧回去吧！军臣在我这，你就放心吧！"

第二天天还未亮，稽粥就率领随从出发了，这一次他的第一个任务是从部族手里征兵，这也是个不小的难题。他心里想，不管怎么样，先到弓卢巴看望新的阏氏，让母后放心。

到弓卢巴公主新帐的时候，天刚蒙蒙亮。他看见帐内的烟囱已经开始冒烟，帐外侍从们劈柴的劈柴，赶羊群的赶羊群，一个侍女从外打了一盆水正准备进帐。一切看起来倒是让人心安得很。

他下马走向侍女说道："我是奉公主阏氏之命过来看望新阏氏，你去禀告一下。"

侍女一听大喜，赶紧回道："你且在这里等候，我去禀告！"

"好！"稽粥说道。

不一会儿，侍女出来，说道："公主说她已无大碍，想请你进去问几句话。"

"好！"说着稽粥跟着侍女进帐。进帐后看见床边拉起了一层薄薄的纱帘，公主平躺在纱帘里面，纱帘外左右两侧各放了两个炭盆。侍女示意他站在那里，他于是站定拱手说道，"公主阏氏问候新阏氏！"

无人回话。

侍女轻手轻脚掀起并挂好公主床头的纱帘，进去扶起了公主。稽粥抬头看见新阏氏虚弱至极，头发披散，眼神游离，嘴唇干裂，脸色惨白，憔悴不堪。心头一阵怜悯。

刘菏靠在侍女身上，弱弱地问道："请问公主阏氏可好？"

"公主阏氏一切都好！并且嘱咐医女一定要看好新阏氏的病，让新阏氏早日恢复健康！"

"好！"刘菏点了点头，继续又问道，"我有一事要问你，你不必对他人提起。"

"是！"

"你可知道迎亲的中郎将鄂雪浅？"

"知道。"

"哦？老将军现在在哪里？"

"他没有照顾好新阏氏，大王下令执行军法，责打100皮鞭……"

"啊!"刘菏一听,顿时像泄了气的皮球一样,但还不死心,又继续问,"那他是死是活?"

"当时就打死了!"稽粥想着,新阏氏大概是怪罪鄂雩浅将军,所以故意加重了语气,哪想倒引来新阏氏一阵咳嗽。

"啊……咳咳咳……"刘菏咳得喘不过气来。侍女给稽粥使了个眼色,令他出去。他只好匆匆出去。

稽粥的侍从见他出来,随口问道:"新阏氏这次是痊愈了?"

"我看是快不行了!"稽粥顿了顿继续说道,"不过你回去向阏氏禀告,就说,新阏氏已无大碍,不过身体太弱,还需要再恢复一段时间。"说完,匆匆上马,赶往营地。

冒顿单于听闻公主病情再次加重,宣医女问了几次也无甚他法。只见医女都用纱巾覆面,怕将公主身上未知的疫病传染给大王,公主的病情可想而知了。他估摸着公主年幼,身体孱弱,应该是难以适应北地苦寒,因此心中也有些歉意。于是命令侍从,给新阏氏帐外另置一大帐,再增加炭盆无数,并嘱咐深冬以后要加强保暖，等新阏氏彻底痊愈后再回单于庭。

在如此精心的照顾之下，公主的身体也慢慢恢复过来。这天晚上，桑儿把改制完的最后一件汉服拿起来左看看右看看。

"公主再来试穿一下这件吧！"

公主看了看说道："不是和我现在穿的这两件一样吗？领口减缩，裙摆裁掉，防风保暖，还行动方便！"

"领口、袖口、下摆自然是一样的，不过也不一样！领口我又多裁了一条边，这样穿起来，刚好把里边这件的锦绣露出来，整体一看，层层叠叠，肯定十分好看呢！"

"桑儿的手真巧！"

"公主不知道，桑儿在宫里织衣局还做过几年绣娘呢。"

"这段日子真是辛苦你了！又要照顾我，又要裁制冬衣！"

"公主折煞我了！奴婢应该谢谢公主救奴婢出来，否则早被织衣局的那些姥姥们用针扎死了！但凡有哪位皇妃美人对图案不满意，姥姥们就来折磨我们……"

"难为你了，受了那么多折磨！"

"现在好了，跟着公主，我总算逃出来了！只要公主不嫌奴婢愚笨，奴婢就一直这么伺候着公主！"

"你我二人恐怕要在这里相依为命了！唉……"刘菏一想这半年来的遭遇，又灰了心。

桑儿看见公主又没了兴致，就说："今夜索性无事！我给公主梳头吧，扎一个新的发髻。"

"新发髻？"

"是啊，草原的冬天这么冷，风大雪大，但凡出行都要戴着帽子。所以新发髻又要方便戴帽子，又要有大汉公主的气派！"桑儿嘿嘿一笑，摆正公主的身体，"公主你就等好儿吧！"

"难得你有心逗我开心，就由你摆布吧！"公主边笑边坐在了镜前。

桑儿却让公主先闭上眼睛，公主笑着闭上了眼睛。

只见桑儿把公主的头发从中间平分成两半，先都梳于脑后，然后分别抓了一绺一拧一结，再抓一绺一拧一结，一节一节往下，至肩膀处收尾扎花。余发梳平，再从后面分两绺细发，捋至胸前，使其自然垂下。她端详了一会儿，又挑来一对太后所赠的翠玉耳坠给公主戴上。然后将单于大王所赏的白色雪貂大氅给公主披在身上系紧，最后将单于为公主特制的一项用白狐毛做的毛帽给公主戴上，帽子两边的珠链自然下垂，更显得公主的五官精致小巧。

"嗯！好了！可以睁眼了！"桑儿笑道。

刘菏睁开眼，先看了看桑儿，问道："好看吗？"

"嗯！好看好看！"桑儿使劲点头。

刘菏这才把眼睛移向铜镜。刹那间，她自己也不禁呆了。

桑儿一看，笑着问道："好看吧？美得自己都认不出来了？公主的额发高，脸型圆润，梳这样的发饰更显得青春年少，温婉贤淑呢！"

公主一边听，一边却不知不觉地流下泪来，说道："再好看又有什么用！都说女为悦己者容，我如今到草原都这么久了，还未见过大王的面！不知大王怪罪皇上和太后了没有！"

"前朝大事岂是小小女子左右得了的呢？公主既已到了匈奴，暂且在宫外养病，等病好了，大王自然会把你接进宫去的。不过，在宫外能率性而活，也是好事！"桑儿说道，"我在宫中长了多年，虽然是低微的宫女，但见多了算计和争斗。如今反而觉得，宫外自由清净，如果真能在这里求得平安终老，那也是很大的福气呢！"

"你倒想得开！你愿意跟我在这里受一辈子苦么？"

"愿意，当然愿意！以后公主到哪里，我就到哪里！"

"你说得也对！这里倒也是难得的自由和清净！"公主笑笑说道，她的心一下轻松起来。

"可不是么！"桑儿也笑着。

两人正说着话，突然听见外面乱糟糟的，喊声一片，火光冲天。

"发生什么事了？我出去看看。"桑儿正要出去，只见奔回来一个小侍卫慌张地说道，"公主阏氏，不好了！狼群来了！"

"什么？！"公主惊呆了。

"野狼来了！有几十只呢！"

"啊，野狼是什么东西？"桑儿赶紧问道。

"野狼是草原上独有的一种畜生，冬天饿得找不到吃的就来吃羊。大帐外的羊群已经被咬死大半了！"

"啊！那赶紧叫士兵打走啊！"

"桑儿姑娘，这些野狼估计是饿久了，连扔过去的火把都不怕了！士兵谁敢靠近啊！逼急了，还会……还会吃人呢……"

"啊！吃人！"刘菏惊骇万分，长这么大，哪里见过这样的阵势。

正说着，又有一个侍卫跑进来禀道："公主，赶紧躲躲吧，野狼正往大帐上扑呢！大帐撕破了可就冲到内帐来了！"

"啊！"刘菏一看这些可怜的侍从跟着自己一天好日子都没过，今天反倒要被狼吃了，马上镇定下来说道，"你快去招呼所有的人，士兵在外帐里边，妇孺都招到内帐来，手里把能拿的工具都带上，看能不能围上一圈，哪里有狼扑上来就打过去、烧过去！"

"是！"侍从们赶紧奔出去招呼。

紧接着就听到有人喊："不好了！不好了！外帐烧起来了！外帐着火了！"

内帐里顿时哭成一团，这一群妇孺孩子，即使不被狼吃了，也将被这大火烧死了。

有士兵冲进来说还有几架马车，他们保护公主，让公主赶紧上马。

刘菏却说："先保护她们上去！快点！先保护她们！"

"公主，属下一定先得送你出去！"

"你先让她们上车，我上最后一辆车！"

这时，内帐顶上已经开始着火了，火星零星掉了下来，烟雾已经渗透进来了。

桑儿也着急地喊道："公主，咱们赶紧走吧！"

刘菏看着妇孺们一个个出去，自己反而更加淡定了。

"桑儿，就这样被烧死了，也落得一生清净！"刘菏刚说完，就看见慌乱中内帐里突然冲进来一名将领，倒把刘菏和桑儿吓了一跳。

桑儿一看，原来是奉绾丝公主之命来看公主的那个侍从。

"啊！公主！绾丝公主的侍从来了！我们赶紧走吧！"

稽粥一下没缓过神来——

原来那个病恹恹的公主，如今怎么这么雍容华贵地站在这里，他竟看得有些呆了。

刘菏更没缓过神来，这个侍从也不像刚才的侍从一样下跪，反倒盯得自己不好意思起来了。

"快走！"只见他一下子跑过来，拉着刘菏的手就走。

"你干什么？！放开我！"刘菏这下可慌了，赶紧捶打那只拉着她的手。

"你是侍卫，对公主不得无礼！"桑儿也慌了。

稽粥一听，才知道，她们以为自己是侍卫，现在也来不及解释，他也不做任何解释，继续强行拉着公主往帐外走。

正在这时，内帐的一根绳子被烧断，"唰"的一声，直直地甩到了公主的胳膊上，公主应声倒地。稽粥见状，只得抱起公主，冲了出去。

桑儿见状，赶紧背了一个最重要的包袱，跟在后面狂奔……

只听外面一片"嗖嗖嗖"射箭的声音，狼群终于被击退了。

在稽粥营内的榻上，刘菏渐渐醒来，睁眼一看，身边竟又坐着这个不知天高地厚的侍卫。刘菏立刻想撑着胳膊坐起，一边慌忙呼唤"桑儿！桑儿！"哪知道，胳膊上的伤立时疼了起来，不得不又卧倒，"啊……"

稽粥一看，知道她提防着自己，所以虽然想去扶公主，却不敢贸然去扶。

正在这时，桑儿从帐外奔回，应声道："公主醒了？桑儿在呢！"

稽粥连忙起身，对桑儿说道："医女呢？公主的胳膊……"

桑儿赶紧跑过来一看，胳膊上又渗出了不少血，急道："这可怎么办啊？医女怕是被烧死了，公主还流这么多血！"

稽粥一听，忧心地看着公主，说道："我已经派人去禀告父王了，不过弓卢巴离单于庭将近百里，等侍从回来，怕是公主失血过多……"

桑儿一听，又看看快晕过去的公主，悲泣道："这可怎么办啊？公主好不容易养好了病，如今却又……公主……公主……"

公主又一次晕了过去。

稽粥一看，也顾不了那么许多，对桑儿说："你来帮我，记住，什么也别说出去！"

桑儿点点头，赶紧从包袱中拿出一些药粉递给稽粥。

稽粥看着公主又顿了顿，迅速将公主的衣衫解开，给公主的胳膊上药，并撕了一块自己袖子上的布条，将公主的伤口系紧。

等到给公主处理好伤口，天已经微微发亮。稽粥看着沉睡的公主，像与世俗喧闹永远隔绝了的一个仙女，他不禁摸了摸她的额头，甜甜地笑了，但随即阴霾就铺在了脸上。

这时，有侍卫在帐外跪倒说："禀告太子！大王嘉奖太子看护公主有功，赏黄金带钩一件，特命太子明日将公主送回单于庭！"

"好的，我知道了！"稽粥应了一声。

公主黯然醒来，憔悴不堪，只听见桑儿跪下说道："谢太子救命之恩！"

她硬撑起身子，说道："太子？你是太子？"

稽粥一看，慌忙从床边起身，说道："公主暂且歇息，明日我送你们回去。"说完便大步走出了营帐。

只剩下桑儿把太子如何营救公主的前前后后都讲给公主听。公主不觉得伤口疼痛了，反而在心里多了一丝温暖。直至晚间，医女重新换了药以后，公主又有些疼痛，呻吟了几声。

"桑儿，你扶我起来，去帐外看看！"公主幽怨地说道。

"公主，伤还不好就要起来啊？"

"我想去看看这帐外的天，以后再也没有机会看到这样的天了！"

"公主！"桑儿心中也是十分失落，她慢慢扶公主起来，走向门口。

弓卢河

这一切都被帐外的稽粥听在心里。

第二天，稽粥率领人马护送公主回单于庭，一路上，谁也未曾说话。但太子沉郁的脸上却写满了关心。

公主的心里更是满满的感动，奈何命运捉弄，如今她却要回到大王的身边。她心里很清楚自己的身份地位。她默默地掀开车上的帘子，稽粥高大威猛的背影映入她的眼帘，也进入了她的心。自父母和哥哥们一个个离自己远去，好不容易遇见一个可以依靠的人，却偏偏是大王的儿子，终生没有亲近的可能，这一切都让她伤心不已。

"公主可是伤口发作，疼痛难忍？"桑儿听到了公主的抽泣声，走到车轿前问道。

"我并没有什么不适，继续赶路吧！"公主抑制住悲伤，故作镇静地说道。

稽粥虽在马上，但早已听在心里，回首看了看公主的马车，立刻又转过头去，蹬了一下马镫，朝前去了。

当天夜里，公主就被送进了冒顿单于的大帐。

刘菏从一个病恹恹的神态突然变成了一副娇滴滴的样子，不仅令冒顿单于欲罢不能，甚至令全匈奴的人都惊诧不已。大家只顾着喝酒猜拳，都道冒顿单于又新添了一位娇美无比的阏氏，谁也没注意到稽粥只是一个人喝着闷酒，黯然心伤。

几天以后，刘菏终于渐渐散尽了心中的阴霾，因为她千遍万遍地想，终于想清楚她与他永远都不可能在一起。一旦让大王疑心，只会破坏单于和太子的父子情分，破坏匈奴与大汉的交好，所以她唯一能做的就是压抑内心的渴望，陪伴冒顿单于，避免与稽粥见面。

这天，她来给绾丝公主请安。

绾丝难得看见大汉故人，一见面竟哭了起来。刘菏看她穿着一身洁净的粗布衣服，白色上衣，深色裤子，黑色马靴，腰间系一根刺绣精美的绸带。虽然能隐隐看出当年的秀丽，但青春不在，容颜已逝。刘菏再想到自己的身世，竟也陪下不少泪来。

"公主保养自己重要，切莫太过伤心！"刘菏劝道。

绾丝公主悲伤道："我也徒剩一副躯壳了，单于从未倾心于我。刚来时，说我年幼，后来长成，又说我不谙世事，只知道画画写字。如今我只顾养育我的耆儿便罢了……"说完，看着睡在前面摇篮中的孩子。

"耆儿？"

"你还不知道，耆儿可是我的小孙子。他母亲难产，因失血过多不治身亡。荣儿仁善却没有福气，留下这么个小肉球，我不忍心看他无依无靠，所以就将他养了起来，也算是功德一件。如今你看他，都已经两岁多了。"

刘菏探过身去看了看，一个眉清目秀的孩子似笑非笑地睡着，额头宽阔，眉眼深陷，一副典型的草原长相。

刘菏一看，觉得这孩子生得甚是可爱，转而笑着说："小脸肉乎乎的，一看就让人怜爱。今后我也帮着公主抚养他成人。"

"那就谢谢你了！你现在正得单于宠爱，有了王室血脉也是迟早的事。"

"公主！"一句话说得刘菏不好意思起来。

缩丝公主一看，笑道："你还害羞呢！单于子嗣稀薄，来年六十真能得上一子，估计要高兴坏了！"

"公主取笑庆阳了！庆阳只求单于不要怪罪我，能保住匈奴与大汉交好就好了！"

"傻孩子，那哪是咱们能左右得了的？你跟我刚到草原那会儿想的一样，可惜到了这个年纪，全都变了。我只求能由着自己的心性，开心地活着就好了！"

"那我就和公主一样，抚育耆儿！"刘菏看了一眼绾丝公主，一边又问道，"这小家伙是不是像他母亲？眉眼、嘴角都还有些文气。"

绾丝公主看了看孩子笑道："你不知道，才不像他娘亲，而是像极了他父亲，有着一股子机灵却又憨厚的劲儿。不过，他父亲也是我一手带大的。"

"太子也是公主带大的？"

"稽粥娘亲也是难产去世，我就一直带着他。他跟他娘亲一模一样，机灵俏皮，敢爱敢恨，却又可信可靠。兰荣那么跋扈，只因为和他是从小的伙伴，稽粥对她不离不弃。如今都两年过去了，稽粥还是郁郁寡欢，始终没有重新娶亲，只有来看耆儿的时候才露出些笑颜。"

"哦!"刘菏听得都痴了,"他倒是一片痴心!"

"母后!"话音刚落就听见帐外一声。

"稽粥!正说你呢,你就来了!"缩丝公主放下手中的活计笑道。

稽粥一看还有庆阳公主在侧,手按在胸前行了大礼,恭恭敬敬地禀道:"参见庆阳阏氏!"

"太子有礼了!"刘菏遂转身向缩丝公主拜道,"庆阳拜谢太子救命之恩!庆阳告退!"

"公主阏氏身体可恢复了?"

"已经无妨!多谢太子关心!"

"先别走,耆儿马上就醒了,起来才可爱呢。"缩丝公主看见两人恭恭敬敬,说道,"你们就别拘礼了!我也是那天听单于说起。你以后有空了就来我这里坐坐,陪陪耆儿!"

"嗯,庆阳明白!"刘菏始终低着头,不敢看稽粥,但她却能感觉到他热辣辣的眼神,时而对自己深情地瞄一眼,她的脸立刻就羞红了,只好转身看着摇篮中的耆儿。

"稽粥来得正好!听单于说要派你带兵攻打月

氏，为娘的给你赶制出两件袷袍，这次你带上一件，有了空闲也要注意休息！"

"谢母后操劳！"

"云儿！"缂丝公主叫道，"你去侧帐，红色木箱中有两件袷袍，记得把前后绣着八团彩云的那件拿来。"

"是！"

云儿刚转身，缂丝就又说："算了！这两件颜色有些相近，都是用中原云锦织造工艺中最复杂的妆花技法织就的，待我亲自去取来吧。"说着便出了帐。

帐中只剩庆阳刘菏和稽粥以及摇篮中熟睡的耆儿。庆阳更加不自然起来，她稍稍一转头，余光就瞥见稽粥盯着自己，更是慌乱不安。她也想走出帐去，不承想，经过稽粥身边时，她慌乱中踢翻了缂丝公主的丝线，差点摔倒。

"啊……"

稽粥一把扶住，庆阳起身时发现自己的手居然被稽粥紧紧握住。她用力想抽出来，却被握得更紧了。

"你！放手！"刘菏低声喝道。

哪想稽粥一把把庆阳拉至胸前，低声问道："你要躲我到什么时候？"

"你……不可如此……放手……"庆阳慌作一团，一边挣扎一边说。

"我不放！我要永远都这样握着！握得紧紧的！"稽粥说着，竟将庆阳的手紧紧地贴在了自己的心口。

庆阳顿时没了气力，她不是感觉不到稽粥的心，她也不是不知道自己的心，可有什么办法呢？

"你……可知道……这是……大逆不道的死罪！"庆阳半天才吐出这几个字。

"我不怕！我只要你……"稽粥说得庆阳满脸红晕，低下头去。

"你看这是什么？"稽粥说着，往庆阳手里放了一个小物件，这才放开庆阳的手。

"啊！我的翠玉耳环？怎么在你这儿？"

"那天，我一路抱着你奔回营帐，你的耳环为了报答我就扎在我身上了，你这个做主人的要怎么报答我？"

庆阳听得噗嗤一声笑了，羞红了脸说道："我的耳环已经报恩了，我就……"

"不行，一定要报！"稽粥又走近一步。

庆阳一看，赶紧后退一步，将耳环紧紧握住。稽粥逼近一步，一把抽走了庆阳另外一只手中的丝帕。

"啊……还我！"

"好香！"只见稽粥将丝帕闻了闻。一把将丝帕藏入怀中说道，"不还！我要带着它去征战！"眼中充满了无尽的温柔和信任，"你可会想我？"

庆阳低下头，嘴角一抿。

"无妨！我会想你！"稽粥看着庆阳甜蜜地笑着，"不过，你不说我也知道，你的心里也有我！"

"胡说！"庆阳忽地睁大了眼睛，抬头盯着他，万分的柔情蜜意突然也涌上心头，转而又有些忧愁，毕竟战场残酷。

"你一定要等我回来！"稽粥听见帐外绾丝公主被人簇拥着回来，立刻走到耆儿的摇篮前，蹲下来，看着，摇着，冲他笑着。

绾丝公主回来后，她一看两人竟是这般模样，赶紧拉住庆阳的手笑着说道："稽粥这孩子向来话少，只因牵挂孩子，才能多说几句，你不要见怪！"

"嗯！我懂！"庆阳点点头。

稽粥起身，走向绾丝公主，绾丝公主握着稽粥的手说道："稽粥，在外征战一定要当心啊！我还等着耆儿长大，靠着你们享清福呢！"

"孩儿知晓！劳母后牵挂！耆儿还需要您百般照料，孩儿不孝！"

"娘亲自己的孩子怎么能不心疼！"绾丝公主说着，竟落下泪来，"这次不知道要去多久？"

稽粥看了一眼绾丝公主，又看了一眼绾丝身后的庆阳公主，缓缓说道："可能是一年，也可能是两年，但因为有你们，我一定会回来的！"

庆阳此时也说道："太子珍重！我也会帮着公主一起照料耆儿！"

"谢阏氏！"稽粥看着绾丝公主，又看了一眼庆阳，说道，"孩儿告退，明天就要出兵了！"说着便转身出去了。

庆阳扶着绾丝出帐看他慢慢走远，只见绾丝公主泪如雨下，然而自己的心头又何尝不是百感交集呢？

绾丝公主一心一意将稽粥养大，虽不是亲生却胜似亲生，只有她心里知道，来到举目无亲的草原，小小的自己都经历了什么。稽粥如今都要带兵打仗去了，缩丝公主又是高兴又是担忧。高兴的是他终于长大成人了，而且是冒顿单于唯一的儿子，孔武有力，雄姿英发，将来必定是单于的继承人。担忧的就是他从此要踏上征战路，与月氏、鲜卑，甚至大汉……敌人终究是敌人，不相容终究也是不会相容，唉，难啊！

稽粥花了一年零七个月终于铲除了月氏的核心势力，占据了全部河西地区，回到匈奴后受到全族人的拥戴。五个月后，六十岁的冒顿单于去世，二十岁的挛鞮稽粥继位，号称老上单于，他四岁的儿子挛鞮奢被立为太子。冒顿单于的阏氏除了年岁大者安养天年外，尽数归了稽粥，其中就有他日夜期盼的庆阳阏氏。

虽然庆阳两年间只被冒顿单于宠幸过三次，但她却始终谦卑平和，平时跟缩丝公主一起照顾奢儿，后来又像照顾父亲一样照顾病重的冒顿单于，这一切为她赢来了整个族人极大的同情与关怀。她只想着就这样跟缩丝公主一起老下去，希望未来的单于稽粥能渐渐忘掉她。所以稽粥回来的这五个月，她从未见他，即使有机会，她都主动选择了回避。同时她也努力地控制着自己的心，一刻都不能僭越。哪知，稽粥成为单于的第一夜就来到了自己帐外……

"怎么办？桑儿？"

"奴婢只知大王心中有公主，公主心中也有大王，何必要这么苦自己呢？"

"身为妃嫔，怎么能坏了人伦纲纪？……"庆阳心中着实非常矛盾，各种纠结、挣扎一起涌上心头。她跌坐在榻上，黯然说道，"期盼着不能期盼的人，渴望着不能渴望的情分，我是不是疯了？……"

此时，老上单于掀起帐帘，默默地走了进来。整整两年未见，稽粥还是那个稽粥，沉着稳健，稚气未脱却充满了阳刚之气。他身穿一件黑色长袍，腰间束了一条金色腰带，踩着一双黑色长靴，威风凛凛，孑然自立。俊朗的脸上写满了温柔，坚毅的眼神中充满了体贴。

"大王！"庆阳一下竟看得痴了，桑儿赶紧扯了一下她的衣袖，扶着她拜倒在地。

稽粥慢慢走近，看到她的样子，轻轻一笑，说道："你要把头低到土里去吗？"

"臣妾……"庆阳还是低头，咬着嘴唇，不知道说什么。

稽粥坐在她面前的石凳上，轻轻地扶起她的脸，"你还是这么美！"说着便凑上来吻她。她迟疑地扭过头去。

稽粥站起身，说道："起来吧，桑儿下去。"

"是！"桑儿心疼地看了一眼庆阳，退下了。

稽粥在她身边慢慢走着，转了一圈，然后又走近她，猛地搂住庆阳，深情地问道："你现在来告诉我，人伦纲纪真的比真心都重要吗？"

庆阳心里一团乱，稽粥的王者气息扑面而来，他的脸几乎贴在了她的脸上。她顿了顿，还是低垂着眼睛，怯懦地说道："大王……我不知道……只是怕有人会耻笑大王，会耻笑我们……"

"耻笑？谁敢呢？你已是我的女人！"稽粥的脸贴得更近了。

庆阳终于抬起眼，看着他深情的双眸，温柔羞涩地叫道："大王……"

稽粥将她搂得更紧，她也终于松懈了双手，缓缓地去抱他。

稽粥大受鼓舞，知道庆阳的心结已经打开，捧着她的脸问道："刚才谁说，期盼着不能期盼的人，渴望着不能渴望的情分？"

"大王偷听墙角……"庆阳的脸羞得更红了，双拳在他胸前乱捶。

稽粥用前胸箍住她的两个小拳头，把嘴贴在她耳朵上说："你想要的，我都给你……"

华如公主

天涯零落·有人怜

华如公主刘姝

公元前174年，冒顿去世，其子稽粥立，号为老上单于。因灭了月氏，匈奴势力范围逐渐扩大。汉文帝恐其日益骄纵，特命楚王刘郢孤女、16岁的刘姝远赴匈奴和亲，封为华如公主。华如公主温婉可人，从小享足了富贵，却也在父亲去世后赶赴和亲路，一路尝尽了艰辛。这次和亲为大汉王朝埋伏下两个致命的隐患：一个是结下了刘姝哥哥刘戊，即七国之乱时的楚王的仇恨；另一个是结下了宫廷宦官中行说的仇恨……

这一年的春天来得好晚，都快二月了，迎春花还没有开。一位少年提着个鱼篓，顺着泗水河畔一直往北走。

河对岸有个和他年纪相仿的放牛郎早就注意他了，还拉着牛跟着他走了有一个时辰。天色渐渐暗下来，放牛郎看着这个"闷葫芦"依旧执着地继续往北走，不知怎么，心里竟有些担心起来。看他的穿着，应该是个富贵人家的家仆。

"喂……"他终于忍不住在河对岸喊了起来，但那个"闷葫芦"还是继续走。放牛郎又喊了一声，他才微微朝西边转了一下头。此时的太阳分外刺眼，于是他把手挡在眼睛前，冲河对岸仔细瞅了瞅。放牛郎拼命地挥舞着手里的牛鞭。

他终于看见放牛郎了。

"你去哪儿啊？"放牛郎跑近了问他。

"我去抓鱼！"

"去哪里抓？"

"微山湖！"

"微山湖？还远着呢！起码还得走半天。"放牛郎看看他秀气的脸庞，继续说道，"我看你今天别去了，先回家，明天早点出发，中午就能赶到了。"

"谢谢小哥！我给娘留了字条，说我明天抓到鱼才回去。"

"难怪你这么秀气！你还识字啊？"

"当然了，你不识字吗？"

放牛郎摸了摸头，讪讪地说道："我没上过私塾。"

那个少年一听，说道："那你等我抓了鱼回来教你！我也没去过私塾，我的字都是爷爷教会的。"

"你爷爷？"

"是啊，我爷爷可是拜过老师的呢！"

"好！一言为定啊！"

"那有什么难的，一言为定！"那个少年信心
满满。

"还没问你，你要抓什么鱼啊？"

"我要抓乌鱼！"

"乌鱼？"

"嗯。"

"乌鱼不好抓呢，都潜在水底。"

"我知道，厨娘告诉我了。但厨娘也说，微山
湖水浅，寄居在那里的乌鱼多得很，随便就可以抓两
条。"少年兴奋地说。

"她可真会哄你！"

"厨娘从来不骗我！我相信厨娘的话！"

"你抓乌鱼做什么？"

少年突然顿了顿，说道："我不跟你说了，我得
赶紧走。"

"哎……师傅！你说说，没准儿我能帮你抓鱼

呢，这样的话，咱俩就两不相欠了！我帮你抓鱼，你教我认字！"

"好！成交！"少年一听，脸上顿时有了笑容，"那我就告诉你，你可不许对别人说！"

放牛郎一听，赶紧说道："那是自然！那是自然！"

"我爹的哮喘病越来越厉害了，整个冬天都咳过来了，还不见好。我听厨娘说，乌鱼最能治哮喘了，还说微山湖能抓到好多乌鱼。所以我就想去给爹抓一些乌鱼回来，治好我爹的病！"少年说完倒怏怏不乐了，还没有说话前那会儿的精神头足。

"你这一说，我就明白了。你听过'山有鹧鸪獐，海里马鲛鲳'这个说法没？"

少年摇摇头。

"你可遇对人了！这'海里马鲛鲳'说的就是马鲛鱼。"

"马鲛鱼？"

"马鲛鱼的味道比乌鱼都要鲜美呢，它们都能治哮喘。这可不是我说的，是药房先生说的。"

"真的吗？"

"真的！我们村里好多老人孩子，只要一咳嗽就吃马鲛鱼。"

"那我们去哪里抓？"

"你先过来！泗水河里就多得是呢，我帮你抓几条，你今天赶紧回去给你爹吃，明天吃完，后天你再来，我帮你抓好！"

"那真是谢谢你！"

"你已经是我的认字师傅了，给你抓几条鱼算什么呀！"放牛郎说完就跳到河里去拉少年。

河水水流很慢，水不深，结果见那少年踩在一块石头上，晃晃悠悠，晃晃悠悠，只听"呲溜"一声，他手中的鱼篓甩到空中，眼看他就要掉进河里了。

放牛郎三步并两步跑过去，两只手生生把他拽了起来。捏了少年的手才发现，他长着一双好白好嫩的手啊。那少年立刻红了脸，刚站稳些就甩开了放牛郎的手。

"呃……你不会没踩过石头过河吧？"放牛郎边说边摇了摇头，转身说道，"你跟着我慢慢走吧！"

少年看了一眼这个放牛郎，噗嗤一声笑了，装模作样咳了两声说道："有你这么跟师傅说话的吗？"

"哈哈，你还真想做我师傅呢？我认字又没用。我是看你一直往前走，有点担心你！"放牛郎回头看了看少年，继续说道，"前年我三哥就一个人出去打柴，结果到现在还没回来呢，我娘的眼睛都快哭瞎了……"

"啊……"少年顿时生了怜悯之心，"你的心肠真好！你们没有报官吗？"

"报了，没用啊，都三年了，连柴篓子都没找到，我爹怀疑三哥被山贼掳去了。"

"真有山贼啊？"

"当然有啊！你以为唬人呢！所以我看你拿个鱼篓，突然就想起了我三哥。"

"对不起，让你伤心了……"少年感到很抱歉。

"不说这些了，我们赶紧去抓鱼吧，可惜鱼篓也被你丢进河里了，不过我有办法，跟我来！"

"嗯，好！"那少年不好意思地笑笑。

两个人正想着怎么抓鱼，突然看见三个人行色匆匆往这边走过来，问道："两位小哥，你们看见……"

放牛郎和那少年刚一抬头，就听见那三人乱七八糟喊道，"公……啊……翁主！""啊，翁主！"
"公……哦……"

放牛郎一惊，手里刚抓的一条鱼挣扎脱了手，重
又掉进河里了。他诧异地看那少年，没想到那少年笑
得正开心呢。

"啊？你是女的？"

"嗯啊！没看出来吧？！"那少年竟嘻嘻笑了
起来。

"翁主！夫人都快疯了，赶紧回家吧。"其中一
个家丁着急地说。

"找到就好！找到就好！"两个家丁应道。

"那你今天可太险了！真被山贼抓了去……"放
牛郎看了一眼，觉得这位少年应该也不是普通人家的
小姐，想想真是后怕呢。

"哪里有山贼？"那家丁慌张地问道。

"我是说假如！"

"哦，吓我一跳！"家丁说。

"还好我把她给劝住了。"

"真是谢谢这位小哥！"家丁说。

放牛郎转而对那少年说："行了，那你赶紧回去

吧。这两条也够了，明天吃完，你再来，我天天在这儿放牛，你来了我给你抓！"

"难怪老太爷这么疼翁主，翁主是府上最懂得心疼爹娘的人！"那家丁过来接了鱼，转而又对另外两个家丁说，"你们俩且等着翁主一同回来，我先带着鱼回去报信。"

"是！"两个家丁应声道。

"老太爷？"放牛郎惊讶地瞪大了眼睛。

"是我爷爷！"那少年听了又噗嗤一笑，不过脸上突然倒现出戚戚色，"你天天来这里放牛啊！你叫什么？下次我来教你认字！"

"我从小就是放牛郎，爹娘叔伯也就一直叫我阿牛。"放牛郎不好意思地摸摸头。

"阿牛！好有趣的名字！"

"小祖宗，咱们赶紧回吧，别把夫人也急病了！"家丁催促道。

"知道了！"那少年不耐烦地冲家丁说道，然后冲阿牛笑笑，"那我们走了。"

"好，我也该赶牛回家了！"

两个家丁护送着这位少年进入彭城，天已经黑得沉沉的。还好，楚王府就在城中心，有些家户还点着灯笼，一路都还亮堂。

这位少年一进门就赶紧跑到父亲的寝殿，只听婢女们见她都禀道："翁主！"那少年才不管那么多，根本就不搭理她们，径直往里走。

因为走得太急、太快，进父亲寝殿门的时候突然撞倒了父亲的宠妃令美人，这可不得了。

"啊！妹儿跑得太急，请三姨娘恕罪！"说完赶紧拜倒。

只见众婢女扶起满脸通红的令美人，她不依不饶说道："哎呦呦，你现在的胆子是越来越大了啊！竟敢把我随便就推倒在地了！"

"妹儿不敢！请三姨娘恕罪！"

"你还是不肯改口，依旧把臣妾呼作姨娘吗？"

"爷爷在世时，就准许妹儿按照之前府上的规矩称呼各位姨娘，妹儿称呼习惯了！而且我觉得称姨娘亲切些，叫娘娘总觉得生分！三姨娘说是不是啊？"说完还嘻嘻笑着。

"依旧是这么伶牙俐齿地顶撞臣妾！原来有老王

爷护着你，任你在王府胡作非为。老王爷去后又有王爷护着，百般娇惯你。你还引着我儿天天骑马射鸟，让王爷气恼。现在王爷病着，我看谁还能护得了你！别以为你是这个王府唯一的女孩，就无法无天了！这次我非扒了你的皮不可！"令美人新仇旧恨一并涌在心头，气得咬牙切齿。

"那是四哥哥自己不喜读书，他被你拘得紧了，自己跑出去的，还是我找到他的呢。"姝儿为自己辩解，她始终不知道，为什么这些姨娘都不喜欢她。她还想分辩什么，只听见一声："住口！"原来是娘亲出来了。

姝儿讪讪地，不好再说话，只看见娘亲向三姨娘行礼，同时说道："姝儿顶撞姐姐，请姐姐看在王爷的份上能饶她这一次！"

姝儿的娘亲是王爷在做亲王时娶的第五任姨太，位卑言轻，不喜争斗，却洪福不浅。她为楚王生下了小公主刘姝，而且这个小公主是她这一辈里唯一的女孩。性格活泼好动，喜欢仗义疏财，整天为这个打抱不平，为那个打抱不平，所以老王爷刘交和王爷刘郢对她都格外关照，也让她越发骄纵任性，几个姨娘自然都看不惯。

只见娘亲对她说："你这莽莽撞撞的性子什么时候能改改！你带回来的鱼你父王已经吃了，这会儿正躺着养养精神，刚才正唤你呢，赶紧进去吧！"

姝儿冲娘亲笑了笑，又吐了个舌头，说道："姝儿告退！"边说边起身。

令美人冷笑道："妹妹只会凭着女儿哄王爷高兴！你自己这张老脸，怎么不见王爷召唤你呀！"

程美人点头道："姐姐指点的是！妹妹明白！"

听得令美人对娘亲这样说话，姝儿很懊恼！自己光顾着闯祸，又要娘亲替自己忍气吞声，她难过地走到娘亲跟前，叫道："娘。"

娘亲给她使了个眼色，她知道，还是什么都别说最好，所以就赶紧跑进去了。

令美人又走到程美人面前，恨恨地说道："起来吧。不过我告诉你，女儿终究是不济事的，这个道理你应该懂吧，哼！"

看着令美人耀武扬威地走了，程美人依旧沉稳地禀道，"谢令美人！"说完才抬起头看着令美人的背影，对婢女说，"走，咱们去小厨房看看，给大王的燕窝粥好了没有？"

"是！"婢女答。两人先后出门。

姝儿跑进父亲的寝殿，发现二哥刘戊也在跟前守着。

"二哥！"她轻声问道，"爹怎么样了？"

"这会儿好些，躺下了！你怎么又跑出去了？"姝儿冲他又吐了个舌头，"我知道二哥心疼我，派了人来寻我，谢谢二哥！"

"是厨娘偷偷跑来告诉我，估计你朝北去了。下次可不能这样，你看把五姨娘急的，你可是她的命啊！"

"嗯，姝儿明白了。"

两人正低声说着，只见父亲又咳嗽起来，喘得不成样子，姝儿跪在跟前哭着喊："爹爹……"

二哥见状，赶紧安抚说道："别哭了，你知道父亲最疼你！你一哭，父亲难受之外还又多了一重伤心啊！"

"为什么吃了这么多药都不见好呢？爹，要不我们去长安吧，都城一定有好先生！"姝儿还是只流眼泪。

楚王摇摇头继续咳，好不容易才平复一会儿，喝了口茶说道："现在皇上都还忌讳着我们这些叔伯兄弟宗亲，哪还有自己跑去受制的道理！"

姝儿气愤道："我们是去看病，皇上知道了肯定不会阻挡的。"

楚王看了看她，叹了口气道："你呀！被宠得不知道天高地厚了，对于封王来说，守着封地比守着这条命还重要啊！傻孩子！"

"姝儿不明白。"姝儿听了很是不解。

楚王看了看她，又看了看刘戊，继续说道："你爷爷可是高帝最信任的兄弟！当年与项羽争天下的时候，你爷爷可是高帝的得力助手，入关后受封文信君，又随着高帝转战各地直到问鼎中原，你爷爷可是我大汉的建国功臣之一。当年高帝废了楚王韩信，因为楚国囊括了东部重要肥沃地区，地理位置十分重要，所以高帝立即就封你爷爷为楚王，管辖薛郡、东海、彭城三郡共36县，这可是第一个刘氏同姓藩国啊！"

"高帝待爷爷这样亲厚！难怪爷爷时刻都感念

高帝恩德！"二哥听得心事重重，姝儿倒听得欢快了起来。

"那年，你爷爷带着我们一大家子从长安徙居彭城，为我楚藩王族开拓基业费尽了心血……"楚王点点头，继续说道，接着又是一阵咳嗽。

姝儿听着不忍，说道："爹爹，以后再说吧，先躺会儿。"

楚王又摇摇头，平复以后说："今天兴致高，你们两个又都在身边，讲一讲心里也舒坦。"

刘戊说道："那父亲慢慢说！"

楚王点点头，继续说道："你爷爷可是个文武双全的藩王。"

姝儿赶紧说道："这个我知道！爷爷跟我讲了很多遍，他的老师是荀子的弟子浮丘伯老先生，还让爹爹也去跟先生做学问呢。"

楚王笑道："你就知道这么点儿啊？不是为父说你，在学问上，你可不如你二哥扎实。"

姝儿笑着低下了头。

刘戊也笑道："谢父亲夸赞儿子！姝儿聪颖，熏也能把她熏出点门道来了。"

楚王听了，哈哈大笑了一声，说道："虽然女子无才便是德，但我倒希望姝儿能在学问上勤勉些！将来给你指户书香门第之家也能应对自如！"

正说着，程美人捧了燕窝粥进来，只听见姝儿娇滴滴地说："爹爹！我才不去！我就陪着爹爹和娘亲！"

说完，赶紧站起来去迎程美人。

刘戊笑道："我听姨娘说，妹妹3岁的时候，家中曾来了一个道士，说妹妹将来定是个王妃呢……"

"二哥——"姝儿急得一声叫住。

程美人摸了摸姝儿的手，笑着说："看来我的姝儿长大了，小时候逗她的时候，还傻乎乎地跟着笑呢，现在都知道害羞了。"

四人正说着话，忽听得一句"圣旨到"！

姝儿纳闷道："圣旨？"

"圣旨？这么晚了还有圣旨？定是出了紧急的事情。"楚王也吓了一跳，赶紧对刘戊说道："先去安抚内侍，为父马上即到！家眷回避。"

程美人赶紧服侍楚王穿了朝服，扶着来到前厅门口。

父子二人都跪下。

只听内侍读道："皇上诏书，听闻楚王之女，温和贤淑，尊荣华贵，特封为华如公主，即日内到长安赴匈奴和亲。钦此！"

程美人在里间一听，"啊……"的一声瘫倒在地。楚王虽内心惊痛，却不能暴露一丝一毫的不满，仍沉着地说道："臣谢皇上恩典！内人心悸受惊，还请内侍勿要怪罪！"

"这是自然！楚王大喜啊！"

"谢内侍大容大量！"楚王笑脸相迎道，又转而对满眼都是惊愕之色的刘戊说，"带内侍下去歇息，好生伺候！"

刘戊禀道："是！"

等刘戊带着内侍一出门，楚王猛地喷了一口血倒在地上，程美人和姝儿慌忙奔回厅内扶起。

"王爷！"程美人惊道，"王爷！你怎么了？"赶紧又命侍从去请郎中。

"父王！"姝儿哭道。

楚王急火攻心，一时气都缓不过来，似乎想说什么又说不出话，空见他急急地张着嘴。侍从们赶紧将楚王搬至寝殿。刘戊匆匆赶来时，楚王依旧沉沉地躺着，过了好一会儿才慢慢睁眼，低声说着话。

姝儿趴在床边，赶紧凑了过去。只听楚王说道："姝……姝儿，为父……保不了……你……周全了……"

"戊儿……"刘戊赶紧握紧楚王的手。楚王继续颤抖着说道，"你……继任楚王后，千万不可意气……用事……要记得……保一方百姓的安宁要……要紧……"楚王说完就闭上了眼睛，家人顿时哭成一片。

"王爷，你怎么抛下我们就去了，姝儿怎么办啊？姝儿怎么办啊？"程美人尤其哭得伤心。

令美人一听，楚王如今将王位传给了老二刘戊，自己的儿子是没一丁点的指望了，便气不打一处来，更气自己那个不争气的儿子，如今楚王都去了，人还找不着。令美人越想越气，越气越想，瞪着刘姝脱口便说道："丧门星！王爷本就快好了的，如今又被你这小蹄子给活活气死了。丧门星！赶紧做你的春秋大梦去，还跪到这里假惺惺哭什么！"

姝儿也不听，只管哭着说着："父王，你快醒醒啊！"

程美人一听，更伤心了，哭着扑在刘戊面前，哀求道："戊儿，你如今能做得了主了，姨娘求你，不要让姝儿去和亲，不要让姝儿去和亲，好不好？好不好？"

刘戊从小就和这个妹妹亲厚，怎么能舍得她远嫁呢？可两年前，济北王反兵被剿，济北王之妹被封为庆阳公主赴匈奴和亲的事就像发生在昨天一样。如今楚国富庶，兵勤民良，皇上岂能任之再扩大发展，恐怕这才只是第一步。这副担子突然就这么落在了自己肩头，楚国这千万百姓都要仰仗自己存活，怎么能在这第一桩事上就打了退堂鼓呢？为什么姝儿妹妹和亲是他身为楚王要处理的第一件事情呢？

程美人的哭声将刘戊拉回了现实，他看看父王，看看姝儿妹妹，又看看这跪倒在地的一家人，心中悲痛万分。17岁的他不知道究竟该如何安慰这些亲人，只见他面如死灰，默默地说了一句："父王，儿子该怎么做？"仇恨之心从此种在他的心中。后来楚王刘戊成为七国之乱的主谋，失败后自杀身亡。自己的孙女以罪臣之女的身份被封为解忧公主，和亲乌孙。这且都是后话。

三天后，楚王刚刚入殓，华如公主刘姝就得出发赶往咸阳了，她托小侍从去跟阿牛讲明，以后不能教他认字了，因为家中变故，她已经嫁人了。哪知小侍从却告诉了阿牛真相。姝儿满脸稚气的笑容让他久久难忘，姝儿离开彭城的这一天，阿牛也做了一个大胆的决定。

车队一路往西，越过萧县进入梁国。姝儿记得爷爷曾经跟她讲，梁王彭越曾与韩信、英布并称为大汉建朝的三大名将，但因为谋反，被高帝诛灭三族，枭首示众，距今也才二十多年的时间。皇权与诸侯王王权的斗争从未停歇，自己如今不也是权力斗争的一颗棋子吗？想到这一切，闷闷不乐的她更加感伤，生在帝王家，原来有如此之多的身不由己，她转念又想到阿牛，孑然一身，放牛看牛，倒是自由自在，管他纷争成败，只要牛能吃饱喝足，自己也便有十分的满足。

从梁国，到陈留，再到河内，最后到长安，整整走了一个月。长安街市繁华，看得刘姝眼都快花了，到驿站后，赶紧换了男装出来溜达。随她一起出来的还有一对兄妹，女孩是她的随身侍女阿容，男孩是这个侍女的弟弟阿谦。她姐弟两个是刘姝的母亲程美人八年前在逃难的人流中带回来的，当时看着姐弟二人与父母走散，一路乞讨，很是可怜。带回去调教了几日，就让他们平时伴着姝儿。当时两个孩子还小，都不知道自己姓什么，程美人就给两人随便起了个名字，姐姐叫张容，弟弟叫张谦，同时还嘱咐张谦要学武，时刻不能懈怠，将来要保护姝儿和姐姐。如今刘姝按旨要去和亲，程美人尽管有百般不愿意，但仍然不得不遵从圣旨，只得派这两姐弟相随，指望他们悉心保护姝儿，能陪伴照料一世周全。这不，刚到驿站，姝儿就带着他俩出来转了。

三人在城里转了一圈，看足了稀罕。姝儿也累得不行，就进了一家酒楼去喝茶。刚在二楼坐定就听见楼下一阵叫好，三人赶紧探个头往楼下看。原来是有个醉醺醺的中年男子跑上去，准备和膀大腰圆的擂主打擂台，看客们大声叫嚷叫好，往台上撒着铜钱，看样子是鼓励他勇敢地去挑战擂主。可惜看他那样子，也没有什么拳脚功夫，三人一看就揪心得很。

"翁主，你看！那边还有一个妇人，拽着那个小不点儿在那哭呢。"张容说道。

"他肯定是喝醉了酒，上去逞能去了！"姝儿气得捶了一下酒楼的木栏。

"今天可别被那大汉打死了去。"张谦说道。

"这种男人，指望他什么！让这大汉教训教训也应当，以后吃了酒少出来惹事！"张容也愤愤不平。

三人正说着，那大汉就和那醉汉打了起来。那醉汉倒先厮打开来，扑过来抱着那大汉的腰，台下起哄声一片。但那大汉却纹丝不动地站在那里，任由醉汉抱着厮打乱摇，等看客们撒了些银钱之后，猛地弯下腰去把那醉汉从腰直直地倒抱过来，醉汉一下脚朝天被大汉紧紧箍住，头手一并甩了下来，在大汉的腿部胡乱摇摆。醉汉正挣扎着，只见大汉"啪"得一声，把那醉汉重重地摔了出去。那醉汉平铺在擂台上，扇起来不少灰尘。看客们只顾欢笑撒钱，那母女俩见状却赶紧奔上去把他掰过来，看他满脸是血，龇牙咧嘴，心疼不已，哭成泪人。那醉汉应该是又疼又困，一下也动弹不得，头靠在那妇人怀里，一声不响，不知是死了还是睡着了。

"谦儿！赶紧下去看看，帮着妇人把那醉汉扶到边上，给上点散钱。"姝儿看见这般情景，极不忍心。张谦赶紧跑下楼去了。张容和姝儿直看到张谦把那醉汉拉到边上才放心坐下，赶紧叫小二上茶。

两人终于放下心来，等着张谦上来，只听见隔壁包间"啪"的一声，唬了两人一大跳。只听见有人说："内侍息怒！内侍息怒！……"

只听一人愤愤地"哼"了一声。

"我也是刚从宫里听来的，所以赶着来宫外孝敬您呢！内侍为何要生气？和亲可是大事，内侍这趟回来怕是要高升了呢！"一个人继续在恭维。

这边姝儿和张容一听得"和亲"二字，顿时相互一看，惊诧不已。两人心照不宣，静静地听他们说话。

"师傅说了，再过两月就把一等首领的位子给我，我怎么能送公主去匈奴和亲呢？这和亲一时半会儿回不来怎么办？"听他口气，应该是宫里的一个内侍。

"管内侍也曾跟在下说过，下一任一等首领就是您！但任大职得有大功劳！管内侍当年可是拼死保护了当今天子，才有机会成为一等首领。这次派您去送公主和亲，怕是管内侍为了堵住悠悠之口，将来委您重任的口实啊！"

"师傅此番心意我肯定是明白的。只是匈奴残忍凶蛮，北地又空旷，夏季酷热冬季严寒，和亲之路一去就是大半年啊！"听这位内侍言词，应该是管内侍的人。

"而且我听说，这次钦点您去和亲的是皇上啊！管内侍也是奉命接旨，将来和亲事成，管内侍也才好向皇上进言，加封您不是？"那人继续说道。

"只是师傅的身体一日不如一日，万一这半年有什么变故怎么办？"这内侍沉思了一会儿道，"难道……皇上是要借机铲除师傅和我？"

"这里人多眼杂，内侍可千万不能这么说啊！管内侍可是当今天子的救命恩人，皇上一向仁厚，必定不会这般对待管内侍和您。依小的来看，这是内侍您的喜事，事一成，回京就是首领内侍啊……"

"但愿如你所说！我要赶紧进宫去见师傅，看看有没有回旋的余地，皇后的景秀宫马上就要动工了，我赶紧领命监工去，而不是送什么公主去和亲！"

"是是是，内侍所言极是！在下也正是为此事来找内侍……这是孝敬您和管内侍的各五百两银票，随后还有一千两现银，一会儿就分别送至您和管内侍府上。皇后的景秀宫，在下就多仰仗您和管内侍了！"

听到这，姝儿算是明白了，轻声说道："这人原来是个砖瓦匠，这么有人脉，真是不简单。"

张容点点头，正想感叹一句，张谦突然跑了进来，又把她俩吓了一跳。

"你们这是做什么呢？"张谦大声问道。"我们刚进来坐下，快叫小二上茶。"张容一下慌了，赶紧说道，边说边给张谦使眼色，让他小点声。

只听见隔壁包间"咳咳"了两声，有人出门下楼去了。

"怎么了？"张谦看她们偷偷摸摸的样子，不知发生了什么事。

"刚才听隔壁那两个人说什么……匈奴人残忍凶蛮，唉……"张容一不留神又说了出来。

"残忍凶蛮？"张谦一听，觉得匈奴人简直就是凶神恶煞。

"唉，不说了，我只是有点想娘亲了！"姝儿笑笑，眉间却隐藏了深深的忧郁。她转而一看，又见这姐弟俩比自己都担忧，强忍着说道，"残忍又怎样？凶蛮又怎样？我就不信，他们难道可以随便杀人不成？"

"就是！翁主说得对！反正不管到哪里，我都保护两个姐姐！"张谦还是满脸稚气。

姝儿笑着摸摸他的头，说道："你是个好孩子！说说那妇人和小孩怎么样了？"

"万幸！那醉汉也没被打死，妇人和小女孩哭得可怜，我帮她们把人搬到下面去了，再等一会儿就会醒了。按翁主的吩咐，给了几两散钱，她对翁主千恩万谢呢！还念叨说翁主心肠好，将来骑着高头大马，嫁个好人家！"张谦一句话倒把人逗乐了。

"哈哈，还骑着高头大马？"姝儿一听也笑道。

"我跟她说，女孩出嫁都是要坐轿子的。她一听，赶紧改口说，就是就是，翁主坐轿子，骑高头大马的是夫婿！"张谦说完也笑了起来。

"村妇可真能胡诌！"张容听了说道。

"她们一辈子不就盼着嫁个好人家吗，所以这应该是把最美好的祝福给我了呢，可惜她自己嫁了一个喝醉酒还惹事的人。不过还真让她说中了呢，我想了，等到了匈奴，咱们都要学骑马！"姝儿说得眼睛都快发光了。

"翁主，我们赶紧回去吧，出来都一会儿了，明天还要进宫呢！"张容劝她道。

"好的，我们回去吧。"刘姝女扮男装倒是秀气十足。她虽然不知道自己今后的路有多艰难，也不明白为什么命运选择了她，但在她的心里，永远都只有爱，没有恨，她要用她的真心去面对一个未知的世界。

第二天，刘姝奉旨觐见皇后。她曾经听爷爷讲过，皇后窦氏出身卑微，但却恭俭温顺，福泽深厚。皇后小时候与相依为命的哥哥弟弟走散，自己入宫为婢女，后来被指给代王为王妃，生下一女二子，如今长子被立为太子。

刘姝小心翼翼地按礼制叩拜，禀道："臣女华如公主刘姝拜见皇后娘娘。"

"快起来，坐到我身边来！"皇后笑脸相迎，赶紧命人扶起来。

"谢皇后娘娘！"刘姝起身，慢慢走至皇后跟前坐定。

"眉清目秀，端庄持重，楚王教女有方，本宫也是欣慰得紧！"皇后看着刘姝缓缓说道。

"谢皇后娘娘赞誉！"不知怎么，刘姝看着皇后娘娘突然觉得她像自己的母亲。

"本宫也才得知你父王天不假年，刚刚去世，你即赶赴长安，是个深明大义的孩子！"

"臣女感激皇上皇后恩德，册封为公主，这是臣女的莫大荣耀。"

"你娘亲可愿意吗？"皇后问道。

刘姝看看皇后慈祥的脸，轻声地说道："娘亲十分悲苦……"

"难得你跟本宫说实话，本宫也是做娘亲的人，知道你娘是断然不想让你去和亲的。其实，和亲也本不该你，如今的匈奴单于刚刚继位，皇上为了两国交好，准允了和亲。我的嫖儿三年前就已经嫁给了堂邑侯，所以这次和亲只能在宗族中挑选。皇帝一向敬重你爷爷、你父王，夸赞他们父子二人尊礼重教，虚心向学，为官谨慎，治民有方。所以挑了你来，知你必定知书达理，识得大体。和亲不仅关系着一个公主的幸福安危，还关系着我大汉王朝的安稳发展。如今本宫看着你倒十分喜欢，舍不得你去和亲了！"皇后宽厚待人，女儿外嫁，身边连说个体己话的人都没有，一看刘姝，确实有些心疼。

"臣女谢皇后垂怜！臣女明白！爷爷和父王都曾教导姝儿，万事要以国家大义为先！"

皇后又问道："听皇上曾经说，你爷爷和你父王曾经同时拜在一个师门下？"

刘姝淡淡一笑，对皇后说："爷爷和父王都师从浮丘伯先生。"

皇后感叹道："果然是诗书之家，你小小年纪，在学问上倒也用心。"

刘姝脸一红说道："臣女只是略识些字罢了。"

皇后看着她笑了笑，说道："虽说女儿家只守女规女戒，但真若能精通一点诗书，往后的漫长岁月也有得打发了。你以后就明白了！今天本宫将刚刚抄录好的二十卷《诗》赠予你，望你恪守妇德，不得意时就看竹简度日，在匈奴有着一世平安，也不枉本宫今日疼你！"

"臣女谢皇后娘娘垂怜！"刘姝眼中不禁滴下泪来。

"那你去匈奴可带了几个亲近的奴婢侍从？"

"臣女带了跟我一同长大的张容、张谦姐弟两个，他们愿意终身都跟着我。"

"那就好！远赴匈奴，一定要保得自身周全！"

"奴才叩见皇后娘娘！"皇后正与刘姝说着话，突然看见管内侍慌里慌张地进来，跪倒在地。

"管内侍？出了什么事？"皇后诧异地问道。

"请皇后娘娘恕罪！"管内侍先磕头认罪。

"说吧。"皇后十分诧异。

"禀皇后娘娘，皇上此次指派奴才的弟子中行说去匈奴送华如公主和亲，哪知这畜生竟不感念皇恩，死活不去，非要来请皇上收回成命。奴才拦不住，又怕他冲撞了皇上，特跑来请皇后娘娘能平一平皇上的怒气……"

"混账！这是个什么奴才，还敢违抗圣意？拖出去打死便了！"皇后娘娘一听，"啪"的一巴掌拍在了桌子上，差点把小茶桌上的茶杯震掉。刘姝也一并站起，突然想起昨天在茶楼里听到的话，转念一想，昨天那个人应该就是管内侍的徒弟、想接任首领内侍却又要奉命送自己去匈奴和亲的中行说。

管内侍一听，更是慌了神，连忙恳求道："皇后娘娘息怒！皇后娘娘息怒！奴才的这个徒儿也是机灵的，17岁才入宫，先是管库，后来奴才提携着他在御前伺候，他上知天文下知地理，巧舌如簧。而且，他是燕人，从小就游荡在朔方一带，最为熟悉匈奴的动态，皇上正是看中了他这一点才派他去送公主和亲的呀！"

"既然这般识大体，怎么会违抗皇上的旨意？"皇后娘娘问道。

"奴才不敢隐瞒！奴才已年近古稀，不能很好地服侍皇上，这一年多都想找个人来接了老奴首领内侍这个差，好在今后尽心伺候皇上皇后。这半年来，皇上看中行说勤勉讨喜，时不时地让他领了老奴的差。这孩子从进宫就是经老奴一手带成的，老奴自然是放心的。不承想在这个当口，皇上派他去送和亲队伍。他究竟年轻，缺乏历练，一时想不通，所以才出此下策……"管内侍战战兢兢地说了这么一通。

"年纪轻轻倒是急功近利得很呢！就凭他这份心，这位子也轮不到他！"皇后娘娘愤愤地说，"走，去未央宫！"

"是！"管内侍讪讪地答道，赶紧跟上。

刘姝不知是进是退，只得禀道："恭送皇后娘娘，华如告退！"

皇后一听才突然想起她来，转过身来说道："无妨！你也来吧，见见皇上，顺便也见见这个中行说，他毕竟要保你一路周全！"

"是！"刘姝只得跟在后面走。

刘姝是第一次进皇家宫殿，此时的未央宫已经灯火通明。她跟随在皇后娘娘身后，身后又跟着管内侍。走入大殿后发现，一个年轻人跪在地上，腿前有些摔碎的瓷片。皇上气鼓鼓地在地上来回踱步。

皇后慢慢走近，一看就知道，跪在地上的是小内侍中行说，刚才皇上肯定动了气，把茶碗都摔了。

"臣妾叩见皇上！"皇后盈盈拜了下去。

"臣女华如叩见皇上！"刘姝也紧接着拜了下去。

"起来吧。"皇上只顾走来走去，头都没抬，顿了顿，示意皇后娘娘也落座，随即问道，"华如公主？"

"臣女在！"

"按家事论，你爷爷是我的皇叔，你父亲是我的哥哥，你是我的侄女。前几日听闻你父亲去世，朕也心酸，只是朕赐你和亲之时并不知道你父亲病重……"

"臣女谢皇上体恤！爷爷和父亲一直教导我，皇家虽然亲厚，但仍然要先论君臣，后论家亲。皇上仁厚，不提君臣，反而心系家亲，臣女感念不已！"

"你母亲可还健在？"

"回皇上，臣女母亲健在。"

"可还康泰？"

"回皇上，臣女母亲生了臣女之后曾经大病一场，身体一直虚弱。"

皇后娘娘说道："如今你父亲去世，你又远嫁，你母亲定是伤心欲绝。"

"谢皇后娘娘体恤臣女母亲！臣女母亲只生了臣女这么一个女儿，这些年也是因为有我才强忍着姨娘们的奚落。好在我是父亲唯一的女儿，所以父亲宠着我，自然也会照顾着母亲。如今父亲去了，我也走了，母亲的日子肯定更艰难了。"刘姝说着便落下泪来。

"哦？你是楚王府里唯一的翁主？"皇后娘娘吃了一惊。

"是！"刘姝禀道。

顿时，几个人均无语了。

"你可是后悔了？"皇上犹豫着问道。

"臣女不敢！《诗》云'女子有行，远父母兄弟'，母亲说女子终究是要嫁人的，如今我能为国而嫁，是莫大的荣耀。我只是想着，父亲在的时候，我整天淘气，惹母亲为我担心，如今还没有尽孝道却远嫁匈奴，内心惭愧！"

"你还在诗书上用心？"皇上一听，又多了一分惊诧。

"臣女只是识些字而已。爷爷和父亲曾经跟随浮丘伯先生学《诗》，经常在家中吟诵，臣女便听会了。"

"难得啊！浮丘伯精于治《诗》，将平生所学都传授给了几个门生，其中就有你爷爷和你父亲。你爷爷文武双全，朕记得他还曾为《诗》作注，号称《元王诗》，朕小时候也曾细细啃读。你父亲则深明大义，又精明强干，做楚王前曾是朕的宗正，管理整个宗室事务，是朕的左膀右臂。你可知道这些？"皇上越说越平和，皇后娘娘看了一眼管内侍，两人也放心些了。

"禀皇上，臣女也听爷爷和父亲讲过一些，只记得些有趣味的，于宗族事业上确实无甚了解。"华如禀道。

事实上，在众多的汉家刘氏藩系中，由刘交开创的楚藩王族虽然是排行最小的一支，但也是最杰出和最庞大的一支。这个家族不但人才辈出，后来产生了南朝刘宋王朝的开国皇帝刘裕及著名的学者刘向、刘歆父子，而且人丁兴旺，后裔繁衍极盛，构成后世刘氏族姓中的重要组成部分。

皇上一听，笑了笑说道："女儿家的心思，也确如你这般。不过你放心，朕即刻就封你母亲为二品夫人，保你母亲一生的尊荣富贵，你北嫁匈奴大可无忧虑了！"

"臣女叩谢皇上！"华如盈盈拜倒。

皇后娘娘看在眼里，不知不觉却有些心疼了，说道："16岁豆蔻年华，你却心怀大义，心甘情愿为我大汉牺牲，实属难得啊！"

皇上一听，再看看继续跪在地上的中行说，又来了气，转而问他道："中行说，你可想清楚了？"

"回皇上，奴才想清楚了！"中行说不卑不亢。

"想清楚什么了？"皇上倒提了个神。

"奴才体质太弱，不能送华如公主去匈奴和亲！请皇上收回成命，奴才愿为皇上肝脑涂地！"

"你！你！……"皇上一听，气得一拳捶在了桌子上。

管内侍赶紧跪下说道："皇上息怒！皇上息怒！老奴调教无方，教出来这么个不识大体的奴才，请皇上恕罪！更请皇上保重龙体！保重龙体啊！"

"中行说，人永远不要精明过了头。你以为你的这一套推辞能蒙蔽得了皇上吗？该是你的永远都会是你的，不该是你的，就算这一时半刻赶上了，也未必就成了你的！忤逆欺君是什么罪，你可想清楚了！"皇后娘娘愤愤地说了几句。

"奴才惶恐，实在不敢忤逆欺君，奴才句句如实，句句真心！请皇上、皇后娘娘明鉴！"中行说继续辩解。

"皇上一国之君，一言九鼎，岂可因为你收回成命？"皇后娘娘又质问他。

"奴才的命都是皇上的，只是送公主和亲这样的大任，奴才实在难以担负，所以请皇上能顾惜奴才的忠心，收回成命！"中行说继续推辞。

"朕明白，你受了朔方人的迫害才致入宫为宦，所以对北方憎恨至极。可你也是汉人，是我大汉的臣子，朕准你避开冀州、并州、朔方等地，从西向凉州入匈奴，如何？"皇上也在做着最大的让步。

"谢皇上对奴才的一番体恤之心！只是奴才实在不能从命。"中行说亦是铁了心。

"那如果朕非要你去呢？"皇上眉心微微一动，阴沉着声音说。

"皇上，您非要我去？"中行说抬起了头，挺直了脊背，也是沉沉地问道。

"非你莫属！怎样？"皇上斩钉截铁地说。

"朝廷中难道没有一个除我之外可以派的人吗？如今皇上却偏要派我！那恕奴才直言，将来后悔的是皇上！是大汉！"中行说恨恨地说道。他知道，此时站在这大殿中的几个人，没有一个会听自己陈情的。

"嘀！口气倒不小！"皇上一听反而笑了，"那朕等着你回来！"

"就怕皇上等不到我回来！"中行说阴冷地笑道，垂头丧气地低下了头。他自己心中那份对燕人、对朔方刻骨铭心的憎恨瞬间转移到了皇上，转移到了大汉王朝。"助胡成王，必为汉患！"这是他内心的声音。他虽然没有胆量在大殿讲出来，但却用行为在日后几十年中一笔笔地呈现了。

"皇上息怒！容老奴说一句。"管内侍这时候跪了下去。

"说！"皇上知道中行说已经答应远赴匈奴，心里轻松不少。

"这奴才对先帝以及皇上的真心，那是日月可鉴呐！当年先帝骑马侧摔，是这奴才拼着蛮力扑救了过去，才保了先帝龙体康泰！对皇上也是忠心耿耿，前年济北王谋反，是这奴才替皇上挡了刺客那一箭！"管内侍说着竟落下泪来。

"朕都知道，所以才格外看重他，委以重任！"皇上也有些痛心，他不明白为什么中行说要忤逆他。

"皇上圣明！为这奴才计划长远！可惜这孩子心

太死，只想着老死宫中，一步都不想挪动。奴才感激皇上待他之心，待奴才回去再好好规劝他！"管内侍说完，拜了下去。

"好！你们都下去吧！"皇上如释重负。

只听中行说禀道："皇上，奴才不知和亲队伍何时出发？"

皇上看了看皇后，皇后说道："大概月余就能准备妥当了。"

"奴才恳请三天后出发！否则，奴才便一死了之！"中行说说着又拜了下去。

"三天？"不仅皇上、皇后吃了一惊，刘姝也吃了一惊。

刘姝的心咚咚直跳，心想："三天？这么快？这么快？"

皇上一听，又皱起了眉头，他看了看皇后，说道："好！三天后出发！"

皇后站在一旁也无可奈何。刘姝的心里更是烦乱一团，她不知道之前的送亲大臣是怎样的，但自己的这个送亲宦官竟如此不愿意，这种不愿意将来会不会真的对大汉造成威胁呢？

　　三天后，送亲队伍从长安出发，一路向西。从天水、陇西、金城一路到达武威。对于从小习惯了气候湿润、田沃民淳的刘姝来说，凉州的风景她倒有些看不够呢。凉州地势平坦辽阔，经常一天走上几十里都见不到一户人家，而且凉州地处汉羌边界，所以经常能看见与长安穿着完全不同的人，无论男女都看起来剽悍有力，无所畏惧。她也才见识到"凉州大马，横行天下"的说法真是名不虚传，一路上都能看见精骑部队呼啸而过。

　　数月后，一行队伍终于到了阿尔泰山脉脚下的东居延海。这里是大汉与匈奴的边界，刘姝虽心里凄凉万分，但这里真的是太美了，把她内心的那份伤心都化解了。

　　"容儿，世上竟有这么美的地方。"刘姝从未对服饰有所关心，她天生丽质，穿什么都亭亭玉立，不过从凉州一路过来，她发现拖裙不仅异常繁琐，而且在这种风沙之地，极易弄脏撕破，心里一直想着怎么能把长安式样的长袍改一改。当她看到集市上各族妇女穿的布裙时，突然灵光一现，想了个入乡随俗的办法，她立刻叫人裁了那长长的拖裙，做成有褶皱的大裙摆，再在裙摆的边上刺些暗色的花纹，反而蓬松华美，独有一份清雅贵气。刘姝身穿一身淡绿色纱衣纱裤，外罩一件紫色披风，站在居延湖的边上，看着与天相接的湖面，仿佛与世无争。

湖的对面，有一队人马正慢慢驶来。有一个人，早已注意到了她。

"公主，又有一队人马过来了，我们赶紧进马车去吧。"侍女容儿说道，"我怎么心里慌得很？"

"慌什么？各族人马咱们一路见多了，不都是一队一队像打仗一样奔杀过去了嘛，这一小队我看着还慢悠悠地走着呢。"刘姝倒没想太多，"你可能是觉得这里人烟太过稀少，突然来了这么一队，心里有些惴惴不安罢了。"

"公主说得是，之前好歹还有城，还有百姓。这里放眼过去，连个人影都没有，我情愿就咱们一队人马，好歹心安些！"

"好吧，那我们也往回走吧。出了这片水草，就能看见咱们的马车了。"两人刚转身，就听见背后猛地响起了"驾"的一声，在如此空旷的野地里，声音显得分外刺耳洪亮，把她俩唬了一跳。两人转身一看，吓得大气都不敢出，只见一个男子正骑马往她们这边冲过来，后面的队伍也不跟上，只在那里呼哨。

"山贼！阿牛曾经跟我说过有山贼，咱们遇到山贼了，赶紧回去！"刘姝慌张地说，紧紧抓着容儿的手，两人奋力往前跑去。哪知，只跑了还不到二十步，那马便冲到了跟前，挡住了去路。

"大胆！大汉公主在此，还不退下！"容儿奋力挡在刘姝面前。

"大汉公主？"那大汉哈哈大笑，"本王要找的正是大汉公主！"

刘姝一听，知道自己如果被这大汉掳去，贞洁不保，反而害了大汉与匈奴的结盟情义之好。她瞟了一眼身后的湖，心中早已拿定了主意。

"大胆山贼！本公主乃是赶赴匈奴的和亲公主，你敢掳我，大汉和匈奴定平了你全族！"边说边往后退，看那大汉有些掉以轻心，她掉头就直往湖里奔去。

"公主！"容儿一看，大叫一声，自己的身体也死命地拦着马头。

那大汉一看，叫道："不好！"然后猛拽了一把缰绳，马往起一跳，扑倒了容儿，跟着刘姝追了过去。

刘姝虽说从小也四下奔玩，但如今这衣服、鞋子都成了障碍，不及男装灵便。不过，她下了死的心，倒也飞快。等那大汉追上来的时候，眼看她就要跳到湖里去了。说时迟那时快，那大汉腿还在马上，右手还拉着缰绳，上身向左一倾，左手牢牢地箍住了刘姝的腰，竟一把将她甩得趴到了马背上。她腿脚乱飞，双手乱打，突然抱住了那大汉的右手，一口咬了下去……

"啊！"那大汉大叫一声，左手在她后肩狠狠给了她一下，刘姝立时晕了过去。那大汉一看随即又后悔了，对着晕了的刘姝说道，"哎呀！刚才应该先说明我的身份，没想到你这公主竟这般刚烈！"

那大汉忍着剧痛往回骑，侍从也赶紧骑马赶了过来，紧接着他就听到身后一片讨伐之声，有一名大将挥舞着长矛骑着马飞奔过来，大喊："贼人休走，放下公主！"

那大汉骑着马转过身，把趴在马背上的公主翻过来抱在怀里，两边人马迅速聚集在各自的领域。

中行说赶紧下马，拱手说道："不知大汉是何族统领？我方是大汉赴匈奴的和亲队伍，您刚才带走的是我大汉华如公主，还请大汉知晓其中厉害，放了公主！"

没想到这大汉微微一笑道："本王就是老上单于。"

"哦？"中行说吃了一惊。他这才仔细地又看了看这个年轻大汉，相貌堂堂，眼神犀利，有八分的野性，两分的儒雅。

"我刚才看她要投湖，情急之下掳了她，不承想她又咬了我一口，我一掌下去就把她给打昏了，我现在就着医女去救治。"老上单于将前因后果解释了一番，听着倒十分地入耳。

"如此甚好！如此甚好！单于与公主竟然以这样的方式结识了，倒也是天定的缘分！恭送大单于！"中行说心下喜悦万分，不过这份喜悦不是为了公主，而是为了自己。他一眼就瞧出老上单于的霸气，尽管这份霸气都还隐藏在他的稚嫩之中。

"内侍大人……"那大将赶上来，焦急地问道，

"内侍大人，他可真是单于？万一是贼人怎么办？"

中行说一听才缓过神来，说道："你放心！这匈奴还没有敢冒名顶替单于的人！"大将这才放心了。正说着，只见单于的一个随从大将走了过来，说道："奉我王之名，请二位率队去往范夫人城。我王将带公主暂住俊稽山与涿邪山之间的军营，七天之后回城，还请伺候公主的侍女同往。"

"我也要去！"汉军大将说道。

"我王并无指令。"匈奴大将说道。

中行说一听，这火药味十足，就说道："将军不知，这位将军是公主随身侍女的弟弟张谦，他们姐弟二人从小就跟着公主长大。公主的随身侍女刚才被马踢倒，恐怕也需将养数日，眼下还不能随侍。但待会儿公主醒来见到不熟悉的侍女，见不到亲人，怕再有什么极端的举动，咱们可就担待不起了，所以还劳烦你通报一下单于，请张谦也随行安抚公主！"

"好，你且稍等，待我去请示大王！"那将领一听便说道。过了一会儿，他果然回来了，让张谦跟旁边的小兵走，然后对中行说说道，"我王嘱咐厚待大人，大人这边请！"

两人分别跟随将领退下。

晚间，军营亮起篝火，虽说是夏天，但俊稽山下还是有些阴冷，看见老上单于坐在公主帐外的篝火前，张谦赶紧上去跪下请罪，说道："臣不知是单于，口出狂言，望单于释怀！"

老上单于一看是他，轻轻一笑，说道："公主是第一个叫本王山贼的，你们大汉有很多山贼吗？"

张谦一听，拱手说道："公主亦不识大王，请单于宽恕！我们都只是听说有山贼，但没有亲眼见过。"

"你们大汉的规矩真多！动不动就跪拜！是我先没有表明身份，惊了公主，害她差点投了湖！"

张谦这才知道当时情况有多危急，姐姐奋力保护公主，公主竟然要去投湖。

"我们姐弟二人从小就跟着公主，公主就是这样的性子！爱恨分明，虽然不拘小节，但也知晓大义！而且公主是王爷唯一的女儿，呃……"他突然意识到自己多言了，说出了华如公主本是诸侯王的翁主，而非真正的公主。

老上单于一听，知道他想隐瞒什么，说道："无妨！和亲本就是国与国之间的权衡与妥协，真公主自然显得亲厚，但哪有那么多真公主呢？这一点本王和父王都知晓。"

"小将叩谢大王！"张谦一听，才知道老上单于也如此通情达理，倒是欣慰公主能遇到这样的男人。

老上单于说道："起来吧，说说公主叫什么名字？"

"公主叫刘姝，王爷和美人都叫她姝儿。"

"姝儿？"

"嗯。公主从小受到王府里所有人的疼爱和优待，她的哥哥们都拿她当宝似的，舍不得有任何人让她不高兴。她也很顽皮，闯了不少祸，不过小祸总有人替她担起来，而一些大的事情她可从来不愿意谁去替她背黑锅，她都全力自己承担，有时候还替别人当挡箭牌呢。"

"这么有骨气？难怪要去投湖呢！"老上单于的心已经被张谦的话勾在嗓子眼了。

"不过，自从王爷去世，美人病重，和亲这一路又万般艰辛，公主也尝了不少苦头……"

正说着，只听侍女跑出来说道："公主醒了！"

"哦？"老上单于一听就跳了起来。

张谦也立刻站了起来，说道："太好了！"

老上单于两步并作三步赶紧朝帐内走，张谦跟在身后。但是到了门口，老上单于却突然回转了过来，张谦纳闷极了。

老上单于对张谦说："你先进去跟公主解释解释吧……"

张谦年龄小，还不知道儿女私情竟也有这般曲折的弯弯绕绕，他闷头闷脑地说："嗯，我先进去看看公主！"

过了一会儿，只见张谦从帐内出来，对老上单于说："公主唤大王进去！"

"哦？"老上单于一步就冲了进去。冲进去以后又觉得莽撞了，便放慢了脚步。侍女缓缓都出去了，他这才朝公主榻边走来，坐下。只见公主冲着榻里扭着头，两手放在胸前来回地拧着。

老上单于一看，知道她害羞。他也不说话，轻轻地把手伸过去去握她的手。她一感觉到马上就扭过头来，把手抽出去。这时，她看见了老上单于右手上缠的绷带，用非常抱歉的眼神去看单于，没想到，老上单于正用热烈的目光看着她。两人一对视，她赶紧又垂下了眼帘。

"你的头……""你的手……"两人竟同时各自问道。

这下，刘姝更是不知所措了，从来没有一个陌生男子这么近得坐在自己床边，她的心咚咚直跳，自己都能感觉到脸红得发烫，只得又扭过头去，说道："臣妾不知你是单于……"

老上单于一听"臣妾"二字，立时眼里冒出喜悦的光来，紧紧捏住刘姝的双手，任她怎么甩也甩不开。

"你说什么？你是我的什么？"边说边俯身下去，两手撑在刘姝的肩膀两边。

刘姝只得用两手抵着他的胸不让他的身体靠近，说道："不能！"

"为什么不能？你都承认我是你的夫君了！"

"臣妾不好！咬伤了夫君的手！"

"是夫君不好，没有跟你说清楚，害得我的公主差点投了湖。"

"臣妾以为你是山贼。"

"你见过山贼吗？"

刘姝看着他，摇了摇头。

"你的眉间有一颗小小的红痣。"老上单于亲昵地说。

"是吗？我的铜镜怎么都没照出来？"

"姝儿，以后，我就是你的铜镜……"老上单于边说边亲了上去，刘姝的头脑又是一片空白，不过这份空白却让她安心。

七天后，老上单于带着华如公主如期返回范夫人城。刘姝又见到了容儿，两人高兴得都哭了起来。容儿欣喜公主遇到老上单于这么温柔的男人，虽然早就听说匈奴残忍野蛮，没想到20岁的老上单于不仅是个青春少年郎，而且竟这般谦逊有礼。两人就这么说着话，心里想着公主与单于未来的岁月静好，长相厮守。

只见张谦着急地进来说道："公主，不好了！"

"什么事？"

"中行说大人真的不回大汉了！"

"啊？什么？"

"我刚送走汉朝使官和侍卫，他们说中行说已经投靠了匈奴，被老上单于封为右贤王。"

"看来当时他在皇上面前说的都是真的，当时皇上、皇后娘娘、管内侍还以为他是一时口出狂言呢。"

"那怎么办？"张谦着急地说。

"着急有什么用？我在这里住了几天，听人说，咱们大汉的第一个和亲公主鲁元公主就死在这里了，当时就是为了劝单于不要攻打大汉，可惜当时连单于的面都没见上！"张容戚戚地说。

"那也得有所作为！等我再想想有没有可行的办法！"

三人正说着话，只听得侍卫进来禀报说："启禀公主阏氏，有一个汉人说是公主的弟子，现在门外求见公主！"

"弟子？"刘姝纳闷极了，"私塾我倒是去过，有夫子，但没有弟子啊？"

"我看他衣衫褴褛，有可能是诳语，待我等出去拷问拷问？"侍卫问道。

"不必了，让他进来吧。"公主一听要拷问，担心那人一不小心就丢了条小命，反正这里有谦儿，外面也有侍卫，即使是歹人，也奈何不了自己。

过了一会儿，侍卫带进来一个蓬头垢面的人，吓了公主一跳。

"你是什么人？"张谦立刻问道。

"小的叫阿牛！"那人颤颤巍巍地说。

"什么？阿牛？"公主兴奋地跑下来，"你真是阿牛？"

公主走近仔细一看，哪有阿牛的样子。原来那个阿牛脸色虽不是红润，但血气很足，圆圆的小脸上有着满满的稚气和灵动。如今这张脸，毫无血色，嘴唇干枯，眼神散漫，完全是一副饱经了风霜与冷暖的神态。

"公主……我真的是阿牛！有水吗？给我一口水喝……"阿牛有气无力地说。

"容儿，快去取水！"

张谦赶紧扶住他，给他灌了几口水。

"容儿、谦儿，这就是那天帮我给父王抓乌鱼的阿牛！"公主对两人说，"当时我们达成协议！他帮我抓鱼，我教他认字！"

"哦，他倒实诚，竟追到匈奴来了。看他这样子，活像个乞丐！"张容看着他，竟生了一种怜爱。

"我就是个乞丐啊……"阿牛稍微缓过来神后说道，"那天侍卫告诉我你已经去了长安，准备去匈奴和亲。我把母亲安抚给大哥以后，赶紧就往长安赶。"

"你还真是天真，你赶到长安又有什么用？"张容嗔道。

"我就想跟公主道个别，好歹也是认了做师傅的！"阿牛认真地说。

"头脑真是简单！一根筋！"张容数落道，刘姝只在一边笑。

"后来到了长安才知道，和亲队伍刚在两天前走了。我那个后悔啊！要不是在梁国摔到山崖下，肯定就能见到师傅了！"阿牛只顾说自己的，也不管张容怎么说他。

"你还摔下了山崖？"公主吃惊地问。

"当时饿得快失去意识了，一不留神就滑下去了，害得我爬了两天。不过摔下去也好，捡到一只死兔子和一只死山鸡，估计是谁打猎打到了但没找着……"阿牛继续说道。

"呦，你还捡到宝贝了！"张容笑道。

"不是耽搁这两天，我就能在长安跟师傅道个别了！"阿牛满脸都是遗憾的表情。

"你还真是个痴学生！"刘姝笑道。

"那你怎么到这里的？"张容问他。

阿牛一听是她问，没好脸地扭过头冲着刘姝看了看，又不好意思地低下了头，吞吞吐吐地说道："我……我就是一路乞讨过来的……"

"啊！真是难为你了！"刘姝也有点过意不去了。

"听你说这一路我能背过气去。你是个朽木疙瘩啊！当了乞丐也要来和师傅道别？"张容微微笑着打趣他。

"到了长安我身上还有些许散钱呢，我倒是不怕，只是心想着都到长安了，再不追一程心里真是不甘心，所以才打探了路线，继续走的。"阿牛诚恳地说道。

"那你什么时候从有些许散钱的公子变成身无分文的乞丐的？"张容继续笑着奚落他。

"容儿！"刘姝一看阿牛失魂落魄的样子，又对阿牛说，"你受苦了！我们一路虽坐着马车，但也能体会你这份艰辛！这几天你就好好休息！等你好些，再做打算！可好？"

"嗯，好吧。"阿牛顺从说道，"我这会儿只想睡个三天三夜！"

刘姝抿嘴一笑，冲容儿说道："容儿，你这些日子要悉心照顾他！直到他恢复！"

"我？"张容撇撇嘴。

"不愿意啊？谁让你刚才数落他，就算罚你！"刘姝笑道。

"那好吧，我先收留你几天！"阿牛也懒得和她斗嘴，被张谦架出去了，张容跟在后面。

这时，老上单于进帐了。

"臣妾叩见大王！"刘姝盈盈拜倒，脸上泛起了一道红晕。

"起来吧！"老上单于大踏步走上前来握紧刘姝的手，"本王一会儿不见你就想得紧！"

"臣妾谢大王疼惜！"刘姝见老上单于满脸喜色，便问道，"大王是否有什么喜事？这么高兴！"

"姝儿这般用心，本王很是宽慰。本王一早上和中行说聊得甚好！现在想问问你这一路行来的真实感受，你觉得汉廷和草原相比较，究竟哪里好？"

"这要看怎么说！"刘姝心里一沉。

"哦？你说说看。"老上单于认真地听着。

"臣妾是女儿家，夫君在哪里，哪里就是家，从这一点上讲，臣妾是真心喜欢草原。这么美的湖泊，这么高的山，这么开阔的草原，都是我从未看到过的。来到这里反而比我在汉廷时更自由、更快乐，也更安心！"

老上单于继续笑着听，边听边点头。

"但从小我就听爷爷和父王讲，要知书达理，而且一定是先知书后才能通达道理。臣妾一路行来，感觉越是西行，老百姓越是苦楚，不仅衣衫不及中原各城百姓，而且纷争斗殴也更为凶蛮。臣妾暂时还想不清楚原因，只是觉得中原注重教化礼仪多年，终于还是有些成效。"刘姝说完，深情地看着老上单于，"如果匈奴和汉廷世代交好，百姓也能受到濡染，更加温柔敦厚，万事都以礼相待，两国的物产、人口都可以顺畅流通，大王和皇上岂不就是史书说的圣贤君王了吗？"

"嗯，你说得也有道理！"老上单于点了点头，"不过这些事都要从长计议！过来，让本王再看看你！"

刘姝走上前，坐在老上单于身边。老上单于顺势把她按在自己怀里，着迷地看着她的眉眼。

刘姝柔声说道："小时候读《采葛》，读到一日不见如三月兮，一日不见如三秋兮，一日不见如三岁兮，怎么也理解不了，如今大王与我……臣妾终于明白了。"

"那你告诉本王，现在明白什么了？"老上单于笑道。

"大王打趣臣妾。"刘姝依旧有些害羞。

"我想知道你的心里都装了什么！"

"臣妾的心里只有大王。"这一句话让老上单于怜香惜玉之情更浓厚了，深情地吻了下去。他第一个挚爱的女人为他生下着儿就去了，后来他喜欢的女人直到父王西去才纳入怀，如今遇到的华如，与他一见钟情而且两情相悦，有了这样的缘分，人

生就此似乎足矣。可中行说的一番话让他又重新焕
发出更大的一股能量，他要为自己，更要为匈奴人
争取到更大的利益。

"大王，切记不可只是看中汉朝衣服、食物、器
皿的精美，匈奴有着如此庞大的地域优势，从西、北
至东三个方向都能对汉朝构成威胁，一定要增加对自
己风俗、信仰的自信心，迟早有一天，中原的天下也
是单于的……"中行说的这些话一直萦绕在老上单于
的心头。

半个月之后，老上单于带着队伍浩浩荡荡地回到
了单于庭。华如公主拜见了两年前来和亲的庆阳公主，
得知绾丝公主已在年前因病去世了。老上单于的儿子
挛鞮耆现在由她抚养。刘姝一看这个小不点儿长得讨
喜可爱，就让张谦、阿牛有机会就带上他一起去玩。

这天晚上，张容跑来跟华如哭诉，说阿牛要回中
原去。

"容儿，你是不是喜欢上他了？"刘姝一看她哭
成个泪人就知道。

"他就是个木头脑袋！天天带着耆儿有说有笑

的，跟我倒一句话都没有。"容儿哭着说。

"阿牛从小就只知道放牛，心里除了他娘亲就是牛了，如今他要回去肯定是牵挂他娘，你应该看到他是个实心眼的好人才是！"刘姝劝解道。

"他身子本来就弱，好不容易才恢复过来，这一次回中原，路上怎么能受得了？"容儿心疼地说道。

"那你应该让他知道你的心，明白你的心！如果你真心喜欢他，他又定要回去，你也跟他回中原吧！"刘姝看着她真诚地说道。

"这怎么行？"

"这有什么不行的？"

两人正说着话，只见匈奴婢女匆匆跑进来说："公主阏氏，不好了！太子不见了！单于已经发怒了！派兵四处去找呢！"

"啊？怎么回事？"刘姝吃惊地问道。

"怎么可能，下午我还见他跟阿牛在一起呢！"容儿肯定地说道，她忽然一醒神，"阿牛呢？"

那婢女回答说："奴婢只知道太子不见了，其他人不知道！"

"公主，我去找阿牛！"

"好，你赶紧去！我去见大王！"刘姝吩咐完就赶紧朝单于帐走去。张容发疯一般跑了出去。

刘姝进帐后发现庆阳公主正跪在地上哭，大王则坐在桌前生气，中行说在侧面无表情地站着，还有几位将领，气氛严峻。自己刚想说什么，只见进来一个侍卫，跪倒在地，禀道："大王，公主阏氏……"他看了看刘姝不敢说话了。

"说！"大王气愤地说。

"公主阏氏……公主阏氏的故人阿牛确实不见了，估计是他带走了太子。"

只听"啪"的一声，老上单于狠劲地拍了一下桌子，站立起来，双眼直盯着刘姝，慢悠悠地却又是狠狠地问道："你安的什么心？"

刘姝赶紧跪下，说道："臣妾实在不知。臣妾刚才听容儿说起舍不得阿牛回中原，只是他坚持要回家探母，想必是他偷偷走了。如今还不知是不是阿牛带走了太子，即使真是如此，恐怕其中也有误会。不过臣妾敢担保，阿牛只要知道太子跟着他，肯定会送太子回来的……"

"你凭什么担保？除了大王，太子于我族而言最为贵重，你一个和亲公主，谁能担保你对大王、太子，还有我大匈奴的忠诚？你还担保一个不知天高地厚的汉人！哼……”一位大将理直气壮地说了一通。

“除了父王母后，臣妾在汉朝早已无所牵挂。自从臣妾踏上和亲路，就准备在匈奴终老，从未想过其他，怎么能为此疑了臣妾的一片衷心？”刘姝哀婉地说。

“姝儿妹妹之心，日月可鉴！刚回单于庭就倾尽心力照顾太子。太子近来也总念叨阿牛在中原放牛抓鱼的日子，我权当小孩子胡言乱语，没放在心上。如今怕是知道了阿牛要回中原，悄悄跟了去。大王要怪就怪我吧，不要冤枉了姝儿妹妹！”庆阳公主也为她求情。

“你们先不要说了，都起来吧。兰科，你再率领一队人马朝中原方向去寻！”老上单于命道。

“臣领命！”刚才那位大将应道。

兰科将军刚出帐，就见一名侍卫怀里抱着个孩子往进跑，身后还跟着两个人。兰科仔细一看，侍卫怀里果然是太子。他赶紧问道：“可是出事了？”

只听那侍卫禀道：“兰将军！太子睡着了！”

"哦！快进来！"兰科喜悦地说道。

老上单于早听见帐外的言语，已经从桌前奔到了帐口。

"大王，太子安然无恙！因为走得太累，在小人怀里睡着了。"侍卫禀道。

庆阳公主和刘姝高兴地看着彼此。

老上单于接过去，欣慰地吻了吻他的额头。只见他的小脸红扑扑的，估计是侍卫走得快，竟将热气都传给太子了。不过小鞋子、裤腿上全是尘土，老上单于这么使劲地抱他，他都沉沉地睡着，可见这个小人累到什么程度。

"太子今天怎么穿了这么一身常服，哪像个太子，倒像个傻小子！"老上单于高兴地看着怀里的太子，紧接着吩咐庆阳公主道，"本王不该疑你们，庆阳你且带他回去歇息吧！"

庆阳应声下去。

老上单于随即又吩咐兰科等其他将领退下，中行说也要退下，只听老上单于说道："右贤王请留步！"

"是！"中行说应道。

老上单于看见跪在地上的两个人，又看看刘姝，问道："谁是阿牛？"

"我是阿牛！"

"你说说怎么将太子骗了去，究竟有何用意？"老上单于一看他这副憨厚相貌，心中倒十分喜欢，心想着，如果能由他陪着太子长大倒是不错，所以唬唬他。

"大王恕罪！我只想回家看娘亲，容儿不让我走，我让她跟我回去，她又不回去。所以今天下午我和太子一同吃了饭以后就瞅个空闲，私自走了。走了大半日，才发现一直有个人领着一个孩子远远地跟着我。我原以为是谁家父母带孩子走亲戚，跟我同路罢了。哪知天都快黑了，这人竟喊了我，走近一看才发现是一个侍卫带着太子。可把我吓了一跳！喏，就是他！"

那侍卫赶紧磕头说道："大王饶命！大王饶命！太子只让我领着他跟着这人，还不让我跟太近，直到越走越远，我才慌了神。大王饶命！"

"请大王念在二人将太子安然无恙带回的份上，

饶他们一命！"华如也拜了下去。

"既然公主为你们求情，本王便饶了你们两条小命！不过，这事总要有个了结，右贤王你怎么看？"

"大王仁厚！念在两人都是一片赤子真心，饶了死罪。但毕竟此事引起不小的波澜，略加惩戒也是必须的！"中行说说道。

"好！略加惩戒！罚侍卫去军营。"

"小人谢大王！"侍卫禀道。

"阿牛，罚你在此陪伴太子长大，太子18岁前不许踏出匈奴半步。本王即日就命人去接你娘！"老上单于说道。

"这……"阿牛就算有十万个不愿意，也没有办法了。

"大王，如果就此事再给汉朝皇上去一封信……那就更好了！"中行说不怀好意地劝老上单于道。但这一句却听得刘姝毛骨悚然，她虽然不能真切明白其中的意味，但中行说那贼头贼脑的样子，刘姝也猜出七八分。她只得在心里气恼自己，竟然让中行说抓住把柄，从此以后一定要小心行事。

在中行说的挑唆下，老上单于虽然待华如的心还一如既往，但对汉朝的心已经不如之前的冒顿单于了。他从中行说的口中得知当今汉朝的实力并不足以与匈奴对抗，内虚外弱，所以他在给皇上的书信中口气非常傲慢，对一些汉朝的使臣也是威逼利诱，动不动就向中原索要金银财物、粮食器皿，不给的话就发兵践踏中原……

刘姝虽然不能干预朝政，但她时不时就听见张谦向她禀告消息，中行说鼓动并策划袭击汉朝边境，不断挑起小规模的战争，据说还酝酿着大的战争。互市时好时坏，匈奴和大汉的关系也是时好时坏。

"皇上当真选了一个最不适合送和亲的人，他恨极了皇上，自然恨极了大汉朝，如今单于对他却是言听计从。我们该如何是好？"刘姝的心里越来越猜不透老上单于，她只是看着面和心恶的中行说，心中愤懑不已。

后来，老上单于有了新宠，不再来看她和孱弱多病的孩子。她手里捧着皇后送她的《诗》，常常想，人的一生终究是平衡的，她从小得到了所有人的爱，待她长大却失去了所有人的爱。她虽然明白了情爱，但终究没有找到那个"死生契阔，与子成说。执子之手，与子偕老"的人……

硕人公主

叶叶声声滴到明

硕人公主刘如月

公元前166年，大汉与匈奴大战，战后讲和，继续和亲。燕王刘嘉之女被封为硕人公主赴匈奴和亲。硕人18岁时母亲去世，积郁成疾，心灰意懒，成了一个23岁的老姑娘。本不属于她的和亲，却硬是被推在了她的身上。当她弄清母亲暴毙的真相之后，毅然决然地在这一大汉与匈奴极度不和平的时代走上了和亲之路。屡次被陷害，她屡次被怀疑，两年后就抑郁而终。

公元前166年，老上单于在右贤王中行说的鼓动之下，在军事上开始大规模拓展。第一件事就是彻底击败了夙敌月氏，不仅斩杀了月氏王，而且将月氏王的颅骨做成了酒杯。老上单于的霸气与野心逐渐暴露出来，他的下一个目标就是大汉王朝。

正当无从下手的时候，老上单于在右贤王中行说的分析之下，看透了汉军的一个致命弱点。

"大王，汉朝天子派遣使臣送来贺信，恭贺大王平定月氏，统一北方草原之英武！"侍卫禀道。

"哈哈哈，还专门派遣了使臣？"老上单于高兴地问道。

"是的，使臣昨晚已到。"

"大汉的消息倒灵通得很嘛！我从月氏回来也还不足一月，他们的使臣就已经到了帐门口了，可见汉朝天子还是惧怕本王！"大王兴奋地喝了口酒。

这时，右贤王中行说揖了揖，说道："大王圣明！汉朝天子惧怕大王，只是……"他说了一句又吞吞吐吐不说了。

"只是什么？"老上单于正在兴头上。

"只是汉朝不惧怕大王！"中行说一字一句禀道。

"什么？汉朝不惧怕本王？汉朝不是汉朝天子的天下吗？汉朝天子都惧怕本王，汉朝还有不惧之理？"老上单于有些纳闷，又有些愤慨。

"汉朝天子只是汉朝的一位天子，汉朝则是汉朝百姓的天下。天子可换，百姓可不能换。"

"什么意思？"自从汉朝使臣中行说护送华如公

主入匈奴和亲义降了匈奴，老上单于尤喜他"助匈弱汉"的思路，因此封他为右贤王，任何军事考虑都会以中行说的意见为主。如今他却说出了这样的话，老上单于实在有些理解不了。

"汉朝天子先有高帝，后有惠帝，如今是皇上，天子有变，可汉朝没有变。依旧是先帝的天下。当前的汉朝内有皇室分封夺权危机，外有我大匈奴等部族的困扰，只要内外同时交战，皇上位子不保，所以说皇上惧怕大王。"中行说不紧不慢地说道。

"继续说！"老上单于陷入了沉思。

"但皇上怕，汉王朝可不怕。如今建国虽然才36年，但典籍恢复，章程完备，军备储建，赋税轻减，人民富庶，就怕大王将来有一天即使直抵长安，却是难治这汉朝天下啊！"中行说说完看了一眼老上单于。

老上单于眼里满是愤恨，拳头"咚"地捶了一下桌子，说道："哼！我大匈奴地域之广不比汉王朝差，奈何却没有那般富庶，百姓也比不得他们安享大好时日。"

"中原地域辽阔，气候优越，物产丰富，又是儒家治国，礼仪之邦，表面虽弱，内里却强。但大王放心，汉朝与我大匈奴相比，有一个致命的弱点。"中行说奸笑道。

"致命弱点？"

"是！"

"说！"老上单于的眼中顿时放出光来。

"汉朝不敢也不会进入我大匈奴！"中行说说道。

"这怎么说？"

"我大匈奴的第一个优势即塞外广阔的地理优势。汉朝恐怕还不知道我大匈奴究竟有多大，他们没有那么多的兵力来侵入草原，对于我大匈奴，他们只有防备的力量！"

"好！说得好！本王可以尽情地攻！汉朝却不敢尽情地追！"

"大王圣明！第二，我大匈奴百姓天性豁达开朗，岂是汉朝章程所能约束得了的。第三，我大匈奴向来骑兵精炼，马上得天下，马上治天下，汉朝能有几个骑兵呢？仅此三点，大王尽可以放心。"

"只是大汉遵守承诺，年年都有岁贡，岂能毁了这和亲之约？"老上单于还是有所顾虑。

"大王，国与国之间，向来都是你强我弱，你弱我强。如臣所禀，大王不可看中汉朝衣物、金钱、食物、器皿，而是要看中汉朝的大好河山！如此，大王才不仅是匈奴的王，而是天下的王啊！"

"哈哈哈，说到本王的心坎里了！"老上单于高兴地喝了一大杯酒，"赐右贤王金盏一副！"

"臣谢大王厚爱！所以臣已想出对付汉王朝最好的办法。"

"哦？是什么？"

"敌休我袭，敌进我遁。"中行说一字一字说道。

"怎么讲？"

"汉朝休战，我大匈奴就去袭击。汉朝进军，我大匈奴隐遁。"

"这太不过瘾了！"

"大王，这是游击策略。在汉王朝军威重振之前，一定要不断地进行侵扰，使汉朝在防守上疲于奔命，延缓他兵力增多增强的时机。这才是对我大匈奴最为有利的策略！"

老上单于听了中行说的一席话，不甚欣喜，好似这天下的王位已然唾手可得了。从此匈奴不断地发起一些突然性的骚扰、入侵、掠夺，汉朝不堪其扰，每次整顿好兵力应战匈奴，匈奴就带着掳掠的一切逃回塞外。

这一年冬天，在将领们的鼓动之下，老上单于竟带兵大肆进攻汉北方边境，率14万精兵杀入朝那萧关，杀了北地郡都尉孙昂，掳掠的百姓畜产数不胜数，随后到彭阳做了寇匪。而且，匈奴先锋人马甚至冲到安定，烧了那里的回中宫。回中宫是皇上视察西塞边防的行宫，距离长安不足两百里。可见匈奴的骄傲自大，毫无顾忌，且十分嚣张。

"匈奴胆敢逼近我长安！"皇上大怒，当即部署反击。

先命昌侯卢卿为上郡将军，甯侯魏遫为北地将军，隆虑侯周灶为陇西将军，东阳侯张相如为大将军，成侯董赤为前将军，内史栾布为将军，率十万大兵向西出击匈奴。再命中尉周舍、郎中令张武为将军，率卒十万，驻扎在长安周围以备不测。

汉军大张旗鼓地布阵讨伐，大战一触即发。老上单于见状，不禁胆怯起来。两军交战，必然两败俱伤，但汉军实力不可小觑，伤亡损失再大，兵力重振恐怕也不是难事。匈奴就不一样了，所有的精兵全部都聚集在凉州，一旦伤亡严重，匈奴就要元气大伤了。所以老上单于不敢与汉军进行正面决战，等汉军刚刚驻扎在五十里之外的时候，就遁逃回塞外了。汉军全力追赶至边境却受命撤军，士兵们虽然恨极了匈奴却不能有所杀。

之后，匈奴又从北方边郡不断侵扰，杀掠百姓无数。最骇人的是杀入燕王王府，将王府的士兵、家丁斩杀近三百人。燕王家眷全部躲在密室才逃过一劫。两年来，燕王府始终笼罩着一层阴霾。所有人至今都战战兢兢，患得患失，所以全府人心涣散，合谋出路。

只有敏夫人的女儿如月翁主淡然自若。

"翁主，你也不要灰心！王爷最宠爱敏夫人，一定会为你寻一门好人家的。"侍女珍儿看她又是一副忧伤的样子，劝她道。

"最宠爱又能怎么样？如今天下这般不太平，谁还记得五年前就已经去世的母亲呢？"刘如月内心悲凉地说道。她放下手里的竹简，靠坐在廊边的柱子上，呆呆地看着天。

"翁主不要灰心！那年敏夫人去世，你就是太过伤心才抑郁成疾，耽误了终身大事。如今你要赶紧好起来，敏夫人在天有灵也才能安心啊！"

"你说我这个女儿是不是太没用？都说母亲是被人毒死的，可我竟连一点线索都没有。母亲冤死，我永远都不会原谅自己！那一碗碗汤药终究是我端给母亲喝的……"

"翁主孝心可鉴！敏夫人温柔良善，最懂王爷心思，那贼人估计是早就做了手脚，翁主爱母心切，哪能提防得了他们！"珍儿劝道。

"我都23岁了，还能指望什么？"刘如月心灰意冷地说道。

两人正说着话，只见娇美人的女儿、16岁的刘茵悄悄从偏角门进来了，如月一看是她，冷冷地瞥了一眼，继续看着手里的竹简。

"如月姐姐，说什么有指望没指望的，按理你可是最有指望的呢！"刘茵挑衅地讽刺道，"敏夫人可是最得父王的心，那会儿一心一意要把你嫁给赵侍郎的儿子，可惜了这份心意哦，赵公子最终娶的可是我姐姐。"

"你小小年纪就把什么嫁不嫁的挂在嘴上，可是想嫁人了？"如月眼都不抬一下。

"你……哼！我就是想让你知道，敢跟我姐姐抢夫君的下场！"刘茵眼里十分得意。

"下场？难道我的一切都是拜你们所赐？"如月冷笑道。

"那当然！啊……不……不是……"刘茵突然觉得自己失言了，吞吞吐吐起来。

"那你说说你们都做过什么？我好时时刻刻都记得感激你们！"如月说道。

"哼！你以为我会这么轻易就告诉你吗？如月姐姐，你就等着老死在王府吧。前几日父王亲自去给你向知府石大人说亲，石公子都不应允呢！"

"呵呵！"如月轻蔑地笑笑，"儿女情长能几时？只要王府在，我自然就会在王府守着父王。真的到了府散人亡的时候，你们也好不到哪里去！"

"你，你竟敢诅咒我们！"刘茵气急败坏地说道。

"谢翁主大驾光临告诉我家翁主这些个消息，我那天听侍女们说，赵侍郎的儿子因为娶的不是我家翁主，一直过得不顺心呢！”珍儿看着刘茵这么霸道，气愤地回道。

“你这小丫头也敢嚼翁主的舌头，等我明天回禀父王，立刻就把你打发出去，看谁还陪着我们的如月姐姐守着这偌大的王府……”她得意地笑着，“哦！不能！打发你出去了，有谁看她不知廉耻地苟活呢？所以不能打发你出去。你们主仆二人就在这里等死吧！”

“住嘴！”刘茵正说得痛快，只听谁大喝一声。她转身一看，原来是贤夫人的二王子。敏夫人生前与贤夫人最为交好，贤夫人虽然姿色不佳，不得多少宠爱，但福气却不小，生了两位王子、一位翁主。敏夫人去了的这五年，王子逐渐长大，贤夫人也终于扬眉吐气。母凭子贵，果然是不错的。进门的这一位是贤夫人的二儿子，叫刘江，比如月小三岁。他从小就是如月的跟屁虫，如今长大了，自己也娶亲做了父亲，但却时刻注意保护着如月。

“二哥！”刘茵嘴噘了起来，“你就知道向着她，我比她小，你该向着我才是。”

"茵儿，你闹够了没有？还不赶紧回去，等会儿父亲知道了，你想走也走不了了。"他知道王爷因为宠敏夫人，自然宠着如月。敏夫人突然去世，一直没有查出原因，或者是他已经无力查清楚，所以在内心终归对如月有一份愧疚，容不得有人欺负她。他赶紧走过来吓唬吓唬刘茵。

刘茵这点轻重还是能懂得的，所以讪讪地去了。

"如月姐，茵儿太小，分不清楚是非，你不要太放在心上！等她自己将来嫁人，做了娘亲就知道了。"刘江劝道。

"我明白。她的蛮横和不讲理就是因为她什么都不懂，只知道皮毛。可我就是想听她把皮毛一点点说出来，这肯定就是真相。"

"如月姐，知道又能怎样？空口无凭。"刘江急道，"我也想把害敏夫人的凶手抓到，可那会儿咱们还小，如今都大了，还去哪里找证据？如月姐，你如果真是为此伤情而毁了自己的一生，敏夫人在天之灵也会不安的。你要相信，敌人总是在最失于防范的时候才会露出马脚。你要学会喜怒不形于色！"

"你说得对！不管我心里有多在乎，表面都应该装着不在乎。要不然她们总是会非常警惕。如果她们以为我忘了，反而会疏于防范，到时候才能找到机会。"刘江的最后几句话倒是点醒了如月，她自言自语地说完，突然转过身，眼泪汪汪地看着刘江，"江儿真的长大了！"

"如月姐，江儿从小就是你的跟屁虫，如今虽然娶亲住到别院了，但我一定要保护好姐姐！"刘江充满稚气的口吻让如月非常欣慰。自母亲去世，只有贤夫人和二弟还经常来看这个近乎与世隔绝的翁主。

"我幽居失态，难得你和贤夫人常记挂我。我此生就算搭上这条命也要查清楚真相，你不必担心我，我知道分寸和尺度。茵丫头只是骄纵了些，出言不逊而已，她也不敢对我怎样。我只是猜测她如今大了，应该听到过什么。最清楚原委的人肯定是娇美人，我迟早会找到机会问她！"如月沉静地说道，仿佛一切她都了如指掌。迟早有一天，她要抓住娇美人的把柄，牵制她，问出母亲去世的前前后后。

两人正说着话，只见贤夫人的近身侍女亨儿急匆匆跑了进来，禀道："二王子，不好了！"

"什么事让你慌慌张张的？"

"听说娇美人让欢儿翁主去和亲，贤夫人已经急急地去大殿找王爷了。"侍女慌乱地禀道。

"让欢儿去和亲？"刘江吃惊地问道。

"是！贤夫人都快急疯了，她让奴婢来叫二王子，赶紧去劝王爷！"

"欢儿才8岁，怎么可能去和亲？走，快去大殿！"刘江急匆匆要走。

"等等，你刚才说是娇美人让欢儿去和亲？"如月警惕地问道。

"是！"

"江儿，这其中肯定有蹊跷。和亲是国事，怎么会是娇美人下令？要下令也是皇上！皇上下旨，父王奉命，才是正理啊！"如月分析道。

"姐姐说得对！我一听也糊涂了，我们赶紧去大殿看看吧。"刘江边说边大步朝前走去。

"好，我也去看看。"如月和珍儿赶紧跟上。

大殿正乱成一团。

王爷坐在中央，一副垂头丧气的样子。娇美人跪在地上哭诉着，贤夫人则站在右侧，满脸泪痕。

"王爷，臣妾身边就剩这么一个女儿了，贤夫人还有两个儿子在侧，所以欢儿才是最合适的啊！为什么不让她去，反而让茵儿去……"

"你且起来，一个王妃，这般哭诉，成何体统！"王爷气恼道，一抬头看见刘江和如月走了进来。

"父王！""父王！"

"你们来得正好！两年前的事，你们应该都还记得。匈奴人心性残忍暴虐，如今扰边不断，前几天在渔阳还掳了百姓的百余头牲畜。如今，大汉百废待兴，休养生息，权宜之计只能是和亲……"

"残忍暴虐！呜……我苦命的女儿啊……"娇美人一听又哭了起来。

"好了！"王爷训斥道，娇美人也不敢大声哭泣了。

"皇上昨天下旨，命燕王府选一适龄女担此重任，从此匈奴无入塞，汉无出塞。如今已经布告天下，和亲已定，合约已成，犯令者杀之……"

"啊！"众人都惊了一声。

"12年前是济北王，10年前是楚王，如今也轮到我燕王了。府里只有茵儿适龄，我也是无奈啊！好了，你们都回府去吧。我与定国去渔阳安抚百姓，午后回来向皇上复命。"说完，燕王大踏步就出府去了，身后跟着贤夫人的大儿子刘定国。

殿内娇美人还跪在地上，贤夫人立在边上，厅内站着刘如月和刘江。面对这突如其来的变故，几个人都不知道从何说起，只得默默地跪着、立着。

"娇美人，先起来坐下歇息歇息！"贤夫人不忍心看娇美人一直跪在地上，便蹲下去扶她起来。

"滚开！"娇美人一把推开了贤夫人，心中的怨气正好借贤夫人来发泄发泄。

"娘！"刘江看见母亲被推倒在地，赶紧过去扶住。

"哼！"娇美人自己晃晃悠悠站起身，"你们一个个心里都清楚！"她拿手指指着如月，又转过身指着贤夫人、刘江，说道，"你们都要害我！你们都要害我！"

刘江扶起贤夫人，刚站稳，就看见刘茵冲了进来，扑在娇美人怀里。

"母亲！你求父王了吗？为什么要让我去？我不

去！我不去！"说着就哭了起来。

"茵儿不哭，茵儿不哭，母亲不会让你去的！母亲再去求你父王！你父王还没回旨呢，还有希望！还有希望！"此时的娇美人心灰意冷。

"父王呢？我要去求父王！父王最疼我了！为什么是我？为什么是我？"刘茵从娇美人怀里挣脱出来，哭喊着。她一转身看到如月站在那里发呆，怒从中来，"为什么不是你？哼！我要去求父王，让你去和亲！"

刘茵这一吼叫倒吓了所有人一跳，娇美人突然不哭了，眼睛放着光，盯着如月。如月本身被刘茵这一声吓了一跳，又被娇美人盯得毛骨悚然，她突然也害怕起来，虽然还不知道自己心里怕的究竟是什么。

"茵儿！"刘江呵斥她道，"我知道你们都很伤心！等父王和大哥回来，咱们再共同想想办法。你现在这样，简直是无理取闹！"

"哼！我无理取闹？你才是无理取闹！她和你又不是一个母亲，你怎么这么护着她？在你心里，我就该去和亲，她就不该吗？"刘茵看着如月就窝了一肚子火。她不明白，为什么自己最小，却总是得不到别人的怜爱，如月整天装柔弱，装可怜，却有这么多人疼惜她，爱护她！

娇美人也不管刘茵和刘江吵些什么，她只是兴奋地朝如月走去，两只手抓住如月的胳膊，左看看右看看。

"哦，对哦！你替茵儿去！你也适龄啊！凭什么16岁适龄，23岁就不适龄了呢？23岁更应该嫁人了呀！而且……"她继续盯着如月的脸，"你和你母亲竟然长得如此相像！都是平整的眉眼，秀气的容貌。"她上下打量着如月，"连身材都这般相仿！细长的身子骨，一副弱不禁风的样子，心性倒是强得很。看看这发髻，如此简单，不用任何饰品，倒显得沉稳干净，看看这衣服，没有复杂的绣花，显得清新淡雅，楚楚动人。你们都来看看，你们都来看看，她也16岁，她也16岁，对不对？对不对？你替茵儿去和亲，有你替茵儿去和亲，茵儿就不用去和亲了……"娇美人突然笑了起来。

"你！痴人说梦！"如月内心哆嗦着挣脱了娇美人的两只手。但她的心里不知道是快意，是不忍，还是恐惧，又好似三者都有。

刘茵也一下傻了，自己糊里糊涂喊了一句，竟喊出这么一个绝妙的想法来。

"娇美人，己所不欲勿施于人，你们不能这样对待如月！"贤夫人不安地说道，"如月孤苦地过了这么多年，王爷一直想给她找一户好人家，前些日子还亲自去说了一户，怕是已经定亲了呢！"

"没有！没有定亲！我知道！王爷去的是知府石大人家，石公子并未同意！"娇美人答着贤夫人的话，眼睛却只是盯着如月，"如月，我今天求你！我今天求你！好不好？"说着又去抓如月的手，"你这么美，没有人会相信你是23岁，所有人都觉得你就是16岁，对不对？我今天求你！你应允母亲好不好？"

刘茵一听母亲不仅夸如月，还口口声声说是如月的"母亲"，不禁心里又来了气，跑过来扶住娇美人说："母亲！你别求她！我这就去求父王，父王下令，她不敢不听！"

"如月姐，你回去吧。"刘江怕局面不可控制，赶紧嘱咐道。

如月愤恨地看了看娇美人娘俩，转身即走。不承想，娇美人突然抱着如月的腿，跪了下去，哀求道：

"如月！你别走！母亲给你跪下，母亲求你了！"说着又哭了起来。

"母亲！"刘茵这时开始跟娇美人生气了，边说边去扶她，"母亲你起来！我们不求她！我们去求父王！你快起来！"

"茵儿，你也跪下，我们一起求如月，一起求求如月！我们有罪，我们有罪……"哪知，娇美人拽着刘茵的手，也让她跪下，娇美人泣不成声。

"我们有罪"四个字却突然让如月打了个冷战，她转过身问道："你们有罪？何罪之有？"

贤夫人和刘江也互相对视了一眼，屏气不敢言语。

"母亲！你说什么呢！你糊涂了？你疯啦？"刘茵使劲地摇着娇美人，转而对如月说道，"你走！我们不会求你！求你这种装柔弱、装可怜的人！哼！"

"我们有罪！我们已经遭到报应了啊！"娇美人痛苦地低声说着。

"母亲，走！我们回去！你别说话了！我们回去！"但是刘茵怎么也扶不起来娇美人。

"我们遭报应了，我的芸儿过得并不好。赵公子根本就不看她，她骨瘦如柴，天天以泪洗面，恐怕就要不久于人世了，你可怜可怜我好不好……"娇美人继续拽着如月的裙摆。

"母亲！姐姐过得好着呢！你别说了，我们回去吧！"刘茵继续去拉娇美人，但拉不走她。

"你继续说……"如月看着刘茵冷冷地说道，眼里泛出泪光，"我只想知道关于我母亲的真相！"

"敏夫人？我说了你就会替茵儿去和亲是不是？是不是？"娇美人就像抓住一根救命稻草一样。

如月转过身来，神情悲凉地说道："这取决于你的诚意！"

"如月，你不要听了，有些事不是你应该承担的。"贤夫人也劝她。

"谢谢贤夫人疼我！但关于我母亲的一切我都要听，只是要看她说的有几分可信了。"如月坚定地说道。

"我知道你恨我！但你要明白，你如今有多恨我，我那会儿就有多恨你母亲！敏夫人只是个柴夫的女儿，王爷去打猎的时候无意中发现了一身粗布烂衣的她。可是，她回府没多久就被封夫人，隔年就生下了乖巧可爱的你。而自从有了你们娘俩儿，王爷就没再正眼看过我和我的女儿！所以在你母亲生前，我与她处处作对，但敏夫人真是可恨啊，她假惺惺地次次都忍让我，越发让王爷觉得她知书达理，我却刻薄寡恩。这不是你母亲的错吗？"娇美人坐在那里冷笑道。

"我母亲是真心忍你让你！"如月辩解道。

"她是真心，我知道她是心性使然。但我不愿意相信，她越是善良温和，我就觉得她越可恨！"

"你简直不可理喻！你恨她就可以置她于死地吗？"如月心如刀绞地问道。

"我没有置她于死地！是她自己不济事！那段时日，敏夫人怀胎才一月，却咽喉肿痛，口舌生疮，身体百般不适。我在王爷处恰巧遇见大夫向王爷禀报给你母亲开的药方，只听都是雄黄、石膏、大黄、黄芩、桔梗、冰片、甘草等清热解毒的药。临走，大夫嘱咐用量，一日不可超出两克，过量可能会对胎儿不好。王爷正在批改公文，便随口命我告知你母亲的侍女。你想我会说得这般清楚吗？如果你母亲生下王子，我还有立足之地吗？我只是说了相反的话而已，命侍女抓了三服药回来，三日便煎一服。本来要九日才喝完的一服药，成了九日就喝完了三服药。"娇美人说完竟恶狠狠地笑了起来。

"你的心真是歹毒！"如月说完，冷冷地滴下几颗热泪。

"我也没想到是这样！我只是想打掉你母亲的那个孩子，不承想，你母亲身体太弱，竟中毒了……如月！我对不起你母亲，对不起你！我真的不是要你母亲的命，我只是想让她失宠一些，不能她什么都有了，我却什么都没有。"娇美人又一把抓住如月的裙摆，"如月，等你嫁人了，你就明白做母亲的心了！这次母亲求你了，你答应我的，只要我说了，你就会替茵儿去和亲的，对不对，对不对？"

"母亲！我不要求她！这么求她，我宁愿自己去和亲！"刘茵气得哭了起来。

"你住嘴！母亲不能再失去你了，你是母亲的命！"她又转身向着如月，"如月，如月，你答应了是不是？"

"她是你的命？那我是谁的命呢？"如月冷笑道，满脸的泪痕和悔恨，"真不知我和母亲上辈子欠你们什么了！这次我全还你们！我如月此生不再与你们相见！"

娇美人一听，放心地瘫坐在地上，脸上有愧疚也有欣慰，哭笑着说道："终究是我欠你们母女的……"。

刘茜看了看母亲，又看了看如月，站起身说道："哼！来生我也不想再见到你！你母亲什么都有，我母亲什么都没有！你什么都有，我却什么也没有！我不要欠你的，我自己去和亲……"

"你给我回来！你不能去！你不能去！"娇美人使劲拽着刘茜。

刘茜无奈地说道："母亲啊……"

如月看都没有看她们一眼，径直走到贤夫人身边，盈盈拜下去，说道："如月叩谢贤夫人多年来的照拂之恩，也谢谢二弟屡次出手相助……"

"如月，你不必这样自苦的！等你父王回来再做打算可好？"贤美人哭着扶起她。

"是啊，如月姐，肯定还有其他办法！等父王和大哥回来再定吧！"刘江也很伤感。

"不必了！如月心意已定！你们多保重，如月去了……"说完，她转身就走了，去得那样决绝。尘世如梦，梦醒时分，不忍再回头相看，不是因为尘世太苦，而是因为尘世太真，她情愿到一个比尘世更梦幻的未来去。

燕王回旨后，皇上即封刘如月为硕人公主，远嫁匈奴。这是十年来，大汉与匈奴的又一次和亲，因为隔得时间久，也因为双方十年来征战频繁，知晓暂时恢复和平的重要性，因此场面更为壮观。如月之前是闭门谢客，如今出门成妃，享尽了尊荣与华贵，但她心如止水。

当她昂首挺胸，一步步迈出门去，不曾有一刻的迟疑，仿佛背后的一切从未与她有过任何关系。但侍女珍儿却留恋万分，她从小就生活在这里，虽然不知道父母是谁，但自从被管事的姥姥捡了进王府，敏夫人和如月就是她的亲人。如今却眼睁睁地看着如月跳进别人都不愿意跳的火坑，她内心有千千万万个不愿意，但也只有陪着她，跟着她一起跳进火坑了。

"翁主，如今你后悔吗？"

"为什么要后悔？"

"你真的要顶替茵翁主去和亲吗？"

"青青陵上柏，磊磊涧中石。人生天地间，忽如远行客。"她顿了顿，说道，"人生天地间，个个都是过客。这里还有什么值得我们留恋的，我们就当去远游，大不了一死，追随母亲去。"

"呀！这是大喜的日子，翁主不能说这样的丧气话。"

"你放心，我明白的。这条命，丢也要丢到匈奴去。"

"翁主……"珍儿扶着她的胳膊，沉沉地走着。

半个月后，燕王的送亲队伍在呼和浩特与汉朝的送亲队伍、匈奴的迎亲队伍会和，三队人马押着上百辆车的物资浩浩荡荡驶入草原。

汉王朝派出的送亲将军是郎中令张武，但却让他隐瞒了身份，对外则称决曹张武，掌管法事，是个文官。

张武年纪轻轻却英武异常，两年前与匈奴那场大战，他率领先锋部队一直追到边界，眼看就差几十里的路程就能追上匈奴军马了。可惜皇上命令撤军，他只得退了回来，要不然可就大开杀戒了。这次和亲，鉴于上一次中行说的教训，文帝还真不知道派谁去护送，只见张武主动请缨。这次他不仅护送公主，而且要暗访匈奴的地势形貌，刺探人口兵力，以备汉朝后续对匈奴的攻防。而且，他心中有个特别重大的计划。

匈奴来迎亲的将领叫擎木更，非常强健，整天拍马吆喝带领全部人马日日赶路。张武见他勇武，也不和他有过多言语，只是装庸弱，一直拖在最后。表面是为了表忠心护送公主，其实他有个计划要与公主商量，而且他更希望公主能助他一臂之力。

这一天傍晚，张武终于找到机会。他听说擎木更去给公主打猎了，没有了他的守护，他自然可以去面见公主了。

"臣叩见公主！"

如月一看是张武，便问道："将军有什么事？"

"公主，这里人多眼杂，切莫再呼臣将军，以免坏了和亲大计！"

如月看了看他，知道这话的分量，说道："张大人有何事？"

"臣有一件陶质围棋盘要献予公主！"说着便从怀里拿出一块方方正正的素面青砖递向珍儿。

"围棋盘？"

"是的。"

"我原来听弟弟说起过，说这棋盘甚是难得，你怎么会有？"

"臣不瞒公主，此类棋盘在军中倒是常见。军师在讲解军政策略的时候，经常用黑棋白棋作比，所以军营常有。只是如此块青砖模样的比较珍贵，一般都是在瓦块上，易碎。"

"真是一个好物件，这般质朴精巧！"如月从珍儿手中接过这块青砖看了半天，感叹道。她又看了看张武，问道，"说吧，把这么难得的东西献给我，你可有什么需要我帮你办的？"

"公主聪慧！"张武左右看了看。

公主看见他的样子，又看了一眼珍儿，说道："珍儿是我的贴身侍女，不必在意。"

张武点点头，说道："公主！此次去匈奴，我要杀了中行说！"

"什么？"如月大吃一惊，立刻站了起来，低声斥责道，"你疯了！"

"我没有疯！公主年少，又是皇家出身，可能不知天下百姓之真正疾苦。臣乃农户出身，虽然年轻，却知道不少事。我娘亲说曾经的百姓，遇到饥馑荒年，人食人，死者不计其数。如今皇上圣明，减税减租，百姓富庶，农桑不辍，却要受到匈奴的烧杀侵扰十几年。中行说乃我大汉朝臣，因不愿送公主和亲而怨怼皇上，不顾百姓安危，不顾大汉安危，挑唆匈奴单于，不时抢掠人口牲畜，皇上和百姓都苦不堪言。因此臣此去，定要杀了这中行说！"张武意气风发地说了一通。

"杀我右贤王？怕你没这个本事！"只见擎木更大踏步走了进来，身上还有斑斑血迹。

如月和张武顿时都惊呆了。

"你！你怎么不禀报就擅自进入公主营帐？"张武恼羞成怒道。

"启禀公主，臣去了将近百里之外的燕然山，为公主打了两只狍子，七只野兔，来回刚好八个时辰，还好没有耽误公主的晚饭！"擎木更勇武地说道，一听就知道是打压张武。

"将近百里，你打了猎物，居然八个时辰就返回，实在是勇武！等到了单于庭，我一定禀告单于嘉奖你！"如月沉稳地说道。

"我大匈奴均是此类勇武之人，臣不求嘉奖，只求公主能劝这些不知高低的鸟官能识趣，不要白白送了性命！"擎木更轻蔑地说道。

"你！你！"张武被激得说不出话来。

"两位大人各为其主，忠心可嘉。可惜张武确实意气用事，成不了大业，望大将切勿挂怀！"如月说道，这也是她现在唯一可以保张武的方式了，好在这位擎木更还是骄傲自大，不会将张武这些话放在眼里，否则，张武到匈奴的一天也是尸首分离的一天。

"臣告退！"擎木更说完便大摇大摆地下去了，临走还看了看张武涨红的脸，又轻蔑地笑了笑。

如月赶紧给珍儿使了个眼色，珍儿走至门口看了看，随后向公主点点头，示意擎木更真的走远了。

如月这时才说道："你太鲁莽了！那场大战我多多少少听父王和哥哥们提起过，皇上撤军是明智之举。你和擎木更的差距也就是大汉与匈奴的差距，你可明白？"

张武垂头丧气地说："臣明白，但臣总觉得可以一试。"

如月喝道:"你要安分守己,完成和亲任务之后自会回到皇上身边,你若真是得了手倒还好,一旦失手,我的命倒也可以赔上,但大汉这些随从陪侍都怎么办?之前的和亲公主怎么办?行事不怕一万,就怕万一,你也是个将军,久经沙场,怎么连这点估量都没有呢?"

张武低头不语。

如月继续说道:"好在擎木更骄傲自大,没有将此事放在心上,但我估计单于必定会知道你我这番话,他不一定会杀你,但会羞辱你,你一定记住,只可承受,不可争辩!"

"我……"张武头一昂。

如月看了他一眼,娓娓说道:"如月我这些年来受尽凌辱,现在不还好好奉旨和亲去做王妃吗?你一个将军,心胸如果狭隘,争一时意气,将来如何让你的士兵随你去卖命?将来又如何带兵去攻打匈奴?"

张武见公主如此深明大义,甚为感动,拱手禀道:"公主深明大义,臣遵命!"

十天后到达单于庭,由于此次燕王也派了诸多陪

嫁物资，和亲声势浩大。老上单于当天晚上就在单于
庭设宴款待公主及各位送迎将领。

大帐内坐满了诸位大臣，如月此时才第一次见到
老上单于。

"臣妾硕人公主叩见大王！"如月看着老上单
于，慢慢走近，拜下去。下午在帐内还听珍儿打探
说老上单于今年30岁，怎么现在一看倒像是40岁的模
样，满脸的胡子，发饰有些杂乱，衣物都是汉朝的丝
绣，一身金色，比起汉朝皇室的红色倒要华贵几分，
尊严感十足。她不知道自己看这个陌生男人的第一个
眼神里究竟有哪些意味，抑或是什么情感都没有，有
的只是一份担心，而且这份担心还是为了一个莽撞的
大汉将领。

"抬起头来！"老上单于命令道。

如月默默地抬起头，略微忧虑地看着老上单于。

老上单于一看她宠辱不惊的模样，倒有些讶异。
平静的脸上，没有半分媚态，眼神冷淡，所以淡淡地
垂下眼睑。穿一身白色长衣，裙摆拖地，飘逸灵秀，心
如止水，与世无争。这份恬淡与宁静却深深地吸引着
他。他又看了看如月，顿了顿说道："公主入座吧。"

"臣妾惶恐，请求告退！"如月禀道。

"无妨，这是欢迎宴，也是辞谢宴。这些将领一路护送你，委实辛苦了。你可略坐坐再回帐吧。"豪迈的老上单于面对柔如水一般的如月，竟然也温和了下来。

"是！臣妾遵命！"如月恪守礼仪。

"臣中行说敬公主阏氏，愿公主阏氏万安！"如月刚刚坐下，就见中行说来敬酒。

如月一听，看了一眼这个满脸奸猾之气的人，微微一笑举杯应答道："见过中行说大人！"

"臣领命迎接公主入我大匈奴，一路上严守军令，快马加鞭，劳顿了公主，请我王、公主阏氏恕罪！"擎木更起身向老上单于敬酒。

老上单于看了一眼如月，说道："公主看起来确实有些憔悴……"

如月担心单于要降罪于擎木更，赶紧禀道："单于明察，臣妾憔悴只是因为还不甚习惯，擎木更将军尽心竭力守护一队人马的安危，理应嘉奖才是。"如月心想擎木更应该会一报还一报，不会再提张武那个未成形的计划了。

只听老上单于道："既然公主都替你求情，本王就不罚你，赏你百只牛羊。"

"禀告我王！我此次从汉朝带回来一个小东西，供大王赏玩。"擎木更禀道，说着便呈上来。

老上单于让侍从接了呈上，看见只有掌心大小，像是个铁片。他看了看，又递给了中行说。

"这应该是又改进了的钱币，可是为什么这般精巧光亮？"中行说问道。

"右贤王果然聪颖过人！这是汉朝新出的邓通钱，一个铜钱可以买到一只小羊。"擎木更说道。

"哦？"老上单于惊讶不已。

张武拜了拜说道："如果臣没有看错，这是蜀郡严道县的铜山出产的铜钱。因为没有掺杂铅和铁，所以光泽较亮，分量也足，质地很纯。大人能欣赏汉制铜钱，可见匈奴与汉朝的互市交往多么有必要。两国的友好才是长远之道！"

"张大人高见！臣在汉时，用的还是不成规矩的铁制小币，如今都有铜币了。"中行说接话道，转而又向擎木更拱了拱手，"大人果然细腻聪敏，勘察角度次次都令我震惊！"

"右贤王过奖了！我只是奉了大王之命，多留些心罢了。"擎木更说着看了看张武，这一看，看得如月心惊肉跳。只听他说道，"不像某些人，口是心非，嘴上说为了两国友好，心中却有千条万条不愿两国交好的计谋！"

"哦？"老上单于听出了话外之意，他看了看如月，又看了看张武，"说！我倒想听听！"

如月屏气凝神地也听着，张武惶恐地低下了头，他在想应对策略。

"我王圣明，这个不知天高地厚的张武将军，竟然要谋杀右贤王中行说！"擎木更一句话出口，震惊四座。中行说却在淡淡微笑。

"大胆！谁这么放肆！"这时中行说身旁的一个年轻将领立刻站了起来，提着箭护着中行说。

"哦？"老上单于喝了一口酒，看了一眼这位小将，"你说！是谁？"

"是我！"张武面不改色，朗声答到。如月的心几乎跳到了嗓子眼，心中暗暗痛恨擎木更这种忘恩负义之徒，但她不能立即表态，只能等待时机。

"是你！一个小小的护送文官竟这般歹毒！我先

杀了你！"说着便举着箭朝张武刺来。

"军臣！退下！"老上单于一挥手。

"父王！"军臣有些不情愿。如月一听，才知道，这位小将是老上单于的儿子，竟然如此衷心地护着中行说，可见中行说在匈奴的分量。

"退下！这是本王的迎亲宴，岂能动刀动箭？"老上单于虽然假装镇定，但已经能看出有些许不快了。

"太子放心！凭他是谁，想要我的命？怕是要白白赔上他自己的命了！"中行说微笑中露着腾腾杀气，紧接着说道，"张武大人，说说，你为何要杀我呀？"

"小臣知恩图报，感念皇上知遇之恩，所以动了杀机。"张武振振有词。

"为何没有执行呢？"中行说问道。

"小臣受到公主斥责，才知臣是一念之差，私人执念差点害了和亲大计，小臣一人之罪，臣一人担当，恳请单于降罪！"张武铁骨铮铮，毫不畏惧。

老上单于看了一眼如月，见她依然沉静如水，毫不慌张，心中更加讶异，没想到一个女人竟能如此镇定，说道："公主阏氏，你可有什么说的？"

如月拜倒说道："启禀大王，良禽择木而栖，贤臣择主而侍，自古至今，这都是正理。作为臣民，每个人都有自己的选择，贤君听之导之，成全国家大义。张武身为官员，狭隘鲁莽，私心作祟，不顾大义。臣妾已经斥责过他，望他今后能改过自新，真正为两国盟好做些善事。"

"公主深明大义，老臣实在佩服！张武年轻气盛，各为其主，有此念想，倒是实在可敬！只是老臣想知道，如果请你留在我大匈奴，你可愿意？"中行说一句话又将气氛变得尴尬起来。

如月咬了咬牙，正要说话，只听张武说道："臣誓死不事二主！还请右贤王见谅！"

"如果是我要请你留下呢？"老上单于突然试探着问道。

如月也慌了神，只听张武说道："谢大王恩典！臣乃汉臣，自当为皇上效力，不愿二心改侍他主，请大王收回成命！"

如月明白了张武宁死也不会委曲求全，于是向单于拜了下去，说道："大王求贤若渴，是一代圣君之思。我在中原早就听闻大王击败月氏，威震西域。慕大王之名而来的贤臣会越来越多，大王可以发布求贤令，贤臣必会投奔。"

老上单于听完不语，脸上似乎有些怒气。汉朝铸出了铜钱，匈奴不可及。汉朝又出现这般忠心为主的臣子，匈奴不可及。

只听中行说微笑着说道："看来，公主的人到了草原，心还在汉朝呢……"

如月眼看单于已经动了气，争辩再多也无用，便说道："小女五年前失去至爱的母亲，在汉朝已经毫无牵挂，如今只求在草原平安终老，不知中行说大人何出此言呢？"

擎木更听了说道："公主阏氏心无牵挂却在言语之中处处祖护汉朝……"

"好了！都不必说了！"老上单于大喝一声，吓得众人都跪下，"本王乏了，都出去！只右贤王留下！"说完猛地喝了一大杯酒。

"是！臣告退。"擎木更拜道。

"是！臣妾告退！"如月拜道。

"是！臣告退！"张武也拜道。

回帐的路上，如月看着天上的月亮问珍儿："你觉得今天晚上大王会来吗？"

"等一会儿气消些了，大王一定会来的。"珍儿劝道。

如月轻轻地一笑，说道："对于普通女子来说，成亲合礼是多么重要。可对于帝王之家的女人来说，它只是利益的权衡与妥协。一旦危及利益，所有的情爱都无足轻重了。"

"公主说的，珍儿不懂。珍儿只觉得，这里没有人管着公主，没有人害公主，对公主来说是最好的去处。"珍儿天真地说道。

"失去了母亲的爱，我也不会再爱了……"如月看着星空，心里静静地说给自己听。

这一夜，老上单于果然没有来……

第二天一早，只见珍儿慌慌张张跑进帐来，说道："公主，不好了！不好了！"

"怎么了？"如月问道。

"听侍女们说，张武将军，张武将军被杀了！"珍儿惊恐地说道。

"什么？"如月心头一紧，刚喝的药一口喷出。

"公主，公主，你怎么了？"珍儿赶紧过去扶住。

"咳咳咳，是……是单于下的命令吗？"如月还在追问。

"奴婢不知道，只听说，大王还在大帐与右贤王他们议事。"

"那……那必定是了……"

"公主，我去请医女。"珍儿急道。

"不，不要去，扶我起来梳洗！"

"公主，你躺会儿吧。"

"你不懂！不能让大王看出来我们的痛心，否则他会杀更多的人！"如月解释道。

"嗯……"珍儿的眼里噙满了泪。

"我只求，剩下的人能好好回去复命……"如月脸上毫无血色，眼睛一闭便滴下泪来……

如月去拜见老上单于的时候，从他眼中看到了得意，看到了胜利，看到了霸道，却没有看到怜悯、愧疚。她心中更加悲痛，记得母亲跟她说过，将来嫁人，一定要嫁给一个有情人，只有心中有情，他才会疼爱你，呵护你，陪伴你。而如今，自己嫁的恰恰是一个无情的人，毫无顾忌，毫无怜悯，毫无情义。

转身的一刹那，她在心中同老上单于作了告别，此生不会再倾心，此生不会再用心。

走出帐外的一刹那，她在内心说："谁说女子要取悦他人？我今生只取悦自己……"

老上单于果然对如月袒护汉朝耿耿于怀，在中行说的鼓动下，向汉朝又开始了新一轮的索要和威胁。汉朝虽然愤怒，但因整体实力的欠缺而并未有大的举动。如月的到来，始终没有成为匈奴与汉建立兄弟之国的桥梁，反而成为不能为匈奴带来更多利益的愤怒宣泄口。老上单于的冷落，匈奴一族的欺凌，让如月倍感凄凉。

就这样大半年过去了，侍女们已经不如之前那么尽心，一看珍儿扶着如月出去散心，她们就开始嚼舌头。

"你们说，大王还会来看公主吗？这都大半年过去了。"

"公主这么漂亮，真是可怜啊！"

"就是，孤苦伶仃地来到草原，新婚之夜，大王都没有来看她。"

"公主性情文静，她应该去讨好大王，大王肯定会动心的。"

"公主如果有丘林翠十分之一魅惑大王的本事，这会儿都该怀孕了，不至于一共才见了大王两次，还是在宴饮和谢罪的时候……"

几个侍女嘀嘀咕咕着，没有看见公主从帐外侧进来。她本来想出去散散心，可走着走着觉得累，就回来了。她的身体越来越弱，颤巍巍的，一直需要珍儿扶着她。她们从帐外走过来的时候听见侍女们在议论，珍儿本来要去禁止她们，但公主示意没关系。

"这几个侍女都还有仁义之心，是真心希望我获得大王的宠信，只是她们……"公主跟珍儿说。

"公主不必放在心上，她们也是为公主着急，我回头跟她们说，不要再说这些话让公主烦心。"珍儿说道。

两人正说着，只听见一个老妇的声音说道："你们几个黄毛丫头懂得什么！大王不会再宠信公主了！"

"啊？为什么？"

"你们几个傻丫头！公主为大汉的将领求情，连自己的死活都不顾，你们说是不是有私情啊？"

如月听到这里，惊得倒退了几步，差点摔倒。

"啊？不可能的。"侍女们说。

"什么可能不可能？那也要大王相信啊！大王不信怎么办？我那老头子整天在大王帐前洒扫，听他平日里没事碎嘴，说如果公主不替那个将领求情，那个将领倒能活命。可惜公主还为那将领说了不少好话，还哭哭啼啼跪下来求大王，结果，大王还没过两个时辰就把那个给……"说完就拿手比刀，在脖子上抹了一下。

"哦……"侍女们惊讶地叫了一声。

"你们说，大王还会来看公主吗？"

"婆婆说得有道理！"

"婆婆我都见过多少个和亲公主了，冒顿单于和大王从未对谁如此绝情过，唯独对这位硕人公主如此，可不是怪事？"

"那公主怎么办？"

"公主是跳河也洗不清了，等着老死吧……"

"啊！"如月听到这里，再也忍受不住，昏倒在地。珍儿慌地叫了一声"公主"，那婆子和侍女听见，赶紧跑过来扶起公主，搀回帐内。打水的打水，铺被的铺被，个个都如惊弓之鸟，不敢言语一声。

"你们都下去吧。"珍儿看着公主的样子，知道八九成是心病，嘱咐她们道，"快去把医女请过来。"

"是！"侍女们都退下。

只见如月的眼角流下泪来，珍儿看着也哭了起来："翁主，为何要这样自苦。原来在王府，翁主倒还坚强，受了多少辱骂，也都能挺过来，如今可是怎么了？"

如月也不答话，一副心如死灰的样子。

"翁主，如果你觉得是大王冤枉了你，可以找大王去解释，伤心到这样的程度，大王也是不知情的啊……"

医女终究是没有来，估计也没有人去请。就这样，主仆两个人一直待到黄昏，帐里帐外似乎都失去了生机。侍女们早就不知道又都跑到哪里去说闲话了。

吃饭时，那个老婆子送进来一点汤羹，还大言不惭地禀告道："公主请尝尝，这是最好的牛骨汤，明日我再熬些羊汤来，公主也能早日好起来。"

"有劳你了！下去吧！"珍儿答道。

老婆子出去以后，珍儿想给公主盛一点喝，结果才发现汤是凉的。"你们！"珍儿气得哭起来，而帐外隐隐地却有笑声。珍儿气得哭了好一会儿，看看公主还是躺着一动不动，赶紧去帐外，弄了些柴火，也架了个小炉，热起汤来。她照顾了这么多年如月，这点活也不算什么。她端着冷汤出去，看见那群侍女们还在嘀嘀咕咕，朗声说道："公主永远都是公主，容不得你们奴才在这里嚼舌，小心我回禀了大王，哼！"一句话说得侍女们也都知趣了不少。

珍儿走到厨帐，看到有个小女孩，就问她哪里有吃的东西，她指了指一个立柜。珍儿掀起了帘子，随便挑拣了几样，回去时看汤已经热了，就盛了一碗给公主。

"翁主，起来喝口汤吧。"珍儿在她耳边轻轻说道。

"这会儿什么时候了？"如月微微睁开眼睛。

"翁主，你醒了。"珍儿高兴得流下泪来，"翁主醒了就好，这会儿天都已经黑了。我刚热了点牛骨汤，翁主起身喝了吧，一天都没有吃东西了。"

如月弱弱地说道："我喝不下，我也不想喝。"

"翁主！"

"你怎么叫我翁主了？"

"嗯，我觉得这里突然像极了王府，所以唤翁主更亲切些。"珍儿哭着说道，"翁主一定要挺住，如果翁主都挺不住，珍儿也就死路一条了……"

"嗯，我知道，我喝，你别哭了！"如月无奈地垂下眼皮。

珍儿赶紧擦了把泪，把如月扶起。两人面对面坐着，一起喝汤。喝着喝着竟笑了起来。

如月眼里闪着泪光，但却笑着说道："记得小时候，每次惹母亲生气了，母亲就罚咱俩背诗，你一句，我一句……如今咱俩改喝汤了，你一勺，我一勺……"

"哈哈哈，翁主还记得呢！"珍儿开心地笑道，"翁主背得好，我背前面几句还行，后面的都是翁主提醒了以后才会读，有时候听还听错了，念出来一句牛头不对马嘴的，敏夫人噗嗤一声就笑出来了，后来……"

"后来咱俩知道窍门了，就装模作样背几句，你就故意背得离谱，怪话一出，母亲就笑了……"

"哈哈，翁主还记得这么清楚！"珍儿笑得合不拢嘴，"咱俩的小聪明，敏夫人肯定早就识破了！"

"那是自然！只是母亲仁德，从来不责备我们，只是平时背书的时候可一次都不会放松呢……"如月越说越有兴致，露出一副美好的神情，"我现在都还记得一些呢……"她仰起了头，想了想，诵道，"子曰：君子食无求饱，居无求安！"

"可不就是咱们现在的状态？"珍儿笑着说，"吃也吃不饱，住也住得不好！"

"这不挺好的！有这么好的大帐住，有这么好的牛骨汤喝，我相信孔老夫子是喝不到牛骨汤的。"

"嗯，那倒是！孔老夫子比咱们还可怜。"

"这一点多难能可贵！孔老夫子比咱们都可怜，却活得比咱们要豁达百倍千倍呢。"如月索性放下碗筷，"你去点灯笼，咱们去货帐找找竹简，我记得二弟好像给我带了一些。"

珍儿一看如月这么激切，心里比谁都激动，赶紧应道："嗯，我现在就去点。"等她点了灯笼回来，发现如月变了个样子。

"翁主，你这身打扮都快成男人了！"原来如月把头发箍了个发髻，身穿一条深色绸裤，白色短上衣，外套一件中长马甲，穿了一双匈奴女人穿的刺绣马靴。珍儿看得眼睛都瞪大了几分，"这件上衣怎么会这么短？我怎么没见过，你只有一件是长的啊。"

"哈哈，还能骗得了你的眼睛！我扎到里面了！这样方便行走！明日给咱俩再补做两套，我们一起换着穿。"

"嗯，翁主，我好高兴！你又恢复敏夫人在时的活力了！"

如月走过来拉着珍儿的胳膊，说道："谢谢你！你一勺，我一勺的时候，我突然想通了。今后虽然只有我们两个人相依为命，但我们一定要昂首挺胸地相依为命，不管她们说什么，做什么，我们做自己才最重要！"

"嗯，翁主说得对！"

"我们赶紧去找吧。"

"嗯！"两个人打着灯笼，在货帐与大帐之间，来来回回搬了数次，终于把所有的竹简搬了回来。

"哎呀，看来那会儿还是拿少了！怎么才这么一点儿？”如月可惜道。

“哇，翁主，这已经不少了。我是三分之一也读不完的。”

“哈哈，搬回来就由不得你喽。我要监督你，你也要监督我！我们要回到小时候！”

“啊！回到小时候？我要回到我的帐子去睡了！”珍儿一听就开始犯困了。

“从今以后，你就跟我一同睡在大帐内，不用去侧帐了。你把床搭在那边，等会儿再让门口的士兵搬一张木桌进来，这样就圆满了！”

“翁主，这怎么行！”

“一定要这样我才开心！”

珍儿一看，故意露出一副为难的样子，点头道："嗯，好吧。”

如月会心一笑。

两人擦竹简上的灰就擦了大半夜，第二天起来又继续擦，一早上连帐都没出。过了会儿帐里钻进来一个小女孩，就是珍儿那天去厨帐拿吃的时候碰到的小女孩。她先露出个小脑袋，左右看了看，看见如月和珍儿以后，赶紧把头缩回去了。

珍儿一看是她就笑了，故意大声冲如月说道："翁主，刚才是谁的小脑袋呀？"

只听帐外有声音远去了。

又过了好一会儿，如月和珍儿擦完灰又开始整理安置。如月随便翻开一副竹简，不禁诵读出声："子曰：言忠信，行笃敬，虽蛮貊之邦，行矣。言不忠信，行不笃敬，虽州里，行乎哉？"

"翁主在读什么呢？"珍儿诧异问道。

"说话忠诚守信，行为敦厚恭敬，即使在蛮貊地区，也行得通。说话不忠信，行为不笃敬，即使在本乡州里，能行得通吗？珍儿，是不是特别有道理？"如月兴奋地问道。

"嗯，是挺有道理的。"

"我相信，只要咱们言行举止都很忠义，一定会受到别人的尊敬！"如月刚说完就看见那个小脑袋又钻进来了。她迅速跑到门边，问道，"你是谁啊？你有什么事吗？"

"我叫环儿，我娘让我过来找公主。"

"我就是公主啊。"

"公主是女人，你不是！"环儿一句话把如月和珍儿给彻底逗乐了。

"哈哈哈……"

"哈哈哈……"

如月笑得眼泪都出来了，她要把环儿拉进来，结果她不进来，说道："娘说，我们不能进来，只能在门口。"

如月一听，纳闷道："为什么？没关系，我说你可以进来就可以进来。"

环儿听了这话才扭扭捏捏进来了。

如月问道："我只是换了身衣服和发髻，你就不认识我了啊？"

"嘻嘻……现在是公主！"环儿七岁了，但她们一家属于杂役仆，不能近侍，只能远远地看见公主和珍儿搀扶着出去。所以，她说得对，她确实也只是见过那样的公主，没见过这样的公主。这会儿看见公主和珍儿一直笑，终于认出来了。

"那你说说，找我做什么啊？"如月问道。

"我娘让我问你，什么时候吃饭？她已经都做好了。"

"什么时辰了？都不知道饿了。"如月说道。

"我的罪过，都忘了饭了。"珍儿惊叫起来。

如月对环儿说："谢谢你！珍儿随你去取，到时候你也来吧，咱们一起吃。"

"嗯，好！"环儿高兴得随珍儿出去了。

不一会儿，只见珍儿和环儿抬着个小案几进来了，一进帐珍儿就开始叨叨："那些侍女还真是势力，昨天听婆婆一说，今天一早都出溜了。只剩下厨娘巧奴和孩子两个。巧奴还死活不让环儿来，说她们的等级是不能进帐的，我好说歹说才劝了帮我把饭食抬了进来。这帮势力鬼，哪一天禀报了大王收拾她们！"

"哦，好了，好了！这不是才清净？昨天还在劝我呢，今天倒要我劝你了？"如月听了半天终于听明白了。

"嗯，知道啦，她们也太快……"珍儿撇撇嘴。

如月微笑着示意她别说了。

"环儿我留在这儿，你去叫她娘亲。以后也不用叫她巧奴，就叫她巧婶可好？以后环儿就是咱们的妹妹，我要教她读书认字。"

"哇，这样好，这样好呢！我现在就去叫巧婶，嘻嘻！"珍儿一听，旋即高兴起来。

就是从这个时候开始，她们成了"一家四口"，怡然自得。尤其是四个人相互依靠着终于度过了第一个难捱的冬天，她们好几天都不出帐去，四个人挤在一起入睡，一起缝补大帐的漏风处，只是不知道为什么，晚上的大风从其他地方又吹了进来。

匈奴侵扰大汉的消息仍然不绝于耳，偶尔看到老上单于带着大队人马出征，有时候也能听见他们的祝贺声。如月慢慢地开始经常梦魇，睡梦中她喊叫着娘亲，喊叫着"不要丢下我"，起来之后浑身发抖，咳喘不停。她的身体也越来越弱，好不容易恢复的身体，被残酷的冬天又摧残得几乎什么都不剩了。

第二个冬天的一个下午，她永远地沉睡在了草原，祥和安宁……

老上单于看着这破烂的帐篷，心中突然有了一丝懊悔。作为汉朝的公主，她是风光的；作为一个女人，她是可怜的。于是，老上单于下令按中原礼仪厚葬硕人公主，聚集在他身上的那份对大汉的仇恨也终于得到释放，可惜，这种释放太短暂了。老上单于很快又想到了汉朝的资源、器物，他就是想占有，想无穷尽的占有……

又一个两年过去了，34岁的老上单于还没有完成自己的宏图大志就撒手人寰，尽管他告诫自己的儿子军臣，一定要厚待中行说，完成统一中原的大业，但他不明白，只靠贪婪、杀掠、侵扰，永远都不会成就大事业。

泰和公主

愁红带露

泰和公主刘依依

依依天生丽质，她母亲担心她被宗室选派和亲而不断地向胶东王求情，宁愿将依依嫁给富庶大臣之子，但依依不愿意嫁给一个酒囊饭袋，宁愿去和亲。公元前160年，胶东王刘雄渠之女刘依依被封为泰和公主，奉旨赴匈奴和亲。母亲因面临生离死别而痛心疾首，最终接受了她的想法，为女儿备足了大礼，二十余车的矿产资源就这样随着和亲队伍被运往草原……

"娘！我不嫁！我就不嫁！"

"哎呦，我的小祖宗，这亲都拖了三年了，你如今都15了，可以嫁了。"

胶东王王府里的一个翁主闺房里，为娘的苦口婆心地劝着自己的女儿出嫁。

"我就不嫁，那个刘公子就是个酒囊饭袋！"

"哎呦，我的祖宗啊！人家什么时候是个酒囊饭袋了？呸呸呸，人家可是一表人才，三年前就来定了亲，如今人家不愿意再等了，说是一个月内就让你过门呢。"

"不行，我让爹去退亲！"

"你可给我闭嘴啊！三年前还是你爹怕皇上派你去和亲，赶紧求着人家订了亲！可怎么好去退亲啊？"

"早知道我就去和亲！"

"祖宗哦，娘就你哥和你两个孩子，怎么能舍得你去和亲啊！匈奴人多野蛮啊，随便就把人杀了，你还去和亲？"

"我不信！"

"娘说什么，你才信呢？三年前没给你订亲的话，说不准你还真去和亲了呢。如今公主都是从藩王里选适嫁未嫁的。要不是你爹得了消息，提前赶紧给你订了亲，你这会儿还真不知道在哪儿呢。匈奴三天两头来抢人抢牲畜，你又不是没听过。"

"反正我不管！他就是个老头，我不嫁他！"

"我的祖宗呀，人家刘公子怎么就是老头了？只比你大8岁，年龄正是般配，只要他真心待你……"

"我就是不嫁！什么刘公子，那就是个'肉公

子’！”自己说得噗嗤一声笑了，转而又嘟囔道，

“就是个‘肉公子’！我不嫁！”

“你可小声点吧，有多少人瞅着刘公子嫁女儿呢，刘公子只应了你，以后肯定一心对你好！”

“娘！你不知道，我听人说，他在即墨城里不知道做过多少坏事呢，一件一件数都数不完。”

“是不是大力那几个坏小子告诉你的？他们是诓你呢？而且刘公子虽然现在是个小小的执事，你只要嫁了他，你爹很快就给他升官。到时候你也能经常入府陪伴娘亲左右，不像你哥哥，各地巡防，我一年也见不上几次……”说着说着滴下泪来。

“娘！那我就不去和亲，也不嫁人！我只在府里陪着娘亲！”

“傻孩子，哪有女儿不嫁人的道理？”

“但我就是不嫁他，你们如果逼我，我就……”

“你怎么样？”

“我就……反正让你们后悔！”

“你什么时候能让娘亲省心啊……”说着又哭了起来。

“娘，我根本就不想看见他，怎么能嫁给他呢？

如果以后的日子，每天都无聊透顶，我能活下去吗？爹和娘疼我，我明白，可我真的不愿意……"

"唉……那我跟你爹去说……"当娘的抹了眼泪，从门外出来。

胶东王刘雄渠是汉高祖刘邦的庶长子刘肥最小的儿子，当年造反的济北王则是刘肥的老三刘兴居。动乱平定后，刘兴居的妹妹刘菏戴罪立功赴匈奴和亲，但刘肥一脉仍然是受尽排挤。刘雄渠隐忍多年，在一个小小的县郡励精图治，没想到大有成效。十多年过去了，皇上终于肯释前嫌，刘雄渠于公元前164年被封为胶东王，都即墨。胶东王在受封之前就听闻皇上要在宗室中选派公主和亲，他怕爱女刘依依被选中，于是主动向都尉刘达提亲，定了刘公子和依依的婚事。后来燕王府的翁主刘如月被选中，被封为硕人公主于当年赴匈奴和亲。刘雄渠和夫人赵氏的心才终于放下来。只是当年依依确实还小，才12岁，所以婚期一直拖着，如今依依都15岁了，都尉刘达想把依依娶过来，这事都提了很多次。只是依依怎么也瞧不上这个刘公子，不愿意嫁给他。

刘雄渠，一个堂堂王爷，又不能食言，只能每次都搪塞，政事之外就苦恼这门亲事。

夫人泪眼婆娑地走近大殿，侍女禀道："赵夫人安好！"

夫人看了她们一眼，说道："我还不如好好做我的良人呢，从老爷成了王爷，我成了夫人，我这心就没有放下过！"

"好了！跟几个下人抱怨什么？依儿同意了没有？"王爷一看赵夫人的样子，已经猜中几分，但他还是想问一问。

"王爷，咱们……把亲退……"还没等赵夫人说完，王爷就火冒三丈地说道，"放肆！"

"王爷！"赵夫人跪下，又哭了起来，"我也确实听说，那个刘公子这两年长大了，不怎么守规矩，咱们总不能把女儿往火坑里推吧？"

"当初是你逼着我去刘达府上求亲，如今却又要我去退亲？你让我的脸往哪儿搁？"王爷气愤的是自己的面子。

赵夫人抹了抹眼泪，站起身走近了说道："王爷，当初确实是咱们求他，那会儿你的官阶不如刘达高。如今可不一样了，你已经被封为王爷了，是皇亲一脉，要退门亲还不容易吗？"

"你想得可好！如今皇上也才刚刚信任了我，如果无故退婚，闹出动静来，皇上怕是要降罪，说我仗势打压臣子啊！"

"这王爷又何必担心。王爷这许多年都是兢兢业业，励精图治，所以才得皇上信任。咱们也不是无故退亲，他儿子不也确实是个祸害么！你许诺他点好处，就不怕他说出去！"

"还好我当年求亲时只是说，有个亲王看中了依儿，老夫人舍不得她给别人做妾室，所以才让我向他求亲，如果真说了是为了防止去和亲，那可就成罪过了！"

"所以说啊，找个合适的理由，再许诺给他儿子一个官职，我就不信刘达还不松口……"

两人正说着话，只见一个侍从慌慌张张跑进来说道："王爷，夫人，不好了！"

"什么事？"

"刘公子昨夜酒后溺亡了……"

"啊，什么？！"王爷大惊。

"啊，你可说的是真的？"赵夫人也惊道，心里的石头虽然落地了，另一块石头又飘起来了，一旦有人因此造谣女儿名声可怎么好啊，所以她多希望刘公子活着，平平安安找个理由退了婚，就能相安无事了。

"千真万确！我去刘府看了。都尉伤心欲绝，哭天喊地一早上都没有进食了……"

"怎么回事？"王爷问道。

"我也是听侍从们说，前天刘公子知道很快会与咱家翁主成亲，甚是欢喜，一直喝到深夜，还去了……"

"去了哪儿？"

"侍从们说，还去了香花楼。"

"混账！"王爷气呼呼地拍了一下桌子，叹了一口气，"然后呢？"

"说是直到昨天下午才从香花楼出来，出来以后碰到文大人，文大人恭维了几句，说了些刘公子娶了翁主马上就会步步高升之类的话，刘公子一时高兴，就邀了文大人去喝酒，喝到最后，文大人都走了，自己又邀侍从们喝。喝完还仗着自己酒量大要回家，颠颠撞撞一路，好不容易走到高桥，非要去桥墩上吹风，结果身子一闪就掉下去了，侍从们也是醉得迷迷糊糊，赶紧叫人救，黑灯瞎火的，救上来以后早就气绝了……"

"也是不成器的东西！"

"后来侍从们一看，怕刘大人问罪，逃的逃，散的散，倒是有一个忠心的，愣是把刘公子的尸首背了回去，刘大人刘夫人这才知道的，一直哭到天亮，刘夫人还昏过去几次。我一早就听见人都说刘公子掉河里了，还以为是假的，就跑到刘府去看看，结果还没进门就听见刘夫人的哭声了，就站在门边跟侍卫打听了几句，赶紧回来向王爷禀报！"

"刘达虽然有三个儿子，但这个儿子也是唯一一个能济事的，这一下去了，估计刘达要伤心死了。"赵夫人说道。

"我去看看！"王爷换了衣服，带了七八个侍从，让他们这几日就在刘府听任使唤，毕竟也算是结亲一场。

即墨城临近崂山湾、胶州湾，渔民很多。这个时节正是海产品大卖的时节，渔民们把自己打捞上来的各色海鱼、鲜虾、扇贝都运到城里来卖。依依和侍女露儿换了男装，带着侍从大力去城里看热闹，好不容易甩掉这门亲事，她终于可以轻松地玩几天了。

三人一路来到海湾，到处都是渔船，大力说道："走，我带你们去一个渔家，他家可会打鱼了，每次打的都跟别家不同。"

"是吗？那快点去。"依依已经迫不及待了。

三人蹦蹦跳跳地来到海湾西南角的一个渔船上，大老远就能看见他家的招牌"兄弟渔家"。

"他们家是俩兄弟打鱼？"三人从船上往过去跳的时候，依依问大力。

"翁主真是神算，你怎么知道的？"大力嘻嘻笑着。

"你傻啊，翁主认得那招牌上的字啊！"露儿数落他。

"哦哦哦，是了是了，大力嘴笨，成吧？"说着就佯装着打了自己两个嘴巴子，嬉皮笑脸地看着露儿。

"你们俩又忘了啊，叫我依哥！"依依强调道。

"哦哦哦，忘了忘了，打嘴打嘴，我是乌鸦嘴！"露儿冲大力吐了个舌头，一边说一边还逗笑，露儿深情脉脉地看了他一眼，说道，"滑头！"

"依哥依哥，你是第一哥！"大力边说边还给依依竖了个大拇指。

"随你怎么叫吧！那兄弟俩真有那么厉害，每次都能打上来新鲜的？"依依好奇地问道。

"那是自然，王府里的海货我基本都是在他家找的，他们跟我也熟悉。这次看看有什么新鲜东西没？"大力边说，边往前蹦去。

大力掀开帘子一看，兄弟俩正闷头挑鱼呢，一个看起来十七八岁的样子，一个看起来十二三岁的样子，两人都光着个膀子，裤腿挽得高高的，满脸满身的水。依依和露儿也赶紧过来瞧，一股腥味扑鼻而来，两人赶紧捂了嘴。那兄弟俩看了一眼大力就又开始低头做活儿了。

只见那老大一边挑一边说："大力！好几天没见你了！"

"嗨！我这不是忙着呢嘛！海哥，这几天有新鲜的没？"

依依和露儿站在船上张望着，难得走得这么里来看海，心情也顿时好了起来。

"昨天刚卖了一批，等不来你，货都快回去了。"那人大声说道。

"可别啊！我今天带了这两位哥，就是来看新鲜货的，只要看上了，绝对好价钱！"大力冲走到身边的露儿挤了挤眼说道。

"什么叫回去啊？难道那些新鲜的海货都能自己游回去啊？"露儿不解地问。

"哎呀，你懂个啥，'回去'那是渔家的行话，意思是快死了，呸呸呸，我乌鸦嘴，船上忌讳这个，你还偏问我。"大力跟露儿嘀咕道，他转而又对那老二说道，"嗨，小猛，你哥骗我呢吧，你出来给大力哥找找。"

"那你哪天带我到王府玩去？"

"嘿，这小子，学会跟我讲条件了啊！"

"大力哥，你明明答应了我的，你又反悔！我找来全都给别人卖了。"

"得得得，大力哥怕你了！这几天府里真有事，等这几天风头过去了，我一定带你去府里，看看你大力哥哥我那大院子去！"大力夸口道，露儿直冲他笑。

"你就别勾他那心了，我觉着这渔船才是天下第一好地方！自由自在，想划到哪里就划到哪里去，哪像你们府里，有那么多规矩束缚着，片刻都施展不开。"老大海哥也这么有一句没一句地搭着话。

说话的人倒是无心，听的那个人可是有心了。

"大海凭鱼跃，长空任鸟飞！他说得倒是不错！"依依感叹道，王府还不及这里的半分自在呢。

"依哥，你这都开始吟诗了，我跟不上你的节奏啊！"大力笑着过来跟依依说，"咱再等等，他俩捡完鱼肯定给咱们看货。"

"他俩叫什么？海哥，小猛？"依依问道。

"哦，一个说是在海上生的，就叫大海，这一两年打鱼打得好，大家都尊称他为海哥。"

依依听了，噗嗤一声笑了出来。

"另外一位是他弟弟，叫猛子，据说他爹给他起这名意思是让他成为这片海上的猛人，只不过年纪还小，大家都叫他小猛。"

"哦！他俩真打得那么好？他们父母呢？"依依还有点怀疑。

大力小声说道："他们父母都掉海里死了，两年前的那次大风暴。他俩命大，海上漂了不知多少天，才被渔民救回来。"

"喔！"依依满脸抱歉的神色。

只听大力故意大声说："这两位可是咱崂山湾的捕鱼能手呢！这方圆多少公里都知道'海猛兄弟'的大名！打的鱼数量又多，品种又新鲜，他家的渔网都是丝线做的，那鱼啊，只要进来，它就出不去……"

"得了得了，跟我来吧。"大力正说着，只见大海从船舱里出来，一边走一边把手里脏兮兮的大褂套上了，上下几颗扣子都甩在半空，估计自己也不会缝补，再说男人家过日子，哪有女人家仔细。依依看在眼里，不知道怎么心里涌起一股怜悯之情。

他们三人跟着大海跨过了两条渔船，只听见小猛喊道："哥，这些鱼苗都放回去吗？留点吃吧。"

大海边走边霸气地说道："全都放回去！"

依依回头一看，只见不情愿的小猛不知道嘟囔着什么，但仍然无奈地把一大木盆的鱼苗倒进了海水里。依依会心一笑，继续跟着走。

四人进入另外一条比较新的渔船船舱，大海把一个木板掀开，往旁边一站，大力知道是最新的海货了，兴奋地朝前凑过去看。依依和露儿也凑过去看。

"啊！！"两人一看，竟同时尖叫起来。

"嗬，你们俩干什么呢？"大力不好意思地问道，只见大海站在旁边不耐烦地看着依依和露儿两个人。

"这是什么东西？怎么像蛇啊？"依依辩解道。

"哎呦，我的依哥啊，这么稀罕的货，你把它看成蛇了啊！"大力赶紧冲大海一笑，嘻嘻说道，"海哥见谅！海哥见谅！都没见过世面，这个吧，我虽然也认识，但还真不了解，海哥给介绍介绍？"

"我以为你带两个识货的来了呢！这叫海蚯蚓，也叫沙蚕，蚕懂不懂？见过没？"大海冲依依、露儿说道。

露儿直点头。

依依说道："蚕我认识，蚕吃桑叶。"

"这就是海里边的蚕，它不吃叶子，它也吃不着。这东西清热解毒，能平神静气，还能治疗顽疮，使皮肤变得细嫩。"

大力打趣道："这么好的东西，海哥留着给未来的媳妇保养吧。"

"你小子猜对了，等我有了媳妇，你可就见不着这么好的货了，怎么样，要不要？"大海轻轻地捶了大力一拳。

大力正有些为难，只听依依喊了一声说道："要！"

"嗬！"大海也吃惊道，"全都要？"

"全要！"依依肯定地说道。

"好啊，小哥儿！痛快！"大海走过去豪爽地拍了一下依依的肩膀，没想到，依依一个趔趄，差点朝后摔倒掉到渔网子里。大海眼疾手快，一把扯了过来。没想到这位小哥竟这么轻，竟然被他一把揽在胸前。

依依不好意思地一把推开大海，大海不经意被这么一推，后退了两步。"哎呦哎呦，海哥，不好意思，我们依哥有点认生，您担待！"大力赶紧扶好大海。

"那还要不要啊？"大海死心眼，也没看出依依是个女人，只想着是不是自己太鲁莽，主顾不要这货了。

"要啊，我说要就要！"依依肯定地说道。

大力赶紧奔上前去，小声说道："祖宗，这起码得百十吊铜钱呢！"

依依也不理他们，只说了声"要"就走出了船舱，露儿赶紧跟了上去。大力尴尬地对大海笑道："我们这位依哥爽快吧，那你都给装上吧！开价可得厚道啊！"

"我知道，你小子回扣也吃了不少了，八十吊怎么样？"大海冲大力贼贼地挤了下眼，小声说道，"但你那二十吊可不能赚我的。"

"好！成交！我这就回去拿钱，一百吊整。"大力大声说道，冲大海也挤挤眼。

依依和露儿在舱外等着大力，听到一百吊，依依顿时放下心来，内心还有点沾沾自喜。"才一百吊啊！我还以为得四五百吊呢！"她乐呵呵地对露儿说。

这时，只见大海的弟弟小猛走过来，问她俩道："你们也都是王府的侍卫吗？"

依依一听，顿时笑了起来，不过她也乐意隐瞒。

"嗯啊，我们也是侍卫。"边说还边压低了声音，装模作样地粗声粗气起来。

"听说你们府里的翁主嫁不出去了？"小猛冷不丁地说了这么一句。

"嗯？你说什么呢？什么意思？"露儿一看依依

脸色变了，赶紧问道。

"你们不知道吗？说你们家翁主命硬，把未来的夫婿都克死了，以后也嫁不出去了……"

"胡说！都是胡说！"露儿喊道。这时，大力和大海两个出来了，大力手里还拎着一个密网兜，里面全是沙蚕。

大力看依依脸色不对，露儿又气成这样，小猛却是一脸无辜的样子，赶紧问道："怎么了？"

"大力哥，我刚问他们，你们府里的翁主是不是个怪物，人们都说她把未来的夫婿克死了，将来嫁不出去了呢……"

"糊涂东西，你这都是听谁说的？"大海一声喝住了小猛，大力看着依依和露儿干着急，只听大海说道，"那公子哥是自己喝醉了酒掉到河里去的，关翁主什么事啊？他平时拿了咱们渔民多少鱼虾，都给铜钱了吗？你个小兔崽子！那种人，谁都不该把女儿嫁给他！"

依依听完，心里稍微舒服点，但还是气恼。好不容易没有了这门亲事，但外面竟然是这么流传的。她虽然讨厌他，不想和他成亲，但也没想到他会死啊……

　　大力见依依径直走了，露儿追在身后，他也赶紧追上去了，对大海说道："我回去取铜钱啊！马上就送到！"

　　只听见大海在训着小猛："以后不要再传这些闲话了，小小年纪，是非都分不清楚！"

　　"哥，我记得了！"小猛可怜巴巴地说道。

　　自崂山湾回来后，依依突然没有那么任性了，她甚至有些自责。她觉得刘公子的死是她一手造成的，即使不是她，那也跟她有很大的关系，她不敢见生人，甚至连亲人都开始躲避。她总觉得别人都拿异样的眼神在看她，看得她心里发毛。有时候即使只有她一个人坐在房里，她仍然觉得有无数双眼睛正在盯着自己，他们都在看自己是不是个怪物，是不是个恶婆娘，竟然没过门就克死了夫君。

　　赵夫人先是觉察出女儿突然变得懂事了，但也变得消沉了。后来才知道，原来王府外面的人都在这么议论女儿，心下悲痛，整天想着想着就流下泪来。依依每次看到娘亲这样伤怀，只得安慰她说："娘亲，我就这样陪你好不好？"赵夫人哭着答应，但她知道自己是违心的。她是依依的娘，她多希望依依能有一个温和宽厚的家，可这所有的希望似乎都随着刘公子一起溺河了。

大力再一次来到"兄弟渔家"已经是一个多月以后了。看着他无精打采的样子，大海一边补网一边说："今天在我这儿喝酒怎么样？我打了点好酒，就等你呢。"

大力看了他一眼，懒洋洋地坐在船头："你补完渔网把你那几个扣子补补，你看看你那几个扣子，上次带着翁主来就耷拉着，这次还耷拉着，让我没面子……"

"哎！你可别信口雌黄啊，你把翁主带到别家去了吧，哪来过我家？要是来我家，我肯定提前三天就把渔船前前后后、里里外外都打扫干净。不过，渔家再怎么打扫，也是有股鱼腥味，你家翁主乐意来，那肯定也不嫌弃！"大海为了让他精神头足点，故意跟他有一搭没一搭地说着话。

"上次我带那两个小哥，一个真是翁主，一个是翁主的侍女露儿。"

"真的？"大海若有所思地琢磨道，"我说呢，那个个子高一些的看起来就不俗气，后来你们走得急，我就忘了再问了。这次来可真是没货了，现在鱼也不好打了，官家现在都规定了各家出海的日子，前几天出去了一趟，啥也没打着……"大海自顾自说着。

"我这次来可不是来买货的。我家翁主上次听了小猛的闲话，整个人都变了，完全不像之前那个活蹦乱跳的翁主了，连露儿也不冲我笑了，每次见了我都把我数落半天……"大力懊恼地说。

"哦！"大海一拍脑门，"就是了！小猛这个口无遮拦的笨鸟，惹了翁主，实在是罪过。那我们去给她赔个不是吧？"

"我们翁主才不要你们赔不是呢，她只是气那些话，不会气你和小猛的。我们翁主那可是天下第一侠义的女子！"说着还竖起了大拇指，不过说完又失落地低下了头，"不过这次打击确实挺大的。她只是不想嫁给那个浪荡子，没想到还没退婚呢，那浪荡子就掉到河里去了。你说这关我们家翁主啥事么？非得给她戴上克夫的帽子，呃，呸呸呸，我乌鸦嘴！"说着就拍起了自己的嘴。

"哎，你等等，我送你个东西拿给翁主解闷！"大海说着从仓里拿了个网兜和宽口的陶盆，朝水草茂盛的东边走了过去。过了一会儿，小心翼翼地用网兜拎着一陶盆鱼苗来了，大力瞅了瞅，还有些小贝壳、小螃蟹。

"喏，你把这个拿回去给翁主解闷，也算是我们向她赔礼道歉了，小猛说那些话实在是不应该！你告诉翁主，有机会就来渔家玩，我带她去划船。"

"这么一大盆啊！好吧，这次我估计翁主还能缓缓神儿。"大力拎着网兜就走了。

露儿端着一陶盆鱼苗进来的时候，看见依依还在发呆，手里捧的竹简也掉在了地上。

"翁主，你看这是什么？"

"嗯？"她懒洋洋地扭过了头。

"这是大力从崂山带回来的鱼苗。"

"鱼苗？"依依倒有些新鲜。

"嗯，你看，还有小贝壳和小螃蟹呢。"

"哦？"依依站起身，走过来一看，果然有趣，一个小小的陶盆，居然有这么多鱼苗，还有小贝壳、小螃蟹。她终于露出一点笑容，"这个好玩，你赶紧去拿大一点、浅一点的陶罐，多盛点水，给它们换个大一点的家！"

"哎，好！"露儿高兴得赶紧就跑出去了。

大力还在门口等着信儿呢，一看露儿跑出来了，这么高兴，就知道依依肯定是喜欢这些小鱼。

"哎，"大力伸开双臂挡住露儿，"翁主喜欢吧？我就说有趣得很呢！"

"算你这次立功了！翁主终于高兴起来了，跟以前一样。"

"那你这是来赏我了？"

"呸呸呸，翁主让我换个陶盆，你不许瞎想！"露儿边说边冲大力笑着。

"哪天我去求翁主做主，把你嫁给我，你爹娘和我爹娘都是同意了的。"大力笑嘻嘻地说。

"不害臊！哼！"露儿羞红了脸。

"我去给你拿陶盆，你就在这儿等着吧。反正上次在你家，你是答应了我的。"大力还挡着她。

"你赶紧去拿吧，什么时候都堵不了你的嘴！"露儿笑着说道。她和大力从小就熟悉。两家是即墨本地人，从前都是渔民，船都是停靠在一起的，互相帮扶着过日子。后来刘雄渠受封了王爷，要寻些执事的人，大力的爹就活动了活动，开始在王府做了管事，后来又拉拢了露儿的爹也来做管事，之后又把两家的内人都拉扯进王府，当了浣妇。所以两家就更熟了，大力和露儿的亲事也是迟早的事。

大力刚从墙角拐过去，就碰见一个侍卫叫道："大力，你在这儿啊？你爹叫你赶紧回去呢，说是匈奴的皇上去世了。"

"啊？我管它是熊奴，还是狼奴的，他们家皇上去世了关我什么事儿啊？"

"哎呀，匈奴的皇上去世了，咱们的皇上要选翁主去和亲呢，圣旨刚刚到王府，听送旨的内侍说，皇上也是才听说翁主退了亲，正好适合去，所以才封了公主。"

"啊！这这这……"猛地听了这么一个消息，大力也是慌了，脑子里一片糨糊，但迅速理出来一条线。"翁主和亲，露儿得陪着去，露儿也去匈奴了，就不能和我成亲了……"他自言自语道，"哎呀！这可怎么办！"说着就跑远了……

"大力！大力！"这侍卫又说道，"我还没说完呢，你爹让把露儿也叫着……"可大力早跑远了。

这侍卫来到大门口，只见露儿正兴冲冲地站在那儿傻乐，他说道："你知道了？"

"知道什么？"露儿不解地问道。

"大力家正在你家给你俩定亲呢。"

"啊？怎么回事？"

"匈奴的皇上去世了，咱们的皇上要去和亲呢……"

"什么？皇上要去和亲？"

"哎呀，我都糊涂了，皇上要派咱们的翁主去和亲……"

"啊？什么时候的事？"

"圣旨刚刚到王府，大力爹娘正和你爹娘商量你们的婚事呢，说是在翁主去和亲之前就把你们的婚事办了，你就不用跟着去和亲了……"

"天啊！这可怎么办？"露儿在门外紧张又着急得走来走去。

"什么怎么办啊？你赶紧回去看看吧，大力爹娘也叫你回去呢。"

"怎么会这样呢？"露儿竟哭了起来。

"你怎么了？听见我说话没？怎么还哭了？"

"哎呀，你走走走，我不回去，我要陪翁主，可怜的翁主还不知道呢。"

"翁主呢？王爷让去接旨呢！"只见赵夫人的侍女急匆匆跑来。

"啊！"露儿惊了一声，只得抹了眼泪硬着头皮进去禀报。

"翁主！"

"嗯？拿来了没有，快看，它们游得多欢实啊！"依依只顾看鱼苗，乐呵呵地说。

"陶盆还没找着。王爷让翁主去接旨，现在，马上就得去。"露儿磕磕巴巴地说。

"接旨？"依依诧异地转过身，看着慌张的露儿。

"嗯。"

"圣旨？"

"嗯。"

"我去接圣旨？"

"嗯。翁主赶紧去吧。"

"真奇怪！什么事啊，还得我去接圣旨？"依依捉摸不透，匆匆就出来了。露儿又不知道怎么说，只得跟在身后。依依边走边说："你们慌张什么？接圣旨有什么可怕的？"

大殿里，宣旨的内侍微笑着站在正中间，旁边的刘雄渠满脸愁容，赵夫人满脸悲苦，泪迹斑斑。依依走进来一看，觉得莫名其妙，难道皇上也要惩罚自己克夫毁亲吗？

然而，等内侍宣旨的一刹那，她才明白了一路上看到那么多人的慌张、无奈、愁苦、悲戚，都是因为什么。

"……封刘氏翁主刘依依为泰和公主，于一月后启程，赴匈奴和亲……"

和亲，真的是自己的命吗？前两次和亲不是有十年吗，如今怎么才过四年又要和亲了呢？原来是老上单于死了，新一任的单于继位了，大汉只得送公主、送数不尽的陪嫁去讨好那个凶蛮的民族。

她已经听到娘亲的抽泣声，已经听出了父王的无奈，他们想了多少步棋都没能预料到还有这样一步棋在等着自己。

也好，离开是不是就解脱了呢？但这却是自己与双亲一生的告别……

"泰和领旨谢恩！谢皇上隆恩！"依依沉静地跪谢了皇恩。全家都哀戚戚的模样，依依的婚事多舛，近来又发生了太多事，有了太多的流言，这一道圣旨似乎将所有的流言，所有的难过都掩盖了。

晚间，依依进入父母卧房跪谢父母恩德，赵夫人早已经哭成了泪人。

"小时候一直听娘说，依依，依依，就是终身既可以依靠父母，又可以依靠夫君，我觉得娘亲说得不对，就跟娘亲说，女儿只想依靠父母，父母也要依靠女儿，这样才是依依。现在看来我们都错了，今后我们谁都不能再依靠谁了……"依依说完就哭着给父母磕了头。

赵夫人也哭喊着："我苦命的女儿啊……"

"依儿，事在人为！父王早年间也领教过匈奴的野蛮，你切记不可任性，要圆滑处事，只求平安健康！他日若是还有机会，父王一定接你回来！"王爷嘱咐道。

"嗯，女儿明白！"依依应答道，"圣命难违！这大概也是我命中注定，任我怎么躲都躲不开的。依儿不孝，不能在膝前伺候，请父王和娘亲饶恕！"

"都是父王的不是，不能护你周全。"胶东王刘雄渠也是百味杂陈。依依是他最疼爱的女儿，百般呵护却终究没有逃脱命运的安排，如今一别可能是终生无法再相见，叫他如何不伤心。

"你过来！"赵夫人等依依走近便拉起依依的手说道，"依儿，娘多给你拨几个侍女，让她们都陪着你！"

"娘！我只带婉儿一个。"

"露儿不带吗？"

"露儿跟大力早就定亲了，一直以来因为跟着我而没有成亲。如今一旦北上，恐怕……露儿从小就跟我一起长大，我看她就像妹妹一样，所以也希望她和大力能早日成亲，过安稳生活。婉儿是娘亲心慈抱养的，我带她去，等安定下来，也给她指户好人家。"

"唉，你这么说，我倒是觉得露儿的福气好呢……"赵夫人又伤心了起来。

"娘亲，咱们一家人伤心就够了，何苦再带上两户人家伤心呢。再说有他们守护在你们身边，就如同我守在你们身边一样，今后不管怎样，我也心安！"

即墨因地临沽水河而得名，沽水河发源于招远的阳丘山和莱山，南流经莱西、即墨，在胶县注入胶州湾。此河常年水量均衡，养得一方富庶。齐国一分为六，刘雄渠成为胶东王，管辖东莱郡掖县、黄县、观阳、昌阳等地，北临莱州湾、渤海，南临胶州湾、崂山湾，海域资源丰厚。区域内又有居上山、莱山、天室山、之罘山等山系，矿产资源也较为丰富。因为得天独厚的地理优势，刘雄渠置下的胶东地区几年就成为青州一带的经济中心。他虽是皇室血脉，却因为三哥曾经的反叛永远地被扣上了反臣的帽子，虽然后来转又成王，本想安度余生，却又等到了皇上降旨和亲。心中的怒火终于又抑制不住，一个大的计划也在胸中酝酿起来。可惜的是，女儿和亲六年后，刘雄渠就因为与吴王刘濞、楚王刘戊、赵王刘遂、济南王刘辟光、淄川王刘贤、胶西王刘昂等刘姓宗室诸侯王以"清君侧"的名义发动叛乱，被汉景帝一举剿灭杀害。这虽是后话，但仇恨的种子就是因为凡此种种积蓄而成的。

一个月后，泰和公主刘依依带着丰厚的嫁妆先是西进，然后是北上，远赴匈奴和亲。

原来刁蛮任性的依依，一路北上才发现中原内陆的百姓有多苦，尤其是过了定襄，到了云中、五原、朔方一带。这里气候干燥，天气极端，顿时沙尘漫天，顿时又电闪雷鸣。百姓全都是粗衣烂衫，苦寒折磨之色。

这一日，车队刚要出发，只见一拨人骑着马在城里呼啸而过，尘土一片。依依刚想问这是士兵还是商队，就听见一个妇女哀哀地哭喊："石头，石头，我的石头啊……"

"怎么回事？快去看看。"依依在轿中不安地问。

只听见一片嘈杂，好像有很多人都围过去了，叹息声，安慰声不断，可是那个妇女却是越发地悲号。

"启禀公主，那个妇人的儿子被刚才那伙人的马匹踢死了。"一个侍卫匆匆跑过来。

"什么？"依依大惊，赶紧从轿中下来，往前面人群看了看，随即要去，"走，过去看看！"

"公主论理可是新人，去见刚刚死了的人，恐怕不祥啊！"侍卫跪下劝道。

"什么祥不祥的，我去看看无妨的。"

"公主，总还要忌讳的……"

"别说了！走吧！"依依坚定地走过去了。

"我的孩子啊……我的孩子啊……"人群中只听见那妇女哀号。

依依走进去一看，只见一个妇女抱着一个三岁左右的孩子坐在地上大哭，那孩子满脸是血，浑身是土，小小的脚丫上只穿着一只布鞋，左手耷拉着，右手放在肚子上，就像在那妇人怀里睡着了一样。依依一看竟伤心地落下泪来，赶紧问道："孩子还能治吗？"

只见一人答话道："我就是对面的郎中，马蹄踢到了孩子的头，当时应该就断气了……"

"我的石头啊！刚才还好好地坐在边上给娘归置东西呢，怎么一下就成这样了，你让娘可怎么活啊……"

"你那当家的这次他们应该能放了，不过等回来也怕得大半年了，你赶紧先安置了吧……""怪可怜的，孩子还小……"有些路人劝着那妇人。

"这帮遭天杀的！天天骑着马耀武扬威的，好像是天王老子一样，伤了这家，翻了那家，我那卖花糖的车就被他们给我扬翻了……"有些路人则愤恨起来。

"官府都拿他们没办法，咱普通老百姓能把他们怎么样？我偷偷养的那几只鸭子，都被他们逮去吃了，最后一次来了给我扔了半块羊皮，唉……"

"只能怨咱没托生到好地方，离这些蛮人太近了……"

听着一群人你一言我一语地说着，依依的心里又悲凉又气愤，官府不作为，百姓竟然可怜到这个地步，死伤无数还得顺着那群蛮夷。她转身，对跟在身后的婉儿说道："婉儿，你去找两块金丝砚送给那妇人。"

"是！就怕她不识货，贱卖了可怎么好！"婉儿心思良善，而且心细万分。

"对哦！那你叮嘱她，可不能让贼人哄了去，这一块也值五百吊铜钱呢！"

"是！"

"公主！"只见那侍卫又多话了，"恕小人直言，你这善心发得也太早了些！从这往北，这种事可多了去了，家家户户都有说不完的冤情，公主可不是要把这嫁妆都散没了？"

"你叫什么名字？"

"小的叫虎子。"

"虎子？"

"嗯。"

"你虽然说话不中听，倒是敢说实话。你是第一次来这里？"

"启禀公主，小人是凉州人。凉州那地方，比这儿都不如，都是大沙漠。那些蛮子经常来抢人抢牲畜，我爹就带着我们一家五口逃到这儿来了。去年我爹刚投了个人，才有了这个差事。"

"你今年多大了？"

"12。"

"你当了一年的差，那你知道为什么官府都不管这些人吗？"

"我当然知道了！"

"说说看。"

"那是因为强盗是永远都杀不完的。"

"强盗？"

"对啊！匈奴就是强盗。你杀了这批，就会来一批更可怕的强盗，你杀了那批更可怕的强盗，就会来一批更更可怕的强盗，你杀了那批……"

"嗯，我明白你的意思了。那你说怎么办？"

"公主，你还真问对人了！我知道怎么办！"

"快说！"

"那就是比他们还强盗！"

"什么？做强盗？"

"不是做强盗。是因为强盗天不怕地不怕，就怕比他还强的强盗。所以要制服这群强盗，我们就要比这群强盗更要是强盗，他们自然就怕了。"

"我明白你的意思了，就是说让汉朝的士兵好好练兵，要比匈奴更强！"

"关键是永远都强不了啊！"

"为什么？"

"匈奴个个都会骑马！我们呢，我当差一年了，连马都没碰过呢。"

"没有马匹？"

"没有马就算了，关键是没有人啊！"

"没有人？没有士兵？"

"跟匈奴打一次就死一批，被人家马踩死的都不知道有多少呢……"

正说着，只见婉儿回来了，回复说："公主，都安抚好了！那妇人千恩万谢，但还是伤心……"

"她当然伤心了！丈夫被抓去当壮丁了，能活着回来就不错了。"虎子说道。

"哦，难怪刚才听人说她当家的能回来也得大半年，是被谁抓去了？去哪儿当壮丁了？"

"启禀公主！今日耽搁太久，前面几十里还有匈奴接亲的人等着呢，该启程了！"只见一将领过来禀道。

依依还想问虎子一些事，只好住了嘴，说道："走吧！"

云中地区有重要的政治和军事地位，这里既是北方游牧民族繁衍生息的沃土，也是中原王朝与匈奴频繁交往、争斗冲突的地区。传说最初在这里建城的赵武侯先在黄河西岸上筑城，但城刚筑起，部分城墙便崩塌了，屡修屡塌，于是他改在黄河东面另选新址，究竟选哪里却迟迟定不下来。一日，他看见有一群天鹅在云中飞翔，而且接连几天，这些天鹅整天都在同一个地方的上空来回盘旋，鹅群下方的地面上还放射出耀眼的光辉。赵武侯看到这个景象后，认为是吉祥之兆，便决定在这里筑城，并命名为云中城。这一带恰恰是呼和浩特平原的中心地带。具体所在地方是呼和浩特平原的中部，有发源于阴山的荒于水、武泉水，南面还有白渠水，流经平原入黄河，地势平坦，水草丰美，宜农宜牧，是训练骑兵和放牧战马的好地方。

依依一路观察云中地区，发现人口密集，集市昌盛，汉人居多，但匈奴人也不少，老人幼童的影子时刻能在城中见到。她内心感到十分的欣慰。虽然由于春秋冬三季苦寒，但夏季却能弥补这三季的所有缺憾，令人萌生出一种世外桃源之感。

见到军臣单于是半个月以后的事了，那天一早，在临近大帐的两百米处，依依穿着正红色的长袍，头戴金冠，长发在身后随着草原的风到处飞舞，双手规规矩矩地放在胸前，端庄稳重地走向草原那头的军臣单于。她模模糊糊看到一个青春洋溢的少年，站在马边，一只手牵着马匹，另一只手好像握着长剑。渐渐走近之后，才发现他原来竟然满脸的稚气，整个人却又充满了一种内在的力量。太阳眯住了他的眼，他就那样质朴地用手挡在额头，看着她走过来。

依依是那样的美艳动人，那样的清新脱俗，那样的卓然不群，温柔之中却有一种霸气，似乎这草原本就是她的，好像她曾经就生活在这里，现在只是回到了从前生活过的地方。军臣单于握住她的手，手微微发凉，却满手心都是汗。她的温度，她的香气，她的羞涩，沁入心脾，18岁的他已经醉了。

"你叫什么名字？"他握紧了她的手，看着她低垂的眼帘。

"小女泰和公主刘依依。"她紧张极了，不知道该怎么回答这个少年。

"依依！"他轻轻地拥她入怀，她羞涩地推挡着，但又不想挣脱，只好被他的双手箍得紧紧的，"我的肩膀，就是你终身的依靠！"军臣轻声说道。

"大王好会说情话！"

"怎么，你不喜欢听吗？"军臣松开双手，盯着害羞的依依。

"喜欢……"还没等说完，军臣单于已经按捺不住冲动，吻了上去。只听见身后一片欢呼声……

上林阏氏对于军臣单于情痴刘依依却是愤恨在心。当年她趁军臣酒醉，运用手段，勾引得手，一朝有孕，位列阏氏之位。如今女儿才刚刚三个月，就来了个和亲公主，夺了自己的恩宠，怎能不叫她怨恨呢？

她招来右贤王中行说，请他出谋划策。

"不知阏氏此次有何事？"中行说不露声色地问道。

"大人，我上林可是最讲信义之人。上次依大人高见得幸我王，所有诺言都可曾兑现？"

"阏氏多虑！中行说也敬阏氏是守信之人，所以愿意再次为阏氏效劳。"

"我想的恐怕和你想的一样！"

"哦？还请阏氏示下。"

"如今大王被泰和那个贱人迷惑，已经无心攻打汉朝，中行说大人不着急吗？"

"恐怕阏氏比我更着急吧。"中行说笑着说道。

"那是自然，攻汉之事可以从长计议，可是我一天都不想看见这个泰和公主了！怎么除掉她？我上林愿意倾尽所有，还请大人再指点一二。"

"这倒不难！"

"哦？"

"只是怕阏氏弄不到我想要的东西。"

"你想要的无非是财物器皿、歌姬舞姬，此次我加倍奉上！"

"阏氏雅量！我此次只要一件东西。"

"什么？"

"红丝砚。"

"红丝砚？那是什么东西？"

"那可是泰和公主的陪嫁之宝。一块已经献给了大王，据我所知，还有一块。"

"如此珍贵，你要来做什么？"

"阏氏不知，砚是研墨和掭笔的用具，与笔、墨、纸合称文房四宝。好砚发墨好，不伤笔。只是好砚须好石，好石成好砚。而红丝砚，产于中原山东的黑山，制作非常的辛苦。匠人首先要在黑暗的山洞里取石料，然后磨出石面花纹，再随纹理造型。精致巧妙，实乃世上佳品。"

"哦？如此也真是宝贝！你放心，我定会早日将之取来送予你！只是公主？"

"阏氏放心，我看这公主也是锦衣玉食，娇生惯养，受不得半点委屈，虽然执着，但她太不了解大王，太不了解匈奴，这份执着也就变成一意孤行了。如今她一心一意要匈奴隐忍、妥协、信任汉朝，来促成匈奴与汉朝的友谊，但这可是匈奴的任何一位单于永远都不会答应的。所以你放心，公主自有一天会与大王恩断义绝，只是时间迟早的问题。"

"真如大人所言最好！"上林阏氏听了中行说的话倒也颇觉得安心。中行说来匈奴十四年，一心为匈奴大展宏图而谋划，谋划十件，起码有九件有所成。如今他心中自然对军臣单于的犹豫而恐惧，因为越犹豫，他的存在价值就越小。所以，仅凭这一点，中行说一定不会对泰和公主置之不理，反而会想个极佳的机会，灭了公主，稳定单于对他的信任，自然也就消除了自己的威胁，岂不是一举多得。想到这里，上林阏氏竟呵呵地笑出了声。

"阏氏这是想到什么了呢？中行说大人已经退下了。"侍女宫儿凑近了问道。

"我自然是想到了如今最得宠的人，走，咱们去看看这位泰和公主。"

"阏氏还去看她？自她来了以后，大王都有多少天不来阏氏帐内了。"宫儿很不解。

"你懂个什么！能和敌人成为朋友，那才是高明呢。你都跟我这么久了，也不学着机灵点。"上林阏氏责备道。

"是！奴婢晓得了。前几日我碰到公主的侍女婉儿还说呢，我家阏氏忙于照顾小公主，所以没得空来看公主阏氏，但心里却是记挂得很呢。"

"这就好！也不枉我白疼你一场。当初果真把你送进右贤王的帐，你如今还不知道被蹂躏成什么样子呢。"

"是！奴婢明白！奴婢一心只有上林阏氏！"

"好了，我们走吧，让奶娘带着小公主去见见大王。这个点，大王没事应该快结束了。"

"是！"

两人慢悠悠地走到了依依的帐前。侍卫刚要禀报，上林阏氏一个手势，让他们别禀报了，宫儿掀起了帘子，上林阏氏已经进帐了。只见依依和婉儿正坐在榻上缝补着什么东西。

"上林阏氏！"婉儿一看是上林阏氏，赶紧跪倒。

依依一看，也赶紧拜倒，说道："不知是上林阏氏到，请恕不迎之罪！"。

"泰和妹妹赶紧起来，你我都是一样服侍大王的人，怎么行如此大的礼呢。"上林阏氏赶紧走上前，亲热地说，她扶起依依，定睛一看，叫道："妹妹果然娴静貌美，难怪大王被迷了去，我都快被你迷住了。"说完便大声笑了起来，走到主位前坐了下来，一看桌前的小笸箩里，有泰和正在绣的一对凤凰，眼看就绣成了，活灵活现的样子。

"泰和妹妹，这是绣什么呢？"

"哦，妹妹正在给大王绣一件寝衣。"

"哎呦呦，妹妹果然好针脚，如此贤惠！"上林拿起来左看看右看看，又喜欢这块金黄色的绸布，又喜欢这些个针针线线，"你的陪嫁可真是不一般啊！都是这么些个精巧的东西，看着都让人喜欢！"

依依恍惚中突然体会到了娘亲忍辱和事的难为，明知是个不好对付的主，可偏偏却是满口说着惹人喜欢的话，满脸装着惹人喜爱的颜色，巧言令色鲜矣仁。

"果然是对的。"

"妹妹说什么？"

"哦，妹妹说，都是些女人家的针脚线团，姐姐如果喜欢，我一会儿让婉儿去取一些，送给姐姐。"

"不瞒妹妹，姐姐今天来还真是想向妹妹讨件东西！"上林起身说道，"近来大王看重你，国家大事都听你的意见，我也实实地盼着汉朝和我大匈奴能友好百年。我虽是匈奴人，但从小感受到的都是野蛮、争夺、杀害、攻伐，所以妹妹来，我是极高兴的。我希望妹妹能多多地劝善大王，为全族指出一条生存的长久之道。如果真有那么一天，我要把女儿嫁入知礼好礼的中原人家，不要在这草原上经受风吹日晒……"说着说着竟掉下泪来。

依依不知她说话竟然如此坦诚，她的责任心再一次被激励出来。她肩负着使命而来，她一定要完成这个使命。让她没想到的是，连匈奴人自己都是这样想的，那为什么还会发生战争呢？她在想着一个更大的计划，为军臣单于，更是为了大汉和匈奴……

"妹妹，姐姐失礼了，竟这般哭诉起来！"上林阏氏的一句话又把依依从理想中拉了回来。

"怎么会？妹妹不知原来姐姐这般有民族大义，

真是女中豪杰，妹妹佩服得很呢。"依依真挚地、善良地看着上林阆氏。

上林阆氏擦擦泪，立刻换了一张面孔，说道："前几日我在大王书房，看到一块极好的砚台，就跟大王问了一声。原来是妹妹赠予的定情物，叫红丝砚。姐姐冒昧，想问妹妹是否还有一块？能否赠予我？姐姐我从小到处流浪，哪见过什么宝贝。所以我想跟妹妹讨一块守着，等我的琴儿将来出嫁时也给她能当个嫁妆……"说着便又嘤嘤哭了起来。

依依见她可怜，就说道："这有什么，红丝砚再珍贵，也没有咱们的情义珍贵！我这就让婉儿给你去取。婉儿，你去货帐把那块红丝砚取来。"

"是！"婉儿应声出去。

上林阆氏在一旁假惺惺地抹了眼泪，暗自笑了一声，这傻乎乎的公主，竟然这么好骗，改日叫她死在手里又有什么难的。上林阆氏压抑了一下内心的喜悦，转身看着依依，说道："姐姐真不知道应该怎么谢你！妹妹真是仁心啊，等琴儿再大些，姐姐定叫她过来跟着妹妹学刺绣。"

"刺绣等大一些再学，我娘亲也教我教得晚。等三四岁了，我可以带着她识字读书，这一点更重要。"

上林阏氏似懂非懂地点点头，故作深情地说道："谢谢你！你真是草原的福星！不过你跟大王这般恩爱，等琴儿三四岁的时候，你自己的小王子也需要你照顾了。"

"姐姐取笑我。"依依一听，脸顿时红了起来。

"公主！"正在这时，婉儿捧着红丝砚进来了。

依依说道："红丝砚因为珍贵，我只带了两块，一块在大王那，一块就放到姐姐这儿，将来给了琴儿也是有缘。"

上林阏氏给宫儿使了个眼色，她就接了婉儿手里的宝盒，没想到太沉，竟"哎呦"了一声，差点摔倒。

"你这个糊涂东西，这么贵重的东西你没见过就算了，拿还拿不稳。"

"姐姐，红丝砚重得很，她第一次拿总不习惯，回去放好就是了。"

"嗯，好，妹妹见笑了，那我们就告辞了。"

"好，改日妹妹再去看姐姐和孩子。"

依依和婉儿将上林阏氏和宫儿送至门口，并看着她们走远，婉儿才埋怨着说道："翁主也太不留心了，这么贵重的东西，怎么就给了她。我总觉得她要使坏。"

"我也说不清楚，感觉不一定是对的。只听她说话，倒是个明白人。"

"她说的如果是假话呢？"

"咱们就当真话听吧。"依依无奈地看了一眼婉儿，她也觉得哪里不对，但又说不出来，"没关系，大王说每年都有巡边，明年会带着我去，临近边关，咱们有可能还会回去呢。"

依依清晰地铭记着自己的使命，在单于庭的一年，她成了整个匈奴的师傅。

单于庭有很多从事专业技术的汉人，都是被匈奴人掳过来的，依依还一直想找到那个名叫石头的孩子的爹。她组织懂得打铁、纺纱技术的汉人去匈奴人聚集点给他们教授技术。西到科布，东到乔巴山，北到

赤塔，南到范夫人城。在范夫人城，她以阏氏的身份
释放了一批匠人，让他们回到中原。等她带着剩下的
人折返单于庭，路过乔巴山的时候，发现她刚教导过
的那些人早都扔了铁锤，扔了纺车，又开始了无所事
事的喝酒吃肉晒太阳。她感到愤怒，匈奴人为什么总
是这么懒惰，没有中原人的十分之一勤勉。然而当她
问一个妇女，为什么不继续纺纱时，那妇女一脸无辜
地说："没有丝啊！"

是啊，原材料的匮乏又是一个问题，她才知道，
只是单单教会他们一项技术是无济于事的，重要的是
整个国家的一系列链条都可以运转起来。经过了这么
一番努力，她竟有些灰心了，有时候突然觉得自己好
傻。但只要这个时期一过去，她又充满了斗志，她肩
负着责任，肩负着使命，她一定要坚持下去，一定要
努力下去。

第二年的4月，她喝了一碗细粥之后就流产了，
那是一个已经成形的男胎。等依依醒来得知这一消
息，她竟没有多少悲伤，反而是有一些轻松，终于可
以继续自己的计划了。上林阏氏看着还没几天就忙忙
碌碌的依依，心中不禁诧异起来，这公主是傻吗？

宫儿问道："阏氏在想什么？"

"还不是那个大汉公主。"

"阏氏看到她这样的情形应该感到放心才是。"

"我自然是放心的，只是偶尔觉得心慌。"

"阏氏仁厚，我看婉儿也没什么异样，她们应该不知道粥里有药。"

上林阏氏看了宫儿一眼，突然变了神色，严肃问道："人确实都安抚好了？"

"阏氏放心！这是杀头灭族的大罪，兀耶那老婆子，就算给她一条命，她都不敢说！"

"这就好！"

主仆二人正说着话，突然见一个宫女神色慌张地跑进来，哆哆嗦嗦地说道："阏氏不好了！阏氏不好了！"

"什么事？这么慌张？"

"单于发怒了！！只听见说要召见所有找过泰和公主的人，有可能要灭族呢！"

"什么？！"上林阏氏一听，头都快炸了，赶紧朝大王的营帐奔来。

帐内，族人乌泱泱跪倒一片。依依神色凄惨地坐在单于右侧，后面站着侍女婉儿，单于气呼呼地坐在桌后饮酒，单于左侧站着中行说。

"贱人！敢来我匈奴充当卧底！"单于边喝边说。

依依起身，盈盈拜倒，说道："大王之语，臣妾实不敢受。小女乃大汉和亲公主，来到草原一心无杂念，建议迁都之事是泰和鲁莽，但泰和本意绝非如中行说所言，扶汉灭匈，而是使汉匈互通有无，让老百姓过上安稳日子。"

中行说鄙视地笑道："还敢花言巧语迷惑大王！"

依依看着中行说冷笑道："哼！迷惑大王的是你，不是我！"

中行说笑道："别以为我不知道你的底细！你本不愿来和亲，如今奉了帝命来到草原，自然是心口不一，存心狡辩！"

"身体发肤，受之父母！我生在王府，从小得父王母后宽待，娘亲自然舍不得我远嫁！难道你的娘亲就愿意大人来这里，今生不得相见吗？"依依这会儿已经冷静了许多。

中行说说道："小臣没有公主的福气，早已不得双亲庇佑，只是公主自和亲以来的所作所为不仅仅是奉王爷之命吧？"

依依一听，继续冷笑道："中行说大人就是这样揣测着整个大汉子民吗？"

"别说了！"单于放下酒杯，突然大喝一声，跪倒在地的人赶紧匍匐下去，上林阏氏也跪倒。单于凶巴巴地问道，"凡是和公主有过接触的，都老实招来！上林，我就问你一个，是不是和泰和勾结起来一起葬送我大匈奴的霸业？"

上林一听，颤颤巍巍地说道："臣妾不敢！臣妾不敢！"

"快说！"单于气愤地说，"听说你还经常去泰和公主帐里？"

"老天在上，神灵在上，我去公主帐里只是讨要些针脚，给琴儿做了几件衣裳，话都不曾多说，请大王明鉴！"

单于看了看上林阏氏，恨恨地说道："真是如此且罢，看好琴儿，少往出跑！"

上林阏氏看了看高昂着头的依依，突然有了一

丝悲悯，她知道，依依没有将她所说的将来希望女儿
嫁入中原的话告诉大王，她慢慢地低下头，说道：
"是！"

"大王息怒，臣妾确实不该妄议政事，草原已
是我今生的家，我想把这一年来的感受告诉大王，
真心盼着草原与中原能互市互利……"依依又一次
跪下去。

单于气愤地说道："这是你的真心吗？我看你的
真心是让我的子民迁到中原边境好让汉朝把我们一网
打尽吧？"

"臣妾在大王心中竟是这样算计千万条生命的人
吗？"依依流下泪来。

单于气地转过脸去。

依依知道自己失言了，身在君王侧，更要谨言慎
行才是，娘亲的教诲怎么就突然忘了呢，说道："臣
妾自觉无颜侍君，请大王允臣妾闭门思过！"

单于自顾自地走出了帐，边走边说："中行说，
剩下的这些人，一个个都问清楚，但凡有替公主说话
的，格杀勿论！"

中行说谄媚地笑道："是！"

依依起身走下台阶，随即又转身，看着中行说说："中行说，你假传圣旨，死期也不远了！"

中行说说道："老臣不知公主所言，意欲何为？"

依依冷笑道："是你过来禀告我，说大王与你已经商议好迁都事宜，只求我再能稳定君心，哪知，大王根本不知迁都一事，听我一说才会这样迁怒于我。你害我，也算费尽了苦心！"

中行说笑道："老臣那会儿只是回帐换了双鞋而已，大王信我！"

依依才知道，中行说刚刚在大帐看大王正为夏粮发愁，所以借口出去换鞋，来到依依帐中，谎称大王准备迁都，这样就利于两国百姓互通有无，不仅能让百姓填饱肚子，还能保证两国的和平大势。依依一听，头脑一热，迅速来到大王帐内，没问青红皂白，就开始讲述迁都的优势。等她意气风发地讲完了，大王却阴沉着脸的时候，中行说才从帐外进来。张口开始反驳她，指出迁都主张是个彻彻底底的阴谋……

依依无奈地又笑了一声，说道："是啊！大王信你，是因为没看到你的丑陋嘴脸，有朝一日，你也无力回天。"

中行说和上林阏氏对视了一下，上林阏氏明白，是泰和公主的仁厚造成了公主现如今的惨状。她也顿时轻佻地说："公主这下可以好好领略草原风光了！"

依依走到她跟前，说道："你终于如愿了吗？而我还信你那句想把女儿嫁到中原的话……"

"你！"上林急红了脸。

依依苦笑道："你放心，我不会告诉大王的，只是希望你好自为之，抚育琴儿成人……"

"哼，我的女儿自然有我照顾，公主还是先照顾好你自己吧。"上林抢白地说道，看着泰和公主和婉儿飘飘然地走出去，心里竟有些失落。不知为什么，只要看她高贵骄傲的样子，上林阏氏无形中就会形成一种防备，但只要看她失魂落魄的样子，上林阏氏反而有一丝悲悯。

整个夏天，依依在帐外开垦了一小块农田，把附近草原上一种开着紫色花、长着长条叶子的植物移植了一些，一小丛一小丛长得特别茂盛，依依终于慢慢露出笑脸。17岁的她也出落得如仙女一般，汉服的轻盈让她与草原的女子截然不同，娴静柔美，端庄大方，不管谁对她指指点点，她都报以坦诚温暖的微笑。渐渐地，大家都忘了她的过错，反而都与她交好起来。

粗使婆子兀耶跟依依也熟络起来，她偶尔会在收拾花丛的时候跟依依念叨道："公主啊，可不能那么倔。女人一辈子太可怜了，像你这样就更可怜了！我是看着大王长大的，他对你有心，只是要忙着照顾子民啊……"

"兀耶婆婆，我知道您的意思，大王一般什么时候去夏猎啊？"

"一般是草原这一茬草长得够我膝盖，如今才到脚面，大王就要……"兀耶婆婆正说着，突然看见大王就在身边，"大王！"

依依转身一看，军臣单于正一身戎装站在依依的帐前看着她，然后转身进了帐。依依有些许不好意思，但也随后走近了帐。婉儿斟了茶就出去了。

军臣单于也不看她，坐在那里低头整理着身上的护膝，依依立在不远处，低头摆弄着手里的纱巾。两个人显然还怄着气呢。

"我刚从兵营回来……"军臣终于开口了，也有些局促。

"哦，我还以为大王是要走。"依依已经有两个多月没有看见军臣单于了。

"今年夏猎是提前了，不过还得多准备几天。"

"我听兀耶婆婆说，夏猎回来有祭祀大会。"

军臣单于这才看着她问："你只想着祭祀大会吗？"

"我从来没有见过，当然期待了。"依依的眼神中突然流露出一份满足。

军臣单于动情地说："你从来也不曾见过我，为什么不期待？"

依依一看单于盯着她，红着脸答道："臣妾鲁莽，说了不该说的话，惹恼了大王……"

军臣单于吞吞吐吐说道："是我一时气急了，不该疑你……"

依依眼泪汪汪地抬起头看着他，这个19岁的雄壮大王，原来还有如此细腻青涩的一面。"我以为大王从此不信我了……"说着哭了起来。

军臣单于走近依依，把依依搂进了怀中，没想到依依竟如此单薄，他就像搂住一只小鸟一样。"你竟这般瘦了！"……

两个月后，军臣单于率领着队伍狼狈地回到了单于庭。听女人们的一声声叹息就知道，这次的收获太小了，生活竟这般艰难了，军臣单于大步流星地走进了大帐，左右贤王、左右大将也陆陆续续都跟了进去。

看着进进出出的将领和士兵，没有人知道即将有什么事情发生。

"今年可比不了往年啦……这个冬天可怎么过……肯定得饿死不少人……"兀耶婆婆一边帮着收拾东西，一边念叨着，念叨完又紧闭双眼，双手合十祷告了几句。

依依在帐内听了，也开始担心起来。很多牧民还是随着季节迁来迁去，没有固定的粮食来源，遇到年馑，只能等着饿死，还容易引发瘟疫。她知道这几天肯定是单于最烦心懊恼的时候。

晚上，她熬了一锅肉汤，给单于送到了帐里。只见单于一个人坐在桌前发呆。

"大王！"依依拜道。

单于看了她一眼，眼神却似乎抱有一丝歉意，讪讪地说道："来了？起来吧。"

依依轻声说道："我熬了大王爱喝的汤，请大王品尝！"

单于看了一眼婉儿端上来的汤，说道："你知道我和大臣们都在商议什么吗？"

依依看了一眼疲惫的单于，说道："臣妾不知道！臣妾也不想知道！臣妾只想让大王安心！"

单于示意依依过来坐在他身边，依依走过去，坐在单于身边，把头轻轻地靠在了他怀里。婉儿低头走出帐外。

单于摸着依依的长发，缓缓地说道："父王临终前曾告诫我，一定不能让几十万的子民都饿着肚子，如今还不到一年，就要饿死人了……"

依依抬起头看着单于如此落寞伤神的样子，十分不忍。从她第一次见他开始，大王身上总能让人感受到一股英雄雄霸之气，即使有猜疑，有独断，但也是意气风发，刚毅坚定，从来没有像现在这样颓败过。

她更加柔声地说道："我给父王写信，让父王帮助我们渡过难关……"

单于摸了摸她的脸，说道："你就像那会儿刚进营帐一样，天真幼稚，充满幻想……"

"父王最疼我，肯定会允准的，即使不多，应该也会挽救不少人的性命。"

"你可真傻，于君王而言，自己的天下才是最重要的，即使中原没有遭灾，汉朝皇帝也不可能来救我大匈奴的子民，他们一定会嘴上答应，却迟迟不肯送来，直到我大片子民饿死……"

"大王，父王送我来这里就是想着两国交好，所以肯定不会借机削弱我们……"

单于笑着说道："你还真是个孩子……"

草原的冬天来得太早，北风萧瑟，军臣单于率领三万铁骑冲入上谷郡、云中郡，杀掠无数。汉天子命令中大夫令免为车骑将军驻守飞狐，苏意驻守句注，张武将军驻守北地，周亚夫将军驻守细柳，刘礼驻守霸上，徐厉驻守棘门，使长安北部形成了一道坚不可摧的防线。

依依看着无数被掳掠回来的狼狈不堪的汉族妇女哭号悲咽，心中悲愤不已，但也无计可施，心气郁结，一病不起。病中的她越发地思念家乡，她经常问婉儿："你说父亲和母亲是否还记挂着我呢？"

"那是肯定的，翁主是王爷王妃的心头肉，他们肯定是日日夜夜牵挂不已的。"

"你说父亲和母亲会来接我回去吗？"

"会的，王爷说过，他会接翁主回家的。"

"我多想回到娘亲身边啊……"

"翁主！"婉儿看着憔悴不堪的依依，泪水不停地流，她生怕依依看见，一流出来就赶紧擦掉。

正在这时，婉儿听见帐外有吵嚷声，她给公主掖好被子，赶紧跑了出来，看见一列士兵全副武装，还架着一辆马车，催赶着公主阏氏的侍卫。

"你们这是干什么？"婉儿气愤地问道。

"奉上林阏氏之命，迁公主阏氏去弓卢。"领头的将领答道。

"什么？没有大王的命令，我们是不会搬的。"

"上林阏氏说大王过几日就要返回，不能让大王再见到不祥之人。"

"大胆！胆敢说公主阏氏是不祥之人！小心大王回来要了你们的狗命！"婉儿气昏了头，却又万般无力。

"婉儿姑娘，我们也是执行命令，今天必须要将公主和一干人等迁走，要不然我也没法儿交差啊！"

"不行！公主现在病着，不能大动！"

"就是因为公主阏氏病着才必须要搬走！"领头的将领答道。

"你们！！"婉儿气得返回帐内，眼泪顿时喷涌出来，真是叫天天不应，叫地地不灵，没有一个人能帮公主，当初哪会想到是如今这样一番光景呢。

"婉儿，咱们走！"这时，公主突然精神振奋地说了一句，挣扎着要起来，婉儿哭着坐在公主的床边扶她坐了起来。

"翁主！"私下里，她仍然这么唤着依依，她从小就跟着翁主，从未看见依依受过这般苦楚。

"你们的话我都听到了，看今天的架势，是搬也得搬，不搬也得搬。我只是担心，皇上的回信送不到弓卢可怎么好！"

"翁主别担心，皇上的信他们不敢扣的，如果不给咱们反而还好，起码能到大王手里，这样我们就有盼头了。"

"我的婉儿也长大了，心思这么缜密。你去收拾吧，收拾好了来给我更衣。"依依无奈地笑着说。婉儿看着她惨白的脸，更是伤心不已，但事已至此，别无他法。

"翁主一定要好起来，等大王回来再把咱们接回来，我看她们再肆意妄为。"

"去吧，去吧……"依依只能这样安慰她，默默地看她走出帐外，只听见她吩咐着厨娘和医女，要拿什么食材和药材……

半个月后，军臣单于返回单于庭，中行说禀报的第一件事就是公主阏氏和侍女婉儿自杀身亡的消息。军臣单于大怒，要斩杀大批跟随的侍从，哪知上林阏氏娇滴滴地说，亲近的侍从侍卫都已经畏罪自裁了，剩下的都是大王的忠实子民，会永远效忠大王。军臣单于这才渐渐消了气，畅快地沉溺酒色数日。

深冬时分，汉朝使者护送数车牛羊和若干物资来到了单于庭，军臣单于的心这才突然感到深深的愧疚。可惜，泰和公主永远回不来了……

贤和公主

梧桐树·三更雨

贤和公主刘兰

公元前156年，济南王刘辟光之女刘兰被封为贤和公主，和亲匈奴。然而和亲当年，军臣单于又大举入侵边境。贤和公主知晓前六位和亲公主的凄惨和亲路，知晓和亲公主于两国而言，只是棋子，所以宠辱不惊，只想尽了此生为汉人的一份职责……

公元前157年，大汉皇帝刘恒驾崩，谥号孝文皇帝。他的第五子、32岁的刘启继承帝位。一年前匈奴的侵扰，时时萦绕在刘启的心中。他深知一举歼灭匈奴的时机还未到，所以继续勤俭治国，休养生息，减轻赋税，发展生产，富民强国。

济南郡位于胶东国之西，三年前胶东王刘雄渠之女刘依依和亲匈奴的时候，济南王府也慌乱不少。因为他也有个适龄的女儿，只是一直养在深宫，探子并不知晓。刘辟光为汉高祖长子齐悼惠王刘肥之子，汉文帝十六年受封为济南王，荣华富贵齐聚其身，只是原配夫人贺氏不能生养。

十年前，贺氏去庙里求子时，突然发现供桌的挂帘时不时地动一下，把她唬了一大跳，她赶紧叫了丫鬟进来，让她看看供桌下是否有老鼠。这不看不知道，一看吓一跳。只见一个四五岁的小姑娘正偷吃一个桃子，被发现后惊慌失措。虽然这孩子穿了一身破布烂衣，头发也像个草窝，还插着几只兰花叶子，但眉眼之间倒有几分清秀。贺氏一看便十分喜欢，就问她："你是谁家的孩子啊？"

那孩子见问她话，哪敢答，直摇头，只管吃桃，生怕给她夺了去。

贺氏一看她的滑稽可爱样子，便笑道："我不是要拿你的桃子，我这里还有桃子，你吃完我再给你，好不好？"

那孩子一听便少了几分戒心，探头看了看贺氏身旁丫鬟手里的篮子。

"你先出来，要不然这里的师傅要看见了。"贺氏逗她说道。

"师傅知道要打屁股！"那孩子一句话把贺氏和丫鬟都逗乐了。孩子见她们俩乐，也乐呵呵地笑了起来。

丫鬟上前拉着她的手说："你叫我花姐姐，姐姐就给你好吃的，喏，我这里还有很多呢。"

那孩子一听，便赶紧叫道："花姐姐！"

"哎！"丫鬟花儿一听，赶紧又给了她一块点心，顺手把她从供桌里扶起来，拉着她的手一直跟着贺氏往殿外走。

她们仨走到寺院里的一块大石头处，贺氏坐定以后问她："你父母亲呢？"

"我要娘亲！"那孩子一听，眼眶竟泛出泪来。

这一下叫得贺氏悲从中来，一个孩子要娘亲，她这个想做娘亲的又想要孩子，人的命真不同啊。

"夫人！"花儿看夫人落下泪来，赶紧叫了一声，"夫人！我看这孩子跟夫人有缘分，这不也是咱求的嘛，菩萨显灵了！"

"是是是，你看我！"贺氏赶紧用手帕擦了擦眼睛，继续问道，"那你父亲呢？"

孩子摇了摇头，说道："我没有父亲和娘亲。"

"那你在哪里住呢？还有没有亲人？"

"我跟黄爷爷住。"

"你黄爷爷在哪里？"

"他在后面，后面！"说着，指了指大殿。

"哦，你跟着师傅住在这个寺院里？"

"嗯嗯嗯。"那孩子点了点头。

正在这时，只听见一个老人家一声连一声地吼着："兔子！兔子！"

"爷爷，爷爷！"那孩子一听，赶紧答应道，说着便顺着声音跑了过去。

贺氏示意丫鬟花儿紧紧跟着，自己也赶紧跟着走了过去。转角处，看见一位老人，背着柴篓子，一副要上山砍柴的样子。

她们走近了才听见他跟那孩子说："爷爷要去后山砍柴，你就在院里待着，哪儿也别去啊！"

"嗯嗯嗯！"那孩子答道。

"不能到大殿里去啊，爷爷知道了打屁股！"爷爷吓唬她道。

"嗯嗯嗯。"

这时，贺氏走上前去，叫道："老人家！"

那老人一看，是位贵夫人，拉着那孩子的手，赶紧问道："夫人！有什么事？"

贺氏委婉地笑道："我们刚才认识了这个孩子，她叫兔子？"

老人慈祥地笑道："我给起的浑名，穷人家的孩子，能蹦能跳，我们发现她的时候，她在寺里的草窝睡着，所以就开始叫她兔子。"

"哦，原来如此！那她父母呢？"贺氏点点头。

"她父母？谁知道呢！看见的时候就孩子一个人，问她什么也不知道。"

"没有人来寺里寻吗？"

"有来找孩子的，但要找的都不是她。"

"哦，是这样啊！"

老人点点头。

"你先带着孩子玩去。"贺氏给丫鬟使了个眼色。

那孩子竟然高兴地跟着去了，老人笑着说道："野孩子，见谁都跟着走。"

"老人家！"贺氏见花儿带着孩子走远了，就对老人说道，"我是来求子的，今天菩萨终于显灵了，让我见着这孩子，一看就觉得亲，所以想跟您说说，这孩子我想带回去抚养，将来也能指个好人家，您说是不是？"

老人一听，嘴里念叨着："是是是！"但心里却有几分不舍，这孩子是他最先发现的，虽然一直跟着他，受了不少苦，吃不饱穿不暖，但给他和院里的师傅都带来了很多欢乐，这一下有人要领走，反而有点不舍得。

"夫人是？"

"哦，我是盘山曹家村的曹家，就是贺家村隔壁村。贺家、曹家都还富裕，您这该知道吧？"贺氏长了个心眼，把娘家隔壁的曹家村给说了出来。

"哦哦哦，好人家，好人家，曹家虽比不得贺家，也是大户，大户！好人家……"

"那您看？"

"这……要不，您挑个日子来寻？"大爷有些吞吞吐吐。

"老人家，我是原配夫人，因为不生养，才落得这般狼狈求子的田地，等我把这孩子领回去了，还能亏待了她不成？您就放心吧！"贺氏把随身带的二三十吊钱和手腕上的手镯褪了下来，说道，"老人家，这些权当这孩子答谢您的救命抚养之恩，您若嫌少，我改日再差人送了来！择日不如撞日，我今天就想带她回去！有时间了，我带她来看您老人家！"

"不不不！"老人家一看铜钱和手镯，赶紧推脱道，"我不要，我不能要！"

"老人家，这个年月，我想您也是跟孩子有了感情，我们有机会还会再来的。赶明儿，我让老爷给寺院带些捐赠，也算是功德无量的事业。所以这些，您一定得收下，这是兔子的心意！"

"啊？"木讷的老人家看着夫人，倒还面善。再说曹家村曹家，家大业大，确实不会亏待了一个孩子，他也就放心了。

不知什么时候，夫人已经把铜钱和一个玉镯放到他手里转身去了。他回头去寻，竟寻不见了，一个人站在那儿竟恍惚起来。

这边，贺氏一边吩咐丫鬟花儿再给那孩子买些扎糖，一边哄逗着那孩子跟她们一起上了马车。

那孩子一看马车要走了，放声哭了起来，丫鬟死命地箍住，贺氏则在一旁，哄着拍着说："兔子乖，

兔子乖，黄爷爷马上就来了，黄爷爷去后山砍柴了，回来就找你了。"哄着哄着，孩子也哭累了，一会儿就睡着了。

丫鬟抱在怀里，拨开额前的几缕头发，轻声说道："夫人，真真是个美人胚子，夫人好缘分！"

贺氏的心扑腾腾跳了一路，一听花儿这么说，才擦了擦额头的汗，凑过来看看说："这不就是我的女儿么！哎呦，回去得再好好拜拜，菩萨显灵了，菩萨显灵了……"

"那咱回去跟老爷怎么说呢？就说夫人捡了一只'兔子'？"花儿笑着问道。

"'兔子'？"贺氏幸福地瞥了花儿一眼，"这是什么名字！我已经想好了，跟老爷说，我们认了个女儿，叫兰儿，是大户人家偏房生的。"说着，把她头发里的兰花叶子拾了出来。

"估计她是在庙里的那一撮兰花里睡觉时沾来的。"花儿笑着说道。

"这孩子野，回去调教调教再带给老爷看。估计还得闹几天，打不得的，小心跑了，你这几天就带着她吃她喜欢吃的，玩她喜欢玩的，等老爷议事的时候就带过来，我陪着。"

"嗯，夫人心慈，这孩子一定很快就跟夫人亲的。"

说也奇怪，自从有了兰儿以后，夫人一口气生了三个儿子。可她倒是更心疼这个抱来的"兔子"。十年来，夫人对兰儿悉心照料，百般照拂，给她吃最好的，穿最好的，唯独一条，只让她在后院玩，不能出去见人。只是偶尔她淘气，擅自带着丫鬟偷偷出去逛一圈，当然瞒得严严实实的，不敢让娘亲知道，怕娘亲担心。她早已不记得自己是抱来的野孩子，一心只牵挂着与她无半点血缘关系的父王和娘亲。

兰儿如今也出落得大大方方，弯弯的眉毛，细长的脸颊，一张樱桃小嘴，讲话甜甜蜜蜜，逗人开心，惹人疼爱。全家人都喜欢得不得了。

这天，她采了一束院里的花要送给娘亲，蹦蹦跳跳地跑进来，却看见王爷和夫人贺氏都眉头紧皱，一副不开心的样子。

她赶紧跑过去，站在娘亲身边，给娘亲捶起了肩。父王和娘亲还是不说话，她赶紧又跑过去，站在父王身后，给父王也捶捶肩，一句话也不说。

贺氏看她这般乖巧，叹气道："你的三个弟弟有一个能像你这么省心就好了！"

兰儿赶紧走过来问道："娘，发生什么事了？"

贺氏叹了口气说道："霍儿醉酒打了朝廷命官，被抓起来了。"

"啊？"兰儿吓了一跳。霍儿虽说有些跋扈，但也应该知晓什么事能做，什么事不能做，她这个做姐姐的还规劝他不少呢，可惜他就是不听。

"父王赶紧想想办法！"

"这次落在了巨鹿王爷手里，他是铁定了要禀告皇上的。"王爷心中也是愁云一片。

"啊！"兰儿若有所思地答了一声。

"两年前没有答应巨鹿王爷为女儿提亲的事，惹怒了王爷，这次肯定是没法子救了。"贺氏说道。

"娘，如果霍儿落在别人手里，可能救不了，落在巨鹿王叔那儿，肯定有救！"兰儿自信地说道。

"哦？怎么讲？"王爷一惊。

"父王，您想啊！上次王叔来提亲，霍儿确实年纪小，而且又想着再闯荡几年，所以不想成亲。如今也大了，再可以提一提婚事。霍儿一表人才，王叔肯定内心欢喜，总不至于把自己的女婿送到御史大夫那儿去吧。"兰儿分析道。

"兰儿说得有道理，就怕人家不答应。"贺氏担心道。

"肯定会答应的，你忘了刚传回来的信儿了，我估计他现在是嫁女心更切！"王爷顿时信心满满，"我赶紧准备一下，直接带着聘礼去！"

"好，赶紧去吧。"贺氏嘱咐道，心下不禁欢喜起来，"这倒好！打架打回来个儿媳妇。"

兰儿看着娘亲笑了，心里也十分欣慰。

"唉！"贺氏刚高兴地坐定，看着兰儿又发起愁来。

"娘，还有事吗？"

贺氏拉着兰儿的手说："我的兰儿，你的婚事也要赶紧提呢。"

"娘！"兰儿一下羞红了脸。

"傻孩子，是不得不赶紧把你嫁出去！"

"孩儿不嫁，孩儿要永远陪着娘照顾娘！"

"刚刚听王爷说，三年前去和亲的泰和公主已经死了，亲近的侍女侍卫全都被折磨死了。"

"啊？娘！兰儿害怕！"兰儿一听，赶紧躲在贺氏怀里。

贺氏摸着兰儿的头说道："所以，娘就想让你嫁在济南城。张外郎的父亲已经跟你父王提过多次了，虽然官职低了些，不过你父王见过这孩子，说是相貌堂堂，十分俊秀。"

"娘！"

"等你父王回来，我就赶紧催着办你的事。你是娘的心头肉，娘疼你！"

"娘待兰儿真好！花儿经常跟我说她是没爹没娘的孩子，看见我和娘在一起，她就想自己的娘。"

"哦？"贺氏一惊，赶紧问道，"这死丫头再跟你说什么没？"

兰儿一听贺氏口气都变了，也不知道怎么回事，问道："你怎么了，娘？"

"我只是问问，这丫头还跟你说什么了？"

兰儿诧异地看了贺氏一眼，想了想，又摇了摇头说道："再没有了！"

"那就好！"贺氏这才放下心来。

话说，王爷接回了刘霍，也接回了巨鹿刘氏兴瑰翁主，在王府大摆宴席，临近各郡都来恭贺两府连理之喜。

兴瑰翁主起初还规规矩矩，时日久了，娇贵蛮横的习气渐渐暴露出来，又眼见着贺氏对兰儿心疼有加，对自己却平淡如水，心里自然是羡慕嫉妒，转而成为愤恨，处处找茬。

贺氏见她如此，心中懊恼，十日有八日就气不顺，病恹恹的，兰儿整日服侍在前，时时宽慰娘亲。这天，贺氏刚刚睡实，兰儿轻手轻脚地出来，准备去西偏门的廊上坐坐，便吩咐了侍女珠儿去拿一卷竹简来。珠儿应声去了。她看着院里茂盛的青草，一时竟看得呆了。

"看什么呢！"兴瑰翁主看着兰儿这呆痴痴的样子，轻鄙地叫了一声。

"啊！"兰儿被吓了一跳。

"长姐！"兴瑰翁主高昂着头叫了一声，也不行礼，一副不诚恳的样子。

"原来是你！娘亲刚刚睡下，你等会儿再进去行礼。"兰儿说道。

兴瑰翁主朝贺氏的里屋轻飘飘地望了一眼，迅速把眼神转到兰儿身上，说道："母亲有姐姐可真是好，倒省了我一半的心，兴瑰再次感激姐姐！"

"你暂且在这儿等吧，我回去更衣了就来。"看她这样一副神态，兰儿也懒得与她多话了。

兴瑰一看兰儿要走，赶紧走过去挡住去路，说道："长姐先别走，我还有事要问你呢。"

"什么事？"兰儿也不耐烦的样子。

兴瑰左右望了望，悄声问道："姐姐你可知道，霍儿还有个哥哥？"

"哥哥？"兰儿听她这一问，十分诧异。

兴瑰点点头。

"没有啊，从来没有听娘亲提起过。"

"那就怪了！"兴瑰一副摸不着头脑的样子。

"怎么了？"

兴瑰又左右望了望，悄声说道："我听我爹说，咱的母亲当初不生养，后来捡了一个孩子，又是烧香又是修庙，才连续生了三个孩子，老大就是霍儿。"

"你在胡说什么？"兰儿越听越糊涂，但不知为什么，自己的心却突突突地跳得更快了。

"庙？"她似乎想起了什么。

"我没有胡说，都是我爹告诉我的。当初我爹和你爹交谊深厚，经常往来，当时那个孩子刚捡回来的时候，我爹正在府上，所以有过一面之缘。"

……

见兰儿满脸疑惑，兴瑰又继续讲起来："我爹说那个孩子蓬头垢面，像刚从草窝里扒出来的。当时咱母亲只说是她侍女亲人的孩子，偏房生的，不受待见，所以带回来养几天，但我爹心里明白，想着是买回来以此来存续自家香火的。如今都十年了，我爹还嘱咐我嫁过来多多留心，如今也该有十八九岁，或者十六七岁了。"

"你说的话我从未听过，霍儿只有我这么个姐姐，没有哥哥。"兰儿肯定地说。

"哦？"兴瑰翁主这时疑惑起来，她盯着兰儿看，从头看到脚。兰儿整体给人一种朴实沉稳的感觉，并不像富家翁主柔柔弱弱的样子，看她满头黑发如丝，圆乎乎的脸蛋镶嵌着极为和谐的五官，一点都不精致，眼神虽然温柔多情，却也透出一种虎虎生气。兴瑰翁主一边看，一边琢磨，一边点头，突然蹦出一句，"我看那个孩子就是你！"

"啊！你胡说！"兰儿被这奇怪的想法震惊得全身都颤抖起来。

"蓬头垢面的小孩，谁能一眼看出那是个男孩儿还是个女孩儿啊，一定是你！"兴瑰翁主已经有十足的把握了，"你看你一副村里村气的神情，尊贵气不是将养就能将养出来的……"兴瑰气势汹汹地不知要讲多少恶毒的话。

"住嘴！"贺氏不知何时站在了屋前的台阶上，气得打起了哆嗦，"你给我出去！"

兴瑰翁主一看是贺氏，满脸不逊，佯装着拜了拜。

"娘！"兰儿无辜地望着贺氏，"又惹娘动气了！"

"哼！"兴瑰翁主一看兰儿话里讽她，更加不依不饶，"我爹还担心朝廷命我出去和亲，才匆匆允诺了这门亲事，谁知还没几天，你们就这般待我！我要告诉爹爹去！"这才转身，大踏步离去。

贺氏瘫软下去，坐在了面前的石椅上。

"娘！"兰儿跑过去紧紧抱着贺氏的腿，哭了起来。

贺氏闭着眼睛滴下两行泪珠来，心中早已哭诉着："千防万防，没有防着自家的鬼！当年进门的一面之缘，竟结下了今日的祸端，罪孽啊！"

自从知道了自己的身世，兰儿待贺氏更加亲厚。贺氏身体稍微恢复之后，就带兰儿去了庙里，打听当年的黄爷爷，哪知听僧人说，已经离世七年了，就在庙的后山上。

贺氏打赏了一个小僧人，命他带路，找到了黄爷爷的坟冢。

兰儿见到坟头的枯草就悲戚地哭了起来，一时止不住。贺氏也红了双眼，心想这孩子命苦，于是命侍女暗暗给些散钱，让僧人将坟冢周围的枯草修剪，也算是尽了自己的一份哀思。

贺氏对着坟冢说道："待我回去就跟王爷定了兰儿的亲事，以后就可以过她自己的安稳日子，黄大爷也不必牵挂……"

回来的路上，贺氏满脸欣慰之色，瞒了多年的秘密终于说出来了，心中倒也十分畅快，她拉着兰儿的手舍不得放开，跟她讲着在庙里看见她的那一天。兰儿则倚在贺氏的肩上，静静地听着，好像那一天就在眼前，心中无数个模糊的场景一个个竟清晰起来。

哪知，她们一进门就感觉家中气氛不对，所有的下人都缩头缩脚，不敢言语，厅里一地的碎瓷片，王爷愤怒地坐在厅上不说话，厅下跪着霍儿和兴瑰翁主。

兰儿扶着母亲坐下，她很少看见父王生这么大的气，不敢多言，静静地站在母亲身后。

"老爷这是怎么了？"贺氏轻声问道。

王爷一听，气得又"啪"地拍了一下桌子站起，说道："你问问你的宝贝儿子吧，真是要把我气死才作罢！"

"爹，消消气！身体要紧！"兰儿走上前去安抚父亲道。

王爷一听，意味深长地看了一眼走上前来的兰儿，说道："兰儿啊，你是刘家的第一个孩子，给你母亲和刘家带来了无限的希望，所以爹一向看重你，让你学琴棋书画，磨炼性情，陶冶心性。我拖延了你与张外郎的亲事，是想给你寻一个更好的人家，如今看来，是爹爹错了啊……"

兰儿虽然听得一头雾水，但仍动情地说道："兰儿知道爹娘对我的恩情，兰儿愿意此生不嫁，服侍爹娘……"

"娘！不怨孩儿！都是她说的！"霍儿一听，赶紧跪到贺氏足下，哀求着说，又指了一下兴瑰翁主。

"说了什么？你要急死娘亲吗？"贺氏一听更是着急，也站了起来。

"娘，你先别急！今天宫里人来传旨，让各亲王家的适龄女子暂且待嫁以备朝廷遴选……"

"要选妃吗？"贺氏急切地问道。

"不……不是……是要预备明年去匈奴和亲……"刘霍战战兢兢地说道。

"啊，王爷！"贺氏转身走到王爷面前，问道，"王爷是怎么回复的？"

兰儿的心也扑通通直跳，神色紧张。

"我当然是先接旨，然后用这个数安抚了内侍。"王爷苦闷地边说边竖起了两根手指，然后立刻指着霍儿说道，"哪知这个畜生！在内侍喝茶的间隙竟然私自告知了内侍兰儿待嫁的消息，内侍已经连着跑了八个郡都没探得任何口风，如今在这儿得了消息，茶都没喝完就走了……"

兰儿一听，沉沉地呼了一口气，咬了咬牙，脸色惨白。

"啊！"贺氏转身看着不争气的霍儿，气道，"你这个畜生，连自己的姐姐都……"说着，拳头沉沉地砸在他的肩头。

霍儿也知道闯了祸，哭丧着脸说道："娘，不怨孩儿！都是兴瑰说的，她说姐姐是从庙里抱来的野孩子，早就谋着咱刘家的家业……"

"住嘴！你个糊涂东西！"贺氏哭嚷着说道，"我的兰儿啊……"

兰儿也哭倒在贺氏的怀里。

这个冬天，济南王府沉浸在一片萧瑟之中，济南王多方打探新帝关于匈奴的态度和决定，但始终没有得到任何有效的信息，而在得到朝廷的确定信息之前，是绝对不能张罗兰儿的婚事的。全家人在等着不必和亲的消息中，惶恐不安，如履薄冰。唯独兴瑰翁主暗地里幸灾乐祸，逍遥度日。

兰儿一边侍奉母亲，一边倒开始读起了黄老之学：

> 道可道，非常道；名可名，非常名。
> 无，名天地之始；有，名万物之母。故常
> 无，欲以观其妙；常有，欲以观其徼。此两
> 者，同出而异名，同谓之玄。玄之又玄，众
> 妙之门。

兰儿读完这段竹简，特别有兴味，她在心中默默道，道不可言说，却是世间一切存在的根源。所有的人都有一个共同的先祖，所有的人都是亲人，所有的事情也都是要合乎道理的。她越是这样想，越是觉得命运中所有的一切都是合理的，都是应该的。

可怜贺氏哭了多少日，但最终哭来的却是第二年四月出发和亲的确切消息。年关将近的一天，内侍来到济南王府，宣读了圣旨。皇上封济南王刘辟光之女刘兰为贤和公主，次年四月出使匈奴，御赐玉佩一件，表彰其慧质恭顺之德。从此贺氏也死了心，开始尽心为兰儿准备嫁妆。兰儿心知在侧侍奉父王娘亲的时日不多，所以与侍女珠儿更是百般尽心体贴。兴瑰

翁主倒也着实乖觉，整天痴缠着刘霍，央他带她去梅林看红梅，刘霍对长姐心中有愧，每次都去叫她，但兰儿都拒绝了，她舍不得这过去的一分一秒。

时光飞逝，春天的气息似乎还没有洒遍青州的田野，和亲的队伍就要启程了。贤和公主刘兰拜别了父母兄弟，15岁的她心里明白，这就是诀别……

和亲队伍从济南郡往西北，经过了真定国、中山国，一个月后来到了定襄。一路上看到各地的村民都陆续进入农忙，一片生机勃勃的景象。她如死灰的心也渐渐活泛过来。

她发现竹简上的"省苛事，薄赋敛，毋夺民时""使民以时""无为而治"在现实生活中都实现了，她发自内心地感叹，皇上真是英明，如此，大汉才有真正强大的一天，等到那一天，就不再需要像她这样的棋子。

同时，队伍一路往北，她也发现有很多人被官兵组织着迁移，哭声连片。护送和亲队伍的是右都侯洪将军。在进入汉匈边境的前一天，刘兰命侍女珠儿请来了洪将军。

"贤和公主！"洪将军拜道。

刘兰不解地问道："洪将军，请你前来是想问问你，为何一路都有北迁的人？不是说匈奴残暴，边民都想迁回中原吗？"

洪将军不紧不慢地回道："禀告公主！这是御史大夫晁大人新近制定的戍边战略'移民实边'。"

"移民实边？"

"是的，这也是抵御匈奴侵扰边境的办法之一。"

"匈奴仍然在侵扰我朝吗？"

"禀公主！匈奴生性彪悍，不事耕桑，饥荒年馑必然会侵扰边境。"

"即使有和亲也是如此吗？"

洪将军略微抬了抬头，犹豫不敢言。

刘兰也发现了，说道："你只管说。"

"是！"洪将军继续禀告道，"匈奴现在是我朝的最大隐患，即使有和亲，即使有互市，也抵挡不了匈奴人的野心。我朝如今边防战线太长，缺兵力，缺民力，虽然匈奴屡次侵扰，但都以安抚平息，不扩大事端为主要处理方式。如今晁大人建议募民充实边塞，积极备御匈奴今后的攻掠。"

刘兰听了，心里更有数了，朝廷不强，百姓自然受欺凌，为了准备今后必然到来的大战事，前期必须要有无数人做铺垫。她是棋子，这些戍边的流民何尝不是棋子。

想到这里，她越发可怜那些戍边的流民。他们本能在中原安居乐业，然而为了将来有更多的人能在中原安居乐业，他们必须得放弃自己的生活，成为守候国土的一员。

"如今迁到定襄的有多少人？"刘兰问道，"他们还会继续朝北去吗？"

"禀告公主！如今迁到定襄的都是清阳县人，南运河近年干涸，村民们年年颗粒无收，所以陆续被迁了出来。如今虽然也都不太愿意，但保命要紧，朝廷对于戍边的人定期发放救济粮。"

"哦，辛苦洪将军！你退下吧。"刘兰道。

"是！"洪将军刚要退下，这时，珠儿匆匆跑了进来。

"公主，不好了！有一队匈奴人也要住这家客栈。"

洪将军一听，气愤地说："大胆！这是我朝官府驿站，也能由他们来滋事生非。"

刘兰一听，见洪将军大步流星要出去，一旦交兵起事，事态扩大，恐怕不好收场，赶紧说道："洪将军稍候！"又转身问珠儿，"有多少人？"

珠儿轻声答道："听小宁说，好像有二十人左右。"

刘兰一听，心里便有数了。如若真正打起来，两千士兵难道还不敌他二十人吗？只是怕先伤了那二十人，伤了这份未见面的和气。于是嘱咐洪将军道："洪将军好生安抚，切莫起事，两日后我们就出发了。"

"是！"洪将军退下，只听见他出门口即吩咐道，"加强公主守卫！"

"是！"士兵答后就听见铿锵有力的踏步声。

"翁主……"只听珠儿念叨着。

"珠儿！"刘兰一听，嗔怪她道，"还敢称翁主啊？"

"不敢了！"珠儿吐了一下舌头。

"如今蛮人近在咫尺，我们如果再不小心，就更不能自保了。"

珠儿听了点点头。

刘兰继续说道："你在府里长大，自然知道眉高眼低，一旦让人抓了把柄，日后如何抬起这头？如今我们更是入荒蛮之地，有去无回，一辈子都要在匈奴安家的。"

珠儿又点了点头，说道："珠儿懂了。"

刘兰看着她悲伤的神情，心下不忍，就安慰她道："等到了匈奴，我找个由头，就把你许配给小宁，他待你是最好不过的了。"

"公主！"珠儿害羞道。

刘兰看了欣喜，更握紧了她的手，说："你从小就被娘亲从逃难的人群里买了回来，后来娘说替你找了亲人，但哪里能找到？这次难得你一片真心要陪我赴这凶蛮之地，小宁更是为了你，一心一意跟了来，我要谢谢你们！"

珠儿赶紧跪下去，说道："公主！我从小跟了你，你待我就如同亲人一般，我此生定是要随了你去的。小宁呢，是他娘王妈得了伤寒，我尽心照顾了一段时间，虽然最后还是去了，但倒让小宁对我有了一份真心，如今他也是尽心跟了公主去的。公主放心，只要我们在你身边，一定时时刻刻都不离你……"

刘兰看着珠儿这样动情，知晓她一片真心，听着听着红了眼圈，哭着说道："也不知道娘的身体好些了没有，再过两日，我们就要永远离开朝廷的地界了……"

珠儿安慰道："公主莫要担心，小宁子说了，他可以动用一些小商贩给公主传家信……"

主仆两人正说着话，只听见外面又吵嚷起来。不一会儿，洪将军来到门口禀道："启禀公主！这些匈奴人不知是什么来历，非要见公主的面才肯罢休，刚才已经打了两个士兵。我们谨遵公主之意，并未还手。"

刘兰一听，看了一眼珠儿，珠儿赶紧起身站立。刘兰沉思一会儿道："好！你让他们少安勿躁，我马上就出来见他们！"

珠儿走到门口传话道："你让他们少安勿躁，公主马上出来见他们！"

"是！"洪将军禀了一声，就退下了。

刘兰对珠儿说："你去拿我的匕首和面纱来。"

"公主！"珠儿一听，慌道。刘兰安慰珠儿说道："没事！不要担心！这是以防万一，我料定他们也不敢怎样，反而会更加担心我的安危，否则他们也担待不起。"

珠儿点点头，赶紧去拿了来，将面纱轻轻系好。

刘兰从门口走出的一刹那，院内所有的人都惊呆了。大红锦衣长袍，曳地三米，尊贵万分。身形消瘦，亭亭玉立，秀气十足，却又举止端庄，格外威严。长发及腰，头上梳一个发髻，素朴自然。一双秀目，略带稚气与生疏，恐慌地望向左边的匈奴人。一袭乳白色的面纱之下，充满了神秘感。

大汉的士兵立即退后，肃穆守卫，洪将军在公主与匈奴人之间稳稳站立，誓死保卫的架势。刘兰镇定地看着左侧的匈奴人，只有一个年轻的少年坐在桌前喝酒，其余十多人都分守在左右两侧，料想应该是个头目。

刘兰顿声说道："我乃大汉公主贤和，奉命和亲，行两月有余才到此地，再过两日就入匈奴地界。你们如今在此大闹，恐怕伤了两方和气。"

那少年，20岁左右模样，一副洋洋得意的神气，一边听一边喝酒。刘兰说完后，只听那少年右侧一个膀大腰圆的大汉神气地说："这是我……"

那少年重重地咳了一声，将酒碗往桌上一扔，那大汉便止住了口。那少年醉醺醺地起身朝公主这边走来，洪将军立刻挡住。他打了个酒嗝，问道："你为何用纱巾覆面？"

刘兰顿了顿道："还未见到单于，岂能直面视人？"

那少年推开了洪将军，越发走近了逼问道："如果本王非要看呢？"

刘兰一听，便昂起头说："你再走近一步，我便血溅此地！望您自重！"说着便拿出了匕首。

这一举动唬了众人一跳，那少年看此情形，面目中竟然露出喜色，"哦？"说完，就在原距离下又绕着刘兰转了两个半圈，看得刘兰头皮发麻。她心想："完了，完了，早就听说匈奴人野蛮不知礼仪，如今的情形看来是对的，部族王子都敢调戏大王的女人。"

"你真是公主？"那少年嬉笑着问道。

"敢问这位王子，谁敢冒着杀头的罪名？"刘兰直视前方，横下心来说道。

那少年盯着公主的耳畔看了许久，大喝一声："走！"那十多个随从推推搡搡开始往门口聚集，等那少年走过去之后才一拥而出。

洪将军禀道："公主受惊！属下无能！"

刘兰安抚道："洪将军不必用自责，我们旨在两国邦交友好，切不可图一时痛快而生事，忍耐些总归是好的。只是，一个小小的王子竟然这般猖狂，倒是我没想到的。"

洪将军看公主进去，立刻吩咐道："今夜加强巡逻，不得有任何差池！"

珠儿扶着刘兰回去，待刘兰坐定，才默默地流下泪来。刘兰一看，知她胆小，也是给自己再壮壮胆子，定了定神说道："怕什么，只要咱们能豁出去，歹人自然便弱了。你去叫小宁子晚上也在廊外候着。"

珠儿一边点头，一边服侍刘兰歇息。哪承想天还未明，刘兰开始头痛腹痛起来，连床也下不了，珠儿与医女尽心服侍，足足过了五天才逐渐缓过劲来。

"公主感觉好些了吗？"珠儿这天晚上看着刘兰精神好些了，问道。

"没什么大碍了，明日赶紧启程吧，不能再耽搁了。你一会儿去让小宁子禀了洪将军，让提前准备着。"刘兰嘱咐道。

珠儿点了点头，立刻出去了。

刘兰看了看这几天让珠儿裁剪掉的裙摆，又感伤起来。这场病来得突然，其实何尝不是自己内心的期盼呢，自己的心不想离开，身体也不想离开……

只听见珠儿和小宁子又急匆匆进来。刘兰一看他们的神色，连忙问道："又怎么了？"

小宁子说："公主！前几日那伙匈奴人又回来了，刚才在咱们的门口晃荡了好久才离开的，洪将军亲自在那把守着。"

"啊？不是走了吗？"刘兰惊道。

"是啊，本来是走了，今天不知道怎么又回来了。"小宁子也无奈道。

"都怪我病了这几日，要不然，咱们早甩开他们了。你知道他们宿哪儿了？"刘兰又有点埋怨自己。

"他们来的时候就说这镇上的驿站都满了才来投这里的，结果发现咱们还没走，我估计他们投到另外一个镇上去了。"小宁子估摸道。

"那就好，你去禀告洪将军，明天未时就出发，咱们早些走，一进入匈奴的地界，就会有队伍来迎接的。"

"好！"小宁子应了一声就出去了，珠儿赶紧开始归置东西。

第二天天还未亮，大队人马就出发了，洪将军带兵有方，两千士兵带着二十多辆马车，居然也能不声不响的。等那伙匈奴人大中午起来的时候早已走出50多里路了。那少年一听说和亲队伍天还未亮就出发了，大笑起来。

"这公主小小年纪，心眼儿倒不少，知道悄悄跑路。哼！本王的马，两个时辰就能追上……"说着，朝北方看了一眼，"走！先去喝酒！"

再说刘兰突然进入毫无屏障的大草原，心胸突然开阔起来，这世上还有如此地方。五月的草原已经是一片生机盎然的样子，刘兰不禁越看越兴奋，偶尔会碰到几个匈奴装扮的牧民，倒是慈悲和善，可惜都是一副苦命难熬的样子，刘兰在内心也生出一丝悲悯和同情，对他们投之以友好和善的目光。她想，匈奴人本性彪悍，但也还是有厚道本分人的。

快速行进了一日，到了晚间真还有些累了，刘兰在车中和衣躺下就睡着了。第二天天未明又赶着出发，就这样，连续赶了七八日，再有一天就要到达单于庭了。刘兰此刻才紧张起来，也不知道未来的夫君是个什么样子，如果真如凶神恶煞般，她宁愿去死。可父王和娘亲千叮咛万嘱咐，千万不能自杀，这关系到中原一族人的生死。

黄昏时分，原在定襄遇见过的那些个匈奴人也到了，洪将军一看，更是不敢放松警惕，时刻守在离公主驾车不远处的一个坡上。那个少年在包围圈外向里望了望，看见其他的马车都在一处一起停着，只有一架马车在中间停着，有个侍女穿梭在那一辆马车和众多马车之间。他看着那辆马车默默地点了点头，一副成竹在胸的样子。

晚上，公主有些困了，同样在马车里的珠儿说："公主先睡，我去货车里给你找块绒被，这里的夜可真凉啊！"刘兰应着："你也穿上褡衫，别着凉了。"珠儿点了点头，同时拢了拢公主的被角，就从马车上下来了，还没忘从外面扣好马车的木栓锁。

珠儿匆匆跑到货车，正同张姥姥说话呢，突然听见外面喊声四起，北面黑暗中来了好多火把。只听见洪将军喊道："大家别慌！大家别慌！保护公主！保护公主！"

刘兰的马车在混乱中摇晃起来，马有点受惊，想从某个口突围出去，但周围都被士兵堵着呢，马就这样在士兵围起来的圈里边胡乱跑起来。刘兰一下慌了神，她推了推车门，打不开，再掀起帘子一看，一小会儿功夫怎么就兵荒马乱的了，她大声喊着："珠儿！珠儿！"珠儿追着车的方向跑过来，但她哪能追上受惊了的马。

马车先是朝南冲，看见士兵们拿着长矛挥舞，马又折回来，冲西边土坡冲去。西边土坡本来兵力不少，刚才往北，往南分配了一部分，如今正是个缺口，士兵们分散开，直直看着公主的马车飞驰而出。洪将军迅速上了马，从西边追来。刘兰在马车中惊恐的叫声唯独被那少年听到了，只见他坚毅地站在那里，看着马车朝自己飞奔而来，他迅速抓住车辕，牢牢攀住，一个翻身，骑在了马上。只听见刘兰在车里叫着："珠儿！珠儿！洪将军！"

那少年渐渐控制了这马，迅速吹了一声口哨，朝空中扔了一个信号弹。信号弹散开的一刹那，洪将军的马怎么也不走了，气得洪将军下了马，徒步朝这个方向追来。不一会儿就见拿着火把的一队人马渐渐也朝这个方向赶了过来。

马车停下来后，那少年跳下马来，朝四周看了看，应该跑出有三十多里，随手在地上定了个楔子，把马车绑结实了。他想看看马车里的人怎么样了，便打开车门上的栓口，把帘子一把甩在了车门上，只看见车里有一个黑乎乎的人影，缩在左边的角落里。

刘兰一只手抓着衣被捂着嘴脸，一只手又拿着那把匕首，月光下看见又是那个少年，顿时喊道："你别过来，你过来我就自杀！"

那少年百无聊赖地看着刘兰，说道："我可是你的救命恩人，你不谢恩倒又威胁起本王来了。"

刘兰看他没有走近的样子，这才定了定神，慌乱地说道："谢谢王爷！"

"王爷？我老得有这么快吗？前些天还是王子，这几天就变成王爷了？"那少年嬉笑着说道，一副轻松的样子，"我劝你还是先下来，小心马一会儿再受惊了……"

刘兰警惕地说道："我不会下车的！你走开！洪将军马上就来救我了！"

"只有草原的马敢跟着信号弹来，这个洪将军怕是早跑得没影儿了！"那少年笑着摇了摇头。

刘兰心中泄了气，但嘴上仍然强撑着说："洪将军一定会来的，总之你不许过来！"说着，她又往角落里缩了缩。

那少年将一只手支在马车上，一只手叉在腰上，刚要问："你……"

刘兰捂着脸，但仍能听见她害怕的声音："你把手放下去！你把手放下去！"

那少年无奈地又放开了手，冲她说道："你不用捂着嘴脸，闷坏了可不好。我只能看见你一个黑影……"

这时陆陆续续看见有火把靠近了，刘兰胆子也正了一些，一只手默默地从枕头下摸出了纱巾，把整个头都包了起来，另一只手坚持举着匕首。那少年又看了一眼刘兰哆嗦的样子，索性背对着马车站着，让她能放下心来。

"你的警惕性还挺高！在定襄天未明出发是你的主意吧？就是为了躲我们？"见她不语，他又继续说道，"这几日又是躲我们呢？跟你们隔了也就是两三个时辰的路，结果赶了七八天才赶上，是你的主意吧？"

刘兰根本不想听他说什么话，她只顾避过他的背影，眼见火把逼近了，眼光顿时亮了起来，内心充满了希望，她知道，一定是洪将军和珠儿来救她了。

那少年听不见她说话，转身一看，只见她正探着脖子看越来越近的火光呢，又是一阵窃笑，说道："看来洪将军马上就要来救你了，你这会儿可以下来了吧？"

刘兰坚定地说道："你转过去！"

那少年倒也规矩，就那么站着等着。不一会儿，火把真的近了，他们好像都是骑马来的，看着他们下马，往马车这边走。刘兰兴奋地从车门处爬了过来，一手拿着匕首，一手扶着车。虽然看得不是很清楚，但她仍努力地搜寻着洪将军和珠儿的身影。

一个看似头领的人渐渐走近马车，看了一眼那少年，便前膝着地行礼："参见大王！"

"参见我王！""参见我王单于！"士兵们也禀道。

"你们……"那少年刚想训斥，只听见身后传来"叮当"一声，他迅速转身，原来是刘兰手里的匕首掉到了马车上。她恍恍惚惚地沉吟了一声："啊！你是……"两眼一闭，从马车上摔下来。还好单于离马车近，一边侧身奔去，一边伸手去接，刘兰像沉沉的一团白纱就这样落在了军臣单于的怀里……

左大将果和赶紧将单于的马车牵了过来，单于抱着刘兰在马车里坐着，生怕颠疼了她。他轻轻掀开了刘兰的面纱，终于如此近地看清楚这张秀美的脸，精致的五官，小巧的眉眼，白皙的皮肤，柔软的身体，所有的一切都让他陶醉。他情不自禁地俯身下去，亲吻了她的红唇，而她则因为惊惧、恐慌，沉沉地昏迷着。他又扶了一下她的头，瞥见了她左耳朵边上的那颗红痣，和他那次在驿站看到的一模一样，不禁欣喜万分。

回去的路上，单于还遇到了正徒步而来的洪将军。洪将军得知公主已由单于救回，心才安了下来，但他仍诚心地跪倒在单于的马车外，请求降罪，一时疏忽惊扰了公主的马车，险些酿成大祸。单于一听，又看看怀里惹人怜爱的贤和公主，就命令道："那就罚你在此守候一年公主，方可回朝复命。"

洪将军一听，只得欣然领命，沮丧地起身前行。

又不知过了多少时辰，刘兰渐渐醒来，她只觉得还在颠簸，但不知自己身在何处，她是躺着的吗？她躺在哪里？正回想着，突然额头上被人亲了一下，这一下把她唬醒了。她瞬间一睁眼，发现自己正躺在那少年的怀里，右手被箍在他身后，左手被他的左手紧

紧按着。她在空中乱摸一气，哪知单于右手拿出一把
匕首，逗她道："你是在找这个？"

"你！真是大王？"刘兰在内心已经无力抗拒
这个英俊的少年。单于把她箍得更紧了，还又俯身下
来。她急得甩过头去，努力推他，但怎么也推不开。
她就这样被他吻得服服帖帖，终于没了力气再挣扎，
颤巍巍地说："我要喝水！"

单于这才把她立起，她靠在车上，看着他解开
自己腰间的水带递给自己，她看了单于一眼，迅速接
过去，咕咚咕咚喝了几口，心头突然有一股甜蜜涌出
来。她把水带递给他，突然又不敢看他了。

"你又怎么了？"单于看她只冲着木头，觉得奇怪。

"臣妾失仪！大王恕罪！"刘兰低声说，"臣妾
还拿……"想到这儿，她就惶恐。她竟然拿着匕首威
胁君王，这可是欺君之罪啊。

"别怕！我不怪你！都怪我想隐瞒你！"单于看
着她满脸的惊恐之色，不禁疼惜起来。

"谢大王饶恕！"刘兰听着便要跪下去，可惜
马车里太挤，她竟又跪到了单于的脚上。两个人一对
视，都天真无邪地哈哈大笑起来。单于扶起她，又把

她揽入怀中。就这样，22岁的军臣单于与15岁的贤和公主相遇了。

刘兰原以为夫君已经年老，没想到却是正值青春年少，而且对她还是情意绵绵，这一切都让她重新获得了生存的希望和动力。她明白自己在两国之间的作用，虽然她后来发现和亲的补偿并不能真正填满匈奴人的野心。但对于她来说，只想抓住军臣单于热烈的心，这才是实在的。

她就这样沉浸在甜蜜之中，她在心中千万次地告诉那个她从未见过的娘亲，女儿已有了夫君陪伴。有时候，她和珠儿临风站在寝帐不远处，望着草原的尽头，陷入久久的沉思，像是要望回来久别的亲人。当然，她每次都能望回来的是军臣单于。

勇猛刚毅的军臣单于对待贤和却是格外的心思细腻，每次回来都带给她一束或者一支小花，一束就用丝巾系在她的发梢，一支就别在她的头发里，她总是那么清秀雅致，与世无争，时刻都是和颜悦色，倾慕着单于。

这天傍晚，单于回来含情脉脉地对她说："秋猎马上就开始了，这次我们要到最西边的斋桑泊一带去，你就在单于庭等我。"

公主正给单于做一件冬袍，顿时停下针脚，看着坐在身边的单于说："大王几时能够回来？"

单于顿了顿说："来回可能得四个月左右。"

公主一听，怅惘道："要这么久，大王一定要有得力的人手保护，让洪将军随您去吧。"

单于一听，眼前一亮，说道："你还真说到点子上了，洪将军是个不错的人选。"

公主边说边俯身靠在大王的怀里，说道："再加上果和将军，共同保护大王，臣妾也就放心了。"

单于温存地抚摸着她的头发，说道："你如果会骑马，我就带着你一起去，看看我大匈奴的广阔山河。"

"臣妾就在大王的心里，大王心里所有的话我都能听见，大王眼睛里能看见的，耳朵里能听到的，我也一样都能看到，听到。"公主说着，脸上洋溢着满足的笑容。

"如果国事也如你这般温柔体贴，我就高枕无忧了。"单于哈哈笑道。

两人正说着，只听帐外禀报："禀告大王，乌孙使者求见！"

"乌孙？"单于不解道，"定是为了秋猎来的。"

"大王且去，臣妾这几日把大王的冬袍赶制出来。"

单于"嗯"了一声就起身出去了。

公主坐在帐里唤道："珠儿！珠儿！"她想让珠儿再去货帐给她挑一匹料子来。可是唤了半天也没有人应声，她有些纳闷，细细想想，还真有一个时辰没见到珠儿了。

她又唤道："张姥姥！"张姥姥是珠儿在定襄城中结识的一位姥姥，她的夫君与她成亲的第二天便被匈奴人抓去做了苦力，七年间没回来过一次，她孤苦一人，托珠儿请求公主带了她来，一则是她适应北方的气候和饮食，可以照看公主；二则是她想寻找她的夫君，看他是死是活。张姥姥听见公主唤她，便走了进来，问道："公主可是饿了？"

"姥姥，我有一个时辰没见到珠儿了，你帮我去寻寻。寻到以后让她去货帐给我取一匹枣红色的绸布来。"公主吩咐道。

"是！"张姥姥应声去了。

公主就坐下来打开针脚，只见两个扣子都缝好了，怎么又不见张姥姥的人影了，她心又慌起来，一不小心，刺破了手指，一颗红色的血珠掉了下来。她忍着疼痛，站起身，这边走走那边走走，正在这时，看见张姥姥惊慌失措地冲进来叫道："公主，不好了！不好了！出事了！"

"啊？！"公主被她搅得心神不宁，连忙问道，"怎么了？如此慌里慌张的。"

张姥姥一看，知道自己鲁莽了，但也不管那么许多了，颠三倒四地说："珠儿姑娘好像是被人……"

"被人怎么了？"公主着急地问道。

"好像是被人强暴了……"

"啊……"公主一下没了主意，跌坐在地上，"怎么回事？珠儿现在在哪里？"

"珠儿现在就在货帐里。您吩咐我去找珠儿，我跑了几个帐都没有，就去找小宁子，发现小宁子也没在。我想着，两个人一直要好，该不是一起出去遛马去了，又怕耽误了您的针脚，我就赶紧去了货帐。守货帐的两个婆子居然都不在，我就径直走了进去，之前我跟着珠儿姑娘去过几次，所以知道放布匹的地方。结果进去以后发现，好像是哪个姑娘的衣服凌乱地散了一地，布匹架子也倒了几个，我还寻思是不是遭了劫了。哪知就看见一块散布盖着个人，我赶紧跑过去，一看竟是珠儿姑娘，可怜的，脸也肿了，嘴角也全是血，早就昏死过去了，我掀起那布一看，珠儿姑娘身下都是血。我也害怕，赶紧就摇她，叫她。"

"啊，怎么会这样？她醒了没？快带我去。"

张姥姥赶紧把公主拦住说道："哎呀，公主去不得啊，那里不干净。我把珠儿姑娘叫醒，她就开始哭，要去死。我死死拽着她，赶紧叫人，叫了几声倒有个婆子提着半篓子木片奔了进来，我让她赶紧来给公主禀报，她倒好，说自己只是个生火的婆子，不认识公主的帐。我就叫她按住珠儿姑娘，胡乱给裹了些布，正要出来，又听见珠儿有气无力地说：'姥姥，赶紧去那边看看小宁子。'我说：'啊，是那坏小子干的啊，在哪儿？'哪知珠儿姑娘眼泪止不住地流，说：'你快救救他，他是为了救我，你快看看他怎么样了？'我顺着珠儿姑娘指的方向，拿了灯，去帐的西南角找小宁子。看见那货架底下露出了小宁子的半支胳膊来，我赶紧把他拉出来，扶起来看他只有出的气，没有进的气了。"

"啊，快叫人去医治！"公主又急又气，"我要去看看。"

"公主不能去啊！"张姥姥死死拦住公主，"匈奴人最忌讳阏氏沾染了死气，公主要为将来打算呐。"

"都这样了还谈什么将来，赶紧把珠儿扶回来，问清楚了我要去禀告大王。"公主焦急地滴下泪来……

是夜，单于焦躁不安地坐在桌前，看着跪在地上失魂落魄的公主，他于心不忍，却又有些生气，觉得她无理取闹。

"大王要为我做主！小宁子死了，珠儿受了这般侮辱，大王一定要……"公主继续求道。

"我已经下令打了果和二十军杖，还不够吗？"军臣单于有些不耐烦。

"大王，果和藐视君威，胆敢强行对陪嫁丫头施暴，这是欺君之罪啊！"公主不解道，如果放至大汉，早已身首异处了。

"二十军杖已经是军营极重的刑罚了，小宁子胆敢谋杀匈奴大将，罪有应得，这一点你应该是明白的。"军臣单于声如洪钟，让贤和听了感到害怕。

"大王，果和大逆不道……"贤和还想继续申辩。

"好了！阏氏最重要的是识大体，你且回去吧，我还要议事。"军臣说完就别过脸去。

贤和讪讪地起身，拜道："臣妾告退！"心中却自有一股愤恨和悲凉在涌动。早就对匈奴不识人伦大体有所耳闻，如今算是见识到了，欺君罔上，藐视王权，却能宽容至此，匈奴的军威如何能立得了呢？让她痛心的则是她与单于难得的亲密无间就有了这么一层隔阂，今后的岁月让她如何自处？

草原的天总是那么深沉神秘，漆黑的夜里，没有人有心去关注别人，只是缩在自己的帐里，饮酒沉醉。回来的路上，贤和在黑暗中尽情地洒下泪来，如此天高地阔的地方，人的心灵却如此肮脏，单于竟是如此不公，可怜小宁子还期盼着与珠儿白头偕老，如今都是一场空了。

帐内珠儿仍旧哭着，帐外的贤和悲戚万分，她怎么忍心进去传达这样的消息？

"公主！"

贤和身边突然跪下一个人来，她定神一看，原来是洪将军。

"哦，原来是洪将军，起来吧。"

"公主！小将斗胆请问大王是如何惩治果和？"

贤和明白，洪将军耿直单纯，如果得了大王没有重重惩罚果和的消息，定要暗地里去寻果和要说法，势必会造成嫌隙，甚至是死伤。然而，看这样的情势，大王定会依旧保护匈奴的大将，一旦起了冲突，大汉的洪将军必然又是一个受害者，而他再有半年就要回大汉复命去了，没必要因为这样难以改变的局面再丢一条性命。贤和沉默了一会儿，顿了顿说道："洪将军，我心知你赤胆忠心，为皇上效命，此次和亲为我效命，但如今身在匈奴，必然要以大王的利益至上。这次的秋猎，大王有意提携，让你也跟着一起去领略匈奴西部的风光，你心中自知你的使命，切忌焦躁狂热，意气用事。凡事沉着冷静，自有办法。"

听了贤和的一片忠告，洪将军自然知晓其中大义，应声答道："是！但小将还是想一心护卫公主！"

贤和一时感动，在偌大的草原，或许只有这份发自内心的忠诚让人心中温暖万千，她抑制住眼中的泪水，顿了顿说道："公主与汉室谁更重要，我想洪将军心里明白。此次秋猎是绝好的机会，待你回去之日定有皇上最需要的信息，到时候你自然功成名就，也不枉费在匈奴清苦一年，实不必挂心我这个徒有虚名的公主了。"

"公主切莫伤怀！"洪将军也黯然伤神，"此次赴西，定不辱公主之命！"

"好了，下去吧！"

"是，小将告退。"

洪将军退下后，贤和更陷入了一种惆怅，仿佛她站立在一片原野上，孤身一人，不知道下一秒会发生什么，也不知道该如何应对，但内心清楚的是，只有她一人来面对所有的一切，没有父王和娘亲，没有夫君，没有亲人，唯独只有自己！

秋猎出发的阵营里，果和虽然被安排至照看后勤队伍，却依旧是趾高气扬。转身的一刹那，他色眯眯地盯着贤和身边的珠儿，似乎志在必得，珠儿则一脸的嫌弃和恶心，悲戚愤慨的神色。

"我真想冲上去杀了他！"珠儿气恨着低声咬牙说出了这几个字。

贤和淡淡地说道："咱们回去吧。"

看着贤和带着侍女转身，果和冲着队伍里一个蒙着半张脸的粗使丫头笑了笑。

十多天后，军臣单于率领洪将军、果和等人刚刚翻过燕然山，就遭遇了一场大旋风，队伍被吹得七零八落。草原的秋天分外的冷，士兵们本来是兴高采烈出来打猎，没想到会遭遇风暴，自然就疏懒了，有的几个人凑在一起开始饮酒。

军臣单于看着懒散呆笨的士兵们，突然动了气，闷头走进大帐。洪将军此次是随行侍卫，自然跟着走了进去。

"洪将军！"单于坐定后看着一脸刚毅，神色沉稳不变的洪将军叫道。

"属下在！"洪将军应声道。

"你在汉朝属于几等？"

"禀告大王，属下是右都侯，属第九等。"

"最高是一等？"

"是！"洪将军不知单于何意，但满脸正气，提声应道。

"本王问你，你在我朝这半年，是否发现我军相较汉军的劣势在哪里？"

洪将军抬了抬眼皮，也不敢看军臣，弱弱地禀道："大王！属下……"

军臣看他有顾虑，直说道："但言无妨！"

"是！"洪将军说道，"匈奴草原地势平坦广阔，骑兵快如闪电，目标明确，均为汉军所不及……"

"继续说！"军臣略有沉思。

"但汉军军纪严明，有功则赏，有罪当罚，切忌一己私欲危害全军，扰乱军心，所以人人都尽职报效朝廷，且都能身先士卒，以战绩邀功论赏。"洪将军脱口而出。

说完，军臣单于陷入沉思，心中似乎自有一番打算。不一会儿突然问道："洪将军，你是否愿意留在我大匈奴做我的右贤王，专职带兵强将？"

洪将军立刻跪下，禀道："属下惶恐！当初奉朝廷之命护送公主入匈奴和亲，护送不周导致公主受到惊吓，大王开恩，命属下延缓一年，将功赎罪。如今又奉公主之命，保护大王安全，秋猎归后还需向公主复命，他日自然还需向我朝皇上复命，望大王恩准！"

军臣单于听出他的意思，虽然他以知己之心待洪将军，但无奈他是汉将，心中只有大汉之朝廷，这让单于既羡慕，又嫉妒。他只得讪讪地说："本王感念你一片忠心，待秋猎回去，本王也会赏你！"

"谢大王！"洪将军刚禀完，只见一个妙龄女子以纱巾遮面，捧着一个托盘进来，托盘上竟有一把匕首。

洪将军大惊，立即手按剑柄，喝道："什么人！"

"臣女乃果和将军妹妹果稚，此次随军秋猎，得了一把精美锋利的匕首，想献给大王！"只见那妙龄女子款款跪下。

"哦？"军臣微微笑道，"献上来！"

那妙龄女郎看单于终于有了笑脸，低垂着头也暗暗笑了，只有洪将军被蒙在鼓里，他隐隐觉得不妙，但又不知道哪里不妙，只顾着将托盘递送至军臣单于桌前。

军臣拿起匕首，手柄果然做得精致，刀刃尖利，一看就是一把女子防身匕首。他左看看右看看，问道："你说这匕首锋利，如何知晓？"

那女子也不答话，盈盈起身，走向单于，跪倒在单于身旁，口齿含情地答道："臣女脸上的纱巾可试……"

军臣单于大笑起来，洪将军也知晓了单于的意思，拱了拱手就走出了帐外，心中涌出一种不祥的预感来。

果然，两个月后，果稚阏氏怀孕的消息就传遍了军营，此时的果稚炙手可热，加上果和将军的威望，谁对她都是恭恭敬敬，除了洪将军，永远是一副冷若冰霜的面孔。

这一天，她挺着那还没有隆起的肚子从洪将军身边走过，得意地说："大王说这几日就差遣某人送我回单于庭，不知道洪将军是否有意啊？"

洪将军恭敬有加，禀道："回禀阏氏，属下但凭大王差遣！"

"哼！"果稚又气愤又蛮横，她想知道，洪将军的心究竟是不是石头做的，为什么全匈奴的人都为她的美貌动心，唯独这个洪将军看她一眼都不能，还敢和哥哥争夺贤王之位，"哪天叫你死了都不知道是怎么死的。"

可是军臣单于有送果稚回单于庭的意思，却没有让洪将军送果稚回单于庭的意思。毕竟，这一路上，能跟他互相讨论兵法战术的，只有洪将军一人。单于不想失去这样练兵的机会，更在内心不想失去这个人，迟早有一天要让他的这份忠心归于自己。

果稚回到单于庭是风光的，尤其是在哥哥果和将军的护送之下。军臣单于秋猎未归，单于庭成了果和兄妹的天下。好在珠儿在贤和的保护之下，让果和难以靠近。果稚为此愤恨在心，在她看来，哥哥想得到一个婢女有什么了不起，等大王回来，她一定要为哥哥把珠儿求到手。

果和百无聊赖，带着五千精兵，在军臣单于回来之前，去上谷郡抢回来足够一族人吃上三四个月的粮食，据说洗劫了八个县。

贤和知道后，一心盼着单于回来惩罚果和。这是破坏汉匈两国和亲协定的恶劣行径，如果纵容，和亲还有什么意义呢？

然而这一年的秋猎，收获甚少。

军臣单于的队伍沉郁地回到单于庭，洪将军来向公主禀报的时候也是愁云一片。

"这一次秋猎收获真的很少吗？"贤和焦急地问。

"是的，大王很是失望！据说不如去年秋猎的三分之一。科布多一带的牧民基本上都南迁了，有的甚至到了西域阿拉山口一带，而且牧民和汉民、乌孙通婚的也不少，这一点让大王很恼火。"

"他们为什么南迁呢？"贤和不解地问道。

"听说春天的时候有一场大瘟疫，牧民的羊群、牛群几乎都死了大半，有的人怕过不了这个冬天，就带着家人向南迁了。"洪将军继续说着。

"如果以后都是这样，那岂不是草原的人都要到中原去？"珠儿突然眼睛发光问道，"那我们也就可以回去了。"

贤和一听，看了一眼珠儿，她已经被果和折磨得有些失心疯了，经常念叨着要回去，现在听了洪将军的话，信心更是足了。

"珠儿姑娘，草原也有多少万人呢，一下都涌到中原，中原不就乱了？其实这样也好，慢慢地渗透，将来有一天，不战自和，即使战，敌人也已经减少了。"洪将军舒了一口气说道。

"洪将军这样的话以后千万不能再说了，被人抓住把柄，这里所有汉人的日子就不好过了。"贤和叹了一口气。

"是！属下失言！"

"你下去吧。"等洪将军退下去之后，贤和陷入了沉思，匈奴不事耕桑，遇到荒年饥馑，牧民生存都是问题。好一些的南迁，与汉、乌孙等国和平相处，跋扈一些的自然就如同果和一样去洗劫抢夺，两国怎么能不战呢？如今大王就是遇到了这样的难题，赶巧碰上果和倒是带回了不少粮食牲畜，对这种无法无天的行为，大王会惩罚还是会奖励呢？

不行，她要去探探口风。

她带着珠儿起身去看望单于，刚到门口就听见里面有女人的声音。士兵刚要禀报，贤和示意了一下，让他别去禀报了，她这就走，过一会儿再来看大王。

临转身的一刹那，突然听见说起了洪将军。

"大王，洪将军是汉朝大将，怎么能有心留在咱们草原？他倒是有心刺探军情，将来伺机禀告给那汉朝皇帝，好来制衡大王您啊！大王您还想让他做贤王，恐怕他只会辜负了大王的一片好心啊！"这明显是果稚的声音。

"他是难得的将才，我要留下他给我大匈奴练兵！"军臣单于豪情万丈地说，"将来他率领着我大匈奴的士兵进入中原，岂不风光？"

"洪将军来匈奴就是为了把草原的秘密都飞雁传书给汉朝，我原来就看见他养过不少信鸽，那都是传信用的……"

"住嘴！"贤和气愤地冲进了大帐，"果稚阏氏，你怎么能随意诋毁一国大将？"

"贤和！"军臣单于眼神中有一丝惊喜，但在骄横的果稚面前，似乎又克制了一番。

"臣妾见过大王！"贤和拜下去。

"起来吧。这次秋猎，打到三只白狐，我叫人给你做了一件白狐大氅……"

"大王就是偏心！"果稚娇滴滴地说。

"不能擅议本王的决定！"军臣单于今天心情不错，笑着说，"本王现在只想着孩儿出世。"说着便看了看果稚的肚子。

"臣妾谢大王！臣妾只希望大王能做到兼听则明。"贤和应声道。

"你是来教训大王的吗？"果稚不依不饶。

"臣妾敬重大王是因为大王天资聪颖，果敢英勇，凡事能够秉公决断。大王切不可被蛊惑了心智，整个草原都看着大王您啊！"贤和双眼只盯着军臣单于，见他幼稚的脸上又蒙上了阴影。

"你敢说你没有私心吗？"果稚还是企图转移话题，蛊惑单于。

"臣妾是有私心，但臣妾的私心是从一个女人的角度出发的。臣妾希望能终身陪伴着夫君……"

"哼！汉人果然个个都伶牙俐齿。洪将军何德何能，不愿意效忠大王？"单于就这样听任果稚说出自己心中同样的不满和疑问。

"洪将军一心一意保卫大王，我相信他忠心耿耿！"

"那他为什么还要回到中原？"果稚还在挑起

事端。

"大王开恩，允准洪将军将功赎罪，一年后回中原复命，这是他的职责。"

果稚没了应对，转向军臣单于说："大王，公主阏氏的心就不在草原，所以处处为洪将军辩护。稚儿和哥哥的心中只有大王，实在见不得这样离心的人。稚儿只是知道，大王如此看重洪将军，洪将军确实辜负了大王的一片心。"

"大王……"贤和委屈极了，她怎么能忍受这当面的诋毁。

这时，侍卫在门口禀道："禀告大王，果和将军求见！"

"进来！"

果和一进来，看到这样的局面，心中已经知晓了几分，再看看果稚胜利的眼神，料定单于的心是在他这边的，所以大声说："大王为百姓劳顿，臣已在家中备好了宴席，请大王赴宴！"

"大王……"贤和一听，两眼盯着单于，跪倒在地。她想争辩得一清二楚，或者只要单于能心平气和地听一听，但军臣单于的脸色表明，他已经不想再听她解释了。

"好！我们走！"说完，大步流星地向外走去，临出帐帘，说道，"贤和且退下吧……"

果和没有迟疑，碎步跟了上去。

贤和委屈地哭了起来。

果稚挺着肚子慢悠悠地走到了贤和跟前，冷笑着说："哼！敢跟我们抢东西的人，你觉得他能活着走出草原吗？"

两个月后，洪将军被监禁，而匈奴掠夺回粮食财物的消息屡屡传来，贤和也早已心灰意冷，这许许多多的事情哪是她能决定得了的？她也跟着疯疯傻傻的珠儿疯疯傻傻起来。如果她与他只是普通人家的王公贵族，他们的情爱或许更加绵长而少些杂质，然而，他们是君王公主，各自的身后是两个截然不同的国家。

看清这一切之后，贤和更加淡然，单于的爱与不爱，理与不理，于她都是容易消散的云烟。她没有喜，也没有怒，没有快乐，也没有悲伤，只有看着汉匈和亲队伍再次到来时的那份宁静与沉默……

后 记

从长安出发的公主，今在何方？

张艳茜

自汉长安城出发，向北，向西，那些肩负重任的美丽身影，之后始终不曾间断过。

隋末动乱，群雄并起，各股势力都想借当时北方的突厥之力夺取更多的政治利益，创建大唐王朝的李渊也不例外，于是就有了义成公主从长安出发，成为和亲工具。她相继嫁给四任突厥可汗，历经隋唐两朝。

唐太宗李世民继位之后，积聚力量，三年后击灭东突厥，保障了北方安全，唐太宗李世民很是善用和亲策略，最成功的就是文成公主和亲吐蕃，极大地促进了中原文化的传播。

汉朝和唐朝，是两个中国历史上被称之为盛世的朝代，而汉高祖刘邦，与唐太宗李世民，也是威名远扬的有为皇帝。但是，他们也不得不借助和亲，不得不利用弱小女子和财物来抵御外强，以求国家苟安。

然而，这些美丽佳人所走过的道路，却在民族融合、文化交流、经济繁荣以及"丝绸之路"的拓宽等方面造成了深远的影响，不可低估。

和亲公主们在做出个人牺牲的同时，客观上，也在为中华民族的认同和团结做出了贡献。

历史的关键时刻，有时需要铁血男儿喋血疆场，有时也需要红粉佳人在另一个战场上扭转局势。英雄的鲜血与美人的热泪，写成了千古青史。

汉代对抗匈奴的过程中，大将军卫青、霍去病的事迹至今广为传诵；使者张骞、苏武的坚持令人赞叹不已。在这过程中也饱含和亲公主们的血泪与牺牲，她们在其中也有着不可磨灭的贡献。

虽然我们不能知晓她们每个人的名字，但是，我们知道，她们从长安出发的那一天起，她们就是历史的一部分，从没有分离过。她们弱小的身体，就是一只只破茧而出的美丽蝴蝶，翩翩飞舞在古丝绸之路上；她们弱小的身体，如蝴蝶般，每一次翅膀的扇动，都或轻或重地影响着历史，也可能改变着历史。

　　如今，当我们走在古丝绸之路上，或许，途经的某一段，都可能看到她们的美丽身影；或许，还能和她们的人生来一场穿越式的相遇。

　　请相信，这将是一场无比美丽的邂逅。